MARKUS JANKA (HRSG.)

LATEIN
DIDAKTIK

Praxishandbuch für die
Sekundarstufe I und II

Cornelsen

Der Herausgeber:
Prof. Dr. Markus Janka ist Professor für Klassische Philologie und Fachdidaktik der Alten Sprachen an der Ludwig-Maximilians-Universität München. Seine Arbeitsschwerpunkte sind u. a. das antike Drama, die Wirkungsgeschichte der antiken Literaturen in Moderne und Gegenwartskultur und besonders Ovid und die Mythologie. Zudem ist er Herausgeber der renommierten Zeitschrift „Gymnasium".

Die Autoren:
Dr. Rüdiger Bernek studierte an den Universitäten Regensburg und München Klassische Philologie und Germanistik. Er lehrt an der Ludwig-Maximilians-Universität München im Arbeitsbereich für Fachdidaktik der Alten Sprachen und unterrichtet am Wilhelmsgymnasium München.
Volker Müller hat Latinistik, Anglistik und Gräzistik studiert und war als Wissenschaftlicher Mitarbeiter am Arbeitsbereich für Fachdidaktik der Alten Sprachen tätig. Er hat an Lateinlehrwerken mitgearbeitet, promoviert z. Zt. und legte 2017 das Zweite Staatsexamen ab.
Dr. Michael Stierstorfer war seit 2013 Lehrbeauftragter, Wissenschaftlicher Mitarbeiter und Lehrkraft für besondere Aufgaben am Lehrstuhl für Didaktik der deutschen Sprache und Literatur der Universität Regensburg. Er ist Autor für Latein- und Deutschlehrwerke und unterrichtet an einem bayerischen Gymnasium Latein und Deutsch.
Jan Michael König ist Wissenschaftlicher Mitarbeiter am Arbeitsbereich für Fachdidaktik der Alten Sprachen der Ludwig-Maximilians-Universität München. Er hat ein Lehramtsstudium in Englisch, Latein und Italienisch abgeschlossen und am Schulversuch „Latein plus" mitgewirkt.

Projektleitung: Gabriele Teubner-Nicolai, Berlin
Redaktion: Doreen Wilke, Berlin
Gesamtgestaltung: LemmeDESIGN, Berlin

www.cornelsen.de

Die Links zu externen Webseiten Dritter, die in diesem Titel angegeben sind, wurden vor Drucklegung sorgfältig auf ihre Aktualität geprüft. Der Verlag übernimmt keine Gewähr für die Aktualität und den Inhalt dieser Seiten oder solcher, die mit ihnen verlinkt sind.

1. Auflage 2017

© 2017 Cornelsen Verlag GmbH, Berlin

Das Werk und seine Teile sind urheberrechtlich geschützt.
Jede Nutzung in anderen als den gesetzlich zugelassenen Fällen bedarf der vorherigen schriftlichen Einwilligung des Verlages. Hinweis zu den §§ 46, 52a UrhG: Weder das Werk noch seine Teile dürfen ohne eine solche Einwilligung eingescannt und in ein Netzwerk eingestellt werden. Dies gilt auch für Intranets von Schulen und sonstigen Bildungseinrichtungen.

Druck: AZ Druck und Datentechnik GmbH, Kempten

ISBN 978-3-589-15531-6

PEFC zertifiziert
Dieses Produkt stammt aus nachhaltig bewirtschafteten Wäldern und kontrollierten Quellen.
www.pefc.de
PEFC/04-31-2260

Inhalt

Vorwort 6

Teil I: Voraussetzungen

1 Historisch-institutionelle und kulturelle Voraussetzungen
Volker Müller 8
1.1 Tradition des Lateinunterrichts 8
1.2 Status quo des Lateinischen als Unterrichtsfach 18
1.3 Fachleistungen des Lateinischen als Unterrichtsfach ... 20
1.4 Lehrplan 28

2 Schülerindividualität
Volker Müller 35
2.1 Unterschiedlicher Bildungshintergrund 35
2.2 Lernerindividualität: Binnendifferenzierung 37

Teil II: Unterricht

3 Die Spracherwerbsphase und ihre Zielsetzung
Volker Müller / Markus Janka 40
3.1 Grammatik 41
3.2 Wortschatzarbeit in der Spracherwerbsphase 47
3.3 Kulturkunde 55

4 Arbeiten mit dem Lehrwerk
Volker Müller 62
4.1 Lehrbücher und ihre Generationen 62
4.2 Terminologie der lateinischen Lehrwerksdidaktik 71
4.3 Lektionstexte 75
4.4 Prinzipien des Übens und Aufgabenformate 77

5 Übersetzen
Markus Janka 87
5.1 Das alltägliche Wagnis des Übersetzens 87
5.2 Das Ringen um die „gute Übersetzung" in der öffentlichen Diskussion und im Unterricht 88
5.3 Von der Praxis der literarischen Übersetzung zum unterrichtlichen Übersetzen: Zwischen Äquivalenz und Skopos-Adäquatheit 90
5.4 Plädoyer für ein weiteres Verständnis von Übersetzungsdidaktik als ganzheitliche Sprach- und Literaturreflexion 97

6 Textarbeit
Markus Janka 101
6.1 Arbeit am Text: Nicht nur Übersetzen und Interpretieren 101
6.2 Textarbeit in der Spracherwerbsphase 103
6.3 Textarbeit in der Lektürephase 108

7 Formen der Interpretation
Markus Janka 113
7.1 Von der philologischen Interpretation zum Lektüreunterricht: Didaktische Modellierungen 113
7.2 Ansätze zur Interpretation im Spracherwerbsunterricht 122
7.3 Das „Lesen" und „Interpretieren" von Vergils *Aeneis* in der heutigen Unterrichtspraxis als exemplarischer Fall: Ebenen und Sphären der Interpretation . 126
7.4 Mehrkanalige Einbettung des Originals als Impuls zu vertiefter Kontextualisierung 127

8 Die Lektürephase
Jan König 133
8.1 Die erste Lektüre 139
8.2 Grammatikunterricht in der Lektürephase 143
8.3 Wortschatzarbeit 146
8.4 Medien der Textarbeit: Lektüreausgaben 150

9 Unterrichtsplanung
Rüdiger Bernek 156
9.1 Didaktische Modelle als Grundlage von Unterrichtsplanung 156
9.2 Die Planung einer Unterrichtssequenz 159
9.3 Die Planung einer Einzel- bzw. Doppelstunde 162
9.4 Mögliches Artikulationsschema einer Lateinstunde 165

Teil III: Herausforderungen

10 Fachspezifische didaktisch-methodische Forderungen an den Lateinunterricht
Volker Müller 172
10.1 Schülerorientierung im Lateinunterricht 172
10.2 Handlungsorientierung im Lateinunterricht 173
10.3 Visualisierung im Lateinunterricht 173
10.4 Motivation im Lateinunterricht 178

11 Alternative Unterrichtsmethoden
Volker Müller 182
11.1 „Öffnung" des Unterrichts 182
11.2 Methodische Konzepte des „Offenen Unterrichts" 183

12 Kooperation im fächerverbindenden und fächerübergreifenden Lateinunterricht
Markus Janka 191
12.1 Kooperation *inter disciplinas*: Definitionen, Chancen, Probleme 191
12.2 Fächerübergreifender Unterricht in der Spracherwerbsphase:
 Beispiel Mehrsprachigkeitsdidaktik (Latein plus) 194
12.3 Fächerübergreifender Unterricht in der Lektürephase:
 Beispiele – rezeptionsorientierte Interpretation und
 wissenschaftspropädeutische Seminare 198

13 Latein und die Präsenz der Antike in der postmodernen Alltagskultur
Michael Stierstorfer 203
13.1 Antike Mythologie in der Kinder- und Jugendliteratur 203
13.2 Antike im Comic für Kinder und Jugendliche 207
13.3 Antike in Filmen für Kinder und Jugendliche 211
13.4 Antike in Computerspielen für Jugendliche 214
13.5 Antike im Internet 217

14 Kompetenzorientierung im Lateinunterricht
Rüdiger Bernek 222
14.1 Kompetenzorientierung – Entstehung und Bedeutung 222
14.2 Kompetenzorientierung in Lehrplänen für das Fach Latein 225
14.3 Kompetenzorientierung in der Unterrichtspraxis 227

15 Inklusion im Lateinunterricht
Volker Müller 232
15.1 Begriff und Realisierungsformen 232
15.2 Heterogenitätsdimensionen im Lateinunterricht 233
15.3 Anregungen zu einer inklusionsorientierten Fachdidaktik des Lateinischen . 236

Literatur 239

Vorwort

Der Klassische Philologe und Bildungsreformer HARTMUT VON HENTIG (*1925) berichtet im ersten Band seiner Autobiographie von einem zwischen Studium und Referendariat 1957 erfolgten Aufenthalt an einer englischen *grammar school*:

Im Rückblick habe ich dort die wichtigsten Lehren für meinen Beruf als Lehrer der alten Sprachen bezogen. Ich musste, sowohl um diesen selbst gut auszuüben, als auch um die Institution, innerhalb derer er stattfand, am Leben zu erhalten, einige ganz elementare Aufgaben erledigen und Entscheidungen treffen: erstens eine Bildungstheorie aufstellen, in der ein neun Jahre dauernder Lateinunterricht mit maximal vier Stunden in der Woche und ein fünf Jahre dauernder Griechischunterricht mit maximal fünf Stunden in der Woche überzeugend zur Lebenstüchtigkeit eines Menschen in der heutigen Welt beitragen; zweitens eine Didaktik finden oder erarbeiten, die dies ermöglicht; drittens dazu aus dem Bannkreis der Altphilologie und ihrer ebenso verbissenen wie treuherzigen Apologie heraustreten.[1]

Diese Erfahrungen, die HENTIG einst zu einem theoretisch fundierten und didaktisch neu reflektierten Unterrichten der Humaniora beflügelten, liegen mittlerweile sechzig Jahre zurück. Indes haben sich die seinerzeit hellsichtig formulierten „elementare(n) Aufgaben" als bleibende Herausforderungen für den altsprachlichen Unterricht auch des neuen Millenniums erwiesen. Doch da nicht jede Lehrkraft des Lateinischen und Altgriechischen eine individuelle Bildungstheorie und Fachdidaktik entwickeln wird mögen, erfolgt die Berufsausübung zumeist auf der Grundlage der Normdidaktiken in Gestalt der kodifizierten Curricula (Lehrpläne) und konkretisierten Curricula (zugelassene Unterrichtsmedien). Der stetigen Reflexion, Auslegung und Reformulierung dieser Normcurricula widmet sich die wissenschaftliche Didaktik der Klassischen Sprachen. Als Kondensate der in den Jahrzehnten seit der „Curricularen Wende" Ende der 1960er Jahre erzielten Forschungsfortschritte stehen mittlerweile enzyklopädische Didaktiken (GLÜCKLICH 1978, GRUBER/MAIER 1979, MAIER 1979, MAIER 1984), historische Didaktiken (KIPF 2006), Kompaktdidaktiken (FINK/MAIER 1996, KUHLMANN 2009, MARKOFF 2013, KEIP/DOEPNER 2010) sowie Aspektdidakti-

---

1 HARTMUT VON HENTIG (2007): *Mein Leben – bedacht und bejaht. Schule, Polis, Gartenhaus.* Hanser: München, 84.

ken (Reihen „Auxilia" 1981–2010 und „Studienbücher Latein" seit 2010) zur Verfügung.

Das vorliegende Handbuch dokumentiert als zeitgemäße enzyklopädische und dennoch konzise Didaktik umfassend den Stand der Forschung zu den historisch-institutionellen sowie personalen Voraussetzungen (Teil I) und den wesentlichen Strukturelementen des Lateinunterrichts (Teil II). Sodann eröffnet der Band neue Horizonte, indem er gegenwärtige Herausforderungen wie Methodenpluralismus, Kooperation, alltagskulturelle Medienpräsenz der Antike, Kompetenzorientierung und Inklusion in den Fokus nimmt (Teil III). Dabei versuchen die Autoren den Spagat, die Überblicksdarstellungen mit punktuellen Vertiefungen durch Veranschaulichungsbeispiele in ein ausgewogenes Verhältnis zu bringen. Bewusst wurde auf genuin unterrichtspraktische Beispiele verzichtet, zumal eine den zeitgenössischen Bedürfnissen entsprechende Methodik des Lateinunterrichts ein Desiderat darstellt, das in Buchlänge, nicht aber als Appendix der Didaktik zu behandeln ist.

Das hier Gebotene versteht sich trotz dieses Bekenntnisses zur Theorie als „Praxishandbuch", nämlich als Lerngrundlage für Studierende und Fundus von forschungsbasierten Anregungen für Lehrende an Schulen und Universitäten, zudem als systematisches Spektrum einer ganzheitlich verstandenen Didaktik der Klassischen Sprachen für eine interessierte Öffentlichkeit. Als besonders integrative Spielart der klassisch-philologischen Sprach- und Literaturwissenschaften tritt die Lateindidaktik in Dialog mit zahlreichen Partnern aus den Altertums- und Geschichtswissenschaften, den Bildungswissenschaften, den Neuphilologien, aber auch der philosophischen und juristischen Hermeneutik.

Der Herausgeber dankt dem Verlag für die Aufgeschlossenheit gegenüber seinem Konzept, unterschiedliche Forscher- und Lehrergenerationen aus Universität und Schule als Autoren einbinden zu können. Den Verfassern der einzelnen Kapitel bin ich für ihre Akribie, ihren Teamgeist und ihre Geduld verbunden. Für die ebenso kundige wie entsagungsvolle Koordinations- und Redaktionsarbeit sei meinem Wiss. Mitarbeiter Raimund Fichtel von Herzen gedankt. *Abhinc ergo viva didactica vivae Latinitatis ipsa loquatur!*

Markus Janka (im Juli 2017)

Teil I: Voraussetzungen

1 Historisch-institutionelle und kulturelle Voraussetzungen

Volker Müller

1.1 Tradition des Lateinunterrichts

Antike

Die Dreigliedrigkeit des griechischen Bildungswesens (Elementarschule, höhere Schule, Hochschule) und das hellenistische Ideal der Allgemeinbildung (ἐγκύκλιος παιδεία) hatten das römische Schulsystem tiefgreifend geprägt (MARROU 1957, 151 f., 260 f.). Man lernte in der schon seit dem 6. Jh. v. Chr. belegten lateinischen Elementarschule (7- bis 11-Jährige) beim *magister ludi* Lesen, Schreiben und Rechnen. In der seit dem 3. Jh. v. Chr. bezeugten lateinischen höheren Schule (12- bis 16-Jährige) mit dem *grammaticus* stand zunächst der Grammatik-, dann der Literaturunterricht im Vordergrund: Die Sprachregeln wurden u. a. mit der in Frage-Antwort-Form verfassten, knapperen Elementargrammatik des DONAT (4. Jh.), später anhand PRISCIANS umfangreichen *Institutiones grammaticae* (ca. 500) durch Nachsprechen und Auswendiglernen – *imitatio et memoria* – verinnerlicht. Im Anschluss wurden die lateinischen Klassiker (allen voran VERGIL, TERENZ, SALLUST, CICERO) behandelt: Einer textkritischen Vorbesprechung folgte das laute Vorlesen, dann die inhaltliche Erläuterung, schließlich die ästhetische Gesamtwürdigung. Präpariert mit diesem grammatisch-literarischen Rüstzeug machte man sich an eigene Stilübungen (MARROU 1957, 402–412). Anders als in Griechenland bereitete der erst im 1. Jh. v. Chr. voll ausgeprägte Hochschulunterricht in Form einer Rhetorikausbildung auf die politische Laufbahn oder Anwaltstätigkeiten vor. Seit CICERO umfasste er juristische, historische und vor allem philosophische Bildung, die idealerweise durch einen Aufenthalt in Griechenland vervollständigt wurde.

Im Zuge der Christianisierung (Staatsreligion ab 380) entstand im philosophisch-theologischen Gelehrtendiskurs der Kirchenväter (vor allem bei AUGUSTINUS, MARTIANUS CAPELLA, BOETHIUS) der verbindliche Kanon der ‚sieben freien Künste' *(artes liberales)*: Zur idealen intellektuellen Vorbereitung der Seele auf den Aufstieg in den Himmel gehörte die Kenntnis des grundständigen *Triviums* (oder *artes sermocinales*) – Grammatik, Rhetorik und Dialektik – sowie des weiterführenden *Quadriviums* (oder *artes reales*) – Arithmetik, Geometrie, Musik und Astronomie. Afrikanische und vor allem italienische Klöster waren während und nach der Völkerwanderung, später auch irische und angelsächsische Klöster die Refugien der antiken Bildung, nachdem in Italien infolge des Lombardeneinfalls alle weltlichen Bildungsstätten zerstört worden waren. Während das Individuum in der klassisch-römischen Antike mit einer möglichst enzyklopädischen Bildung vornehmlich für die Belange des Staates unterwiesen worden war, war es an der Schwelle zum Mittelalter nun die Kirche, in deren Dienst alle Schulausbildung, auch die in den Alten Sprachen, gestellt wurde.

Mittelalter (700–1450)

Mit dem Wirken des Engländers ALKUIN, der nach seiner Berufung an den Hof KARLS DES GROSSEN im Jahre 782 bald zu dessen einflussreichstem Berater in Staats- und Kirchenfragen avancierte, begann die das Frühmittelalter (700–1200) einleitende ‚karolingische Renaissance'. Er war 793 zusätzlich mit dem Wiederaufbau des brachliegenden Bildungswesens beauftragt worden. Ihm wird das Verdienst zugeschrieben, die in Irland und England durch die Völkerwanderungszeit gerettete lateinische Bildung dem Frankenreich vermittelt zu haben (FLECKENSTEIN 1953). Der Lateinunterricht bildete auf der Basis der *artes sermocinales* in den mittelalterlichen Kloster-, Dom- und Presbyterialschulen das Zentrum der Belehrung und die Vorschule für die Auseinandersetzung mit philosophischen und wissenschaftlichen Schriften (APEL 1999, 113). Erlernt wurde das später als ‚Mittellatein' bezeichnete mittelalterliche Latein im Elementarunterricht u. a. mit der wegen ihres Kompendiumcharakters äußerst populären Elementargrammatik des DONAT oder spätmittelalterlichen Versgrammatiken, gekoppelt mit der Parallellektüre der Psalmen, Disticha Catonis und äsopischer Fabeln AVIANS. Ab einem gewissen Maß erreichter Sprachbeherrschung folgte die exegetische Lektüre zunächst christlicher Schriftsteller, ab dem 9./10. Jh. auch die allegorisierende Lektüre heidnischer Autoren (MATTHIESSEN 1979, 12). Richtziel des frühmittelalterlichen Lateinunterrichts an den Klerikerschulen war stets die aktive Sprachbeherrschung durch *imitatio* und *memoria*.

Mit dem 12. Jh. begann das Spätmittelalter, das zwei neue Formen von Lehranstalten mit sich brachte: zum einen die früher auftretende verwaltungsrechtlich nicht der Kirche, sondern dem Stadtrat unterstehende *Stadt-* oder *Ratsschule,* die zwar genau denselben kirchlichen Geist atmete und dieselben Unterrichtsmodalitäten wie die Klerikerschulen aufwies, aber dennoch den Ausgangspunkt eines weltlichen Bildungswesens darstellte; zum anderen die ab dem 14. Jh. in großem Maßstab aus den Domschulen hervorgehenden *Universitäten,* deren Aufgabe es war, den Klerus die Wissenschaften zu lehren. An letzteren bildeten sich vier Fakultäten aus: die philosophische oder Artistenfakultät, die sich neben der scholastischen Philosophie auch der Lehre des Quadriviums annahm, ferner die theologische, juristische und medizinische Fakultät.

Renaissance (1450–1520)

Ab der Mitte des 15. Jh. wuchs mit der Ausbildung des internationalen Verkehrs das städtische Leben, das sich wiederum in einem gesteigerten Wohlstand ausdrückte. Die aufgrund des anwachsenden Handels immer häufiger vorhandenen materiellen Kulturgüter beförderten das Bildungsbedürfnis der Aristokratie und des Großbürgertums. Etwa zur selben Zeit griff der in Italien bereits Mitte des 14. Jh. herrschende Zeitgeist der ‚Renaissance' (Wiedergeburt) auf Zentral- und Westeuropa über. Wie in der Antike war der Mensch nun wieder das „Maß aller Dinge", freilich unter dem immer noch einflussreichen Oktroy der Kirche. Vor allem die Sprache stand als distinktives Merkmal gegenüber den Tieren im Zentrum des Interesses; da die klassischen Sprachen schon immer als modellhaft und idealtypisch angesehen wurden, kreiste das Interesse im Renaissance-Humanismus besonders um die Beschäftigung mit der antiken Literatur. Befeuert wurden die neue Geisteshaltung und die Nachfrage nach antiker Literatur durch die Erfindung des Buchdrucks (1450), die nach der Eroberung Konstantinopels (1453) zahlreich nach Westeuropa einwandernden griechisch-byzantinischen Gelehrten sowie die später einsetzende Reformation (seit 1517), deren Vertreter im Streit um die Auslegung der Bibel eine genaue Kenntnis des Lateinischen, Griechischen und Hebräischen verlangten. Das auf diese Art und Weise wieder erstarkte Griechisch wurde vor allem von JOHANN REUCHLIN (1455–1522) und ERASMUS VON ROTTERDAM (1466/69–1536) gefördert. Das dem ciceronischen Stilideal nacheifernde Latein des Renaissance-Humanismus, das die Lektüre sowohl christlicher als auch heidnischer Autoren vorsah, war als *Lingua franca* unentbehrlicher denn je, fungierte aber nun auch als sprachliches Vehikel neu entstehender wissenschaftlicher Traktate.

Reformation (1520–1648)

Die erste Generation der Humanisten verband mit den Reformatoren die Ablehnung der scholastischen Philosophie und Theologie, die Missbilligung des Zölibats und der Widerstand gegen das erpresserische Gebaren Roms, doch entwickelte MARTIN LUTHER (1483–1546) eine Antipathie gegen die heidnische Philosophie, die progressive Naturwissenschaftsfreudigkeit sowie das Genussleben der Humanisten (PAULSEN 1919, 182 f.). Zu den

Sprachen und Wissenschaften hatte LUTHERS Freund und Wegbegleiter, PHILIPP MELANCHTHON (1497–1560), ein weitaus näheres und innigeres Verhältnis als jener. Er war es, der die Studien in den Reichsteilen, die sich der neuen Lehre anschlossen, einheitlich im humanistischen Sinne reformierte und damit das protestantische Gelehrtenschulwesen schuf (SCHWEITZER ET AL. 2010). Seine Verdienste sind die Leitung der Organisation der Universitäten und Gelehrtenschulen (auf Basis der kursächsischen Schulordnung von 1528), die Ausbildung der Lehrer der protestantischen Universitäten und Schulen und die Abfassung von Lehrbüchern für den Unterricht. Zu diesen der weltlichen Obrigkeit unterstehenden städtischen Schulen gesellten sich ab den 1540er Jahren erstmals *staatliche Gelehrtenschulen* mit landesherrlichen Schulordnungen dazu.

In den katholischen Reichsteilen fiel dem von IGNATIUS VON LOYOLA 1534 ins Leben gerufenen Jesuiten-Orden die Rolle MELANCHTHONS zu, der ab ca. 1550 im Zeitalter der Gegenreformation als expliziter Lehr-, Studien- und Schulorden mit seinen Kollegien das römisch-katholische Gelehrtenschulwesen neu begründete und mit seinem dreistufigen Lehrgang (grammatisch-rhetorischer, philosophischer, theologischer Unterricht) und derselben Maxime wie die protestantischen Lateinschulen – *sapiens et eloquens pietas* – den katholischen Unterricht bis ca. 1770 dominierte (SCHRÖTELER 1940).

Frühe Neuzeit/Aufklärung (1650–1750)

Der Dreißigjährige Krieg (1618–1648) und seine ruinösen Folgen hatten günstige Voraussetzungen geschaffen für einen neuen Zeitgeist: die Aufklärung. Die neue, aufgeklärte weltliche Obrigkeit war mit ihrem modernen Verwaltungsstaat darum bemüht, die Wissenschaften und das Schulwesen zu fördern, um möglichst viele Staatsbürger an diesen geistigen Strömungen teilhaben zu lassen und fähige Militär- und Zivilbeamte heranzubilden: Lag der Fokus zuvor auf der Gelehrtenschule, galt die Fürsorge nun zusätzlich der *Volksschule* mit der versuchten Implementierung von Schulzwang und Schulordnungen; schließlich dämpfte die Förderung der Politik- und vor allem der Naturwissenschaften das Selbstbewusstsein der Altertumsstudien, was sich im literarischen Diskurs der von Frankreich ausgehenden *Querelle des Anciens et des Modernes* am Ende des 17. Jh. niederschlug (KUHNLE 2005). Den vormals klassischen Humanismus mit der Betonung der Modellhaftigkeit der Antike und ihrer Sprachen ersetzte infolge der Strahlkraft des französischen Hofes das Bildungsideal des vollkommenen Hofmannes (Galantismus), der sich an eigens hierfür eingerichteten ‚Ritterakademien' den für seine Ausbildung nützlichen Disziplinen (Französisch,

Reiten, Fechten etc.) widmen sollte. Latein war auch an den Ritterakademien unentbehrlich, aber Griechisch und Hebräisch wichen dort den modernen Fremdsprachen (FUHRMANN 2001, 82–87). Nachdem sich das Deutsche durch die aufkommende Nationalliteratur auch an den Universitäten als Gebrauchssprache durchzusetzen begonnen hatte (APEL 1999, 113), wurden die Alten Sprachen, auch das Lateinische, durch die Forderung der Bildungsreformer RATICHIUS (1571–1635; SEILER 1931) und COMENIUS (1592–1670; SCHALLER 1962) weiter geschwächt, nämlich den Unterricht mit der Muttersprache beginnen zu lassen und nur Aspiranten entsprechender Berufsgruppen in den Alten Sprachen zu unterweisen. Eine weitere methodische Forderung bestand darin, die Sprache nicht aus einer Grammatik, sondern die Grammatik einer Sprache an und aus ihr zu erlernen – Ansätze der induktiven Grammatikeinführung. Ein weiterer, inhaltlicher Reformansatz forderte den Unterricht nicht nur der Sprachen, sondern auch der Realien im Medium des Lateinischen, was bei den Philanthropen in der Begründung der Realschule münden sollte (BLÄTTNER 1960, 35 f.). Vor allem COMENIUS, der neben seinem wohl bekanntesten Buch, *Orbis sensualium pictus* (vgl. Kap. 4.1), auch berühmte Lateinlehrbücher *(vestibulum, Ianua linguarum reserata)* verfasste, stellte in seiner noch viel berühmteren *Didactica magna* (1657) weitere inhaltliche, institutionelle und methodische Forderungen auf, wie z. B. Allgemeinbildung, Koedukation, allgemeine Schulpflicht oder unterrichtsmethodische Prinzipien wie die Stundenartikulation oder ,vom Leichten zum Schweren'. Doch durch das Vordringen der Realien-Fächer sowie das Aufkommen des Französischen als europäische *Lingua franca* und des selbstbewusster werdenden Deutschen als eigene Literatursprache erfuhren die Alten Sprachen einen bis dahin noch nicht gekannten Ansehensverlust, sodass um 1800 in Deutschland so gut wie neun Zehntel aller Bücher auf Deutsch erschienen (MATTHIESSEN 1979, 19). Während das Christentum und das Altertum in der Gelehrtenschule des 16. Jh. die Hauptkomponenten gebildet hatten, verlieh das Gymnasium gegen Ende des 17. Jh. den Realien und national-politischen Inhalten, vor allem dem Deutschen, mehr Gewicht.

Philanthrop(in)ismus/Neuhumanismus (1750–1830)

Aus dem Umfeld dieser geistesgeschichtlichen und soziopolitischen Entwicklungen nahmen mit Blick auf die Bildungsgeschichte zwei Bewegungen ihren Ausgang, an deren Ende das Lateinische einen Rollenwechsel von der einstigen *Lingua franca* zur wichtigsten historischen Sprache Europas, zur Bildungssprache ohne praktischen Anwendungsbezug vollzogen haben sollte (LEONHARDT 2009, 260, 264). Es sind dies zum einen die pädagogische Reformbewegung der Philanthropen, der die Reformtendenz des ‚Galantismus' vorausgegangen war und die ihren Namen von der 1774 durch BASEDOW (1724–1790) in Dessau gegründeten Erziehungs- und Unterrichtsanstalt ‚Philanthropin' erhielt, zum anderen der erst von FRIEDRICH PAULSEN (1846–1908) so genannte ‚Neuhumanismus', der sich der reformierenden Erneuerung der klassischen Studien verschrieb.

In der Frage des gemäß dem Alter und den geistigen Fähigkeiten gegliederten Schulsystems herrschte zwischen den Philanthropen und den Neuhumanisten weitgehend Übereinstimmung. An der Frage der Nützlichkeit des altsprachlichen Unterrichts hingegen schieden sich die Geister (DIETRICH 1971). Der altsprachliche Unterricht wurde von den ersten Neuhumanisten neu justiert, den Göttinger Altertumswissenschaftlern JOHANN MATTHIAS GESNER (1691–1761) und seinem Nachfolger CHRISTIAN GOTTLOB HEYNE (1729–1812). Sie betonten die kulturelle Überlieferung für die Bildung des Menschen, maßen dem Griechentum eine weitaus wichtigere Rolle zu als dem nur epigonalen Latein und verlagerten den Schwerpunkt von der Imitation der antiken Schriften auf deren Interpretation (APEL 1999, 113 f.). In ähnlicher Weise äußerten sich JOHANN AUGUST ERNESTI (1707–1781) und FRIEDRICH AUGUST WOLF (1759–1824), der Begründer der Klassischen Philologie als eigener Disziplin und eines von mittel- und neulateinischen Autoren bereinigten, klassischen Schulkanons. Während das Lateinische also im gelehrten Unterricht nun stark mit Griechisch und den anderen modernen Fremdsprachen konkurrieren musste und eine eindeutige Tendenz hin zur passiven Sprachkompetenz als methodische Richtschnur etabliert war, konnte es sich seine Stellung als europäische Bildungssprache par excellence aneignen und behaupten. Hierzu trugen bei: die Antikenbegeisterung des neuhumanistischen Zeitalters mit der Entdeckung Herculaneums und Pompejis, die über Latein und Griechisch zu erreichende sprachliche Bildung, das Postulat der über Latein und Griechisch zu erreichenden ‚formalen Bildung', die Begründung der Philologie als eigenständiger Wissenschaft und die Neuentdeckung des Historischen (mittelalterliche deutsche Literatur, Hieroglyphen, Keilschrift, Sanskrit etc.) (LEONHARDT 2009, 257–64). Von epochaler Bedeutung für die Reform und Neukonstituierung der früheren Lateinschule und den Lehrberuf ist WILHELM VON HUMBOLDT (1767–1835). Er wirkte an der preußischen ‚Sektion des Kultus und des öffentlichen Unterrichts' zwar nur anderthalb Jahre (1809–10), vermochte aber den Alten Sprachen den Löwenanteil des nun mehr 10-jährigen neuhumanistischen Gymnasiums zuzuweisen, das er im Gegensatz zu den Philanthropen als einzige weiterführende, zugleich Allgemeinbildung vermittelnde und allein zum Hochschulzugang berechtigende Schule vorsah (SPRANGER 1965). Seine weiteren Vorstellungen fanden ihren Niederschlag in den von seinem Nachfolger SÜVERN verabschiedeten, so grundlegenden und richtungsweisenden Erlassen zur Regelung der Lehramtsprüfung (1810), der Abiturmodalitäten (1812) und sog. Schulverfassungen (= Lehrpläne, 1816). Das Humboldt'sche *examen pro facultate docendi* sah eine auf alle Gegenstände des Gymnasiums eingehende, umfassende Prüfung vor, die einen Allround-Lehrer für alle Fächer hervorzubringen bestimmt war. In den Hauptfächern, zu denen Latein und Griechisch gehörten, wurden eine schriftliche und eine mündliche Prüfung sowie ‚Probelektionen' verlangt (BLÄTTNER 1960, 147). Die Humboldt-Süvern'sche Abiturientenprüfung sah einen schriftlichen Aufsatz in Latein vor, im Rahmen der mündlichen Prüfung wurde bei der Interpretation der Autoren lateinisch gesprochen (BLÄTTNER 1960, 125).

Reaktion und Kaiserreich bis 1918

Der infolge der napoleonischen Kriege aufgetretenen national-liberalen Revolutionsstimmung versuchten die politischen Vertreter der einflussreichsten Staaten im Deutschen Bund durch die sog. Karlsbader Beschlüsse von 1819 beizukommen; eine Zeit konservativ-reaktionärer Staatsführung setzte ein und prägte die kommenden Jahrzehnte. Auch in der Schulpolitik setze man wieder einen anderen Akzent, der den philhellenisch-idealistischen Duktus HUMBOLDTS revidierte. Man sah in der altgriechischen Literatur den für die Reaktionszeit zu freiheitsliebenden und freidenkerischen Geist des alten Griechentums, der dem Ansinnen der politischen Führung ungelegen kam, und das Römertum stand seit jeher für Vaterlandsliebe, Sittenstrenge und Gehorsam (MATTHIESSEN 1979, 30); SÜVERNS Nachfolger im Amt, JOHANNES SCHULZE (1786–1869), stärkte infolgedessen dem Lateinunterricht gegenüber dem Griechisch-, Mathematik- und Deutschunterricht über die Stundenkontingentierung wieder den Rücken. Neben dieser numerischen Steigerung machte er auch wieder die aktive Sprachbeherrschung (Lateinschreiben und Lateinsprechen) anhand der Autoren CAESAR und CICERO zum Richtziel des Lateinunterrichts und verlangte den Abiturienten bei der mündlichen Prüfung ab, „ihre Geübtheit im lateinischen Sprechen zu zeigen" (FRITSCH 1990, 38). Das neuhumanistisch-preußische Gymnasium war – zum Leidwesen vieler bald überforderter Schüler – zur einseitigen Sprachschule geworden (BLÄTTNER 1960, 126 f.; zu den Stundenkontingenten des Faches Latein im Vergleich mit anderen Hauptfächern: FUHRMANN 2001, 148 f., 174; BLÄTTNER 1960, 127 ff.; KRATZ 1902).

Latein erlebte als Schulfach angesichts des Stundenkontingents und des verstärkt auf aktive Sprachproduktion abstellenden lat. Aufsatzes und Extemporales um die Mitte des 19. Jh. eine von den Schulbehörden gewollte Hochkonjunktur. Einen Rückgang der gymnasialen Lateinstudien leiteten erst die Überforderungs- und Nutzlosigkeitsklagen der Schüler- und Elternschaft ein. Die unmittelbaren Folgen waren die Stundenreduktion und der Wegfall des lat. Aufsatzes 1892, womit das Lateinschreiben als Lernziel aufgegeben wurde. Mit der im Anschluss an die Schulkonferenz von 1900 erfolgten Gleichberechtigung der Reifezeugnisse aller höheren Schulen (Gymnasium, Realgymnasium, lateinlose Oberrealschule) setzte sich der quantitative Rückgang der humanistischen Bildung im Schüleranteil der weiterführenden Schulen fort, da nur noch für das Theologiestudium – und in Bayern auch für das Jurastudium – ein altsprachliches Abitur Voraussetzung war (FUHRMANN 2001, 216).

Weimarer Republik (1919–1933) und NS-Zeit (1933–1945)

Der im Zuge der Reichsgründung (1871) aufgekommene Nationalismus und die zahlreichen reformpädagogischen Bewegungen prägten die Bildungspolitik vor und während der Weimarer Republik entscheidend mit. Die alten Kritikpunkte am Lateinunterricht (unzeitgemäß, elitär, überfordernd, nicht kindgemäß, sozial selektiv und reaktionär; APEL 1999, 115), der mit seinen römischen Idealen *(fides, auctoritas, labor, pietas etc.)* kein nachahmenswertes Leitbild für die Jugend eines demokratischen Staates verkörpere, wurden wieder mehrfach vorgebracht. HANS RICHERT (1869–1940) war als preußischer Ministerialrat nach der Reichsschulkonferenz von 1920 federführend für die Gymnasialreform zuständig. Er propagierte neben dem humanistischen und realienkundlichen auch einen national-politischen Erziehungsauftrag: Der Unterricht in den Alten Sprachen (Latein mit 53 Stunden, Griechisch mit 36) sollte auf den kulturellen Beitrag der Griechen und Römer zur Entstehung der deutschen Kultur abgeklopft werden und als Kontrastfolie im Rahmen einer historischen Kommunikation dienen (KRANZ 1926). 1925 fiel die deutsch-lateinische Hinübersetzung in der Abiturprüfung zugunsten einer lateinisch-deutschen Herübersetzung weg, während in der Unter- und Mittelstufe noch an entsprechenden Stilübungen festgehalten wurde (BAUDER 2006, 126).

Mit der Machtübernahme der Nationalsozialisten folgte 1934 die Einrichtung eines Reichserziehungsministeriums, dem BERNHARD RUST (1883–1945) in Personalunion als preußischer Kultusminister und Reichsminister für Wissenschaft, Erziehung und Volksbildung vorstand. Alle weiterführenden Schulen wurden zum Zwecke der früheren Einberufung wehrfähiger Männer auf acht Jahre beschränkt und das Realgymnasium, die Oberrealschule und Deutsche Oberschule umgetauft in „Oberschule" mit einem sprachlichen und mathematisch-naturwissenschaftlichen Zweig. Unter Rusts Einfluss erfuhr der altsprachliche Unterricht auch seine einseitige, völkische Prägung: Aischylos' *Perser* und Platons *Politeia* rangierten als bevorzugte griechische Lektüre ganz oben, Cäsars Werke, römische Historiker und Tacitus' *Germania* standen im Lateinunterricht hoch im Kurs (Matthiessen 1979, 37). Der von Rust eingeführte Lehrplan von 1938 („Erziehung und Unterricht in der höheren Schule") sah zudem nur noch das lateinisch-deutsche Verfahren vor (Bauder 2006, 126).

Nachkriegsdeutschland bis zur curricularen Wende (1945–1970)
In der DDR wurden zwischen 1950 und 1965 an den C-Zweigen der Oberschulen – auch in den neusprachlichen oder naturwissenschaftlichen – Altsprachenklassen beibehalten, die mit der Einrichtung des 12-jährigen sozialistischen Bildungswesens (Polytechnische Oberschule bis zur 10. Klasse; Erweiterte Oberschule: 11./12. Klasse) aufgehoben wurden, sodass Latein, außer an neun Restschulen mit Altsprachenklassen, prinzipiell nur noch an der EOS als Wahlpflichtfach belegbar war (Bauder 1999). In der Bundesrepublik Deutschland der 50er Jahre erlebte das nun wieder 9-jährige deutsche Gymnasium (Kraul 1984), das seit dem Düsseldorfer Abkommen von 1955 der gemeinsame Name für Gymnasium, Realgymnasium und Oberrealschule war, eine kurzzeitige Hochphase, bis der altsprachliche Unterricht Mitte der 60er Jahre einen weiteren herben Schlag hinnehmen musste. Es waren vor allem zwei Entwicklungen, die Latein und Griechisch zeitgleich schwächten: Erstens entzog das 1964 zur Vereinheitlichung des Bildungswesens von den jeweiligen Kultusministern unterzeichnete ‚Hamburger Abkommen' dem Lateinischen das Monopol als gymnasiale Eingangssprache, indem fakultativ eine andere moderne Fremdsprache (meistens Englisch) ab der fünften Klasse wählbar wurde; die zweite Entwicklung speiste sich aus den altbekannten Vorwürfen und ist zum einen mit dem Namen Georg Picht (1913–1982) („Die deutsche Bildungskatastrophe", 1964), zum anderen vor allem mit Saul B. Robinsohn (1916–1972) verbunden, der Galionsfigur der curricularen Wende. Im Zuge der Lehrplanmodernisierungsdebatte der 60er Jahre übte er Kritik an der traditionell erbten, Veränderung ablehnenden, elitären, nicht-kompetenzorientierten Bildung, wies an vier Aspekten auf die Dringlichkeit einer Reform des Bildungswesens hin (ökonomisch-statistisch: Bedarf an qualifizierten Arbeitskräften, sozial-

politisch: Bildung als Bürgerrecht, organisatorisch-technisch: Aufkommen neuer Unterrichtsformen, Bildungsinhalte: Operationalisierung der Inhalte nach Zielen, Medien und Lernzielkontrollen) und fällte nach der Forderung, zusätzlich zu den Naturwissenschaften auch die Bildungs- und Sozialwissenschaften in den Dienst der Reform zu stellen, ein vernichtendes Verdikt gegen die Alten Sprachen, das auf große Resonanz in der deutschen Bildungslandschaft stieß. Neben der kulturpessimistischen Eigenart der klassisch-humanistischen Bildung und ihrer Vertreter machte er insbesondere eine unreflektierte Berufung auf den Modellcharakter der klassischen Welt für dieses Scheitern verantwortlich (vgl. ROBINSOHN 1971, 18 f.).

Gegenwärtige Tendenzen seit der curricularen Wende (1970 bis jetzt)
Die curriculare Wende zeitigte hierauf die bis 1992 gültigen curricularen Lehrpläne, die Einrichtung neuer gymnasialer Zweige, den Ausbau des naturwissenschaftlichen und sozialkundlichen Unterrichts und eine Oberstufenreform mit dem Leistungskurssystem und der Abwahlmöglichkeit der für eine Spezialisierung hinderlichen Fächer – hierzu zählten auch Latein und vor allem Griechisch (APEL 1999, 116). Nach der Neuausrichtung des Lateinunterrichts durch die Neuhumanisten waren die Fachvertreter der Alten Sprachen erneut gefordert, den nun in Abrede gestellten Wert der klassischen Bildung an sich und damit sowohl das Ansehen des Faches als auch dessen Verbleib im Kanon der Schulfächer zu retten. Der Didaktische Ausschuss des Deutschen Altphilologenverbandes (DAV) unter Leitung von KARL BAYER (1920–2009) formulierte ein Grundsatzprogramm zu den Zielen des Latein- und Griechischunterrichts (Oktober 1970) neu, erstellte die Beschreibungen des Faches Latein in einem Lernzielkatalog unter Zuhilfenahme einer Lernzielmatrix, die sog. DAV-Matrix (Mai 1971) mit ihren vier Inhaltsbereichen *(Sprache, Literatur, Gesellschaft/Staat/Geschichte* und *Grundfragen menschlicher Existenz [Humanismus])*, und gab Materialien zur Information der Eltern über den Unterricht in den Alten Sprachen (Juli 1971) heraus (KIPF 2006, 194). Mit der auf diese Weise erfolgten Versachlichung der Debatte über die Existenzberechtigung des Latein- und Griechischunterrichts am deutschen Gymnasium gelang es, den Lateinunterricht für die Zukunft auf eine breitere fachapologetische Basis zu stellen (Sprache, Text, Kultur, existenzielle Grundfragen). Inhaltlich fand eine qualitative Verschiebung statt, indem der Spracherwerbsunterricht seit dieser Zeit vor allem eine propädeutische Funktion für den als wichtiger geltenden Lektüreunterricht hatte, der auch wieder das Mittel- und Neulateinische mit einbezog und stärker als bisher die Interpretation mit der in den Schul-

aufgaben und Klausuren der Mittel- und Oberstufe verbindlichen Interpretationsaufgabe (vgl. Kap. 7) umfasste, ferner auch den als typisches altsprachliches Bildungsmoment geltenden ‚existenziellen Transfer' (MUNDING 1985) und ein fächerübergreifendes Denken; eine quantitative, inhaltliche Verlagerung erfolgte dadurch, dass vor allem der Kultur der Antike ein wesentlich stärkeres Gewicht beigemessen wurde; methodische Neuerungen waren die sich in den Lehrbüchern niederschlagende Textmethode, die Gründung des zu lernenden Wortschatzes auf Häufigkeitsstatistiken (vgl. Kap. 3.2) und das immer stärkere Zurückdrängen der deutsch-lateinischen Übersetzung, die gegenwärtig nur noch in der Unterstufe von L_1-Gymnasien betrieben wird (OERTEL 2013, 37).

Auf die bildungspolitischen Herausforderungen der deutschen Wiedervereinigung (1990), den öffentlichen Aufschrei infolge des PISA-Schocks (2000), der sich in der Verkürzung der gymnasialen Schulzeit von neun auf acht Jahre (ab 2003 in fast allen Bundesländern) sowie der Einführung nationaler Bildungsstandards (2003/04) und kompetenzorientierter Lehrpläne niederschlug, reagierte der altsprachliche Unterricht mit jeweils neuen Lehrwerksangeboten, die den veränderten Stundenkontingenten und didaktisch-methodischen Anforderungen (Grundwissen, kompetenzorientierte Aufgaben, Ausgewogenheit zwischen Sprache, Kultur und Motivation des Schülers) gerecht zu werden bemüht waren.

Für all diese Entwicklungen waren und sind die globalen geistesgeschichtlichen, sozioökonomischen und politischen Umwälzungen verantwortlich zu machen, unter deren Diktat auch die Bildungs- und Schulpolitik stand und steht. Der Lateinunterricht kann in der Zukunft – neben seiner ohnehin schon etablierten Multivalenz (die Überzeugung, dass Latein eben nicht nur ein Sprachfach sei, sondern viele andere Inhalte vermittle) – seine besondere Kraft aus der verstärkten Präsenz der Antike in der Alltagskultur der Gegenwart schöpfen (vgl. Kap. 13).

1.2 Status quo des Lateinischen als Unterrichtsfach

Verfolgt man die **Entwicklung der Lateinschülerzahlen an allgemeinbildenden Schulen** in der Bundesrepublik Deutschland von 2001 bis 2016, so lassen sich folgende Tendenzen bzgl. der Gesamtschülerzahl ausmachen (vgl. die Publikation „Bildung und Kultur – allgemeinbildende Schulen" des STATISTISCHEN BUNDESAMTES in Wiesbaden, Fachserie 11, Reihe 1 zu den jeweiligen Schuljahren sowie die Berichte zu der Lage des altsprachlichen Unterrichts in Deutschland im Forum Classicum: SCHÖNEICH 2005/2007/ 2008/2009; MEURER 2010/2011; MERKLER/MEURER 2012/2013; BEHRENDT/

KORN 2016): Ab dem Jahr 2001 ist ein Anstieg der Lateinschülerzahl zu verzeichnen, der bis 2008/09 anhielt. Dieser Aufwärtstrend, den Latein für sich verbuchen konnte, mag mehrere Gründe haben. Einer ist sicherlich das öffentliche Interesse an der Antike in Film und Fernsehen. Ein zweiter Grund dürfte die infolge des Pisa-Schocks forcierte Wahrnehmung von Latein als Bildungsfach *par excellence* bzw. als eminent gymnasiales Distinktionsfach vonseiten der Elternschaft sein. Ein dritter Grund könnten wohl auch die Lehrwerke der 4. Generation (vgl. Kap. 4.1) sein, die sich optisch attraktiv, methodisch modern und breit vernetzt – quasi als Spiegelbild des Lateinunterrichts – präsentieren (MEURER 2010, 120). Mit Blick auf das ab dem Schuljahr 2009/10 sinkende Interesse an Latein als Unterrichtsfach können auch wieder mehrere Gründe namhaft gemacht werden: Sicherlich spielt mit hinein, dass der Erwerb des Latinums für immer weniger Studiengänge von Bedeutung ist (BEHRENDT/KORN 2016, 157), ferner sind die Negativauswirkungen des G8 spürbar. Indirekt steht damit in Zusammenhang sicher auch die subjektive Wahrnehmung, dass Latein mit seinem Formenreichtum im Vergleich „zu neuen Fremdsprachen wie etwa Spanisch als ‚viel schwerer' gilt", zusätzlich prüft es mit Altgriechisch als Alleinstellungsmerkmal die Fertigkeit der ‚Übersetzung' im Gegensatz zur ‚Sprachmittlung' in den anderen Sprachen (BEHRENDT/KORN 2016, 156; vgl. Kap. 5). Dieses Phänomen bestärkt die Präferenz von Gymnasialtypen mit nur zwei Fremdsprachen. Von einer erneuten Existenzkrise kann allerdings noch keine Rede sein, zumal es regional erhebliche Unterschiede gibt (vgl. hierzu im Folgenden MALECKI 2016, 20 f.):

Im Schuljahr 2014/15 war Englisch in allen Bundesländern mit Ausnahme des Saarlandes mit großem Abstand die am häufigsten erlernte Sprache, gefolgt von Französisch als zweithäufigster Fremdsprache, mit Ausnahme von Bremen und Hamburg, wo Spanisch diesen Platz einnahm. In den Flächenländern hat Latein nach wie vor eine größere Schülerklientel und nimmt damit insgesamt Platz 3 ein. Besonders hoch war der Anteil traditionell in Bayern sowie Schleswig-Holstein, Nordrhein-Westfalen und Rheinland-Pfalz.

Was die **Sprachenfolge am Gymnasium** anbelangt, wird L_1 in folgenden Ländern in der 5. Klasse angeboten: Brandenburg, Berlin, Hessen, Schleswig-Holstein (5 Schulen) und Bayern; in Sachsen, Nordrhein-Westfalen und Baden-Württemberg ist Latein in der 5. Klasse die vorgezogene 2. Fremdsprache, weil dort die 1. Fremdsprache schon in der Grundschule unterrichtet wird. Bayern, Berlin, Hessen, Hamburg, Sachsen-Anhalt, Niedersachsen, Mecklenburg-Vorpommern und Schleswig-Holstein bieten Latein und

Englisch parallel an („Latein plus", vgl. Kap. 12.2). In allen Bundesländern kann Latein als 2. Fremdsprache gewählt werden, als 3. Fremdsprache ist es in vielen Bundesländern möglich, nur Bayern bietet diesen Lehrgang nicht an (MERKLER/MEURER 2013, 194). Im gesamten Bundesgebiet stagniert die **Zahl der unterrichtenden Lateinlehrer** oder ist leicht rückläufig, obwohl es hier bundeslandspezifische Unterschiede gibt (MERKLER/MEURER 2013, 188). Auch wenn die Lateinschülerzahlen – geht man von der Hoch-Zeit des Faches 2008/09 aus – wieder auf das Niveau von 2004/05 gesunken sind, so ist der L_2-Lehrgang die feste Bastion an deutschen Gymnasien und integrierten Gesamtschulen, auf die auch noch weiterhin gebaut werden kann. Wie sich die Wende zur Kompetenzorientierung längerfristig auf das Fachverständnis, die Unterrichtsmethoden und die Akzeptanz bei Schülern auswirken wird, bleibt hingegen abzuwarten (vgl. Kap. 14).

1.3 Fachleistungen des Lateinischen als Unterrichtsfach

Sprache

Vertieftes Sprachverständnis oder *metasprachliches Wissen*
Das Schulfach Latein führt systematisch in die Ordnungskategorien der Grammatik ein (WESTPHALEN 1992, 54–56) und vermittelt die deskriptive Metasprache der grammatischen Fachterminologie besser als moderne Fremdsprachen. Während Schüler ohne vorheriges Latein beispielsweise oft Probleme mit dem Auseinanderhalten der *ing*-Form im Englischen – Partizip oder Gerund – haben, sind Schülern mit vorherigem Latein die Funktionen deutlich klarer vor Augen (MAIER 2008c, 24–28). Das vertiefte Sprachverständnis kann angesichts der Zielsetzung des Gemeinsamen Europäischen Referenzrahmens[1], sowohl Mehrsprachigkeit (MEISSNER/REINFRIED 1998) als auch intersprachliche Vergleichbarkeit zu gewährleisten, in seiner Bedeutung gar nicht genug betont werden.

Erhöhung der *muttersprachlichen Kompetenz*
Neben einer vertieften Vermittlung auch der deutschen **Grammatik** (z. B. Wortstamm, Endungen, Satzglieder) ergeben sich im *lexikalisch-semantischen* Bereich durch die Polysemie lateinischer Wörter Wortgleichungen, die implizit das Bewusstsein für Synonymik (*timidus* = „scheu, schüchtern, furchtsam"), Stilebene (*cunctari* = „zögern" und „zaudern"), für Diathesenindifferenz (*laetus* = „erfreut, fröhlich" vs. „erfreuend, fröhlich") und für den historiolinguistischen Sprachstand (*varius* = „mannigfaltig" und „ver-

---

1 http://www.europaeischer-referenzrahmen.de (letzter Zugriff am 07.07.2017).

schieden"; *contumelia* = „Schmach" und „Schande") schärfen oder schlichtweg die lexikalische Unvertrautheit mit vielen fachsprachlichen (*opus* = „Schanzarbeit", *clipeus* = „der Schild" etc.) oder gewöhnlichen Wörtern (*insipiens* = „der Tor", *virtus* = „Tugend", *vitium* = „das Laster"; vgl. NATZEL-GLEI 2005, 50) ausmerzen. Die sprachstrukturellen Unterschiede (AcI, Partizipialkonstruktionen, Gerundialien) zwingen den Lateinlerner als Übersetzenden stets, das Potential *syntaktischer Ausdrucksmöglichkeiten* auszuschöpfen (vgl. Kap. 5). Nicht zuletzt leistet der Lateinunterricht auch einen wertvollen Beitrag zur Korrektur muttersprachlicher Inkompetenz im *Stil,* wie er allerhöchstens noch im gehobenen Deutschunterricht erfolgen kann: Dass man „eines Vorteils entbehrt" oder „der Toten gedenkt", wird oft nicht gewusst. Auch der Konjunktiv wird im Deutschen wegen seiner diffizilen Verwendungsweise gemieden. Deutsche Sprache, schwere Sprache? Auf jeden Fall: leichter mit Latein!

Förderung des *Transfers / problemlösenden Denkens*
Von Lateingegnern wurde und wird zu Recht Einwand gegen das früher oft vertretene Argument erhoben, Latein fördere das logische Denken. Entstanden ist der Mythos von der Förderung des logischen Denkens durch ungeschickte Formulierung einflussreicher Didaktiker und Altphilologen (z. B. MAIER 1979, 173: „Die lateinische Sprache kann dem Denken auf die Sprünge helfen; durch die ihr innewohnende Systematik und *Logik*"), die damit allerdings etwas anderes gemeint haben: Im Rahmen des De- und Rekodierungsvorgangs müssen Lateinschüler komplexe Denkoperationen präzise ausführen, nämlich „Identifizieren, Analysieren, Transformieren" (MAIER 2008 c, 35). In einer 2000 erhobenen Studie (HAAG/STERN 2000), die genau jene gern missverstandene Behauptung plakativ pauschalisierte, sollten „Lateiner" und „Nichtlateiner" klassische Syllogismen verstehen und unter fünf angegebenen Antwortmöglichkeiten die richtige auswählen. Da Lateiner im Sprachunterricht nicht in der übersprachlich gültigen Wissenschaft vom richtigen Denken und damit dem logischen Schluss geschult werden, sollte von dieser Kohorte auch kein besseres Abschneiden erwartet werden (WIRTH 2011, 134 f.). Als Vorschlag für das, was fälschlicherweise durch „logisches Denken" ausgedrückt worden war, sei hiermit unterbreitet: *strukturiertes, kombinatorisches* und *problemlösendes Denken.*

Brücke zu modernen Fremdsprachen: *interlingualer Transfer*
Dass das *lexikalische* Erbe des Lateinischen in den heutigen romanischen Sprachen fortlebt, ist unbestritten (WESTPHALEN 1992, 22 f.). Das wohl am öftesten angeführte Argument, dass Latein eine sinnvolle Basis für das Erlernen der romanischen Sprachen sei, ist von dem Schulpädagogen LUDWIG HAAG und der Lehr- und Lernforscherin ELSBETH STERN in einer weiteren Studie aus dem Jahr 2003 bezweifelt worden, deren strittige These jedenfalls von WESTPHALEN (2003) und WIRTH (2011) entkräftet worden ist. Im Gegenteil: Wer Latein als Basis- oder Referenzsprache hat, verfügt über eine weitaus größere Assoziationsgrundlage und Transferquelle: Das (Augen-)Licht heißt im Lateinischen *lumen*, das (Tages-)Licht *lux*. Ein Spanier, der dazu *luz* sagt, versteht aber nicht ohne weiteres einen Katalanen, der *llum* sagt, wohingegen jemand mit Lateinkenntnissen beide Vokabeln versteht und ableiten kann (RISS 2000, 410). Genauso verhält es sich mit den lateinischen Wörtern *com-initiare* und *incipere* – ersteres mittellateinisch, letzteres klassisch –, die „anfangen, beginnen" bedeuten (frz.: *commencer;* ital.: *cominciare* vs. rum.: a *începe*). Es überrascht also nicht, dass der Lateinunterricht die Worterschließung durch explizite Strategien, Erläuterung von Lautwandelgesetzen und den Hinweis auf morphologische Verwandtschaften erheblich fördert und er so als **universelles Sprachenpropädeutikum** fungiert (MÜLLER-LANCÉ 2001, 103 f.).

Auch im *grammatischen* Verständnis hat derjenige Vorteile, der Latein gelernt hat: *Gesteigert* wird im Iberoromanischen und Rumänischen mit dem lautlich veränderten *magis*, im Französischen und Italienischen mit dem lautlich veränderten *plus*. Wer das *Kasussystem* aus dem Lateinischen kennt, wird mit den Flexionsendungen zum Ausdruck des Genitivs und Dativs im Rumänischen kaum Probleme haben, mit Italienisch und den anderen westromanischen Sprachen als Ausgangslage wohl schon (eine einschlägige Einführung zu den großen romanischen Sprachen als Fortentwicklung aus dem Lateinischen bietet NAGEL 2003; zu Englisch oder/und Latein [Latein plus] vgl. Kap. 12.2).

Rhetorische Bildung
Bereits in der Spracherwerbsphase erlernen Lateinschüler die ersten Stilmittel (wie z. B. Anapher, Alliteration etc.), um durchstilisierte Texte beschreiben und deren Wirkung herausstellen zu können. Besonders im Rahmen der Behandlung von CICERO als politischem Redner und Rhetoriklehrer in der Lektürephase befasst man sich mit rhetorischer Theorie und Praxis. Man lernt die **Funktionen** einer Rede kennen, vergegenwärtigt sich die zu

durchlaufenden *Arbeitsschritte* (Stofffindung, Gliederung, sprachliche Ausarbeitung, Memorieren, Vortrag), versteht den Gebrauch von *Stilmitteln* und deren *Aussageabsicht* (z. B. RIEMER ET AL. 2000, 103–110), analysiert *Manipulationsstrategien* (MAIER 2008 c, 42–47) in antiken und – im Rahmen *fächerübergreifender Aktualisierung* – in zeitgenössischen Reden, verfasst – *handlungs- und produktionsorientiert* – selbst Reden (UHL 2005) und übt den Einsatz *außersprachlicher Mittel* (Stimme, Mimik etc.) für einen erfolgreichen Vortrag (LASER 2005). Wer dürfte als Person wohl nicht von dem rhetorischen Wissen und Können, das Latein vermittelt, profitieren?

Literatur

Literarische Sprachbilder
Nicht nur in der hohen Literatur und in Zeitungsfeuilletons, sondern auch in Karikatur und Satire, Werbung, Design, Musiktexten und im Alltagsgespräch bedient man sich gerne prägnanter Metaphern und Metonymien, um in wenigen Worten ein ganzes Geflecht an Assoziationen mitzutransportieren. Wörter und Wendungen wie *Achillesferse, Damoklesschwert, Kassandraruf* oder *Pyrrhussieg* sind aus dem deutschen Sprachschatz nicht wegzudenken und sicherlich der Bewahrung würdig (MAIER 1992, 7 mit Angabe der Textstellen auf S. 155).

Europäische Grundtexte
Als Klassiker der Prosaschriftsteller ist allen voran CICERO zu nennen, der durch seine systematische *Erfassung der antiken Rhetorik* und durch seine *staatstheoretischen Schriften* sowie durch die umfassende Beschreibung des Epikureismus, der Akademie, des Peripatos und des Stoizismus in seinen *philosophischen Schriften* ein bleibendes Monument hinterlassen hat. Zu denken ist auch an VITRUVS Werk *De architectura,* das Grundlage für die moderne Baukunst geworden ist, oder an den spätantiken *Codex Iustinianus,* der maßgeblich für das europäische Rechtswesen wurde. Nicht zu unterschätzen sind auch die Traktate und Schriften der Kirchenväter, die das ganze Mittelalter dominierten, z. B. AUGUSTINUS' *Gottesstaat,* der einen *locus classicus* zur Frage nach dem insgesamt abzulehnenden ‚gerechten Krieg' bietet (MAIER 2008 c, 60 f.), und viele weitere berühmte Dichtungen der Antike, des Mittelalters und der frühen Neuzeit.

Textkompetenz
Im Rahmen der Kompetenzorientierung (vgl. Kap. 14) wurden in nun allen Rahmenlehrplänen der Bundesländer neben den Parallelkategorien der Sach-, Methoden-, Sozial- und Selbstkompetenz die drei Kompetenzbereiche ‚Sprache', ‚Text' und ‚Kultur' etabliert, mit dem Status als die DAV-Matrix aktualisierende Leitkategorien (KUHLMANN 2009, 16–18). Textkompetenz ist dabei als die fachunabhängige, funktionale Fähigkeit zu verstehen, lateinische Texte durch Erschließung, Übersetzung sowie Interpretation zu entschlüsseln, die Lehrbuch- und literarische Texte umfassen (KIPF 2015, 70). Man durchläuft also durch die methodische Palette von Übersetzung, Texterschließung und Interpretation die „Schule des Lesenlernens" (BARIÉ 1979, 9), die dadurch präziser und bewusster als z. B. im Deutschen wird, weil sich die Texte in ihrem lateinischen Original einem naiv-oberflächlichen Verstehen entziehen und man sie kritisch auf ihre Qualität hin zu überprüfen hat (RICHTER 2006, 4). Dass Latein das Textverständnis in der Muttersprache tatsächlich erheblich befördert, hat die 2001/02 an verschiedenen deutschen Universitäten veranstaltete LEBEK-Studie festgestellt (LEBEK 2004).

Literarische Kompetenz / literarisches Lernen
Die ehemalige Inhaltsklasse ‚Literatur' der DAV-Matrix scheint im etablierten Kompetenzkonzept von Sprache, Text und Kultur in den Bereichen ‚Text' und ‚Kultur' aufgegangen zu sein (KIPF 2015, 70). KIPF und KUHLMANN (2008, 34) haben dies dahingehend gedeutet, dass literarisches Lernen als (vermeintliche) Anhäufung trägen Handbuchwissens der prozess- und outputorientierten Kompetenztheorie entgegensteht. Literatur kann unter der vorhin skizzierten funktionalen Textkompetenz als komplexes Phänomen ihrem Bildungspotential nicht gerecht werden, „da insbesondere dem ästhetischen Aspekt mit der Relation von Form und Inhalt, der affektiven Ansprache des Lesers, dem offenen Umgang mit Fiktionalität sowie dem Nachdenken über Literatur kaum angemessen Aufmerksamkeit gewidmet wird" (KIPF 2015, 73, auf Basis von CULLER 2002, 45–53). Die von SPINNER (2006) ausgeführten Gedanken sind auch auf das literarische Lernen im Lateinunterricht übertragbar und könnten durch die Kombination von deklarativem, analytischem, prozeduralem und metakognitivem Wissen zu einer Literaturkompetenz aufgebaut werden (KIPF 2015, 71). Hierzu gehören Teilkompetenzen wie z. B. die *genaue Textwahrnehmung und subjektives Angesprochensein;* die *Übernahme von Perspektiven literarischer Figuren* kann zur Identifikation, aber auch zur Wahrnehmung von Andersartigkeit und Selbstreflexion führen; die Problematisierung des besonders in lateinischer

Kleindichtung vorhandenen Konzeptes der *persona* bzw. des *lyrischen Ichs* befähigt dazu, mit dem interpretatorisch oft als Verwirrung eingesetzten *Spiel von Fiktion und Wirklichkeit umzugehen,* außerdem gewinnt der Lateinschüler *prototypische Vorstellungen von den literarischen Genres* und ein *literarhistorisches Bewusstsein.*

Antike Kultur und ihr Fortleben
Fundamente der europäischen Kultur und Europa-Gedanke
Tatsächlich verdanken wir den Römern an materialen Kulturgütern infrastrukturelle Leistungen, wie den Straßenbau oder die Wasserversorgung von Städten, an immateriellen die sachlich fundierten, komplexen Darstellungen zur *Grammatik* (über den Griechen DIONYSIOS THRAX durch DONAT und PRISCIAN), *Rhetorik* (durch CICERO und QUINTILIAN), zum *Mythos* (durch HYGIN und OVID), zum *Rechtssystem* (durch IUSTINIAN) und *politischen System* (über HERODOTS Verfassungsdebatte, PLATONS *Politeia* und *Nomoi,* POLYBIOS' Kreislauf der Verfassungen zu CICEROS *De re publica,* AUGUSTINUS' *De civitate dei,* THOMAS VON AQUINS *De regimine principum* und THOMAS HOBBES' *Leviathan*), schließlich zur *Baukunst* (VITRUV).

All diese Aspekte der antik-römischen Kultur haben über das Vehikel der lateinischen Sprache eine identitätsstiftende Kraft entwickelt, die sich in den heutigen länderübergreifenden und ganz Europa umfassenden Traditionen widerspiegeln.

Menschen mit großer Wirkungsmacht im öffentlich-politischen Bereich
Im Lateinunterricht begegnet man auch Menschen, von denen man mit Fug und Recht behaupten kann, dass sie die Welt maßgeblich geprägt oder verändert haben. CAESAR romanisierte beiläufig das damalige Gallien, reformierte den Kalender (Einschaltung eines zusätzlichen Tages im Februar jedes vierten Jahres und ersatzlose Streichung des *mensis intercalaris*) mit dem *mensis Iulius* als Ehrenbezeugung und wurde zum Wegbereiter der künftigen Herrschaftsform des Prinzipats. Vielleicht findet sich in seinen vorgeblich nüchtern und sachlich dargestellten *commentarii* zum ersten Mal in der Literaturgeschichte das Moment der verzerrenden Berichterstattung zum Zwecke der Leserlenkung, wovon auch die heutige mediale Berichterstattung in Krisen- oder Kriegsgebieten gekennzeichnet ist. Auch wenn die Forschung ein insgesamt differenziertes Bild (Schlacht von Mutina und Staatsstreich 42 v. Chr.!) von OCTAVIAN, dem späteren AUGUSTUS, entworfen hat, zeichnete er doch auch als der personale Kristallisationspunkt der augusteischen Zeit außenpolitisch für die Grenzsicherung des

Reiches und Romanisierung Germaniens (z. B. Weinanbau), innenpolitisch für die wirtschaftliche, gesellschaftliche und administrative Neuordnung, verantwortlich, die dafür sorgen sollte, dass sich das kulturelle Leben und vor allem die augusteische Dichtung (VERGIL, HORAZ, OVID) zu ungekannten Höhen aufschwingen sollte und eine so reichhaltige Rezeption in Mittelalter und Neuzeit erst möglich machte. Schon diese zwei Beispiele illustrieren auf plastische Weise, inwiefern die Macher der großen römischen Politik auf die Nachwelt eingewirkt haben.

Existenzielle Grundfragen
Kernfach humanistischer Bildung
Angesichts der heutzutage weithin herrschenden Aporie, was denn Humanismus und humanistische Bildung sei (zur Begrifflichkeit vgl. STROH 2007, 152 ff., 269 f.), ist es schwer, dies als eine Leistung des Faches Latein auszumachen. Auch wenn der heutige Trend humanistischer Ideen dazu neigt, das Element der Sprachbildung zu verwerfen, hat er aber mit den Phasen des historischen Humanismus das Ideal der *Humanität,* also Menschlichkeit oder menschenwürdiger Daseinsgestaltung, gemeinsam (WESTPHALEN 1992, 31) und thematisiert diese Humanität in *geistiger, literarischer, ästhetischer* und auch *politischer Arbeit,* die auf *Erkenntnissen aus der Vergangenheit* beruht, außerdem verpflichtet er zu einem verantwortungsvollen Umgang gegenüber verschiedenen Instanzen: gegenüber *sich selbst,* dem *Nächsten,* der *Menschheit, Natur, Kultur, Sprache* und *Gott* (WESTPHALEN 1989a und 1989b). Dass die hier zusammengefassten Postulate selbstverständlich auch von anderen Fächern oder von der schulischen Bildung generell verwirklicht werden sollen und können, dürfte auf der Hand liegen. Versteht man Humanismus allerdings in der von GÜNTHER BÖHME herausgearbeiteten „Dreiheit von Sprache, historischem Bewusstsein und Moralität" (BÖHME 1984, 6), so lässt sich Latein mit seinen Inhalten passgenau als ein Kernfach humanistischer Bildung einordnen.

Werteerziehung
Da sich das lateinische Schrifttum im Spannungsfeld des Einzelnen zum Kollektiv stark aus den Bereichen der ethischen Philosophie (Platonismus, Epikureismus, Stoizismus) speist, der literarische Diskurs sehr stark an die Welt der Politik (*cursus honorum, res publica,* Bürgerkrieg, Prinzipat) gekoppelt war und die erste Phase der Latinität sich spirituell dem Polytheismus, die zweite, weitaus längere Phase dem Christentum zuwandte, verhandelt das schuldidaktisch relevante Textmaterial Werte aus dem *moralischen,*

politischen und *religiösen Bereich* (viele Beispiele bei MEISSNER 2011). Einschlägige *moralische Werte* sind z. B. der Diskurs über den Frieden *(pax Augusta)*, das *Verantwortungsgefühl für die Gemeinschaft (res-publica-*Gedanke*)*, die *Eigenverantwortung des Einzelnen* (z. B. LUCIUS IUNIUS BRUTUS) oder *zweckfreie Allgemeinbildung* (CICERO: *pro Archia poeta*), außerdem einzelne Zivilisationsphänomene wie die *Willkür Stärkerer* (Phaedrus 1,1: Der Wolf und das Lamm), *Vernunft* (HORAZENS *sapere aude* aus ep. 1,2,40) oder *Wahrheit* (z. B. Caes. *Gall.* 1,10,1–2 mit der Angabe *non longe* für eine Strecke von ca. 300 km!). In einer von „Falschmeldungen", „Lügenpresse" und „alternativen Fakten" geprägten Zeit ist das Bewusstsein vom Wert wahrlich wahrhaftiger Wahrheit ein nicht zu unterschätzendes Gut.

Thematisierte *politische Werte* sind z. B. die Vorteile einer *Republik* bzw. *Demokratie* (Ständekämpfe), der Freiheit (z. B. DAEDALUS und ICARUS oder die Abschüttelung des Königsjoches), auch der *Meinungsfreiheit* (z. B. der Einsatz der literarischen *persona* oder des Mythos in der augusteischen Zeit), die Frage nach dem *gerechten Krieg* (z. B. Cic. *off.* 1,34 ff.), *Gesetzesgehorsam*, der auf positive Weise unweigerlich mit der Person des SOKRATES verbunden ist, durch die Mitglieder der Triumvirate hingegen konterkariert wird.

Vermittelte *religiöse Werte* sind etwa die *Ehrfurcht vor dem Göttlichen* (z. B. OVIDS Metamorphosen von Philemon und Baucis, Marsyas, Pentheus, Niobe etc.), *Toleranz und Offenheit gegen andere Religionen* (transnationales Pantheon, *interpretatio Romana*) oder das *religiös-kultische Traditionsbewusstsein* (penible Einhaltung von Ritualen, vgl. Cic. *har. resp.* 23, und der Staatskult).

Schlüsselqualifikationen

Bei all den Fachleistungen, auf die sich der Lateinunterricht berufen kann, entwickelt ein Schüler auch wichtige Schlüsselqualifikationen, die – dies sei ausdrücklich betont! – nicht nur, aber eben auch im Lateinunterricht erworben werden können: Hierzu gehören u. a. *materiale Bildung* in Form von reichlichem *Sach- und Orientierungswissen* (durch Sprach- und vor allem Kulturarbeit), *Ausdrucksfähigkeit* (durch Sprach- und Übersetzungsarbeit), *analytisches, abstrahierendes* und *problemlösendes Denken* (durch Übersetzungs- und Interpretationsarbeit), *Gedächtnisschulung* (durch Wortschatzarbeit), *Anstrengungskultur* (FERBER 2003, 72) durch geistige Ausdauer, mikroskopisches Lesen bei der Sprach- und Übersetzungsarbeit, *kritisches Urteilsvermögen* (durch Interpretationsarbeit), *ästhetisches* (durch die Form und Inhalt verbindende Behandlung von Dichtung), *historisches* (durch den aktualisierenden Dialog mit der Antike) und *europäi-*

sches Bewusstsein (durch Arbeit mit den Grundlagen Europas). Sind nicht viele dieser Qualifikationen notwendig, um ein Studium zu ergreifen? Latein ist vielleicht – je nach Standpunkt und Interpretation – eine tote, d. h. von keinem ganzen Volk mehr gesprochene Sprache (vgl. STROH 2007). Ihr Nutzen entfaltet sich nicht, wie bei modernen Fremdsprachen, in der unmittelbaren Kommunikation, sondern „er tut sich erst demjenigen auf, welcher sich (und immer auch erst, nachdem er sich) darauf eingelassen hat" (SCHMUDE 1997, 9). Zukunft, die mündige Bürger mitgestalten sollen, braucht Herkunft! Das heutige, in Windeseile nach vorne preschende und dabei doch von allerlei Krisensymptomen geplagte Europa braucht Latein als Leitfaden der geistigen Sammlung und Basis der kulturellen Reflexion.

1.4 Lehrplan

Die Kenntnis des fachspezifischen Lehrplans ist für jede Lehrkraft ein integrales Moment ihrer Unterrichtsplanung (vgl. Kap. 9) und jede periodisch wiederkehrende Lehrplanreform stellt den Status quo der Inhalte aufs Neue auf den Prüfstand. Virulent wurde die Lehrplanthematik nach den großen internationalen Schulleistungsvergleichen, vor allem PISA 2000, infolge des unterdurchschnittlichen Abschneidens der deutschen Schüler. Da sich die meisten Lehrpläne „primär auf Unterrichts*inhalte* und -*prozesse* konzentriere[n] und nicht auf die tatsächlich zu erzielenden Lern*ergebnisse*, den sogenannten Output" (ebd.), wurden auf der Kultusministerkonferenz (KMK) 2001 Steuerungsinstrumente zur Verbesserung der Lernergebnisse und Optimierung der Lehrpläne beschlossen, die nationalen Bildungsstandards, welche die geistige Basis der heute kompetenzorientierten Lehrpläne darstellen.

Lehrplanterminologie
Ein Lehrplan hat fünf konstitutive Merkmale, nämlich die Dimensionen des *Inhalts* (Lehrgut, Stoffgebiet), der *Ziele* (Lern- und Bildungsziele), der *Ordnung* (zeitliche Aufteilung und Anordnung, Umfang, Methoden), der *Auswahl* (nach Klassen, Schularten, fachlichen, gesellschaftlichen, psychologischen, philosophischen Gesichtspunkten) sowie der *Verbindlichkeit* (Charakter der rechtsverbindlichen Verwaltungsvorschrift). Eine Definition könnte in Anlehnung an HACKER (1995, 20) und TILLMANN (1996, 77) folgendermaßen lauten: Ein **Lehrplan** ist eine rechtsverbindliche Kodifikation von Bildungsvorstellungen und Lehrinhalten, die über einen bestimmten Zeitraum, an einer bestimmten Schulart und in einer bestimmten Jahrgangsstufe zu vermitteln sind. Er dient der Lehrkraft zur unterrichtsplanerischen

Orientierung und legt den Rahmen für die Produktion von Unterrichtsmedien fest *(Orientierungsfunktion)*. Des Weiteren gibt sich der Staat in Lehrplänen Rechenschaft, welche Lehrinhalte an staatlichen Schulen verbindlich sind *(Legitimationsfunktion)*, schafft dadurch Standards (vgl. Bildungsstandards) und gewährleistet eine Vergleichbarkeit der Schulabschlüsse *(Standardisierungsfunktion)*. Außerdem sind Lehrpläne Grundlage und Bezugspunkt für Leistungsbeurteilung und schulische Auslese *(Referenzfunktion)*. Dass staatliche Lehrpläne sinnvoll sind, ihre Legitimation weitestgehend also nicht in Frage gestellt wird, dürfte einleuchten. Welche Inhalte aber vermittelt werden sollen, ergibt eine regelmäßig zu hinterfragende Bestandsaufnahme der Bildungslandschaft *(Auswahlproblematik)*. Alternativ zum Terminus ‚Lehrplan' existiert noch der Begriff **Bildungsplan**, der entweder synonym verwendet wird oder ein umfassenderes Konzept meint, das der Gesamtheit des schulischen Bildungsauftrags Rechnung trägt und neben Lernzielen und Lerninhalten auch Möglichkeiten der Leistungsbewertung, Prüfungsordnungen, Beispielaufgaben zur Konkretisierung von Niveaus oder Umsetzungsbeispiele, weiterführende Literaturangaben und Angaben zur Weiterbildungsmöglichkeiten enthält (HECHENLEITNER ET AL. 2006, 11), also synonym zu **Curriculum** ist. Daneben wird von einigen Bundesländern noch der Begriff Rahmenlehrplan oder **Rahmenrichtlinien** verwendet, der sich dadurch auszeichnet, dass die Lernziele von den allgemein-schulischen Lernzielen über die fachspezifischen Lernziele bis auf einen mittleren Abstraktionsgrad, nämlich die Grobzielebene, operationalisiert sind und somit die Anpassung der Unterrichtsplanung an die jeweiligen schulischen Bedingungen durch die Lehrkraft erlauben; sie verbinden also unerlässliche Orientierung und konkrete Unterrichtshilfen mit pädagogisch-didaktischem Freiraum (NICKEL 2001, 231). Zu **Lerninhalten,** also thematisch abgegrenzten Einheiten eines Objektbereiches, werden jene potentiellen Inhalte erst dann, wenn sie in einer pädagogischen Fragestellung Relevanz erhalten (NICKEL 2001, 180 f.). Auch die Kriterien, nach denen diese Inhalte festgelegt werden sollen (Lebensbedeutsamkeit, gesellschaftlicher Nutzen etc.), sind keineswegs eindeutig und unterliegen einem zeitgeistgenerierten Wandel *(Kriterienproblematik)* (MÜLLER 2007, 73 f.). Damit verbunden ist die komplexe, dialektische Interdependenz der Inhaltsdimension mit den Zielen, den sog. **Lernzielen,** unter denen man die sprachlich artikulierten Verhaltenserwartungen versteht, die der Lernende nach erfolgreicher Beschulung und Lernerfahrung erworben hat. Wie genau bzw. allgemein Lernziele formuliert sind, richtet sich nach den jeweiligen **Lernzielgraden,** die einer hierarchischen Stufung dienen: *Leitziele* sind als allgemeinste überfachliche pädagogische Ziele den anderen Lernzielen übergeordnet; *Richtziele* beschreiben mit dem geringsten Grad an Eindeutigkeit innerfachliche Lerninhalte („Kenntnis der lat. Grammatik"), *Grobziele* sind auf der Stundenplanungsebene angesiedelt („Beherrschung des Paradigmas des Imperfekts der a-Konjugation"), die um *Feinziele* („Kenntnis vom Tempuszeichen *-ba-*") und *Feinstziele* („Einsicht in das Vorliegen eines Rhotazismus im Paradigma von *eram, eras, erat* ...") genauer spezifiziert sein können. **Lernzielformulierungen** enthalten grundsätzlich zwei Elemente, „eine Verhaltenskomponente, die auf den Lernenden verweist, und eine Inhaltskomponente, die den Ausschnitt von Wirklichkeit beschreibt, an dem der Schüler das gewünschte Endverhalten zeigen soll" (NICKEL 2001, 182). Sie können in Aussagesätzen („Der Schüler kennt die Funktionen des Genitivs"), Soll-Sätzen („Der Schüler soll die Funktionen des Genitivs kennen") oder in abgekürzter Form bloßer Substantive („Kenntnis der Funktionen des Genitivs") beschrieben werden; in differenzierten Lernzielformulierungen kommen auch unterschiedliche **Intensitätsgrade** bzw. **Anforderungsstufen** zum Ausdruck, die aufgrund ihrer curricularen Prägung aber teilweise überkommen sind: Im Lernzielbereich des *Wissens* drücken *Einblick, Überblick, Kenntnis* und *Vertrautheit* jeweils höhere Anforderungsprofile aus, im Bereich des *Könnens* steigert sich *Fähigkeit* zu *Fertigkeit* und schließlich *Beherrschung*, im Bereich des *Erkennens* Bewusstsein zu *Einsicht* und zuletzt *Verständnis*. Zur Beschreibung fachspezifischer Operationen verwendet man **Operatoren** (= sprachlich formulierte Handlungsanweisung zur präziseren Erfassung eines Lernziels), man **operationalisiert** (= „umschreibt präzise") also gewünschtes Schülerverhalten (NICKEL 2001, 218f.). Unter den Lernzielen wird allgemein differenziert zwischen *kognitiven* (= Wissen und intellektuelle Fähigkeiten), *affektiven* (= Interessen, Haltungen und Wertungen) und *psychomotorischen* (= körperliche und manuelle Fertigkeiten) **Verhaltensbereichen** oder **Lernzielbereichen** bzw. **Lernzieldimensionen**; die Lernzielbereiche sind wiederum nach unterschiedlichen Abstraktionsebenen hierarchisiert, sog. **Lernzielstufen** (NICKEL 2001, 188f.): Die **Lernzieltaxonomie** (= Hierarchisierung der Lernzielstufen) im kognitiven Bereich besteht in aufsteigender Komplexität aus Reproduktion/Wissen, Reorganisation, Transfer und problemlösendem Denken, im affektiven Bereich aus Beachten von Stimuli, Reagieren, Interesse und Entscheiden (NICKEL 2001, 183f.), psychomotorische Hierarchien spielen für den Lateinunterricht kaum eine Rolle. Ein „Ordnungsschema, das den Inhalts- und Verhaltensbereich von Lernzielen gleichzeitig aufgliedert und damit präzise Einordnungen von Lernzielen erlaubt" (NICKEL 2001, 185), nennt man

Lernzielmatrix, in der die horizontale Ebene die Inhaltsklassen (im Falle von Latein: Sprache, Literatur, Gesellschaft/Staat/Geschichte, Grundfragen menschlicher Existenz) ausweist und die vertikale die entsprechenden Lernzielstufen (im Falle von Latein: kognitive Lernzielstufen). Für den Lateinunterricht ist diejenige von Schönberger/Westphalen bestimmend geworden, die von Heilmann um den Aspekt der Sprachreflexion erweitert, von Krefeld durch die Aufnahme der affektiven Dimension modifiziert und erneut von Schönberger durch den Einbau der Inhaltsklasse „Kunst" in „Literatur und Kunst" differenziert wurde (vgl. hierzu Nickel 2001, 185–187).

Der in den 1960er Jahren wieder in Mode gekommene diffuse Terminus **Curriculum** meint nach Westphalen im weiteren Sinne die „konkrete Unterrichtsplanung, die von als erfüllbar gedachten (operationalisierbaren) Lernzielen ausgeht und mittels genau bestimmter Lerninhalte und Unterrichtsverfahren Wege aufzeigt, wie die Erfüllung der Lernziele überprüft werden kann" (Nickel 2001, 43). Der Begriff **Kerncurriculum** impliziert im Gegensatz zu Bildungsstandards die als unentbehrlich geltende Minimalauswahl von Inhalten und Themen sowie die Gestaltung von Lehr- und Lernprozessen (Hinweise auf Sequenzierung und unterrichtliche Umsetzung der Themen), die jeweils in Kompetenzerwartungen formuliert sind. **Bildungsstandards** sind hingegen an allgemeinen Bildungszielen orientierte normative Erwartungen an den Kernbereich eines Faches („Domäne"), die verbindlich festlegen, „welche Kompetenzen die Schüler bis zu einer bestimmten Jahrgangsstufe in dem jeweiligen Lernbereich bzw. Fach mindestens erworben haben sollen. Die zu erwerbenden Kompetenzen werden in sog. Kompetenzmodellen [vgl. Kap. 14] systematisch geordnet und dabei so konkret beschrieben, dass sie in Aufgabenstellungen umgesetzt und prinzipiell mit Testverfahren erfasst werden können" (Hechenleitner et al. 2006, 11). Ihre Ziele sind ein gemeinsamer Zielorientierungsrahmen und eine Vergleichsmöglichkeit für die Erfassung von Lernergebnissen. Gute Bildungsstandards erfüllen nach Klieme et al. (2007) die Fachlichkeit, Fokussierung, Kumulativität, Verbindlichkeit, Differenzierung in Kompetenzstufen, Verständlichkeit und Realisierbarkeit. Idealerweise ergänzen sie durch ihre Zeitpunkt- und Outputorientierung die prozessorientierten Lehrpläne. Für Latein wurden 2004 Vorschläge (Hesse et al. 2004) unterbreitet, welche Inhalte für die Vergabe des Latinums zuverlässig erreicht sein sollen; allerdings hat sich hierzu kein breiter Konsens ergeben.

Abriss der curricularen Lehrplanentwicklung[2]

ROBINSOHNS Schrift „Bildungsreform als Revision des Curriculum" (ROBIN-SOHN 1971) griff den in Ermangelung einer Alternative als gängige Nachkriegsdidaktik ausgerufenen christlich geprägten Humanismus der Schulen kritisch an. Sein Ansatz hatte einen bildungstheoretisch holistischen, objektiven, wissenschaftlichen, demokratischen und aktualisierenden Anspruch. In ROBINSOHNS Modell sollten Schule und Unterricht den Menschen auf die Bewältigung von Lebenssituationen durch entsprechende *Qualifikationen* vorbereiten, die Schüler sich über *Lehrinhalte* erwerben können. *Kriterien* für die Auswahl dieser Lehrinhalte waren ihre *Bedeutung im Gefüge der Wissenschaft*, ihre *Leistung für das Weltverstehen* und ihre *Funktion in spezifischen Situationen des privaten/öffentlichen Lebens*. *Verfahren* zur Ermittlung dieser so umrissenen Bildungsinhalte seien die *Erfahrung der Wissenschaft* damit selbst, *systematische Experimente, Arbeitsplatzanalysen* und *Expertenbefragungen,* die an Fachwissenschaftler, Repräsentanten der wichtigsten Verwendungsbereiche für das Gelernte und Vertreter der anthropologischen Wissenschaft gerichtet sein sollten (WESTPHALEN 1973, 10–11). Dass diese kasuistische Objektivierung einen großen Boom der Curriculum-Theorie nach sich zog, verwundert nicht weiter. Gescheitert ist die Theorie aber trotzdem an den nicht genauestens plan- und vorhersehbaren Lebenssituationen.

Auch wenn sich die curricularen Lehrpläne der 1970er Jahre (CuLp 1975) gegen eine Zerschlagung von Stoffen in Minimalpartikel gesträubt haben und den Freiheitsspielraum der Lehrer verteidigten, existiert die bis heute anwendbare Terminologie der curricularen Lehrpläne, wie sie oben vorgestellt wurde.

Wegen der in der Praxis schwierigen Umsetzbarkeit der Lernzieltaxonomien wurden die curricularen Lehrpläne Ende der 1980er Jahre aufgegeben, mit ihnen auch der Parameter der Anforderungsstufen. Das modifizierte, lernzielorientierte Lehrplanmodell kennt die didaktischen Schwerpunkte „Wissen", „Können und Anwenden", „Produktiv Denken und Gestalten" sowie „Wertorientierung" (HECHENLEITNER ET AL. 2006, 13). Bleibendes Relikt der curricularen Lehrpläne im Fach Latein ist ein Großteil der Terminologie, das Vorherrschen der thematischen Lektüre und die Vernachlässigung rhetorischer und historischer Lektüre zugunsten von dichterischen und philosophischen Inhalten.

Der *Lehrplan von 1992* (Lehrplan 1992) kannte **vier Ebenen**: „Ziel und Anspruch des Gymnasiums", „Fachprofile", „Rahmenpläne der einzelnen

---

2 Exemplarisch am bayerischen Lehrplan nachvollzogen.

Jahrgangsstufen" und auf vierter Ebene den „Fachlehrplan ‚Latein'". Diese vierte Ebene war gegliedert in die **drei Bereiche** „Sprache/Spracharbeit", „Textarbeit" und „Antike Kultur". Ähnlich wie im Lehrplan von 1964 sind den einzelnen Bereichen **Binnenpräambeln mit Lernzielformulierungen** im Fließtext vorangestellt, die im Anschluss stichpunktartig auf der linken und mit detaillierteren Erläuterungen auf der rechten Seite expliziert werden. Das Novum dieses Lehrplans waren die mit Kürzeln benannten **fächerverbindenden Synergien** (vgl. Kap. 12).

Die überraschende Einführung des G8-Lehrplans im Jahre 2004 (G8-Lehrplan 2004) machte den 2003 (Lehrplan 2003) eingeführten Lehrplan binnen eines Jahres obsolet. Begründungen hierfür waren einerseits der frühere Eintritt ins Berufsleben oder Studium, der eine größere Chancengleichheit mit anderen europäischen Ländern gewährleisten sollte; zudem wollte man den Lehrplan den veränderten Gegebenheiten anpassen und sein Erscheinungsbild verändern (Digitalisierung) (NÖHRING 2013). Von dem Vorgängerlehrplan übernahm er die Stufung in Ebenen, allerdings wurde reduziert auf drei: 1. Ebene: „Das Gymnasium in Bayern", 2. Ebene: „Profile der Pflichtfächer und Wahlpflichtfächer", 3. Ebene: „Jahrgangsstufen-Lehrpläne" mit einer integrierten Ebene „fachspezifische Jahrgangsstufen-Lehrpläne". Während die erste Ebene das bayerische Gymnasium und seinen Bildungsauftrag beschreibt, ist das Selbstverständnis der Fächer mit den jeweiligen Fachleistungen Inhalt der zweiten Ebene. Die obere Ebene 3 umreißt alles, was Schüler in der jeweiligen Jahrgangsstufe fachunabhängig erlernen, die integrierte Ebene 3 ist quasi Ebene 4 aus dem Lehrplan von 1992. Diese verkappte dritte Ebene ist für jede Jahrgangsstufe in der Spracherwerbsphase gleich aufgebaut. Auf in zusammenhängendem Text vorangestellte Lernziele folgt als Novum ein ausgewiesenes **Grundwissen**, der Rest ist untergliedert in die Bereiche „Sprache", „Textarbeit", „Antike Kultur" und – ebenfalls ein Novum – „Methodisches und selbständiges Arbeiten". Die Lektürephase ist analog aufgebaut und unterscheidet sich nur marginal: Nach den Lernzielen und dem Grundwissen folgen die fünf (!) Bereiche „Texte und Autoren", „Spracharbeit", „Textarbeit", „Antike Kultur und ihr Fortleben", „Methodisches und selbständiges Arbeiten". Als wesentliche Neuerungen haben zu gelten (NÖHRING 2013, 44f.): Übersetzung ins Lateinische maximal noch im 1. Lernjahr, identischer Lehrplan für L_1 und L_2 ab Jahrgangsstufe 9, Öffnung und Erweiterung des thematischen Lektüreangebots um mittel- und neulateinische Autoren, Betonung der Rezeption, Aufhebung von Grund- und Leistungskursen, wissenschaftspropädeutische und projektorientierte Seminare, die in der Qualifikationsphase lehrplanunabhängig an einzelne Fächer angegliedert sind, Grundwissen als neuer Bestandteil des Lehrplans, Profilierung der Methodenkompetenz und Intensivierungsstunden als zusätzliche Fördermaßnahme im Sinne des nachhaltigen Lernens.

„Neben den uns vertrauten Begrifflichkeiten *Lernziele, Lerninhalte* und *Schlüsselqualifikationen* ist der Kompetenzbegriff in diesem Lehrplan bereits angelegt." (NÖHRING 2013, 47) Damit ist auch das prägende Charakteristikum des künftigen bayerischen Lehrplanes, des **LehrplanPLUS** (LehrplanPLUS 2017), angesprochen (vgl. Kap. 14), der seine Ebenen auf fünf ausweitet: **Bildungs- und Erziehungsauftrag** (Anspruch des Gymnasiums, Schüler, Unterricht, Entwicklungsperspektiven, Schulgemeinschaft und Kontextualisierung im bayerischen Schulsystem), **übergreifende Bildungs- und Erziehungsziele** (z. B. Alltagskompetenz, Familien- und Sexualerziehung, interkulturelle Bildung, soziales Lernen, Verkehrserziehung, Werteerziehung), **Fachprofile** (Selbstverständnis, Kompetenzorientierung, Aufbau des Fachlehrplans, Zusammenarbeit mit anderen Fächern, Beitrag von Latein zu den übergreifenden Bildungs- und Erziehungszielen), **grundlegende Kompetenzen** (Jahrgangsstufenprofile), **Fachlehrplan Latein** mit jeweiligen Kompetenzerwartungen und Inhalten (Spracherwerbsphase: Texte, sprachliche Basis, kultureller Kontext, Methodik; Lektürephase: Texte und ihr kultureller Kontext, sprachliche Basis, Methodik).

Die jeweiligen Lehrpläne der Bundesländer finden sich – digital zusammengestellt – auf der Internetseite der Kultusministerkonferenz.[3] Die eingangs skizzierte disparat-heterogene Lage, die zudem einem starken Wandel unterworfen ist, sei an zwei Aspekten verdeutlicht. Die kompetenzorientierten Lehrpläne weisen oft abweichende Nomenklaturen (Fall „Hamburg") oder komplementäre Lösungen auf: In Hessen sind oberste Maßgabe derzeit die schulinternen Curricula; im Falle eines Fehlens solcher Schulcurricula gelten die Kerncurricula in Verbindung mit den Lehrplänen, ähnlich ist es in Nordrhein-Westfalen mit den Kernlehrplänen und der Möglichkeit, auf deren Basis schulinterne Lehrpläne zu gestalten. Auch hinsichtlich der vorgeschriebenen Autoren in der Lektürephase ist die bundesländerspezifische Regulierung sehr unterschiedlich: Besonders Bayern und Hessen sehen einen geöffneten und breiten Lektürekanon für Latein unter expliziter Nennung von Autoren vor, während Bremen, NRW und Sachsen-Anhalt die Autorenauswahl überhaupt nicht mehr zentral regulieren (zur Systematik der Kompetenzorientierung vgl. Kap. 14).

---

3   https://www.kmk.org/dokumentation-und-statistik/rechtsvorschriften-lehrplaene/uebersicht-lehrplaene.html (letzter Zugriff am 07.07.2017).

Schülerindividualität

Volker Müller

Bei einer Beschreibung von Schülern ist prinzipiell von einer Vielfalt, einer heterogenen Zusammensetzung des Klassenverbandes auszugehen. Dies gilt nicht nur synchron, sondern auch diachron. Hierzu hat nicht zuletzt die ubiquitäre Digitalisierung der Lebenswelt beigetragen. KLOWSKI (1994) hat dies in seinem Beitrag „Die Alten Sprachen und der Neue Schüler" differenziert aufgefächert. An zwei diese Vielfalt in den Fokus rückenden Punkten soll Schülerindividualität plastisch fassbar werden: Schüler wachsen in Familien auf, die einen unterschiedlichen Bildungshintergrund haben, besonders brisant sind die in den deutschen Bildungsberichten immer als benachteiligt aufgeführten Ausländer und Schüler mit Migrationshintergrund (2.1); jeder lernende Schüler weist aber auch Merkmale auf, die ihn in seiner Individualität bestimmen (2.2), hat so beispielsweise seinen eigenen Lernstil bzw. Lernweg und gewiss auch Lernprobleme. Welche Schwierigkeiten und Chancen sich mit Blick auf das Fach Latein im Einzelnen ergeben, soll im Folgenden diskutiert werden.

2.1 Unterschiedlicher Bildungshintergrund

Ein schwacher Bildungshintergrund und ein Migrationshintergrund überschneiden sich häufig. Als Migrationshintergrund ist ein Bündel an Indikatoren zu verstehen, die ausländische Staatsangehörigkeit, Verkehrssprache im Familienhaushalt, Geburtsland, Jahr des Zuzuges, Migrationsgeneration, evtl. deutscher Elternteil (KUHNKE 2006; BURGMAIER/TRAUB 2007) umfassen und somit zur differenzierteren Bestimmung beitragen können. Einer statistischen Erhebung in der ersten PISA-Studie zufolge absolvierten im Jahre 2000 20% der 15-jährigen Schüler mit Migrationshintergrund den gymnasialen Bildungsgang, 2012 schon 25,6% (Bildungsbericht 2016, 174: Abb. H2-2 und H2-17web). Schüler mit Migrationshintergrund machen also heutzutage ca. ein Viertel der besagten Schülerschaft aus, sie sprechen im Haushalt oft die Sprache ihrer Eltern und Deutsch nebeneinander. Hier liegen Chancen für Schüler mit Migrationshintergrund, deren Deutsch nicht das Niveau von Muttersprachlern erreicht; denn diese können durch Latein, das als Modell distanzierter Sprachbetrachtung und Brückensprache zwischen Erst- und Zweitsprache fungiert, in der Aneignung von Deutsch gefördert werden: Es entsteht nicht nur Sprachbewusstsein, sondern es findet auch gezielte, das Niveau anhebende Sprachförderung durch mehrere Synergie-Effekte statt, z.B. durch die in DaZ ebenfalls erfolgende explizite

Grammatikvermittlung, durch die auf Inhalte gestützte Textproduktion (DaZ: Auseinandersetzung mit deutschen Texten; Latein: Übersetzung ins Deutsche), durch ähnliche Übungsformen, durch die Ausrichtung zur konzeptionellen Schriftlichkeit und das sich hieraus ergebende Ausbleiben von Vermeidungsstrategien und Fossilierungen, schließlich durch den Status des Deutschen als Unterrichts- und Zielsprache zugleich (KIPF 2014, 24–29). Dass Latein diese Wirkung zeitigen kann, belegen internationale und nationale Studien, z. B. eine 1978 für Kinder aus benachteiligten Innenstadtbezirken mit hohem Migrantenanteil in New York, Los Angeles, Washington DC und Philadelphia initiierte amerikanische Studie (DEVANE 1997), das im Pariser Vorort St. Denis gestartete Projekt *Latin-grec thérapeutique* (KO 2000, 139–146), das 2006 ins Leben gerufene britische *IRIS-Project* (http://irisproject.org.uk), schließlich ein seit 2008 größer angelegtes interdisziplinäres Berliner Projekt namens *Pons Latinus – Schülerinnen und Schüler nichtdeutscher Herkunftssprache lernen Latein: Modellierung und Diagnose spezifischer Kompetenzen des Lateinunterrichts zur Förderung des Zweitsprachenerwerbs*. Im Rahmen dieses Projektes wurden eine Befragung zur Wirkung des Lateinunterrichts (UNGER 2008) und eine Studie zum vergleichenden Tempusgebrauch auf der Basis von Tests, Unterrichtsbeobachtungen und Lehrerinterviews (GROSSE 2011) erstellt. Bei der ersten Studie gaben 90 % aller Befragten nichtdeutscher Herkunft an, „dass sie sich durch den Lateinunterricht auch im Deutschen verbessert hätten, eine Tendenz, die auch in der jüngsten Studie von 2011 (87 %) ermittelt und auch von 77 % der deutschen Muttersprachler bestätigt wurde. 63 % sahen eine Erhöhung der Kompetenzen im Bereich der deutschen Grammatik, 40 % eine Erweiterung des deutschen Wortschatzes (UNGER 2008: 77)" (KIPF 2014, 33). Nach einer siebenstündigen Unterrichtsreihe zum Tempusgebrauch im Deutschen und Lateinischen „lieferten über 80 % der Probanden sehr gute und gute Leistungen in Übersetzung und sprachreflektorischem Zusatzteil (GROSSE 2011: 73 f.)" (KIPF 2014, 34). Außer geringfügigeren Verständnisschwierigkeiten und Nachfragen sowie lexikalischen/grammatischen/orthographischen Mängeln in der Übersetzung dürften also keine gravierenden Schwierigkeiten zu erwarten sein, sollten Schüler mit Migrationshintergrund Latein als Fach wählen; im Gegenteil, die geschilderten Vorteile für sie legen geradezu die Wahl von Latein nahe.

2.2 Lernerindividualität: Binnendifferenzierung

Neben den unterschiedlichen Graden von Bildung und dem Migrationshintergrund ist die heutige Schülerschaft geprägt von einer Vielfalt hinsichtlich ihrer Herkunft, ihres sozialen Umfeldes, ihrer Interessenorientierung und Beanspruchbarkeit. All diese Einflussfaktoren wirken sich auf komplexe Art und Weise auch auf das Individuum aus. So gehen auf das Gymnasium beispielsweise immer mehr Schüler aus einer aufstiegsorientierten Mittelschicht und die Klassen sind, wie wir schon gehört haben, mittlerweile relativ multikulturell (UTZ 1996, 109). Es finden sich zunehmend Ein-Kind- und Ein-Erzieher-Familien (KLOWSKI 1994, 57; UTZ 1996, 110), die Schülerinteressen bewegen sich je nach Ausrichtung der Peer-Group zwischen Mainstream und Subkultur; insgesamt sind neue Sozialisationsbedingungen und ein Überangebot an Freizeitgestaltung festzustellen (KLOWSKI 1994, 57). Vor allem aber die Reizüberflutung durch audio-visuelle Medien erschwert es den Schülern, aufmerksam zuzuhören, sich zu konzentrieren, sich sprachlich mitzuteilen, sorgfältig zu arbeiten etc. (KLOWSKI 1994, 56 und 58; UTZ 1996, 109 f.).

Um diese ausgeprägte Heterogenität der Schülerschaft aufzugreifen und jeden Schüler in seiner Individualität im Lateinunterricht zu berücksichtigen, sind die mit einer Individualisierung einhergehende *innere* oder *Binnendifferenzierung* und die Kombination unterschiedlicher Lernformen das Mittel der Wahl. Während zur Einführung neuer (grammatischer oder inhaltlicher) Stoffe, die mitunter komplex sein können, der lehrergelenkte Unterricht bessere Ergebnisse erzielt, sind es vor allem die Phasen der Wiederholung, Übung, Vertiefung und Erweiterung, die sich zur Binnendifferenzierung eignen (SCHOLZ 2008, 4). Selbstverständlich sind solche Angebote verbunden mit einem höheren zeitlichen Aufwand sowie mit der Problematik, die Schüler den verschiedenen Anspruchsniveaus zuzuordnen und wie eine differenzierte Aufgabenstellung auch in der Leistungsbeurteilung ihren Niederschlag finden könnte (SCHOLZ 2008, 5). Dabei sind mehrere Differenzierungsarten möglich, zum einen diejenige nach **Lernwegen,** die beispielsweise bei der Einführung oder Wiederholung von Vokabeln eingeschlagen werden können (SCHOLZ 2008, 5):

- Der Lehrer trägt die verschiedenen Vokabeln laut vor (auditiv).
- Die Vokabeln werden mithilfe von Abbildungen vorgestellt bzw. wiederholt (visuell).
- Die Schüler werden aufgefordert, entsprechende Vokabeln durch Bewegungen zu unterstreichen *(stare, surgere, considere)* (handlungsorientiert/pragmatisch).

- Die Schüler gestalten eine Mindmap (kognitiv-analytisch).
- Die Schüler fragen sich mithilfe eines Tandembogens gegenseitig ab (kommunikativ-kooperativ).

Vor allem bei der Realienkunde und der Interpretation böte sich eine Differenzierung nach **Interessen** an, beispielsweise wenn in der Lektürephase unterschiedliche Rezeptionsdokumente aus der Literatur, Kunst oder Musik zur Verfügung stünden (SCHOLZ 2008, 5f.). Des Weiteren ist die Differenzierung nach dem **Umfang des Lernstoffes** (quantitative Binnendifferenzierung) möglich; in diesem Fall stellt die Lehrkraft, um Störungen durch die zügiger Arbeitenden zu vermeiden, diesen einfach mehr Aufgaben. Schließlich gibt es noch die Differenzierung nach dem **Anforderungsniveau** (qualitative Binnendifferenzierung), die sich an Schüler mit unterschiedlicher Lernausgangs- und Leistungslage richtet; bei der *Übersetzung* können beispielsweise Arbeitsblätter für leistungsschwache Schüler mit dem kolometrisch angeordneten lateinischen Text, Vokabelangaben und einem deutschen Lückentext als Maximalhilfen ausgeteilt werden, während leistungsstarke Schüler lediglich den nicht kolometrisch angeordneten Text mit nur wenigen Hilfestellungen erhalten; im Falle der *Interpretation* kann sehr leistungsschwachen Schülern mit äußerst kleinschrittigen Fragen und teilweise vorgegebenen Tabellen oder Beispielen der Zugang erleichtert werden, während fortgeschrittene Schüler dies ohne große Hilfestellungen anhand eines zuvor erarbeiteten Kriterienkatalogs zur Textanalyse tun und die leistungsstärksten Schüler den Text in Kenntnis der Interpretationsverfahren mit Zusatztexten oder Rezeptionsdokumenten vergleichen, gegebenenfalls sogar gestaltend interpretieren (Comics mit lateinischen Sprechblasen, Fortschreibung des Textes, Text- oder Bildcollage, Verfassen eines Gedichts oder Interviews über den Text etc.) (vgl. hierzu ausführlich SCHOLZ 2008, 7–12; Kap. 11).

Eine weitere Differenzierungsmöglichkeit ist die adäquate Wahl der *Sozialform;* kooperatives Lernen in Partner- oder Gruppenarbeit (GREEN/GREEN 2009) ist also für die Einbindung aller Schüler essentiell. Hierbei bieten die Lehrwerke der vierten Generation, im Besonderen die Arbeitshefte, reichlich Aufgaben, die zu zweit oder – seltener – in der Gruppe erledigt werden können; auch die Vokabelabfrage funktioniert in dieser Konstellation ohne Druck.

Die einbeziehende Berücksichtigung aller Schüler bietet – nicht nur im Lateinunterricht – die Möglichkeit des *emotionalen* und *sozialen Lernens* durch die Notwendigkeit zur Empathie und Hilfestellung, durch die veränderte Auffassung des Klassenverbandes und die Akzeptanz der heterogenen

Gesellschaft etc. (DURLAK ET AL. 2011; HUBER 2008; HUBER 2009). Psychomotorisches Lernen kann beispielsweise bei der szenischen Interpretation mit Standbildern und gestaltendem Spiel ermöglicht werden, um textbasierte Szenen zu veranschaulichen (vgl. Kap. 11). Im szenischen Lernen, das eine Zwischenform zwischen dem geselligen Spiel und dem Bühnenspiel darstellt, setzen sich Schüler tätig und handelnd sowohl mit sozialen als auch mit individuellen Rollen (und damit auch ihrer eigenen) auseinander; im Spiel werden sie andere, verstehen und erleben diese Personen oder auch Stimmungen und Zusammenhänge und lernen sie somit kennen. Darüber hinaus finden sie zu einer ästhetischen Form, in der kreatives und soziales Lernen kultiviert wird.

Eine letzte Differenzierungsmöglichkeit besteht in der Wahl der *Arbeitsform*, namentlich der reformpädagogischen Methoden: Stationenlernen, Wochenplan, Freiarbeit oder – die seltener mögliche – Projektarbeit sind eine willkommene Abwechslung bei etwaigen Überforderungen vonseiten der den Unterricht zu stark steuernden Lehrkraft (vgl. Kap. 11).

Teil II: Unterricht

Die Spracherwerbsphase und ihre Zielsetzung

Volker Müller & Markus Janka

Das *zweiphasige Modell* des Lateinlehrgangs hat sich in Lehrplänen und didaktischen Konzeptionen fest etabliert und ist auch theoretisch bislang unangefochten. In einer drei- bis vierjährigen Basisphase werden die Grundzüge der lateinischen Schulgrammatik sowie ein Grundstock („Fundamentum") an Lernvokabeln vermittelt. Konsekutiv baut die Lektürephase auf dem Grammatikunterricht auf und setzt das dort erworbene Grundwissen voraus. Der Spracherwerbsunterricht verfolgt freilich neben seinen lektürepropädeutischen Zielsetzungen auch autonome Zwecke (vgl. BODE 2008). Zudem hat das Zweiphasenmodell durch die Zwischenschaltung der Übergangslektüre eine konsequente Erweiterung gefunden (programmatisch UTZ 1994). Das *Multivalenzprinzip* verbindet alle Phasen des Lateinunterrichts konzeptionell. Dessen sprachliche und textuelle Komponenten werden in der Spracherwerbsphase durch die Lerngutkomplexe „Grammatik" und „Wortschatz" realisiert.

Als *Spracherwerbsphase* bzw. *Anfangsunterricht* bezeichnet man die lehrbuchbestimmte Phase des Lateinunterrichts, in der mit einem Lehrwerk systematisch die Grundlagen einer Sprache vermittelt bzw. erlernt werden. Frühbeginnender Spracherwerbsunterricht dauert in der Regel drei (in Bayern vier) Jahre, spätbeginnender etwa eineinhalb Schuljahre (NICKEL 2001, 18). Heute formuliert man für den Anfangsunterricht ein Bündel von Zielen (u. a. GLÜCKLICH 1978, 106), das sich grob auf zwei Hauptziele verteilen lässt. Zum einen ist dies

- die *Sprachautonomie,* welche neben dem Erlernen der lateinischen Sprache als solcher
  - die Vermittlung einer *Metasprache* bzw. *Fachterminologie* einschließt,
  - *Sprachreflexion* anregen soll,
  - die *muttersprachliche Kompetenz* steigert und
  - Grundlagen zum *leichteren Erlernen anderer Fremdsprachen* einschließt, während das Ziel der formalen Bildung nicht mehr in der herkömmlichen Form aufrechterhalten bleibt;

zum anderen ist dies

- die *Lektürepropädeutik,* also die vorbereitende Befähigung zum Umgang mit Texten, welche

- die *Texterschließung* mit textgrammatischen und textsemantischen Methoden (vgl. Kap. 3.1),
- die *Übersetzung* anhand geeigneter Dekodierungsmethoden und spezifischer Rekodierungsmaximen (vgl. Kap. 5) sowie die
- *Interpretation* mit textimmanenten und textexternen Ansätzen (vgl. Kap. 7) umfasst.

Als **Grundsätze des Spracherwerbsunterrichts** können heutzutage gelten (u. a. Utz 1996, 123–126):
- *Kontextprinzip* für die Einführung morphologischer und syntaktischer Phänomene und für Kollokationsfelder
- *Trennung von Lehrbuch- und Originallektüre* entsprechend den Phasen des Spracherwerbs und der eigentlichen Lektürephase mit dem damit einhergehenden „Prinzip der Arbeit an künstlichen lateinischen Texten", die dennoch ein tatsächliches Lektüreerlebnis ermöglichen (vgl. Kap. 4.1)
- *Hinführung zu prozeduralem Wissen,* d. h. zur fachbezogenen ‚Technik des Übersetzens' als Alleinstellungsmerkmal der Alten Sprachen (vgl. Kap. 5)
- *Primat der Funktion vor der Form,* d. h. gemäßigte *Horizontalität* bei der Einführung der Formenlehre; außerdem Betrachtung des sprachlichen Phänomens aus morphologischer und syntaktischer bzw. semantischer Perspektive in einer Lektion
- *statistisch häufige Pensen früher*
- *zeitlich getrennte Erstbehandlung von verwechselbaren Erscheinungen,* um Ähnlichkeitshemmungen zu vermeiden
- *keine Phänomenüberladung*
- *dem Stoff und der didaktischen Situation ungemessene Balance zwischen entdeckendem Lernen und expositorischem Lehren*
- *Differenzierung* (vgl. auch Kap. 2.2)
- *Veranschaulichung* (vgl. Kap. 10.3)

3.1 Grammatik

Der Begriff ‚Grammatik'

Nach Funk/König (1991, 13) und Decke-Cornill/Küster (2010, 74) existieren mehrere Ebenen bzw. Dimensionen von ‚Grammatik':
- Zunächst ist hier das abstrakte *Regelsystem* zu nennen, auf dem eine Sprache basiert.
- Des Weiteren ist damit die *realisierte bzw. explizite Beschreibung dieses Regelsystems in Buchform* gemeint (zur historischen Entwicklung der

griechischen und lateinischen Schulgrammatik vgl. ausführlich LATACZ 1979).
- Als *universitäre Grammatik* sei exemplarisch diejenige von RUBENBAUER ET AL. (1995) genannt, als komplexere *Schulgrammatik* die „Forma-Grammatik" von PFAFFEL/BRAUN (2011), als *Kurzgrammatik* (vgl. PFAFFEL 2014, 161) die „Schülergrammatik Latein" von UTZ/KAMMERER (2016). Darüber hinaus existieren nicht systematisch aufgebaute, sog. *Begleitgrammatiken* zu Lehrwerken für die Spracherwerbsphase. Außerdem können Grammatikerklärungen in einem *Begleitband* zu einem Textband untergebracht oder in das Buch integriert sein (in letzterem Fall *Elementarbuch* genannt).
- Für den Lateinunterricht ist eine weitere Art von ‚Grammatiken', sog. *Grammatikmodelle*, in den letzten 40 Jahren relevant gewesen: Hier seien die traditionelle Schulgrammatik, die historisch(-vergleichend)e Grammatik, die kontrastive Grammatik, die Valenz- und Dependenzgrammatik, die Textgrammatik und die funktionale Grammatik/Pragmatik (vgl. weiter unten) genannt (KUHLMANN 2014, 11 f.).
- Als letzte mögliche Bedeutung für ‚Grammatik' sei der aus der Lernpsychologie stammende Terminus „Grammatik im Kopf" bzw. *mentale Grammatik* angeführt, „die als subjektiv-individuelles Regelwissen nicht zwangsläufig" mit dem abstrakten Regelsystem oder den Buchgrammatiken übereinstimmen muss und individuelle Eselsbrücken oder Teilwissen umfassen kann (KUHLMANN 2014, 10).

Schulische Relevanz von Grammatikmodellen
Die **traditionelle Schulgrammatik** hat durch DIONYSIOS THRAX, DONAT und PRISCIAN ihre Ausprägung erhalten und die Kategorien der Schulgrammatik normativ etabliert, z.B. die heute gültige Lehre von den Wortarten und Satzgliedern (vgl. LATACZ 1979). Obwohl es einzelne Kritikpunkte gibt, wie z.B. das Festhalten an der etablierten Lehre von den 10 Wortarten (TOURATIER 2013, 33–36), ist die traditionelle Schulgrammatik „nach wie vor das vorherrschende und im Großen und Ganzen auch für die Unterrichtspraxis als Basis maßgebliche Modell" (KUHLMANN 2014, 14).

Eine *historisch-vergleichende Grammatik* kann ihre diachrone Perspektive für die lateinische Unterrichtspraxis nutzbar machen (Der Altsprachliche Unterricht [2001], 44. Jg., Heft 2). Sie zeigt Formen erklärende Entwicklungslinien aus dem Altlatein zum klassischen Latein auf, sodass sich das Vokabellernen oder die Ableitung scheinbar unbekannter Verbalkomposita bei der Lektüre vereinfachen (KUHLMANN 2014, 16f.).

Der Lateinunterricht ist schon immer mehr oder weniger *kontrastiv* vorgegangen. Beispielsweise lernt man das Lateinische und die romanischen Sprachen außer Französisch in der Regel als **Pro-drop-Sprachen** kennen, weiß um seine Artikellosigkeit und versteht die Opposition von synthetischem und analytischem Sprachbau (ebd., 19–22).

Die während des *linguistic turn* in den 1960er/70er Jahren in Mode gekommene *Dependenzgrammatik* (Happ 1976) wirkt insofern noch bis in die heutigen Kerncurricula und Bildungsstandards nach, als sie zwei sprachliche Universalien ins Auge fasst, nämlich die „hierarchische Abhängigkeit der einzelnen Elemente eines Satzes und die sog. ‚Rekursivität' der Sprache, d. h. die theoretische Möglichkeit, mithilfe eines begrenzten Regelarsenals beliebig lange Sätze zu generieren" (Kuhlmann 2014, 22 f.). Die *Valenzgrammatik* untersucht, welche Ergänzungen ein lateinisches Verb oder auch andere Wortarten nach sich ziehen können. Diese grundsätzlichen Erkenntnisse sind wertvoll, allerdings ist ihre Umsetzung sehr abstrakt, manchmal bleibt Wichtiges unberücksichtigt und der Beitrag zum inhaltlichen Verständnis bzw. für die Rekodierung ist vergleichsweise gering (ebd., 25 mit ausführlicherer Kritik).

Die *Textgrammatik* (vgl. ebd., 27 f.) bezieht sich nicht auf die Formen- oder Satzlehre, sondern auf den gesamten Text und versucht ihn satzübergreifend in seinem Aufbau zu erfassen. Ergiebige textgrammatische oder transphrastische Ansätze im Bereich der *Textsyntax* lateinischen Sprachmaterials sind die Analyse der Konnektoren, die Ermittlung der Personenverteilung oder Diathesen-Verwendung, die Strukturierung des Textes durch die Modi in Aussagen, Wünsche/Befehle, Vorstellungen (Potentialis/Irrealis) und Tatsachen (Indikativ), die Herausarbeitung des Tempusreliefs und die Bedeutung von Ellipsen; im Bereich der *Textsemantik* eignen sich der Nachvollzug des Geschehensprofils, die Sammlung von Leitbegriffen, die Ermittlung von Wort- oder Sachfeldern und die Füllung von Leerstellen. Übersetzung und Textgrammatik (vgl. Kap. 5 und 6) sollten sich zum Zwecke einer vertieften Auseinandersetzung mit dem Textinhalt idealerweise immer ergänzen.

Funktionale Grammatik bzw. *Pragmatik* beziehen auch den „menschlichen Benutzer von Sprache und deren Intentionen in kommunikativen Kontexten in ihre Modelle mit ein" (Kuhlmann 2014, 29). Sie bewegen sich damit „an der Grenze zwischen Sprachbetrachtung und Interpretation bzw. zwischen Sprach- und Literaturwissenschaft" und sind für die rhetorische Analyse von Texten nützlich. Hierzu gehören die Sprechakttheorie und die (un)markierte Wortstellung, die verknappende und das logische Verhältnis bewusst offenlassende Bevorzugung der Partizipialkonstruktion gegenüber dem Nebensatz, die Wahl des historischen Präsens im Gegensatz zur Vergangenheit etc. (KUHLMANN 2014, 30–33).

Insgesamt ist bei der Vielfalt an unterschiedlichen Grammatikmodellen stets darauf zu achten, sich auf die für sprachliche Bildung und Textverständnis relevanten Kerngesichtspunkte zu beschränken und spezialistischen Grammatizismus zu meiden.

Didaktische Prinzipien der Grammatikeinführung: Vertikalität vs. Horizontalität und Deduktion vs. Induktion etc.

Grammatikeinführung kann prinzipiell über zusammenhängende *Einzelsätze* (heute bevorzugt, da phänomenisoliert, recht kleinteilig portioniert, in einer lernpsychologisch sinnvollen Anordnung etc.; hierzu vor allem WAIBLINGER 1998 und 2001) oder die *Textmethode* (HEILMANN 1987a; HÖHN 1987) erfolgen. Dabei erfüllen Einzelsätze oder lehrerzentrierte Besprechung die Funktion der *grammatischen Vorentlastung.*

Bei der Grammatikeinführung sind prinzipiell zwei Oppositionen von Prinzipien zu unterscheiden. Lehrwerke, die den impliziten Lehrplan verkörpern, verfuhren vor allem in der Formenlehre bis Ende der 1960er Jahre nach dem sog. *vertikalen Prinzip,* boten also das ganze Paradigma einer Deklination oder Konjugation dar. Dieses Prinzip wurde in der Folge (was auch mit der zweiten Lehrbuchgeneration zusammenhing; vgl. Kap. 4.1) durch eine *horizontalere* Einführung dieser Paradigmata ersetzt, d.h., eine Person oder ein Kasus wird in einer Lektion gleichzeitig in mehreren Konjugationen oder Deklinationen vermittelt. Begründung für diesen Paradigmenwechsel war vonseiten der Vertreter der horizontalen Methode (FINK 1997; MAIER 1997) der Anspruch, durch dieses Verfahren rascher sprachlich interessantere Texte verfassen (KLOIBER 2013, 76) und Lernstoff ökonomisieren zu können, da auf horizontaler Ebene viele Gemeinsamkeiten der lateinischen Konjugations- und Deklinationsendungen erkennbar seien *(puellam, domin-um, senator-em* etc.; *laud-o, mone-o, audi-o* etc.*).* Ausgangspunkt dieser Ökonomiebestrebung war der *Primat der Funktion vor der Form.*

Die Nachteile, die dieses Prinzip mit sich bringt, liegen auf der Hand: Durch die Mischung der Konjugations- und Deklinationsklassen könnten die Schüler bei dem Formenreichtum der lateinischen Sprache schnell die Systematik aus den Augen verlieren, außerdem sind die Endungen von Gen. und Dat. Sing. nicht mehr ähnlich und stiften mehr Verwirrung. Obwohl das horizontale Prinzip von vielen Praktikern nicht geschätzt wird und u.U. Verwirrung gestiftet hat, hat sich letztendlich eine gemäßigte Horizontalität durchgesetzt.

Die zweite Begriffsopposition bei der Einführung neuer Grammatik in einer Unterrichtsstunde ist *Induktion* und *Deduktion* (KEIP 2010, 37–61). Das *induktive Verfahren* beruht auf dem Prinzip des entdeckenden Lernens und gilt nach wie vor als ideale Methode der Grammatikeinführung. Dabei können sich Schüler mit klug gewähltem und weitestgehend bekanntem Sprachmaterial, das an Bekanntes anknüpft, durch das Prinzip „vom Einfachen zum Komplexen", durch Analogien und Visualisierungen sowie durch (mittels Lehrbuch oder Lehrerimpulse) gelenkte Fragetechnik (KUHLMANN 2014, 50 f.) aus vorgegebenem Sprachmaterial selbstständig die Regel zu dem neuen Grammatikpensum erschließen (zum konkreten Schema, vgl. weiter unten). Bei *deduktivem Vorgehen* bekommen Lerner zunächst die Regel an die Hand, welche sie dann auf sprachliches Material anwenden (KUHLMANN 2014, 52 f.). Dabei dürfen diese beiden Verfahren nicht mit Schüler- bzw. Handlungsorientierung (Induktion) und Lehrerzentrierung (Deduktion) gleichgesetzt werden: Ein Lehrervortrag kann genauso induktiv angelegt sein, wie eine Lerngruppe sich mit im Vorfeld ausgeteilten Regeln das Pensum deduktiv im Gruppenpuzzle oder per LdL erarbeitet. Es ist noch umstritten, welche der beiden Methoden lernerfreundlicher ist (DECKE-CORNILL/KÜSTER 2010, 177–179). GWIASDA (2014, 95–105) hat in einer empirischen Fallstudie gezeigt, dass sich Schüler eine abgeschwächte Form der Induktion und selbige nur bei „leichten" und „auffälligen" Themen wünschen. Pauschal kann gesagt werden, dass sich das deduktive Verfahren verstärkt bei weniger wichtigen, weniger häufigen, bei morphologischen Erscheinungen und in der Lektürephase empfiehlt (GLÜCKLICH 1978, 108).

Auch das von WAIBLINGER (1998) beschriebene und an COMENIUS angelehnte Prinzip der *zweisprachigen Grammatikeinführung* kann sinnvoll sein, obwohl es in sehr vielen Lehrwerken ungenutzt bleibt (KLISCHKA 2014), während die Schulgrammatik als solche durchweg nach dem bilingualen Prinzip organisiert ist.

Als letztes, als Progressionsprinzip bei der Grammatikeinführung zu bezeichnendes Verfahren soll das *Spiralcurriculum* Erwähnung finden. „Hier wird ein Phänomen mehrfach komplementär während der Spracherwerbsphase behandelt und dabei die Regelbildung allmählich vervollständigt" (KUHLMANN 2014, 56f.), um komplexe Lernstoffe zu entzerren und sie dabei zugleich immanent zu wiederholen und zu festigen.

Grammatikeinführung konkret

Wie ist ein Grammatikstoff nun konkret einzuführen (ausführliche Beispiele in KEIP 2010)? Eine induktive Einführung mit einsprachigen Einzelsätzen

sieht nach GLÜCKLICH (1978, 107) und KUHLMANN (2009, 79) ein mehrschrittiges Schema vor, das hier in knapper Form adaptiert wiedergegeben werden soll:
1. Präsentation von einführenden, untereinander und thematisch kohärenten Einzelsätzen mit dem neuen Stoff und sonst bekanntem Sprachmaterial
2. Beobachtung durch die Lernenden anhand von Erschließungsfragen
3. inhaltliche Erschließung und Übersetzung der Einzelsätze durch die Lernenden
4. Segmentierung/Analyse des Phänomens; Sammlung und Systematisierung der neuen Formen und Strukturen
5. Formulierung einer Gesetzmäßigkeit/Regel durch die Lernenden
6. Benennung mit dem grammatikalischen Terminus (Oberbegriff)
7. Einübung

Praktische Tipps zur Einführung bestimmter Grammatik-Pensen finden sich bei REINHARDT (2007, 290–296). Ein für eine Grammatikstunde mustergültiges Artikulationsschema bietet NICKEL (2001, 273).

Basisgrammatik des Lateinischen
Die Zeiten haben sich verändert. Das muss man mit Blick auf die 1987 von GLÜCKLICH formulierten Überlegungen zu einer Reduktion der Schulgrammatik erneut sagen und nachdrücklich bekräftigen. Er stellte fest (GLÜCKLICH 1987a, 86f.), dass

- die *Lernvoraussetzungen und die Erwartungen der Schüler* sich verändert haben, was mit Blick auf den „Neuen Schüler" (vgl. Kap. 3.2) noch virulenter geworden ist,
- die Schüler weder von der Grundschule noch vom vorangegangenen Englischunterricht, oft auch nicht vom Deutschunterricht, ein *grammatikalisches Denken und Grammatikterminologie* gewohnt sind,
- der Spracherwerbsunterricht nicht mehr nur die Beherrschung des grammatischen Regelsystems, sondern auch *etliche weitere Ziele* zu erfüllen habe und
- schließlich das Erlernen vieler einzelner Details und Ausnahmen, mehrdeutiger Konjunktionen und Modi hohe *Anforderungen an Konzentration und Merkfähigkeit* stelle.

All diese Gründe sprechen für eine Reduzierung von Grammatikalia in der Spracherwerbsphase in den Bereichen der Formenlehre und Syntax und für eine Auslagerung in die Lektürephase (= *lektürebegleitender Grammatikun-*

terricht; zu unverzichtbaren morphosyntaktischen Bereichen der Grammatik vgl. GLÜCKLICH 1979, 230 f.).

Alternativ könnte man auch an die Berücksichtigung der Basisgrammatik in den Bildungsstandardvorschlägen von HESSE ET AL. (2004, 84–87) denken.

Als *Kriterien für eine Reduktion von Grammatikstoffen* für den schulischen Unterricht sollten deren **statistische Häufigkeit** (MAIER 2008 b, 7–27), **die Transparenz dieser statistischen Häufigkeit für Lernende** (KUHLMANN 2014, 59) und **die Anforderung der lediglich rezeptiven Sprachkompetenz** (ebd., 59) gelten (zu reduzier- bzw. aufschiebbaren Grammatikpensen vgl. MAIER 1979, 289 f.; GLÜCKLICH 1987 a, 87–90; UTZ 1996, 114–123; WIRTH ET AL. 2006, 196–199; MAIER 2008 b, 19 und 26; KUHLMANN 2014, 58 f.).

Die Auswahl der aufschiebbaren Grammatikpensen liegt dabei letztlich in der Hand der jeweiligen Lehrplangestalter resp. Lehrbuchverfasser, die aus ihrer praktischen Erfahrung zu einem stimmigen Konsens zu gelangen haben. Leitend sollte noch eher als im Bereich des Grundwortschatzes, der in den vergangenen Dezennien bereits bedenkliche Einbußen erleiden musste, die Konzentration auf die für die Sprachsystematik des Lateinischen und die lektürerelevanten Autoren wesentlichen Phänomene sein.

3.2 Wortschatzarbeit in der Spracherwerbsphase

Während das System der griechisch-römischen Schulgrammatik auf einer altehrwürdigen Tradition fußt, die mindestens bis DIONYSIOS THRAX und seine τέχνη γραμματική zurückreicht (LATACZ 1979, 202–206), ist der Wortschatz erst in jüngerer Zeit zu einem der bevorzugten Gegenstände didaktischer und methodischer Fehden geworden. Diese wiederum haben wegen der Unterrichtsrelevanz öffentliche Aufmerksamkeit gewonnen und publizistischen Niederschlag auch in der überregionalen Tagespresse gefunden. Wenn der Schein nicht trügt, so haben wir es hier mit einer der Glaubensfragen altsprachlichen Unterrichtens zu Beginn des 21. Jahrhunderts zu tun. Drastische Kürzungen des Grundwortschatzes durch die G8-Lehrpläne, die mit Blick auf Häufigkeitsstatistiken erfolgten, haben etwa in Bayern 2004 eine öffentliche Debatte ausgelöst: Statt 2 000 Lernwörtern mutet man den Lateinschülern nur mehr ca. 1 450 Wörter in vier bzw. ca. 1 700 in drei Lernjahren zu. Diese Kürzung um etwa 37,5 % rechtfertigt man mit statistischen Daten. Der sogenannte *„Bamberger Wortschatz"*, den CLEMENT UTZ ermittelte (vgl. UTZ 2000), enthalte nur mehr diejenigen Vokabeln, die für die Originallektüre der in Bayern zentralen lateinischen Texte unerlässlich seien, weil sich in diesem Corpus genügend viele Belege fänden. Diese

Komprimierung, die mancher als engherzige Verzweckung kritisierte, ging aber nicht nur auf Kosten des „Kulturwortschatzes", der naturgemäß in den hochliterarischen Texten des lateinischen Kanons nur in geringerem Maß repräsentiert ist. So wurden für die „Basissprache" Latein als „Mutter" der europäischen Einzelsprachen wesentliche Lemmata wie *medicus* oder *fenestra* aus dem Kernvokabular gestrichen. Zu bedenken ist zudem, dass der Umfang des lateinischen Grundwortschatzes ohnehin im Verhältnis zu den für ein flüssiges Lesen lateinischer Literatur erforderlichen über 6 000 Lemmata unzulänglich bleibt. Ein **ausschließlich** lektürepropädeutischer Ansatz der Wortschatzdidaktik ist also zum Scheitern verurteilt. Hinzu kommt folgender Befund: Jede Verringerung des *Minimums von 2 000 bis 2 500 Lemmata* beschneidet außerdem schmerzlich den lexikalischen Assoziationshorizont und damit die Vernetzungsmöglichkeiten im Wörterspeicher des mentalen Lexikons. Dort vermögen die nachweislich dominanten Sachnetze über „Wörter als Zeichen der Dinge" *(verba signa rerum)* einen pragmatischen Zugang zu den Gegenständen der fernen und vielfach fremden Kultur des alten Roms zu bahnen. Diesen Erkenntnissen der psycholinguistischen Spracherwerbsforschung (vgl. etwa WAIBLINGER 2001 und 2002) wird indes häufig die angeblich stark rückläufige Aufnahmefähigkeit der sogenannten „Neuen Schüler" unserer Zeit zum arbeitsintensiven Memorieren und langfristigen Behalten **(Retention)** von lateinischen Vokabeln entgegengestellt: Ein Steckbrief für den viel beschworenen „Neuen Schüler" mit seinen „Kapazitätsproblemen" könnte folgendermaßen aussehen (ausführlich UTZ 2000, 149 f. und RICHTER 2006):

- angeblich „narzisstische Selbsterfahrung"
- akzelerierte physisch-psychische Entwicklung (Frühpubertät)
- Reizüberflutung der digitalisierten Mediengesellschaft
- Konzentrationsmängel
- Probleme, selbstständig, sachbezogen und kontinuierlich zu arbeiten
- Terminüberlastung in einer geradezu industriell betriebenen Freizeitkultur während der Adoleszenz

Diese Vorüberlegungen führen zu dem Zwischenergebnis, dass die Wortschatzdidaktik sich mit komplexen Wechselwirkungen zwischen statistischen, psycholinguistischen, entwicklungspsychologischen und unterrichtsorganisatorischen Befunden zu beschäftigen hat. Neben die Analyse von jüngeren Entwicklungen der Unterrichtsgeschichte und der in der Praxis verwendeten Lernmaterialien sollten wissenschaftlich fundierte Konzepte für eine Optimierung der lateinischen Wortschatzarbeit treten. Diese enthalten sowohl deskriptive als auch appellative Komponenten, insofern sie im Ergebnis zu einer höheren Wertschätzung dieses Lehrgangselementes aufrufen.

Strategien der Spracherwerbsforschung und ihre didaktische Funktionalisierung

Zahlreiche Beispiele aus der Unterrichtspraxis könnten den Befund bestätigen, dass über 60 % der Fehler in schriftlichen Prüfungsarbeiten direkt oder indirekt auf Wortschatzlücken zurückzuführen sind (UTZ 2000, 149). Mustert man die für unsere Fragestellung einschlägigen neueren Ergebnisse der Psycholinguistik – mit Blick auf die Alten Sprachen sind hier insbesondere die Titel von KIELHÖFER (1994), PORTMANN-TSELIKAS (2003) und WAIBLINGER (2001) einschlägig –, so stößt man auf eine Erkenntnis, die manchen Anhänger der Komprimierung erstaunen mag. Für eine restriktive Einschränkung des Vokabulars beim Fremdsprachenlernen fehlt jede empirische Grundlage. Vielmehr resümiert KIELHÖFER (1994, 215) seine Versuchsreihe zum Speichern, Abrufen und Ordnen von Wortmaterial beim Fremdsprachenlernen mit der Erkenntnis, dass das Problem nicht in einem „übervollen Kopf" besteht, sondern dass es im Gegenteil deutlich schwieriger ist, sich einzelne, isolierte Wörter zu merken, als eine größere Zahl Wörter „in Netzen zu verknüpfen, sie so zu behalten und zu erinnern".

Zum abschreckend „große(n) Sack voller Wörter", als welcher die Fremdsprache dem Lernenden erscheinen mag, sei aber noch auf STEVEN PINKER (1996) verwiesen, der vom immens effektiven frühkindlichen Erlernen der Muttersprache auf einen prinzipiell stark belastbaren und höchst wirkungsvollen Sprachinstinkt des *homo discens* schließt und fragt: „Sind 60 000 Wörter viel oder wenig?" (PINKER 1996, 173) Auf diesen Betrag veranschlagen nämlich verlässliche Schätzungen das Lexikon eines durchschnittlichen amerikanischen Oberschulabgängers. PINKER meint weiter:

Mit wenigen einfachen Berechnungen wird deutlich, dass Kinder, die noch nicht lesen und schreiben können und daher auf die gesprochene Sprache in ihrer Umgebung angewiesen sind, gleichsam lexikalische Staubsauger sind, die alle zwei Stunden ihrer Wachzeit ein neues Wort in sich aufnehmen (und behalten) – und das tagein, tagaus. (ebd., 173)

Wie lassen sich Elemente dieses Erfolgsmodells des Erstsprachenerwerbs beim Lernen von Listemen aus dem nicht verschriftlichten Lebensumfeld des Kindes auf das spätere Erlernen der ersten oder zweiten Fremdsprache übertragen? Die psycholinguistische Forschung hat eine Reihe von Erträgen gebracht, die gangbare Wege weisen, um in die erwünschte Richtung zu gelangen: Nach dem empirisch abgesicherten Modell von KIELHÖFER (1994) (ähnlich schon MEUSEL 1987) ist für das erfolgreiche Lernen, Verfestigen und Behalten von neuen Wörtern die Ordnung im mentalen Lexikon ein entscheidender Faktor. Die Lerneffizienz ist dann am größten, wenn der Wortschatz möglichst rasch in stabile Netze übertragen wird, um – vornehmlich intralingual – Ordnung im mentalen Lexikon zu stiften. Für den lateinischen Elementarunterricht sind die folgenden – zum Teil überlappenden – Zuordnungen des Wortschatzes in verschiedene Beziehungsgeflechte oder Felder als zielführend anerkannt:

- **Begriffs**feld (zuerst konzeptionelle Ordnung – „Verschachtelung" in hierarchischer Ordnung zur optimalen Nutzung der Wortspeicherkapazität): z. B. *cibus, frumentum* gehören zur allgemeineren Klasse der „Nahrung"
- **Wort**feld (Begriffsfeld sprachlicher Art; Synonyma und Antonyma, an Archiseme und Seme gebunden): z. B. *cibus, panis* „Lebensmittelsubstantive" oder *magnus/parvus* als Dimensionsadjektive
- **Syntagmatische** Felder (lexikalische Solidaritäten, Kollokationen): z. B. *cibus (non) placet.*
- **Sach**felder (pragmatische Referenz der Wörter auf Sachen und Ereignisse in der Welt): z. B. *cibus, cena, mercatus, fames*
- **Wort**familien (Ableitung oder Komposition stärkt die Grammatik des Lexikons [**Lexem**felder]): z. B. *furtum < fur, cenare < cena*
- **Morphem**felder (Vernetzung nach Wortbildungsgesichtspunkten, etwa bei identischen Prae- oder Suffixen): z. B. *am-or, dol-or, clam-or; prae-ficere, prae-dicare, prae-ferre*
- **Klang**felder (Sensorische Verarbeitung meist komplementär zur semantischen): z. B. *ora et labora!*
- **Affektive** Felder (Konnotative „Nebenbedeutungen"): z. B. *cibus, ornamentum, scire* ☺ *periculum, furtum, nex* ☹

Theoretisch sind diese Strategien der planvollen Ordnungsstiftung unstrittig; auch die praktische Wortschatzarbeit im Spracherwerbsunterricht greift traditionell auf derartige Vernetzungen zurück. Gerne arbeitet man zudem mit dem **Interlexikon,** das Wörter durch bekannte Lehnwörter in der Muttersprache oder einer bereits bekannten Fremdsprache als fortlebend erweist. Die neueste Generation von Lateinlehrbüchern nimmt die vorgestellten Befunde zumindest zum Teil so ernst, wie sie es verdienen. Neben die leider nach wie vor notorisch beliebige Auflistung der Wörter in den Lektionswortschätzen treten Fremdwörter als Randglossen oder sogar Wortfamilien *(vox, vocare)* und Sachfelder (Handel, Götter; Religion und kultische Handlungen) in graphisch hervorgehobenen Extrakästen. Gute Beispiele für vielfältig und abwechslungsreich angewandte Feldvernetzung bietet die erste Ausgabe der adeo-NORM-Wortkunde (UTZ 2001).

Die Probe aufs Exempel: Altsprachlicher und neusprachlicher Wortschatzunterricht im Vergleich

Warum aber vermag all diese erfreuliche methodische Sensibilität die Lernstabilität beim Vokabular bislang nicht wesentlich zu steigern?

Dieses Problem liegt darin begründet, dass in der altsprachlichen Didaktik die beschriebene Vernetzung und Verschachtelung nach wie vor eher als Ornament, Zugabe oder Vertiefung genutzt wird, anstatt als Unterrichtsprinzip die gesamte Arbeit mit der Klasse, aber auch die individuelle Vor- und Nachbereitung des Unterrichts durch die Educanden zu bestimmen. Einen Beleg für diesen Befund liefert eine empirische Fallstudie, die PFAFFEL (2001) vorlegte. Er hat mittels subtiler Unterrichtsbeobachtung eine typische Lateinstunde mit einer typischen Englischstunde in einer siebten Jahrgangsstufe eines sprachlichen Gymnasiums mit Latein als erster und Englisch als zweiter Fremdsprache verglichen.

Bemerkenswert scheinen mir an seinen Befunden (PFAFFEL 2001, 67) vor allem die starken Abweichungen bei der **Umwälzungshäufigkeit** der neuen Wörter (zwei- bis viermal öfter im Englischunterricht als im Lateinunterricht), bei der Schüleraktivität (mehr als doppelt so hoher Gesprächsanteil im Englischen) sowie beim Unterrichtserfolg. Offenkundig sind diese Beobachtungen durchaus repräsentativ für die gymnasiale Wirklichkeit im gesamten deutschsprachigen Raum, wie neuere empirische Unterrichtsanalysen bestätigen. PFAFFEL ermuntert seine Fachkollegen, mutige Konsequenzen aus dieser Einsicht zu ziehen. Diese könnte operationalisiert werden in

- höherer **Anschaulichkeit** (insbes. bei der Neudurchnahme), etwa durch
  - *Vorzeigen* von Sichtbarem (konkrete Objekte, v. a. bei Substantiven: Pausenbrot für *cibus*),
  - *Verdeutlichen* von Dokumentierbarem (Bilder, Graphiken, Skizzen) und
  - *Vorspielen* von Erlebbarem (Gesten, Szenen, v. a. bei Verben, etwa *clamare, quiescere*),

- mehr Übung bei der Umwälzung des alten und neuen Stoffes sowie
- „natürlichem" Umgang mit der auch gesprochenen Sprache Latein *(viva Latinitas)* als Unterrichtsprinzip (zu wichtigen Aspekten des Lateinsprechens im Unterricht mit sprachpraktischen, lernpsychologischen und motivationalen Erwägungen vgl. KUHLMANN 2009, 41–53; grundlegend aus historischer, systematischer und unterrichtsmethodischer Perspektive FRITSCH 1990 und STROH 1994). In dieselbe Richtung weist KRELL (2006), die eine systematische Kehrtwende des Lateinunterrichts in Richtung der Pragmatik und Sprachlichkeit im Sinne von aktiver Latinität beim Sprechen und Schreiben im Dienst der Prinzipien *lingua a loquendo* und „Sprachenlernen ist Kollokationenlernen" einläuten möchte.

Zu solchen neuen Akzentsetzungen, die bei erfolgreicher Systematisierung durchaus die Grundlage für ein modifiziertes Konzept des altsprachlichen Spracherwerbsunterrichts werden sollten, mag man sich mit guten Gründen ermutigt fühlen. Bestärkt würde man darin durch WAIBLINGER (2002), der auf anderem Weg (nämlich über psycholinguistische Forschungsresultate) zu teilweise verblüffend ähnlichen Schlussfolgerungen gelangt. Da bei der Wortspeicherung das „Sachnetz" (Wörter referieren auf Sachen) über andere Netzordnungen dominiere (siehe oben Kap. 3.2 Einleitung), sollte der Wortschatz grundsätzlich im Zusammenhang mit dem vorab zu liefernden Sachwissen über die fremdkulturellen Schemata vermittelt werden (WAIBLINGER 2002, 7 f.; hier 8; vgl. zudem Kap. 3.3). Außerdem plädiert WAIBLINGER ansprechend für eine doppelte Speicherung des neuen Wortschatzes durch die Verbindung von begrifflicher Aussage (Wortbedeutung, „digital", propositional) und bildlicher Veranschaulichung (Visualisierung, „analog").

Und wie sieht es mit dem Umfang des Grundwortschatzes aus, unserer Einstiegsfrage? PFAFFEL und WAIBLINGER sind sich darin einig, dass eine konsequente Umsetzung ihrer Konzepte zumindest eine weitere Verringerung des lateinischen Vokabulars erübrigen könnte. WAIBLINGER bringt die psycholinguistischen Befunde auf folgenden Punkt: „[…] je weniger Wörter man lernt, umso schwieriger ist die Wortschatzarbeit und natürlich der Umgang mit Texten". BUTZKAMM (2002, 252) bekräftigt diese Position mit Erkenntnissen aus der psycholinguistisch fundierten Didaktik des modernen Fremdsprachenunterrichts unter dem Motto „Je größer der Wortschatz, desto mehr Kommunikation".

Die strategische Weiterentwicklung der lateinischen Wortschatzdidaktik sollte von neuerlichen Dezimierungen des ohnehin bereits auf ein Minimum eingeschrumpften „Basisvokabulars" unbedingt Abstand nehmen.

Vorzugswürdig, weil wissenschaftlich fundiert, erscheinen vielmehr flexiblere Lösungen: Nicht jedes gelernte Lemma muss zum ständig abrufbaren „Grundwissen" und damit zum „Lernvokabular" im engeren Sinn gehören. Der etwa auch durch Kulturseiten zu erweiternde lateinische *Assoziations- und Resonanzwortschatz*, mit dem Schüler während des Sprachlehrgangs umgehen, muss weit umfangreicher sein als der in den Lehrplänen normierte Grundstock, wenn er die erforderlichen Möglichkeiten der Vernetzung im mentalen Lexikon eröffnen soll. Nur diese gewährleisten die langfristige Retention der Vokabeln, die als notwendige Bedingung erfolgreichen Sprachenlernens auch im Lateinunterricht nie aus dem Auge geraten darf. In diesem Bereich offenbaren sowohl Lehrwerke wie Unterrichtskonzeptionen noch gravierende Defizite.

Ansätze zu einer neuen didaktischen Konzeption der Wortschatzarbeit im Lateinunterricht

Die Erkenntnisse der neueren Wortschatzdidaktik sollten mithin dazu beitragen, den folgenden Unterrichtsprinzipien das starke Gehör zu verschaffen, das sie nachweislich verdienen:
- Fortentwicklung der Adaption von Strategien des natürlichen muttersprachlichen Lernens im Vokabelunterricht auch der Alten Sprachen
- Lebendigkeit, Anschaulichkeit (beileibe nicht nur in der Visualisierung), Konkretisierung und Sprechsprachlichkeit als durchgehende Unterrichtsprinzipien, nicht nur als Beiwerk, Belohnung oder Intensivierungsspiel
- Entfaltung einer facettenreichen Kultur des Übens (vgl. Kap. 4.4) und Auswendiglernens (Memorierens): Die empirisch zu ermittelnden nachhaltigsten Übungsformen sollten verstärkt Eingang in die Lehrwerke erhalten, die sich bislang bei der Gestaltung der Übungen zu wenig an Lernerfolgsstudien orientieren.
- Ein verstärktes Augenmerk sollte auf die Internalisierung von Kollokationen gelenkt werden. An die Stelle des wohl nie ganz entbehrlichen „Formen-Drills" sollte daher mehr und mehr eine Kommunikation in Kollokationen/Syntagmata und Phrasen/Patterns treten. Anhand der pragmatischen Vernetzung werden paradigmatische, semantische und syntagmatische Muster viel sicherer eingeprägt: *Cave canem! Cave, ne cadas* (mit Spiel); *periculum est, ne cadas/cadamus/cadatis/cadant …* Zum Kollokationenlernen bei polysemen Wörtern wie *virtus* oder *contendere* vgl. jetzt die „Rondogramm"-Methode nach WIRTH ET AL. (2006), die das Lehrwerk *Viva* praktisch umgesetzt hat.

- Höherer Lern- und Behaltenserfolg wirkt über Erlebnisse des Könnens, Beherrschens und Gelingens als Lebenselixier der Motivation. So fördert er im Idealfall die Aufnahmebereitschaft für *mehr* statt weniger Vokabeln.
- Der zielsichere Einsatz neuerer Medien wie etwa des einsprachigen lateinischen *Sprachlehrfilms ARMILLA* (vgl. dazu PFAFFEL 2008) und des computerunterstützten Lernens fördert die Selbsttätigkeit der Lateinlerner und eröffnet durch Methodenvariation anregende neue Horizonte.
- Die stärkere Rückbindung der Lehrbuchwirklichkeit (der sog. „konkreten Curricula") und ihrer nach wie vor defizitären Wortschatzarbeit an die didaktische Forschung und unterrichtspraktischen Erfordernisse bleibt ein Desiderat. Noch stärker als bislang sollen die Lehrbücher *Eigenaktivität* und *Kreativität der Schüler im Umgang mit dem Lateinischen* anleiten, lenken und begleiten (BILDE SÄTZE, ZEICHNE, SCHREIBE WEITER ...!)
- Die vorhandenen Curricula müssen im Lichte solcher Ergebnisse und Anforderungen weiter revidiert werden. Konkret heißt das: Als Gegenkraft gegen voreilige und *kurzschlüssige Wortschatzminimierung* in Lehrplänen und Lehrwerken könnte man neu strukturierte Unterrichtswerke erarbeiten, die verstärkt Lebendigkeit initiieren, ohne die bewährte Kognition zu vernachlässigen. Wo und wie auch immer sollten die Prinzipien SYSTEM, KOHÄRENZ, ANSCHAULICHKEIT, NATÜRLICHKEIT und GANZHEITLICHKEIT an die Stelle von Willkür oder liebgewonnener Lehr- und Lerngewohnheit treten.
- In Lehrwerken der 5. Generation äußern sich, wenngleich vielfach nur zögerlich, Ansätze, die *Wortschatzneueinführung* mit ähnlichem didaktischen Aufwand im Sinne einer *lexikalischen Vorentlastung und Vernetzung* zu bedenken, wie er traditionell der Neueinführung der grammatikalischen Pensa zuteilwird (vgl. *Agite,* wo neue Vokabeln z. T. in Kurztexten phänomenisoliert werden; als durchgängiges Element sowohl der Kulturkundeseite als auch der Pensumeinführungsseite in *Adeamus!*). Mit Blick auf die Behaltensleistung (Retention) und damit auch den Aufbau von Lektürekompetenz im Lateinischen wäre eine Verstärkung dieses Trends weit hilfreicher als die absolut kontraproduktive weitere Reduzierung des Grundwortschatzes. Vielmehr sollte neben dem (zumindest dem Umfang nach) lehrplangebundenen, faktisch aber durch den „Bamberger Wortschatz" auch nach Lemmata normierten Lernwortschatz ein umfangreicher Kulturwortschatz in den Lehrwerken und damit der Unterrichtswirklichkeit Aufnahme finden. Ein optimaler Ort dafür sind etwa lateinischsprachige Elemente (oft in bilingualer Präsentation) auf den Kulturseiten der Lehrwerke. Ein solcher deutlich erweiterter Un-

terrichtswortschatz vergrößert den Assoziationsspielraum der Lernenden und stabilisiert durch umfangreichere Verknüpfungsmöglichkeiten im mentalen Lexikon auch das primär sachfeldorientierte Wörterlernen.

3.3 Kulturkunde

Neben der Vermittlung der Schulgrammatik und des Grundwortschatzes bzw. Unterrichtswortschatzes hat sich seit den 1970er Jahren (curriculare Lehrpläne und 2. Lehrwerksgeneration, vgl. Kap. 4.1) die Kulturkunde als dritte Säule eines multivalenten und autonomen Lateinunterrichts zwar spät, aber fest etabliert. Diese *kulturkundliche Wende* geht auf die altsprachliche Curriculumsentwicklung im Sinn etwa der lateindidaktischen Konzepte des Klassischen Philologen, Reformpädagogen und Laborschulleiters HARTMUT VON HENTIG (*1925) zurück. Fortan soll der Lateinunterricht, wie es etwas euphorisch hieß, durchgehend als „pädagogische[s] Mehrzweckinstrument" fungieren, „das nicht nur sprachliche, sondern auch literarische, sozialkundliche und philosophische Kenntnisse und Fähigkeiten" vermittelt (FRITSCH 1991, 6). Der weite Horizont des Weltwissens, das im Lateinunterricht und das heißt: in erster Linie anhand oder im Umfeld von lateinischen Texten durch die Lernenden „miterworben" werden soll, wirft aus didaktischer Sicht zunächst Fragen der terminologischen und sachlichen Eingrenzung auf. Neben dem Begriff „Kultur(kunde)" (vgl. FRITSCH 1991, 6, zur Schrift der Latinumskommission des DAV, die „Kultur" in „Geschichte des Altertums", „Kunst und Kunstgeschichte" sowie „Einführung in den Mythos" auffächert) begegnen „Realienkunde" (FRITSCH 1991, 7 f.), „Sachkunde" (von FRITSCH 1991, 8 synonym zu „Realienkunde" gebraucht) und „Altertumskunde" (GERMANN/WÜLFING 1987, 162, wo GERMANN den „in sich kohärenten und von der Sprache unlösbaren Sachhorizont […] altertumskundlich" nennt) sowie „Archäologie" (FRITSCH 1991, 16–19 und NICKEL 2001, 22 f.; BODE 2008) und „Kulturgeschichte" (BODE 2008, 99, Anm. 2 mit Kritik an den Begriffen „Realienkunde" und „Altertumskunde"). Ein solch *enzyklopädisches* Konzept bereits des lateinischen Spracherwerbsunterrichts beruht in wissenschaftshistorischer Perspektive auf der ganzheitlichen Methodenkonzeption der positivistischen Altertumswissenschaften des 19. Jh., wie sie etwa AUGUST BÖCKH (1785–1867) vertrat (vgl. BÖCKH 1877). Was sich im Disziplinengefüge der Altertumswissenschaften des 19. und 20. Jh. ausdifferenzierte, ist nun im multivalenten Lateinunterricht wieder zusammenzuführen, ohne dass es bislang zielgenaue universitäre Curricula für die Kulturkunde im altsprachlichen Unterricht gäbe. Diesem Desiderat sucht das im Jahr 2016 initiierte Projekt *Realia Classica* an der

Ludwig-Maximilians-Universität München durch inneraltertumswissenschaftliche Kooperation in der Lehrerbildung abzuhelfen.[1] Im Zuge des *material turn* in den Geisteswissenschaften eröffnen sich gerade auf diesem Gebiet vielfältige Perspektiven des disziplinenübergreifenden Zusammenwirkens. Die dabei erzielten wissenschaftlichen Erträge sollten durch rasche Implementierung in die schulischen Curricula und Lehrmedien auch die Didaktik und Methodik der Kulturkunde im Lateinunterricht beflügeln.

Der Stand der bisherigen lateindidaktischen Reflexion zu diesem Themenkomplex lässt sich folgendermaßen umreißen: NICKEL (2001, 231 f.) definiert „Realienkunde" als „Vermittlung von Kenntnissen über die *res*, die außersprachlichen Gegebenheiten [...], von denen in den Texten die Rede ist und in deren Umgebung die Texte entstanden und rezipiert worden sind". Er bietet sodann eine *Auflistung realienkundlicher Themen* und nennt folgende Vermittlungswege im Unterricht:
- Lektüre einschlägiger Quellentexte, z. B. Inschriften,
- Benutzung von „Bildbänden" (besser allgemein: Bildquellen und Bildmedien),
- Einsatz von „Sachbüchern" (besser allgemein: Sachtexten) „für den Schüler".

GERMANN/WÜLFING (1987, 162) plädieren für eine „weitestgehende Integration" der Realienkunde in den Sprachunterricht, die einer „Parallelisierung" vorbeugen soll. Auch FRITSCH (1991, 8 f.) begrüßt die „enge Verbindung zwischen Textbehandlung und Realienkunde", die GLÜCKLICH (1978, 84–87) konzipiert hatte, und bringt in diesem Zusammenhang treffend das „Grundwissen" zur Sprache. Reichhaltige Auflistungen kulturkundlicher Sachbücher und weiterer Materialien finden sich bei GERMANN/WÜLFING (1987, 180–184) („Vorschläge für eine archäologische Handbibliothek und Diathek für den Unterricht"); FRITSCH (1991, 11 f.; 16 f.) („Realienkundliche Lehrbücher"; „Archäologie und Lateinunterricht"); NICKEL (2001, 232); BODE (2008, 101–103). Ansprechend und zukunftsweisend empfiehlt FRITSCH (1991, 20 f.) die „Einbeziehung von *Kinder-, Jugend- und Sachbüchern, von Erzählungen und Romanen,* die im Altertum spielen". Dieser mit Blick auf die jugendlichen Adressaten des Lateinunterrichts gerade unter Gesichtspunkten der Motivation und *Lesesozialisation* essentielle Bereich der *Antikenrezeption in der Alltags- oder Populärkultur* der Gegenwart ist erstaunlicherweise erst im neuen Millennium in den Fokus der internationalen Forschung zu „Nachleben" und „Wirkungsgeschichte" der Antike gerückt.

---

1 Vgl. http://www.lehrerbildung-at-lmu.mzl.uni-muenchen.de/schwerpunkt-1/106_brueckensteine/index.html (letzter Zugriff am 16.03.2017).

Eine erste Zwischenbilanz des an der Ludwig-Maximilans-Universität entwickelten internationalen Verbundprojektes „Verjüngte Antike" findet sich in JANKA/STIERSTORFER (2017) (vgl. bes. die Einleitung der Herausgeber [S. 15–27] mit Forschungsbericht und weiterführender Lit.). Angesichts der oben beschriebenen Gemengelage stehe im Weiteren der Terminus „Kulturkunde" als Oberbegriff für sämtliche Lerninhalte, die BODE in Anlehnung an FRITSCH (1991, 4) und GLÜCKLICH (1978, 84–87) als „Kanon der Sachkunde" bezeichnet und durch folgende Handlungsfelder bzw. Wirklichkeitsbereiche konkretisiert hat:

„Geschichte, Staat und Gesellschaft, Recht, Heer und Flotte, Religion, Literatur, Philosophie, Erziehung und Bildung, Kunst, Stadtgeschichte und Topographie Roms, Alltagsleben, Topographie der antiken Welt. [...] Griechische Mythen und griechische Religion, Epochen der griechischen Geschichte, Gattungen der griechischen Literatur, Vertreter und Schulen der griechischen Philosophie, Entwicklungstendenzen und Hauptwerke der griechischen Kunst, Vorbildwirkung der griechischen Kultur auf die römische und das spätere Europa. [...] Rezeption der antiken Kultur." (BODE 2008, 74f.)

Gerade die immense Reichweite des von BODE entfalteten Themenspektrums, die den Lateinunterricht zu einer Art umfassenden europäischen Kulturgeschichte erhöben, und die sich daraus ergebende Unterbestimmtheit des von ihm umrissenen „Kanons" raten dringend zu *Exemplarizität*. Damit stellt sich die Frage der passgenauen Auswahl der in den lateinischen Sprachlehrgang und dessen Progression optimal integrierbaren Themengebiete. BODE ist sich dessen wohl bewusst und formuliert daher Kriterien für die Stoffauswahl des kulturkundlichen Wissens. Diese heben vor allem auf die *Relevanz* der Gegenstände für die spätere Lektüre, für die Rezeption in nachantiken Epochen sowie auf die Exemplarizität im Sinne eines autonomen Bildungsinhalts ab und gipfeln im Lernerparameter „Interessenerwartung/Motivation" (BODE 2008, 73f.), die an die „Realienneugier" (BODE 2008, 72) der Kinder und Jugendlichen anknüpft.

BODES Ziel-, Inhalts- und Methodenreflexion fußt auf seiner Erkenntnis der doppelten Dimension der Kulturkunde im Lateinunterricht. Diese sei
- *instrumentell* im Sinne einer vertieften Sprach- und Textkompetenz (Motivation, Anschauung und Textpragmatik zur Erschließung und Festigung des Hintergrundwissens zu den „fremdkulturellen Schemata" und Begriffskonzepten [vgl. dazu besonders WAIBLINGER 2001, 2002, 2008]) und

- *autonom* als eigenständiges Lerngut des Lateinunterrichts (BODE 2008, 72 f.).

Der erste Aspekt dürfte u. E. stets im Vordergrund stehen. Der zweite Aspekt ist plausibel und steht für die gebotene Öffnung des Lateinunterrichts, sollte indes nicht überstrapaziert werden. Denn eine Überfrachtung des Unterrichts mit Lerninhalten ist gerade angesichts der Bilderfluten in den digitalen Medien zu vermeiden; zudem sind stets die *Integration* der kulturkundlichen Inhalte in den Sprachlehrgang und deren didaktische Durchdringung (zu didaktischen und methodischen Grundlagen einer zeitgemäßen Bildarbeit vgl. BODE 2008, 87–98) zu gewährleisten, eine ausufernde und materiallastige Verselbstständigung jedoch zu unterbinden.

Dass die Kulturkunde mittlerweile obligatorisch in den Lehrplänen und Leistungsnachweisen sämtlicher Jahrgangsstufen des Lateinunterrichts verankert ist, belegt nicht nur die (neuerdings bisweilen sehr detailverliebte) Normierung der Lerninhalte in den Lehrplänen selbst. In Bayern integriert etwa der neue LehrplanPLUS ausdrücklich einen Katalog des kulturkundlichen *Grundwissens,* nimmt eine minutiöse Verteilung der „kanonischen" Inhalte auf die Jahrgangsstufen vor und entfaltet damit einen eigenen kulturkundlichen Lehrgang mit ähnlicher Progression wie der Sprachlehrgang.[2] An der Liste der dort formulierten Kompetenzerwartungen fällt neben der Kleinteiligkeit das weite Verständnis von „kulturellem Kontext" auf, das hier den gesamten Bereich der Antikenrezeption (auch im sprachlichen und literarischen Gebiet) mit umfasst und damit weit über die ursprüngliche „Realienkunde" hinaus ausgreift. Ein weiteres Distinktionsmerkmal gegenüber traditionellen kulturkundlichen Curricula für den lateinischen Anfangsunterricht liegt überdies in der Betonung verschiedener Rezeptionsphänomene, etwa der Architekturrezeption, des Fortlebens der Antike in der Alltagskultur der Gegenwart sowie in der Akzentuierung der Antike *extra muros* (etwa bei Museumsbesuchen). Nicht explizit genannt wird dagegen die mit Blick auf die Lernenden höchst motivierende Rezeption der antiken Literatur und Kultur in populären Kinder- und Jugendmedien der Gegenwart (vgl. Kap. 13).

Die in Bayern als solche noch freier angelegte Handreichung „Grundlegende Kenntnisse im Fach Latein" behandelt neben der „Literatur" folgende Aspekte der Kulturkunde: „Topographie und Kunst", „Geschichte", „Politik und Gesellschaft", „Alltags- und Privatleben" sowie „Religion und Mythos".[3]

---

2 Vgl. http://www.lehrplanplus.bayern.de/fachlehrplan/gymnasium/5/latein (letzter Zugriff am 16.03.2017).
3 https://www.isb.bayern.de/download/9813/grundkenntnisse_latein.pdf (letzter Zu-

Diese didaktischen und curricularen Tendenzen zeitigen dann wieder Rückwirkungen auf die Gestaltung der Lehrmedien. Insbesondere die Unterrichtswerke für den Spracherwerb, in die erst ab der 2. Generation (vgl. Kap. 4.1) eine nicht mehr nur ornamentale und beliebige, sondern systematisierte Kulturkunde Einzug hielt, bezeugen die kulturkundliche Wende, allerdings mit bemerkenswerten Unterschieden in Umfang, Gestaltungsaufwand und didaktischem Takt, den die Verfasser diesem Lernbereich zugestehen. So kann man allenfalls ansatzweise von „Standardisierung" im Bereich der durch Lehrwerke vermittelten „Bildungswerte in Geschichte und Kultur" (WESTPHALEN 2008, 54 f.) sprechen.

Prinzipiell ist klar zu differenzieren zwischen (fakultativen) *Zusatzmaterialien* und (quasi-obligatorischen) *didaktisierten Materialien*. Erstere Gruppe umfasst *originale oder rekonstruierte Objekte oder Dokumente* der Antike und ihres Fortlebens (etwa Münzen, Kunstwerke, Alltagsgeräte, Werkzeuge, Gebrauchskeramik, Bekleidung, Ausrüstung, Schreibutensilien, Handschriften, Karten), die Lehrer oder auch Schüler eigenständig als Anschauungsobjekte im Sinn des „Lateins zum Anfassen" *(Latinitas palpabilis)* in den Unterricht einbringen und mit den dort behandelten Themen vernetzen oder auch im Rahmen von methodischen Großformen wie Museumsbesuchen und Exkursionen (vgl. dazu sehr knapp BÄCKER 2010, 205–207) in Augenschein nehmen und interpretieren. Die zweite, größere Gruppe setzt sich aus den in die Lehrwerke und Lektüremedien eingebundenen „Kulturteilen" oder kulturkundlichen Materialien zusammen.

Die gegenwärtig verwendeten Lehrwerke der 4. und 5. Generation verarbeiten und entfalten zwar allesamt mehr oder minder „viel historisches und kulturkundliches Material" (WESTPHALEN 2008, 54), etwa durch kulturkundlich gestaltete Sequenzierung und entsprechend gehaltvolle Thematiken der Lektionstexte, aber auch durch „zusammenfassende und erweiterte Sachtexte" (WESTPHALEN 2008, 55 mit Beispielen). Zu *Prima. Gesamtkurs Latein* ist sogar ein eigenständiges „Sachbuch" erschienen (SCHAREIKA 2008), das Ursprung, Geschichte, Kultur und Nachleben der Stadt Rom und des Imperium Romanum eher im Stil eines Nachschlagewerkes als einer fortlaufenden Darstellung präsentiert und mit zahlreichen Photographien und Graphiken illustriert ist. Gleichwohl ist bemerkenswert, dass nur recht wenige Lehrwerke das von WAIBLINGER entwickelte Konzept einer *kulturkundlichen Vorentlastung* und Vernetzung von Wortschatz, Grammatik und Lektionstext konsequent umgesetzt haben (vgl. zur lernpsychologischen Fundierung dieser Artikulationsfolge WAIBLINGER 2008, 73). Ansätze finden

griff am 16.03.2017).

sich in *Prima* und *Cursus,* deren Lektionen jeweils mit einem „Kulturteil" beginnen (bei *Cursus* liegt sogar ein kulturkundlicher Rahmen vor). Noch stringenter verfahren *Agite* und *Adeamus!,* die eine stärkere Integration von Kultur- und Spracharbeit forcieren, wobei einzig letztgenanntes Unterrichtswerk WAIBLINGERS Postulat einer Endstellung des Textes im Rahmen der Lektion zugunsten einer *plurima lectio* und optimalen Lektürepropädeutik umgesetzt hat (vgl. WAIBLINGER 2008, 74).

Wie dieser Ansatz in der 5. Generation nach dem Prinzip der kulturkundlichen Vorentlastung weiterentwickelt wurde, zeigt das aktuelle Beispiel einer Lektionseinstiegsseite des Lehrwerks *Adeamus!* (2016, 42):

Die Seite zur „Sachinformation" bietet hier weit mehr, als die Kopfzeile verspricht. Nach einer Reizüberschrift („Jupiter, Juno und Co. – die Götterwelt der Römer") wird ein Bildimpuls von Informationstext umspielt. Die Abbildung eines archäologischen Objektes, eines Freskos mit Laren und einer Opferszene, ist mit einer unvollständigen Legende versehen (Fundort und Kontext fehlen, sodass auch hier keine Rekontextualisierung erfolgen kann). Die Verzahnung mit dem Informationstext bleibt eher assoziativ und implizit (Laren und Opfer sind dargestellt und werden in den deutschen und lateinischen Texten thematisiert), zumal eine bilddidaktische Erschließung etwa durch Arbeitsaufträge unterbleibt. Dem Informationstext gelingt es durchweg, auf adressatengerechte Weise zahlreiche Facetten römischer Religiosität wie Polytheismus, Tempelbau, Hierarchie und „Arbeitsteilung" unter den Göttern, Bedeutung der kapitolinischen Trias für Rom, öffentlicher und privater Kult durch Gebete und Opfer auf knappem Raum zu vermitteln. Dabei wird durch die *bilinguale Methode der sachnetzorientierten Wortschatzeinführung* (vgl. WAIBLINGER 2008, 73: „Wortwissen ist zum großen Teil Sachwissen"; vgl. Kap. 3.2) nicht nur Lernwortschatz wie *colere, deus, orare* eingeführt, sondern zudem – farblich im Layout abgehoben – auch Kulturwortschatz als *lexikalischer Assoziationsfundus* geboten. Beispiele sind *taurus, victima, omen,* die mit Blick auf das im Lateinunterricht vermittelte „Interlexikon" unverzichtbar sind. Der lateinische Zwischentext integriert Sprach- und Kulturarbeit noch konsequenter, als das in früheren Lehrwerken der Fall war. Anhand recht schlichter Syntagmata wird im kontextuell stets appellablen inhaltlichen Rahmen der Handlungssequenzen um CICERO und seine Familie das Sachfeld Götter/Religion/Kultus kollokatorisch entfaltet und damit bereits mehrkanalig eingeübt. Die Markierungen bezeichnen wiederum den Lern- bzw. Kulturwortschatz. Der im unteren Teil der Seite gebotene deutsche Text rekurriert kontextadäquat auf die Bedeutung der Religion für CICERO als Redner und bleibt damit im historischen Rahmen der Lehrbuchsequenz. Noch schlüssiger wäre hier im Sinne des existentiellen Transfers und einer entsprechenden Interpretationspropädeutik ein kontrastierender Impuls oder Hinweis auf die Bedeutung von Glaube bzw. öffentlicher und privater Religion in der heutigen gesellschaftlichen und politischen Wirklichkeit. Dieser wesentliche Aspekt, den auch der neue Lehrplan nennt, bleibt hier auf den Aspekt des Fortlebens der antiken Gottheiten in Monatsnamen und anderen Namen in Arbeitsauftrag 2 beschränkt. Immerhin regt bereits der erste Auftrag zu einer (auch kontrastierenden) Problematisierung von Elementen der römischen Religiosität an und setzt ein für die Altersgruppe hohes Reflexionsniveau voraus.

Die in *Adeamus!* bereits verwirklichte Integration von Kulturkunde, Sprach- und Textarbeit dürfte für den multivalenten Sprachwerbsunterricht der Zukunft Maßstäbe setzen. Die adressatengerechte Konzentration auf exemplarische Inhalte und deren Verzahnung mit einer am Sachwissen orientierten Wortschatz- und Syntaxvermittlung sowie die Einbettung der Kulturkunde in eine historisch situierte Handlungssequenz ist beispielgebend. Ausbaufähig erscheint die Anleitung zu bilddidaktischer und -methodischer Sensibilität, die von Anfang an durch materialbezogene Erschließungsaufträge aufzubauen ist. Außerdem sollte die Kulturkunde mit ihrer mächtigen rezeptionshistorischen Strahlkraft Lehrbuchverfasser wie Unterrichtende dazu veranlassen, die epochenübergreifende Bedeutung der antiken Kultur zu nutzen und die Lernenden von Beginn an zum möglichst kenntnisreichen Reflektieren und Diskutieren der Frage *Quid ad nos?* anzuregen.

Arbeiten mit dem Lehrwerk

Volker Müller

4.1 Lehrbücher und ihre Generationen

Lesebuchmethode (1740–1830)

Fassen wir COMENIUS (vgl. Kap. 1.1) mit seinem *Orbis sensualium pictus*, das ursprünglich kein genuines Lateinlehrwerk darstellte, als den Begründer einer kontextualistischen Herangehensweise (im Gegensatz zu der bis dahin bestehenden dekontextualistischen und mnemonistischen Herangehensweise; FRITSCH 1978, 7), so ist der Neuhumanist JOHANN MATTHIAS GESNER (1691–1761) der Erste, der diesen Denkansatz für die Konzeption genuiner Lateinlehrwerke forderte und umsetzte. Er wurde zusammen mit FRIEDRICH GEDIKE (1754–1803) und FRIEDRICH JACOBS (1764–1847) der Befürworter der von LATTMANN (LATTMANN 1896, 245) so genannten ‚Lesebuchmethode', die synonym mit der im gegenwärtigen didaktischen Diskurs vorherrschenden ‚Textmethode' ist und eine Form der induktiven Sprachvermittlung darstellt. Sein *Catechismus latinus* enthielt zwar noch nicht klassisch-antike (sondern biblische), aber doch wenigstens *zusammenhängende* Texte, an die sich sprachliche Betrachtungen und grammatische Übungen anschlossen. Auch in FRIEDRICH GEDIKES 1782 erschienenem „Lateinischen Lesebuch für die ersten Anfänger" waren Sach- und Sprachunterricht kombinierende Lesestücke zentral, mit dem Ziel, Sprachgesetze nicht isoliert, sondern unter Anleitung des Lehrers anhand von inhaltlich ansprechenden Texten vermitteln zu können. Der Ansatz, die Schüler „möglichst sofort in den Strom zusammenhängender Rede eintauchen" (FRITSCH 1978, 10) zu lassen, stellte sowohl den Lateinlehrer vor hohe didaktische als auch den Schüler vor hohe kognitive, oft nicht zu leistende Herausforderungen, sodass es nicht verwundert, dass bald Stimmen nach einer veränderten Lehrwerksmethodik laut wurden.

Grammatizismus (1830–1890)

Exemplarisch dafür steht FRIEDRICH ELLENDTS (1796–1855) Plädoyer in der Vorrede seines „Lateinischen Lesebuch[s] für die untersten Klassen der Gymnasien" (erschienen 1828 in Königsberg, zit. nach LATTMANN 1896, 315), der von einem „undurchdringlichen Dickicht" des Lateinischen spricht. Das erste Lateinlehrwerk, das grammatische Phänomene in Einzelsätzen darbot, waren EDUARD BONNELLS (1802–1877) 1828 in zweiter Auflage erschienene „Übungsstücke zum Übersetzen aus dem Lateinischen ins

Deutsche für die ersten Anfänger". In diesem Lehrbuch spiegelte sich die 1838 maßgeblich von KARL WILHELM EDUARD MAGER (1810–1858) vertretene und bis in die 1970er Jahre dominante (FRITSCH 1978, 12) Auffassung (MAGER 1846) wider, dass nur der Satz als zugleich übersichtliche und verständliche sprachliche Einheit zum konzeptionellen Ausgangspunkt für Lehrwerke gemacht werden dürfe (LATTMANN 1896, 340 f.). Zwischen diesen beiden Polen, der auf Deduktion basierenden Übungsbuch- oder Einzelsatzmethode und der auf Induktion beruhenden Lesebuch- oder Textmethode, sollte der lehrwerksdidaktische Diskurs in Zukunft mit je nach Zeitgeist graduellen Unterschieden mal in die eine, mal in die andere Richtung pendeln. Einzelsätze und deduktive Grammatikeinführung verband maßgeblich RAPHAEL KÜHNER (1802–1878), der die ‚grammatizistische' Methode in seiner als Lehrbuch dienenden „Elementargrammatik der lateinischen Sprache mit eingereihten lateinischen Beispielen und deutschen Übungsaufgaben für die unteren Gymnasialklassen" aus dem Jahre 1844 in Reinform vorexerzierte. Dieser Methode verhalf CHRISTIAN OSTERMANN (1822–1890) mit seinen von 1860 an erschienenen ‚Übungsbüchern' zu einem bis zu den preußischen Richtlinien von 1925 andauernden Erfolg: Man spricht vom sogenannten Ostermann-Betrieb (FRITSCH 1978, 12 f.).

Reformpädagogische Kehrtwende (1890–1933)

In Ablehnung dieser oftmals inhaltsleeren Einzelsätze setzte sich HERMANN PERTHES ab den 1870er Jahren für die Einführung der induktiven Methode ein. Dies blieb nicht ohne Folgen für die gängigen – da sie umgearbeitet werden mussten – und nachfolgenden Lehrwerke, weil in den 1891/92 für preußische Schulen erlassenen Lehrplänen für die Sexta zum ersten Mal derartige Bestimmungen festgelegt wurden (Lehrpläne 1892, 218 f.). Der *Lehrplan* erwies sich seit diesem Zeitpunkt neben dem *Zeitgeist* und der *didaktischen Diskussion* als dritte und wichtigste Determinante für Anlage und Aufbau künftiger Lateinlehrwerke. Vor diesem Hintergrund propagierten maßgebliche Lateindidaktiken, wie z. B. diejenige von DETTWEILER, die Maximen, dass Lesestücke zusammenhängenden Inhalt bieten, deren Inhalte aus der alten Sage und Geschichte stammen und ihre Texte in gutem Latein geschrieben sein sollten (DETTWEILER 1906, 56 ff.). Unter dem Einfluss der Reformpädagogik fanden zwei weitere bis heute gültige Prinzipien Eingang in die Lateinlehrwerke: Es kamen die Schülerorientierung („Anschauungs-, Erfahrungs- und Interessenkreis des Schülers"), das Prinzip der Anknüpfung an das grammatische und (mutter-)sprachliche Vorwissen, der nicht unproblematische Primat lateinischen Originalmaterials und die Aktualisierung („Zusammenhang zwischen Gegenwart und römischer Kultur") als vom Lehrplan vorgeschriebene Leitlinien für die Lehrwerkskonzeption hinzu (FRITSCH 1978, 18 f.).

Nationalsozialistische Ära (1933–1945)

Die NS-Diktatur brachte für den Lateinunterricht Neuerungen mit sich, die sich auch im Bereich der Lehrwerke niederschlugen: Durch die im Rahmen der Gleichschaltung allen öffentlichen Lebens erfolgende Vereinheitlichung des höheren Schulwesens wurde die achtjährige Oberschule mit Latein ab dem 7. Schuljahr zur Norm; nur an wenigen Gymnasien und Oberschulen mit gymnasialem Zug blieb Latein ab der 5. Klasse erhalten (vgl. IRMSCHER 1965/66, 256). An der Regeloberschule waren nur noch fünf Lateinlehrbücher, an den verbliebenen Gymnasien durch die Erlasse von 1938 und 1939 nur noch zwei genehmigt: das *Studium Latinum* und die *Fundamenta Linguae Latinae*. Die Lehrwerke fielen durch die für diese Zeit typische Überbetonung des Militärischen und ideologische Indoktrination auf, boten aber zusammenhängende Lektürestücke und – ein Novum – weitaus abwechslungsreichere Übungen als nur Her- und Hinübersetzung trainierende Sätze.

Die lehrwerksdidaktischen Grundlagen, auf denen alle Nachkriegsgenerationen von Lateinlehrbüchern fußen, waren also gelegt, und so bildeten all die bis dahin entstandenen Lehrwerkskomponenten/-prinzipien (zusammenhängende Lesestücke/Einzelsätze, Induktion/Deduktion, Vielfalt an Übungsformaten, Schülerorientierung, Anknüpfung an Vorwissen, Aktualisierung) das konstante Fundament für die bislang drei variablen Determinanten, die auch künftig die Konzeption von Lateinlehrbüchern beeinflussen sollten: der epocheprägende *Zeitgeist,* der wiederum in den *didaktischen* und *bildungspolitischen Diskurs* Eingang findet und sich in entsprechenden Bestimmungen der *Lehrpläne* niederschlägt.

1. Nachkriegsgeneration (1946–1970)

Die erschütternden und verstörenden Ereignisse des Zweiten Weltkrieges wirkten sich auch auf den Lateinunterricht aus: In den Lehrwerken wurden nationalsozialistisch-völkische Inhalte getilgt. Hinsichtlich der Gestaltung und Methodik knüpfte man mehr oder weniger „an den Entwicklungsstand in der Weimarer Republik an" (FRITSCH 1978, 22); in Ermangelung wegweisender Einfälle „wurde ein perfektionierter Grammatikunterricht ins Zentrum gerückt, inhaltliche Bezüge wurden diesem untergeordnet, Werterziehung orientierte sich, wenn überhaupt gewagt, an traditionellen bürgerlichen

Normen" (WESTPHALEN 2008, 42). Unterrichtswerke, die in dieser ersten Phase Verwendung fanden, waren *Ludus Latinus* (1927 etc.), *Lateinisches Unterrichtswerk* von BORNEMANN (ca. 1945–49), *Vita Romana* (ab ca. 1950), *Lateinisches Unterrichtswerk* von MAX KRÜGER (ab ca. 1950; 1984–1986: Neufassung von HANS JÜRGEN HILLEN), *Lectiones Latinae* (ca. 1950–52), *Ars Latina* (1953–55) und *Exercitia Latina* (1962–65). Allen Unterrichtswerken waren folgende Charakteristika gemeinsam: *Sprachschulung* mit dem Ziel der formalen Bildung, allmählich fortschreitende Formenlehre mit anschließender Kasuslehre und Satzlehre, strenge *Vertikalität* (vgl. Kap. 3.1), *Einzelsatz-Methode, Her- und Hinübersetzung* als Kernkompetenz des Lateinunterrichts. Aufgrund des sprachlich-übersetzerischen Schwerpunktes *unterblieb* eine inhaltsorientierte *Sequenzierung*. *Realienkunde* beschränkte sich zumeist auf die satzimmanenten Informationen, Bebilderung und *Visualisierung* hatten noch keine *didaktische Relevanz*. Nicht nur dieser „Paukunterricht ohne kindgerechte Inhalte" (KIPF 2006, 32) auf Basis von monotonen Bleiwüsten, sondern vor allem auch §13 des Hamburger Abkommens von 1964 (Gleichstellung von Englisch als möglicher erster gymnasialer Eingangssprache neben Latein) sowie die gleichzeitig von ROBINSOHN in Gang gebrachte curriculare Wende (vgl. Kap. 1.1) mit dessen Kritik an den Alten Sprachen bescherten dem Fach Latein einen Rückgang der Schülerzahlen an Gymnasien von 43 % auf 25 % (KIPF 2006, 220), worauf Fachvertreter – auch mit neuen Lehrwerken – reagieren mussten. Als vierte Determinante für Konzeption und Aussehen von Lateinlehrwerken ist aus dieser Generation der *Lehrgangstyp* festzuhalten (WOJACZEK 1979, 251–253).

2. Nachkriegsgeneration (1970–1989)

Infolge des Zwangs, aus dieser Existenznot wieder einen Ausweg zu finden, ersannen fachdidaktisch engagierte Altphilologen im Anschluss an den 1971 einberufenen DAV-Kongress die sog. DAV-Matrix: Zusätzlich zu der bisher ohnehin schon stark forcierten Inhaltsklasse ‚Sprache' schrieben sich die Fachvertreter nun gleichberechtigt auch die Behandlung von ‚Literatur', ‚Gesellschaft/Staat/Geschichte' und ‚Grundfragen menschlicher Existenz' auf die Fahnen. Mit diesen nun vier Lernzielbereichen erweiterte das Fach Latein sein Selbstverständnis dahingehend, nicht mehr nur eine ‚Fremdsprache', „sondern gleichermaßen ein weit ausgreifendes Bildungsfach" (WESTPHALEN 2008, 44) zu sein.

Als Lateinlehrwerke der zweiten Nachkriegsgeneration gelten: *Ianua Nova* (1970–73), *Cursus Latinus* (1972–74), *Roma* (1975–78), *Contextus* (1977–79), *Instrumentum* (1978–80) und *Ostia* (1985–86). Alle diese Lehrwerke versuchten, die nunmehr zum Maßstab erhobene *Multivalenz des Faches* umzusetzen; ebenfalls gemeinsam war allen der in Anlehnung an die Didaktik der modernen Fremdsprachen (WAIBLINGER 1998, 12) vollzogene *Wechsel von demotivierenden Einzelsätzen zu zusammenhängenden Lektionstexten,* deren Berechtigung im Lektionsganzen zwar unbestritten, deren Funktion aber kontrovers diskutiert wurde (WAIBLINGER 1998, 11–12 und 2001, 160). Dass die Methodik, ausschließlich anhand von (adaptierten) Originaltexten oder mit in „Kunst"-Latein verfassten Texten Wortschatz- und Grammatikeinführung zu gewährleisten, didaktisch nicht sinnvoll war, zeigte die Praxis schon sehr bald. So wurden in den Lehrwerken der zweiten Nachkriegsgeneration als didaktischer Kompromiss vielfach Einzelsätze dem Lektionstext voran- oder nachgestellt (WAIBLINGER 1998, 13 und WAIBLINGER 2001, 163): Sie sollten zumindest die Grammatik vorentlasten, während der Wortschatz im Vorfeld der Lektion entweder einfach aufgegeben oder mithilfe gängiger Semantisierungsmethoden im Rahmen der Unterrichtsstunde thematisiert wurde (WAIBLINGER 2001, 163). Zur *Steigerung der Schülermotivation* begann man überdies, die Lektionen übersichtlich und mit differenziertem Druckbild zu gestalten sowie Identifikationsfiguren einzuführen; auch waren *Ansätze einer horizontalen Grammatikeinführung* zu beobachten (WESTPHALEN 2008, 45), allesamt Aspekte, die in der dritten Nachkriegsgeneration vollends zum Tragen kamen. Angesichts sich verändernder Sozialisationsbedingungen rückte auch der „Neue Schüler" (vgl. Kap. 2.2 und 3.2) in den Fokus des didaktischen Interesses.

Stärker als zuvor galt es, die *veränderte Schülerklientel für das Fach zu gewinnen* und bei den Lateinschülern die Freude für das Fach zu bewahren. Darin, dies zu bewerkstelligen, sahen die Verfasser der nächsten Lehrwerksgeneration ihre zentrale Aufgabe. Nötig wurden neue Lateinlehrbücher aber auch, weil sich durch die *deutsche Wiedervereinigung* seit 1990 ein neuer Absatzmarkt erschlossen hatte, *neue Lehrpläne mit reduzierter Stundenausstattung* und dem Zwang zur Stoffverknappung erlassen worden waren und weil man im *Wettbewerb mit den modernen Fremdsprachen* den Anschluss nicht verlieren wollte.

3. Nachkriegsgeneration (1990–2000)

Die Folge waren „stärker schülerorientierte Unterrichtswerke" (WESTPHALEN 2008, 46), welche die schon in der zweiten Generation beschrittenen Wege weitergingen. Die Lehrwerke dieser Generation sind *Arcus* (1995), *Cursus Continuus* (1995), *Felix* (1995), *Salvete* (1995), *Ostia Altera* (1995–96), *Iter Romanum* (1996), *Interesse* (1996–98) und *Lumina* (1998). Als ihnen gemeinsame Aspekte sind der *signifikant höhere Schülerbezug* zu nennen, der sich am augenfälligsten an den Identifikationsfiguren ablesen lässt; ferner einen inhaltlichen Zusammenhang herstellende und Schüler dadurch besser ansprechende inhaltsorientierte *Sequenzen,* die seit dieser Generation zum Standard gehören; *vielfältige Übungen,* die nicht mehr nur auf Grammatik und Sprache abzielen, sondern auch der historischen Kommunikation Rechnung tragen; schließlich die sich seit dieser Generation durchsetzenden Prinzipien der *gemäßigt horizontalen Grammatikeinführung* (vgl. Kap. 3.1) und der *Verbindung von Formen- und Satzlehre* (WESTPHALEN 2008, 46 f.).

All diese Lehrwerke waren im Urteil der Fachdidaktiker bereits qualitativ hochwertig, doch traten gesellschaftlich-schulpolitische Veränderungen auf, die eine vierte Generation von Lehrwerken erforderlich machten. Kaum berücksichtigt wurden bei dieser kommenden Generation nach dem Millenniumswechsel die Feststellungen des Fachdidaktikers FRANZ PETER WAIBLINGER (1944–2007), der aus jahrelanger Praxiserfahrung richtungsweisende Vorschläge zu einem neuen Konzept im Spracherwerbsunterricht machte: Dass die Textmethode in der Didaktik der modernen Fremdsprachen so gut funktioniere, liege daran, dass dort „den Schülern der kommunikative Zusammenhang im allgemeinen bekannt und verständlich" sei (WAIBLINGER 1998, 12), wohingegen lateinische (Original-)Texte *‚fremdkulturelle Schemata'* voraussetzen, die den Schülern aufgrund der fehlenden kulturellen Isomorphie *nicht von vornherein geläufig* sind. **Wogegen** sich WAIBLINGER (1998; 2001) also insgesamt wendet, sind (**Original-)Texte** zur *Einführung* eines Stoffes. Die *Auseinandersetzung mit einem Text* müsse auch nach WAIBLINGERS Dafürhalten erfolgen, allerdings erst – und dies ist seine wichtigste methodische Forderung – am Ende der Lektion. Dass seine Bedenken bei den Lehrbüchern der vierten Nachkriegsgeneration, die in dem Lektionsaufbau und der Methodik weitgehend der dritten Generation gleicht, (noch) nicht ernstgenommen wurden, hat mit dem für manche vielleicht zu progressiven Umdenken zu tun. Hier kommen als fünfte Determinante bei Konzeption und Anlage von Lehrwerken die *Verlagshäuser* und deren von *wirtschaftlichen Interessen geleitete Marktforschung* hinzu. Neben den von vornherein mit dem jeweiligen Verlag verhandelten quantitativen Vorgaben (maximale Seitenzahl, 2-/4- oder 6-Seiten-Prinzip der Lektion, Lektionenzahl) bildet das bei der Lehrerschaft eingeholte Meinungsbild jeweils den Gradmesser für die Aufnahme oder Ablehnung zu progressiver konzeptioneller Modifikationen. Entsprechend scheinen auch WAIBLINGERS Forderungen und Vorschläge auf (damals) zu wenig offene Ohren gestoßen zu sein.

4. Nachkriegsgeneration (2000–2014)

Eine erste der gesellschaftlich-schulpolitischen Neuerungen, die auch den Lateinunterricht indirekt betrafen, war die *Aufnahme des Englischunterrichts in die Lehrpläne der Grundschulen* (WESTPHALEN 2008, 48). Diese Synergien gezielt zu nutzen, machte Überarbeitungen vor allem des Wortschatzes und des Interlexikons sowie andersartige sprachreflexive Aufgaben erforderlich. Eine zweite Neuerung war die fast im gesamten Bundesgebiet erfolgte *Reduktion der Gymnasialzeit von neun auf acht Jahre*, wodurch L_2 in die sechste Klasse vorverlegt und die Lehrpläne mit entsprechenden Stoffverschiebungen und -verknappungen angepasst wurden; die gängigen Lehrwerke verloren also ihre Gültigkeit (ebd., 48). Als letzte schulpolitische Veränderung verpflichteten sich immer mehr dieser Lehrpläne dem schulischen *Leitgedanken der Kompetenzorientierung* (vgl. Kap. 14 und HEY 2008), was in den Lehrwerken zusätzlich eine durchgehend mit Operatoren formulierte Aufgabenkultur mit sich brachte, die Sach-, Sozial-, Selbst- und Methodenkompetenz fördern sollte und ein Grundwissen verpflichtend machte. Es erschienen infolgedessen eine Neuauflage von *Interesse* (2006), ganz neue Bearbeitungen von *Felix* (2004) und des nur in Bayern zugelassenen und als Fortschreibung von *Felix* gedachten *Latein mit Felix* (2003–2006) sowie *Salvete* (2006-2007); außerdem völlig neue Lehrwerke wie das nur in Bayern zugelassene *Auspicia* (2004–2006), *Prima* (2004–2006), *Actio* (2005–2006), *Intra* (2007–2008), *Comes* (2008–2011), *Via Mea* (2013) und *Viva* (2013). Die ebenfalls in diesem Zeitraum erschienenen Lehrwerke *Cursus* (2004–2006), die Neubearbeitung von *Iter Romanum* (2005), *Campus* (2008–2011) und *Agite* (2011–2014) gehören aufgrund ihrer Lektionskonzeption schon der 5. Generation an. Allein schon die große Zahl an Lehrwerken (15 L_1- und L_2-Lehrbücher) zeugt von der Blütezeit des Faches nach dem Milleniumswechsel. Mit Ausnahme des vielfach als „Alternativangebot"[1] geltenden *Auspicia* ist allen neuen Lehrwerken daran gelegen, die jeweils dominanten Aspekte der drei vorangegangenen Nachkriegsgenerationen – *Sprachschulung, Kultur, der „neue" Schüler – ausgewogen zu repräsentieren* und die *Multivalenz zu perfektionieren* (WESTPHALEN 2008, 51–59).

Bereits während diese vierte Generation von Lateinlehrwerken auf den Markt kam, verschärften sich zunehmend die von WAIBLINGER schon 1998 und 2001 konstatierten Missstände. Infolge der Vorverlegung der zweiten Fremdsprache in die sechste Klasse wurde die logische Konsequenz noch evidenter, dass das *Sprach- und Textverständnis noch nicht so ausgeprägt ist*

---

1 http://www.lateinbuchverlag.de/intern.htm (letzter Zugriff am 21.01.17).

wie das eines Schülers der siebten Jahrgangsstufe (WESTPHALEN 2008, 48), ein Zurückfahren der Ansprüche also indiziert war. Auf diesen Praxisbefund mussten Lehrwerksverfasser ebenso reagieren wie auf die *quantitativ angewachsene Gymnasialschülerschaft*, die sich durch die plakativen Forderungen der Bildungspolitik und das Prestigedenken bildungsbeflissener Familien gewandelt hatte. Dass nicht alle dieser Gymnasiasten die für den Lateinunterricht erforderlichen kognitiven Voraussetzungen aufwiesen, ist genauso wenig verwunderlich wie die *zunehmende Heterogenität der Schülerklientel* (nun auch aus weniger akademischen Elternhäusern, Migrationshintergrund); auch diese Veränderung musste und muss in lehrwerksdidaktische Überlegungen mit einbezogen werden. Zusätzlich nahm der *Trend der Abwahl von Latein in der Oberstufe* beunruhigende Dimensionen an, sodass schon in den Lehrwerken möglichst viele wichtige Lerninhalte der Oberstufe altersgerecht repräsentiert werden sollten und man noch energischer den gesteigerten Bildungsansprüchen der DAV-Matrix nachzukommen hatte (WESTPHALEN 2008, 48 f.). Schließlich schlugen sich Teile der *von WAIBLINGER vorgeschlagenen Überlegungen zum Spracherwerbsunterricht* in einigen wenigen Lehrwerken *(Cursus, Iter Romanum, Campus, Agite)* nieder, die angesichts rigider institutioneller Rahmenbedingungen (Lehrplanvorgaben zu Lerninhalten, Grammatikalia, Wortschatzumfang, Stundenausstattung) und mittlerweile etablierter methodischer Standards (Horizontalität, Kombination von Morphologie und Syntax, festgelegte Lektionskomponenten) als einzige Variablen das Erlernen der lateinischen Sprache bei gleichbleibendem Niveau aus psycholinguistischer und lernpsychologischer Warte doch noch effektiver machen konnten (WAIBLINGER 1998, 17).

5. Nachkriegsgeneration (2015–x)

Wirft man einen Blick in die Werke *Cursus* (2004–2006), *Iter Romanum* (2005) und *Agite* (2011–2014), so wird ersichtlich, dass deren Verfasser WAIBLINGERS Forderung vom veränderten Aufbau der Lektion weitestgehend, allerdings nicht in allen Details, gefolgt waren (WAIBLINGER 2001, 163–165): Zunächst müsse über das zugleich auch für die Schülermotivation förderliche **Sachwissen** (1) gesprochen werden. Im Zusammenhang damit solle schon die **Vermittlung von Wortschatz** (2) (zunächst das möglichst *visualisierte Wortkonzept*, dann Erschließung der *Semantik* bestenfalls durch Schüler, *syntaktische Besonderheiten*) erfolgen. Im Anschluss folge die (3) **Einführung des neuen Grammatikstoffes** (entweder mit thematisch kohärenten lateinischen Einzelsätzen, mithilfe einer zweisprachig-synoptischen Einführung nach Art von COMENIUS' *Orbis pictus Latinus* oder anderen realistischen Ansätzen). Zur unmittelbaren Anwendung müssten **abwechslungsreiche Übungen** (4) sowohl für Wortschatz als auch für das Grammatikpensum folgen. Quasi den Höhepunkt solle der **Lektionstext** im letzten Teil der Lektion (5) bilden (Funktionen: Erfolgskontrolle, weitere Einübung und Wiederholung, weitere inhaltliche Information, Sprach- und Textreflexion). Durch diesen Aufbau ist dem Prinzip der *maximalen Vorentlastung* und der *maximalen Motivation* Rechnung getragen. Zugleich ist der Lehrkraft ein *eindeutiger methodischer Wegweiser* an die Hand gegeben, welche Schritte von ihr in welcher Reihenfolge sinnvoll zu durchlaufen sind. In den oben benannten Lehrwerken der fünften Generation, die eigentlich noch im Zeitraum der vierten Generation auf den Markt gekommen sind, schlagen sich stärker als zuvor die Früchte der *lernpsychologischen* und *psycholinguistischen Forschung* nieder, insofern in ihnen eine sinnvollere Umstellung der Lektions-Chronologie erfolgt, wodurch sie sich deutlich von den anderen Lehrwerken der vierten Generation unterscheiden und somit einer neuen Generation, der fünften Generation, zuzuordnen sind. Von WAIBLINGERS Vorschlägen ist die Forderung, sich nach den Sachinformationen verstärkt auch dem *Wortschatz* zu *widmen,* noch zu wenig oder zu wenig kreativ beherzigt worden, u. a. fehlen auch passgenau auf den Lektionswortschatz abzielende Übungen; außerdem ist die Grammatikeinführung stets in Einführungssätzen bzw. Mini-Kontexten vorgenommen worden, was ohne *phänomenisolierende* oder *visuelle Hilfestellungen* eine induktive Erschließung schwierig macht (mustergültig: die mit größtmöglicher Induktion eingeführten Grammatikpensen aus dem Lehrwerk *Comes*), ferner ist zur Abwechslung an die **bilinguale Methode nach Art von COMENIUS** zu denken.

In der Folgezeit erschienen, besonders mit Blick auf den ab 2017 gültigen kompetenzorientierten bayerischen LehrplanPLUS, weitere Lehrwerke: *Pontes* (2016) aus dem Klett-Verlag, eine völlige Neubearbeitung von *Roma* (2016) aus dem Buchner-Verlag und *Adeamus!* (2016) aus dem Oldenbourg-Verlag.

Allen *Lehrwerken der fünften Generation* ist gemeinsam, dass sie sinnvollerweise die *Errungenschaften der vierten Generation beibehalten,* zusätzlich aber die dem *lernpsychologisch-psycholinguistischen Forschungsstand entsprechende Umstellung der Lektionskomponenten* vorgenommen haben und durch die Menge an verfügbarem Begleitmaterial noch *lehrkraftorientierter* geworden sind, die multimedialen Möglichkeiten in noch ungekannter Weise nutzen *(Digitalisierung)* und drei anderen Aspekten verstärkt Aufmerksamkeit widmen: der in den Lehrwerken bislang nur stiefmütterlich behandelten *Wortschatzvermittlung* sowie der noch nicht in extenso ausgereizten *Binnendifferenzierung* und *Kompetenzorientierung* (einschließlich des Grundwissens).

4.2 Terminologie der lateinischen Lehrwerksdidaktik

Die Dauer des schulischen Unterrichts, in der man mit Latein beschult wird, bezeichnet man als *Lehrgang.* Je nachdem, ob man Latein am Gymnasium bzw. der (integrierten) Gesamtschule als Eingangssprache (L_1) oder in der Sprachenfolge der Sekundarstufe als zweite (L_2) bzw. dritte (L_3) Fremdsprache wählt, spricht man vom L_1-*Lehrgang* etc. Innerhalb dieses Lehrgangs gibt es zwei Phasen, die aufeinander aufbauen, die vorausgehende *Spracherwerbsphase* und die hierauf folgende *Lektürephase.* Die Spracherwerbsphase verwendet aufgrund ihrer spracheinführenden Zielsetzung als Standardmedium ein *Lehrwerk/Lehrbuch* (und eventuell eine Begleitgrammatik), das der Lehrkraft als materialisiertes Curriculum dient. Das Lehrbuch kann quantitativ oder qualitativ unterschiedlich konzipiert sein: in quantitativer Hinsicht entweder als *Gesamtkurs,* der sämtliche Lektionen des Spracherwerbs in einem für mehrere Jahrgangsstufen vorgesehenen Buch bündelt, oder in *Jahrgangsstufenbänden* (in Bayern obligatorisch), welche die vom Lehrplan verpflichtend in einem Schuljahr abzuarbeitenden Lerninhalte auf die Spracherwerbsphase verteilen und ihre *Progression* entsprechend anpassen müssen. Unter Progression versteht man das Vermittlungstempo der grammatikalisch-inhaltlichen Lernpensen, das entweder in kleinen Schritten oder gerafft vonstattengehen muss; in qualitativer Hinsicht kann ein Lehrbuch entweder als Kombination aus einem *Textband* und einem *Begleitband* (Vokabeln und Grammatik) oder – weitaus häufiger – als *Elementarbuch* konzipiert sein, das sowohl die Texte und Übungen als auch im Schlussteil einen kombinierten Vokabel- und Grammatikteil aufweist samt tabellarischen Übersichten der wichtigsten Grammatikalia sowie alphabetischem Wörter- und Eigennamenverzeichnis.

Das Elementarbuch selbst enthält im vorderen und hinteren Vorsatzblatt oft topographisches oder anderweitiges thematisches Kartenmaterial zu Rom, Italien und dem Imperium Romanum sowie oft auch noch einen Zeitstrahl mit historischen Daten oder den Lebensdaten römischer Schriftsteller. Es schließt sich nach dem Titelblatt und bibliographischen Angaben das Inhaltsverzeichnis an, das in tabellarischer Übersicht die Sequenzen und deren jeweilige Lektionen auflistet und dabei stichpunktartig die Lerninhalte in den jeweiligen Kompetenzbereichen Sprache, Text und Kultur nennt. Dem Inhaltsverzeichnis folgen *Prolegomena*, die sich einerseits aus Erläuterungen zur jeweiligen Lehrbuchfamilie, andererseits aus der Erklärung des Lehrwerksaufbaus zusammensetzen. Seit den Lehrwerken der zweiten, spätestens der dritten Generation haben sich sog. *Identifikationsfiguren* etabliert, welche die Schüler auf eine spannende Reise im Wirkungskreis ihrer römischen Familie mitnehmen und als *ein* großer motivationaler Faktor anzusehen sind. Diese spannende Reise ist seit der dritten Generation fast durchweg in thematische Großeinheiten, *Sequenzen,* gegliedert, die sich wiederum aus einzelnen aufeinander bezogenen *Lektionen* als Untereinheiten zusammensetzen. Zwischen den jeweiligen Sequenzen sorgen *Sequenzauftakte* für die notwendige motivierende Einstimmung auf die kommende Thematik, die durch grundlegende Informationen, Bildmaterial und aktivierende Arbeitsaufträge erreicht wird. Abgeschlossen werden die Prolegomena durch die schülergerecht formulierte methodische Anleitung zu den Lektionskomponenten, die oft mit *Siglen* (Singular: die Sigle) gekennzeichnet sind, also immer wiederkehrenden und den Lektionsabschnitt charakterisierenden Buchstaben, z. B. „E" für „Einführung", „W" für „Wortschatzteil" etc.; die Erklärung weiterer *Symbole,* die immer wiederkehrende Charakteristika veranschaulichen sollen, beispielsweise ein Punktsystem für die Angabe des Schwierigkeitsgrades von Aufgaben, zwei oder mehrere Männchen für Partner- oder Gruppenaufgaben, spezifische Symbole für ausgewiesene Aufgaben zur Sprach-, Text- und Kulturkompetenz, runden die Prolegomena ab.

An dieser Stelle soll anhand einer kommentierend beschriebenen Lektion die methodisch-didaktische Terminologie vorgestellt werden, die entsprechend mit Nummern gekennzeichneten Termini können so in der abgebildeten Lektion des Lehrwerkes *Adeamus!* (2016, 38–41) nachvollzogen werden: Je nachdem, ob ein Lehrwerk zwei, vier oder sechs Seiten für eine Lektion beansprucht, spricht man vom *2-* oder *4-* oder *6-Seiten-Prinzip.* Fast alle Lehrwerke der fünften Generation lassen ihre Lektion auf dem *Prinzip der Vorentlastung* basieren, d. h., es werden im Vorfeld des Textes kumulativ die für dessen Lektüre notwendigen Informationen dargeboten; diese Vorentlastung kann *inhaltlicher, lexikalischer* und *grammati(kali)scher* Natur sein. In unserer Lektion wird auf Seite 38 zunächst die inhaltliche Vorentlastung in Form der *Sachinformationen* (1) zum Thema ‚Gastmahl' geleistet, welche durch die in Klammern angegebenen *Wortgleichungen* (2) zugleich auch lexikalisch ist; hier wird zwischen *Lernwörtern* (3) und nicht zu lernenden *Themenwörtern* (4) unterschieden. Ein thematisch kohärentes Fresko und ein „*Trittbrett-Text*" (5), welcher der weiteren lexikalischen

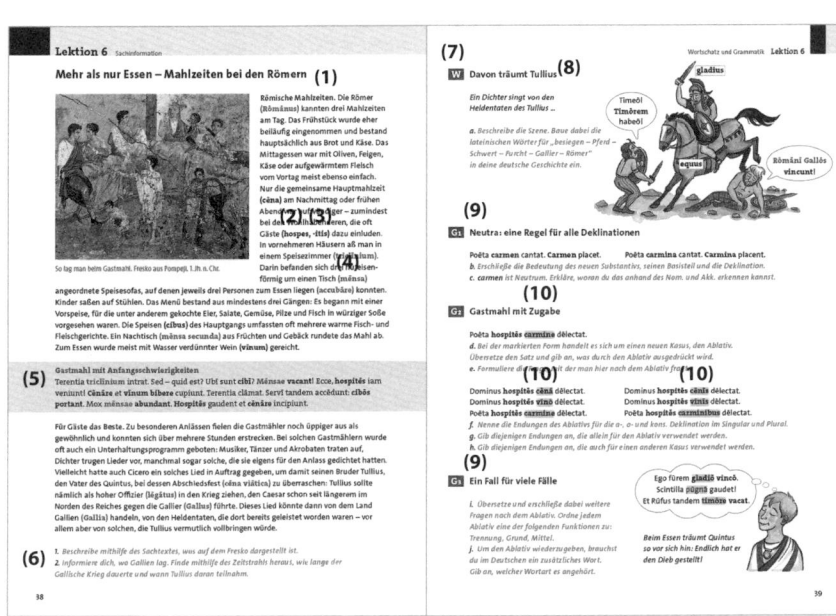

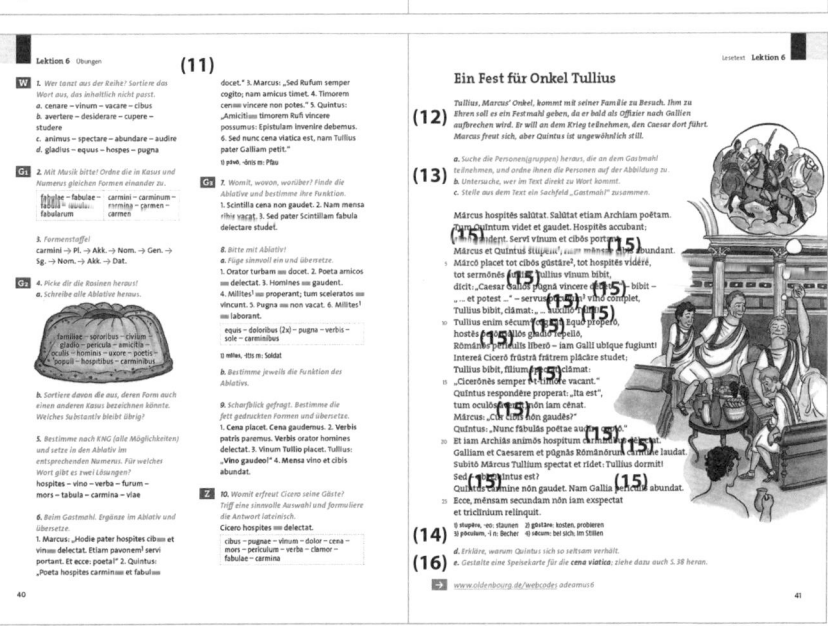

Vorentlastung dient, lockern die Fülle an Informationen auf. Erste Arbeitsaufträge, die mit *Operatoren* (6), also standardisierten Handlungsanweisungen zum Zwecke der besseren Leistungsfeststellung (z. B. ‚*nenne*', ‚*gib an*', ‚*übersetze*' etc.) formuliert sind, tragen zur vertiefenden inhaltlichen Arbeit bei. Es folgt auf Seite 39 mit der *Sigle* „W" (7) und einer *Reizüberschrift* (8) die letzte lexikalische Vorentlastung, die durch die Comic-Zeichnung, den Arbeitsauftrag und das angegebene deutsche Wortmaterial eine durchweg eigenständige, induktive Erschließung gestattet. Das in dieser Lektion zu lernende *Grammatikpensum* (9) ist dreigeteilt: Auf morphologischer Seite sind dies die Neutra der kons. Deklination (Sigle G_1), deren Charakteristikum durch die Reizüberschrift (9) angedeutet wird, und der neue Kasus ‚Ablativ' (Sigle G_2), auf den durch *Phänomenisolierung* (10) im Layout hingewiesen wird; als syntaktischer Lernstoff werden Funktionen des Ablativs (Sigle G_3) präsentiert. Zur möglichst *induktiven,* d. h. selbstständig erschließbaren, Grammatikeinführung tragen die Reizüberschriften, das gleiche, distraktorfreie Wortmaterial, die Phänomenisolierung und die anleitenden Arbeitsaufträge bei. Auf Seite 40 finden sich pensumadäquate *Einschleifübungen* (11), also direkt zur Automatisierung des neu gelernten Pensums dienliche Aufgaben; die Sigle „Z" bietet Zusatzübungsmaterial. Auf der Seite 41 findet sich der Lektionstext, dem eine Überschrift, ein deutscher *Hinführungstext* (12), der als inhaltliche Vorentlastung fungiert (SCHOEDEL 1996, 73), und *Textvorerschließungsaufträge* (13) vorausgehen. Der mit wörtlichen Reden aufgelockerte lateinische Erzähltext wird von einer Comic-Zeichnung flankiert, die den Inhalt schemenhaft erahnen lässt, und ist mit *Vokabelhilfen* (14) annotiert, die – wie in unserem Beispiel – *sub linea* (bzw. *sublinear*) oder *ad lineam* (bzw. *adlinear*) erscheinen können. Die Lehrbuchverfasser werden sich um eine angemessene *Stoffdichte* oder *Stoffrepräsentation* (15) bemüht haben, um zum einen genug Gelegenheit zur Wiederholung der Grammatikpensen zu bieten, zum anderen einer Überforderung – dies vor allem bei notorisch schwierigen Stoffen – vorzubeugen. *Texterschließungsaufträge* (16), die sprachlicher, textgrammatischer, inhaltlicher oder weiterführender Natur sein können, runden die Lektion ab. Nach einer bestimmten Anzahl an Lektionen folgen sog. *Plateaulektionen,* Haltepunkte, die für den bereits erlernten Grammatikstoff zusätzliche und auch binnendifferenzierende Übungen bieten, in denen man Methodenkompetenz schulen, Inhalte vertiefen und weitere Übersetzungen bearbeiten kann. Elementarbücher liefern im Anschluss an die Lektionen den kombinierten Grammatik- und Vokabelteil. Der Vokabelteil enthält oft für den Lektionstext einschlägigen Wiederholungswortschatz, der dem Lernwortschatz vorausgeht; der Wortschatz kann entweder nach grammatikalischen Gesichtspunkten, z. B. nach Wortarten, geordnet oder in der Reihenfolge des Erscheinens im Text dargeboten sein, ein Vorgehen, das lehrkraft- und schülerorientierter scheint. Die Vokabeln sind zumeist nach dem *Wort-Merkhilfe-Bedeutung-Prinzip* in drei Spalten gegliedert: Die erste Spalte enthält das lateinische *Lemma* mit seinen grammatikalischen Informationen, die zweite verweist auf deutsche Fremdwörter, lateinische Wortfamilien oder Internationalismen, in der dritten Spalte folgen die deutschen Bedeutungen, die um Kollokationen und syntaktische Einbettungen ergänzt sein können. Sobald die zweite Spalte auch auf andere Sprachen als die deutsche verweist, spricht man vom *Interlexikon,* das vor allem in Wortkunden ausgiebig zur Vernetzung lateinischer Vokabeln in Dienst genommen wird, in Lehrbüchern aber nur dann sinnvoll ist, wenn die Internationalismen auf bereits gelerntes Vokabular moderner Fremdsprachen rekurrieren.

4.3 Lektionstexte

Warum ein Text?

Die Arbeit mit und an Texten ergibt sich aus dem Wesen der uns textuell erhaltenen lateinischen Literatur, deren Übersetzungs-, Sprachreflexions- und Interpretationspotential (HÖHN 1987, 58) sowie der fächerübergreifend gültigen Maxime von der Einheit von Inhalt und Sprache; außerdem hatten sich Einzelsätze sowohl infolge des Ostermann-Betriebes als auch in den Lehrwerken der ersten Nachkriegsgeneration als demotivierend erwiesen, während Texte mit ihrem Sinngehalt das Interesse der Schüler unmittelbar wecken.

Qualität der Lehrbuchtexte

Aufgrund dieser Erkenntnis sahen sich die Lehrbuchverfasser der zweiten Lehrwerksgeneration vor ein Dilemma gestellt: Originaltext oder Kunst-Text? Der hehre Versuch, Originaltexten – und hier besonders den quantitativ und qualitativ machbaren, wie z. B. Inschriften, Epigrammen, Urkunden, Rezepten, Rechtsregeln und leichteren Komödiendialogen – das Wort zu reden (VON HENTIG, HEILMANN, HÖHN etc.), musste über das Zwischenzugeständnis der adaptierten Originaltexte bald zugunsten von lateinischen Kunst-Texten aufgegeben werden, die allein den Lehrplanvorgaben mit ihren Bestimmungen zur Progression und zu den Lerninhalten sowie mehreren didaktisch-methodischen Anforderungen gerecht wurden: Zunächst sollte die *Wahl der Textsorte* von dem Kriterium der bestmöglichen Erfassung der einzelnen Funktionen des grammatischen Themas geleitet sein (Niemann 1996, 27), beispielsweise eignet sich ein narrativer Text, „um die Funktionen der Hintergrund- und Vordergrunddarstellung bei den Tempora der Vergangenheit einzuführen", eine Rede oder Dialog, um „die konstatierende Funktion des Perfekts bewusst zu machen" (ebd.). Die so weit wie möglich *in klassischem* (Waiblinger 1998, 18) und nicht übermäßig kompliziertem, d. h. *forcierte Verklumpungen vermeidendem* (Niemann 1996, 27) Latein geschriebenen Texte sollen zwar *antike Themen* behandeln (Weddigen 1988a, 81), vor diesem Hintergrund aber dennoch *altersadäquat* und vom *Erfahrungshorizont der Schüler* bestimmt sein (Stratenwerth 2012, 264). Gelungen ist die Verquickung dieser oft nicht so leicht vereinbaren Kriterien dann, wenn sich die Texte als **ansprechend** und **spannend** herausstellen (Kipf 2006, 292), was durch *Reizüberschriften, prägnante deutsche Hinführungstexte,* Erzählungen *aus der Perspektive der kindlichen Identifikationsfiguren* (Schoedel 1996, 73; kritisch zur Kinderperspektivierung und Gender-Gerechtigkeit mit bedenkenswerten Argumenten: Stratenwerth 2012, 264f.), *dialogische Partien, Cliffhanger* und *bildliche Veranschaulichung* gewährleistet werden kann. Zudem sollten sie **nicht demotivierend** sein, was durch eine *pensumadäquate Stoffdichte* (Höhn 1987, 64), das *Ausbleiben grammatischer Vorwegnahmen* (ebd., 61) und ein *angemessenes Maß an Vokabelhilfen* (Schoedel 1996, 77) erreichbar ist. Im Sinne von Waiblingers Vorschlag sollten die Lektionstexte in einer *Schema-Progression* anfangs nur mit eigenkulturellen Schemata verständliche Texte, hierauf Texte mit ‚kulturneutralen' Schemata bieten, d. h. „Texte, die der Altersgruppe in der fremden und der eigenen Kultur entsprechen, z. B. über Musik, Sport und bestimmte Jugendphänomene" (Waiblinger 2001, 161). Hierauf sollen sich schematisch adaptierte Texte anschließen, d.h. Originaltexten gleichende Erzählungen mit nur beschränkt vorausgesetztem Schemawissen, und schließlich schematisch fremdkulturell geprägte Texte folgen (ebd.). Gegen *Ende der Spracherwerbsphase* sind *an Originaltexte angelehnte* oder *adaptierte Originaltexte* im Sinne eines gleitenden Übergangs sinnvoll.

Inhalte

Die Textinhalte sind idealerweise eine Kombination aus dem durch die Identifikationsfiguren gesteckten Handlungsrahmen und den darin eingebetteten und von den Lehrplänen festgelegten kulturkundlichen Lerninhalten, in denen sich das jeweilige Grammatikpensum niederschlägt. Eine von Schmitz verdienstvoll zusammengestellte Synopse zu den Inhalten der im Zeitraum von 1954–2008 erschienenen L_1-, L_2- und L_3-Lehrwerke (Schmitz

2009) lässt folgende, auch jeweils von den Lehrplänen geforderten Bereiche erkennen, aus denen sich die Themen der Texte speisen: *römische Geschichte, griechisch-römische Mythologie, Rom und die Provinzen, Latein in Spätantike/Mittelalter/Neuzeit.*

Insgesamt ist mit Blick auf das Abwahlverhalten der Schüler aus Sicht der Lehrpläne und Didaktik auf folgende inhaltliche Anforderungen für Lektionstexte zu achten: Sie sollten die **wichtigsten Bereiche des römischen Alltagslebens** (römisches Haus, Gastmahl, Kleidung, Sklaverei, römische Familie, Schule, Bücher und Korrespondenz, Rhetorik, Thermen, Architektur, Zirkusspiele, Theater, Religion etc.) abdecken, die **bedeutsamsten Figuren der römischen Geschichte aller Epochen** sowie die für den Lateinunterricht **einschlägigsten Mythen** zum Inhalt haben, in irgendeiner Form sowohl **Rom** als auch die **Provinzen** als auch das **römische Reich** als Ganzes thematisieren und schließlich Texte zum **Christentum** sowie Lateinisches aus dem **Mittelalter** und der **Neuzeit** anbieten.

4.4 Prinzipien des Übens und Aufgabenformate

Üben ist im Lateinunterricht aus mehreren Gründen notwendig: Erstens ist Latein deswegen so anforderungsreich, weil es als Fach „einen ‚systematisch-sequentiellen Aufbau' hat, d.h. weil am Ende alle der Reihe nach angeeigneten sprachlichen Elemente beherrscht werden müssen; Teilgebiete lassen sich nicht abschließen und als abgeschlossen beiseiteschieben" (MAIER 1979, 76). Sich aufstauende unverstandene oder nur halb verinnerlichte Sprachelemente sind für das Gefühl eines stetig zunehmenden Stoffüberhangs verantwortlich, der schließlich die kognitiven und motivationalen Kapazitäten zu übersteigen und blockieren scheint. Zweitens ist bei der als oberstes Lernziel vorgesehenen Textarbeit auf so viele Dinge gleichzeitig zu achten, dass nur derjenige die hierfür notwendige Aufmerksamkeit aufzubringen imstande ist, der auf solidem sprachlichem Wissen aufbauen kann. Der Übung im Spracherwerbsunterricht kommt also besondere Bedeutung zu (STEINHILBER 1986, 6). Eine Übung dient der *Automatisierung* und *Konsolidierung* von gedanklichen und praktischen Abläufen durch wiederholte Einprägung von Sachzusammenhängen und Strukturübungen (= ‚pattern drill'), die auch als ‚mechanisches Lernen' zusammengefasst werden, damit die Aufmerksamkeit auf die wesentlichen Leistungen im Gesamtablauf frei wird, ferner der *Aneignung* und *Vertiefung* von Lernstoffen durch verknüpfende und vernetzende Konsolidierung der Untereinheiten eines Ganzen (= ‚elaborierendes Lernen') und der *selbstständigen Übertragung* (= ‚Transfer') neuer Lernstoffe auf andere Gebiete, sodass aus dem Verstehen des Neuen ein ‚Können' wird (AEBLI 2003, 326–328).

Prinzipien des Übens
Lern- und gedächtnispsychologische Grundlagen des Übens
- Erfolgreiches Üben schließt sowohl das *mechanische Wiederholen* als auch das stärker verankernde *Elaborieren* mit ein (AEBLI 2003, 328).
- Der Lernerfolg wird mit zunehmender *Zahl der Wiederholungen* größer (ebd., 330).
- Erfolgversprechendes Üben macht eine sich *an die Neudurchnahme unmittelbar anschließende Einschleifaufgabe* erforderlich. Bestenfalls sollte die vertiefende Hausaufgabe an demselben Tag erledigt werden (ebd., 337–339).
- *Verteiltes Üben* ist gegenüber massivem Übungseinsatz *für das Behalten günstiger* (ebd., 330–332), wobei das Prinzip der zunehmenden zeitlichen Abstände gilt (ebd., 347 f.). Von entsprechend durchdachten Lehrwerken und der vorausplanenden Lehrkraft wird das verteilte Üben durch unterschiedliche *Typen der Wiederholung* im Rahmen einer globaleren Übungsstrategie aufgegriffen: Das direkt auf die Neudurchnahme des Stoffes noch in der Unterrichtsstunde erfolgende *simultane Einüben* des Stoffes durch lernpensumspezifische *Einschleifübungen* (WILHELM 2008, 56) soll als integraler Bestandteil einer Grammatikstunde in der Spracherwerbsphase die Automatisierung des neuen Pensums befördern. Dieses Lernpensum wird in anschließenden Lektionen und während des gesamten Lehrgangs durch gelegentliche Einstreuung vonseiten der Lehrwerksverfasser *immanent geübt* (WILHELM 2008, 58 f.). Trotz intensiver Behandlung der Lernstoffe kommt es regelmäßig zu Lernverlusten, denen die Lehrkraft durch *okkasionelle Übung* ad hoc gegensteuern muss (ebd.); wenn sich alte Lernstoffe als vergessen erweisen und daher im Rückgriff nochmals aufgegeben werden, spricht man von einer *regressiven Wiederholung* (ERB 1974, 164). Die *Vorübung* oder *progressive Wiederholung* „bereitet die Neudurchnahme oder eine andere Übung auf höherem Niveau vor", sodass z. B. die Wiederholung der Endungen der konsonantischen Deklination die Einführung des Komparativs vorentlastet (STEINHILBER 1986, 30). Wiederholungsstunden vor großen Leistungsnachweisen, standardisiert in den täglichen Unterrichtsverlauf integrierte Wiederholungen, Sequenzen abschließende Plateau-Lektionen und die Hausaufgabe an und für sich sind Formen der *systematischen Wiederholung* (WILHELM 2008, 59).

- *Überlernen* („over-learning"), also das „Üben über die bereits erreichte Beherrschung einer Sache hinaus" (Heilmann 1987b, 111f.), festigt die Transferfähigkeit.
- Nicht nur bei der Einführung, sondern auch bei der Einübung eines Stoffes sollten die *unterschiedlichen Lern- bzw. Gedächtnistypen* berücksichtigt werden (Scholz 2010b, 71).

Motivationspsychologische Grundlagen des Übens
- Sowohl eine organisatorische als auch motivatorische Bedingung für erfolgreiches Üben ist, eine *Vielfalt* (Heilmann 1987b, 115f.) bereitzustellen, die den Lernstoff in möglichst vielen auf den Text vorbereitenden Problemsituationen darbietet (wichtig wegen des fehlenden *novelty effect*, Steinhilber 1976, 371). Unterschiedliche Aufgabenstellungen und Sozialformen sowie spielerische und kompetitive Formate (Spiel, Rätsel, Quiz, Wettbewerbe) leisten hier wertvolle Motivationsarbeit (Aebli 2003, 343).
- Zur Motivation trägt beim Üben auch eine *quantitative* (Varianz in Anzahl und Umfang der Übungen) oder *qualitative* (unterschiedliche Leistungsniveaus bedienend) *Differenzierung* bei (Scholz 2010b, 72).
- Damit verbunden ist die Maxime, dass die *Übungsarbeit vom Schüler erfolgreich bewältigt werden kann* (Aebli 2003, 336ff.).
- *Aktives*, d.h. im Idealfall *Nachvollzug* und *Sprachproduktion verbindendes Übungsverhalten* spornt zusätzlich an (Steinhilber 1986, 24f.).
- Die *Vermittlung methodischen Know-hows* durch die Lehrkraft kann die Eigentätigkeit der Schüler effizienter machen und zusätzlichen Lernerfolg bewerkstelligen (Scholz 2010b, 73).
- Daran gekoppelt ist die empirische Beobachtung, dass Übungen, die eine *selbstständige Durchführung und Eigenkontrolle* ermöglichen, ebenfalls sehr motivierend sind, weil sich das Gefühl des Lernerfolges einstellt (Steinhilber 1986, 22ff.); diese Funktion erfüllen Arbeitshefte mit herausnehmbaren Lösungen oder lehrbuchimmanente Selbsttests (Wilhelm 2008, 65–67).
- Bei Übungen, denen die Lernstufe der Problemlösung zugrunde liegt, ist es für den Transfer förderlich und motivierender, den *Lösungsweg verbalisieren* und *visualisieren* zu lassen (Fink 1983, 16 etc.).
- Schließlich trägt eine *positive Einstellung der Lehrkraft* (Aebli 2003, 343) zum Üben auch zur Steigerung der Motivation bei den Schülern bei, sobald man Lob anbringt (ebd., 337) und die Übungsphase als notenfreie Zone gestaltet (Scholz 2010b, 73).

Aufgabenformate

Verdienstvolle Vorarbeiten haben bezüglich der Aufgabennomenklatur schon Erb (1974) und Glücklich (1978, 108–117), die sich auf alle Bereiche des Spracherwerbsunterrichts beziehen, sowie Maier (1979, 218–232) geleistet, der sich auf die Syntax konzentriert, ergänzend außerdem Fink (1983). In Anlehnung an Glücklich sollen im Folgenden den wesentlichen Lernzielbereichen des Lateinunterrichts – *Wortschatz, Morphologie, Syntax, Übersetzung* (Hinübersetzung; Dekodierung, Rekodierung), *Interpretation, Realienkunde, Sprachreflexion, methodisches Arbeiten* – die gängigsten Übungs- und Aufgabenformate mit ihrer Terminologie und einigen wenigen illustrierenden Beispielen (hierzu vor allem Steinhilber 1986, 45–133; Bartl 2015 und 2016; Abandowitz/Wotka 2016) zugeordnet werden.

Üben des Wortschatzes

Bei dem nach seiner statistischen Relevanz ausgewählten Wortschatz, beispielsweise dem sog. Bamberger Wortschatz (Utz 2000), sind im Sinne der Schülerorientierung *altersadäquate* und *verständliche deutsche Entsprechungen* vorzuziehen (Steinhilber 1986, 45). Wert gelegt werden sollte außerdem auf die Erfassung der *Grundbedeutung*: Isoliertes Vokabular ist prinzipiell polysem und wird erst im Kontext monosemiert (Heckener 1987, 131), dies gilt besonders für die sog. Herzwörter (ebd., 133), wie z. B. *pietas, virtus* etc. Beiläufig sollte sich der Schüler bei Übungen stets um die *optimale Äquivalenz* bemühen (ebd., 134). Automatisiert werden sollte außerdem die *kollokatorische Einbettung* sowie die Kenntnis des *morphosyntaktischen ‚Zubehörs'* (ebd., 46). Wichtig ist ferner der *Einsatz aller Medien* und *Sozialformen* (Steinhilber 1978, 88 f.).

Mögliche Übungsformen sind **morphematische** Übungen zu Affixen (Präfixen und Suffixen) (Steinhilber 1986, 52), **feldbezogene** Übungen oder **gruppierende Wortschatzwiederholung** (Hilbert 1974; vgl. Kap. 3.2), **etymologische** Übungen (Steinhilber 1986, 52) z. B. durch *Reklamelatein* (Dieterle 1983), **Erschließungen** aus dem Kontext (Fink 1983, 20), **Wörterbuch-Propädeutik** bzw. **Nachschlageübungen** (Fink 1983, 20: Ermitteln des Lemmas flektierter Wörter etc.), **Analogieübungen** (Fink 1983, 20: litterae → scribere = imago → … pingere) oder **Diskriminationsübungen** (Steinhilber 1986, 53 und 84–86) zu *false friends* (Homonyme: z. B. *ōs* (*ōris*) vs. *os* (*ossis*); Homöonyme: *prōsunt* vs. *prōdunt*), die infolge der Ranschburg'schen Hemmung (Odenbach 1963, 64–66) stets im verdeutlichenden Satzzusammenhang darzubieten sind. **Spielerische** Übungsmöglichkeiten (allgemein hierzu: Steinhilber 1979) sind *Rätsel* aller Couleur (Steinhilber 1998), besonders

Kreuzworträtsel (ABANDOWITZ/WOTKA 2016, 19), außerdem zu segmentierende *Vokabel-Schlangen/Buchstabenketten* (SCHOLZ 2010b, 79), kriterienfokussierte *Wortreihen* (andernorts als *Odd one out* oder *Irrläufer* bekannt; BARTL 2016, 17), *Vokabel-Memory* (STEINHILBER 1986, 54), *Tabu* (ABANDOWITZ/WOTKA 2016, 22), der *Buchstabenquark* von Wörtern mit beliebig vertauschten Buchstaben (ebd., 8), das *Kammrätsel* (ebd., 7), der eine Rechenschaftsablage im Wettkampf zweier Klassenhälften simulierende *Vokabel-Fußball* (FRINGS 1983), für schwer einprägbare Vokabeln die *Schlüsselwort-Methode* (ABANDOWITZ/WOTKA 2016, 15), das *Vokabel-Galgenmännchen* (BARTL 2015, 23) oder der *Vokabel-Montagsmaler* (BARTL 2015, 34).

Üben der Morphologie

Übungen zur Formenlehre sind angesichts des synthetischen Charakters des Lateinischen unerlässlich. Von der aus früheren Jahrzehnten bekannten ‚Paradigmatitis', die vor allem praktiziert worden war, um aktive Sprachbeherrschung zu bewerkstelligen, ist man aber infolge der curricularen Wende und den seither aufgestellten Lernzielen des Lateinunterrichts abgekommen. Gerade bei Verbformen sind kontextuale Verbformen unabdingbar, „weil oft erst der Kontext die Funktion der Verbform verständlich macht" (STEINHILBER 1986, 57).

Denkbar sind im Bereich der Morphologie Übungen zur *Formenanalyse* (GLÜCKLICH 1978, 112), *Formensynthese/-bildung* (FINK 1983, 20) mittels des *Overlay-Verfahrens*, der *Baustein-Methode* (STEINHILBER 1986, 59–61) oder durch den Schüler, wobei zur Abwechslung und Schüleraktivierung Modifikationen vorgenommen werden sollten (hierzu vor allem STEINHILBER 1976, 374). Möglich sind ferner Lückentexte mit *Einsetzübungen* jeglicher Art (STEINHILBER 1986, 68), zu vervollständigende *Deklinations- und Konjugationstabellen* (ebd., 69), *Substitutionsübungen* (GLÜCKLICH 1978, 110) für Nomina oder Verben durch Synonyme, als *Transformations-* oder *Umformungsübungen* einzustufende *Kettenaufgaben* (STEINHILBER 1986, 70) bzw. *Formenstaffeln* (STEINHILBER 1986, 76) oder das *Verben-Formentelefon*, bei dem jede Kategorie (Person, Numerus, Modus, Tempus, Diathese) eine Nummer von 1 bis 5 erhält und sich für unterschiedliche finite Formen unterschiedliche Telefonnummern ergeben (BARTL 2015, 15f.). Beliebt sind bei Verben auch der *Formenquerschnitt* bzw. die *Tempusreihe* (STEINHILBER 1986, 76), bei denen eine finite Verbform durch die Tempora (variabel durch Berücksichtigung von Modus, Diathese) geführt wird; außerdem zählen zu den Morphologieübungen noch Aufgaben zur *Formenbestimmung*, die gleichzeitig die Klassifikationskategorien (Person, Numerus, Modus, Tempus, Diathese) mitübt (STEINHILBER 1976, 375 mit vielen Varianten), *Diskriminationsübungen* (GLÜCKLICH 1978, 112: Analyse mehrerer Bedeutungsmöglichkeiten einer Form, z. B. *filii*), *Auswahlübungen* (STEINHILBER 1986, 62 und 71: „Welche Form ist nicht Akkusativ?" etc.) und *Zuordnungsübungen* (STEINHILBER 1986, 63–65). **Stammformen** müssen zwar mechanisch gelernt werden, ihre Zusammensetzung sollte aber unbedingt mithilfe der Wortbildungslehre unterstützt und ihre Bedeutung durch Anknüpfen an Bekanntes verankert werden (STEINHILBER 1986, 88 f.). Hilfreich hierfür können sein (ebd., 89–94): leicht *verständliche Lautregeln*, die ‚*Fremdwörter-Methode*' (vom PPA oder PPP gebildete Fremdwörter), die ‚*Wortfamilien-Methode*' (z. B. *pulsare* für *pellere* → *pulsus*), die ‚*Text-Methode*' (Präsentation der Stammformen in einem Mini-Kontext), *Kollokationenlernen, Stammformenreihen* (mündlich oder schriftlich, mit abwechselnden Schülern, in Tabellenform), *Zuordnungsaufgaben* oder die *Maskentechnik* am OHP oder Smartboard. Als **spielerische Übungen** (STEINHILBER 1986, 72 f. und 78) sind denkbar: **aleatorische** Formenbildung anhand zweier entsprechend präparierter Würfel, *Kreuzworträtsel* allgemein und zu den unregelmäßigen Verben (SPANN 1985), *Kartenspiele* (BARSEWISCH 1967a und 1967b), ein *Silbensalat* (FINK 1983, 20) zu Substantiven/Verben, eine **Buchstabenkette** (SCHOLZ 2010 b, 79), *Formen-Fußball* mit Substantiven, Verben und Stammformen oder das grammatische Kategorien spielerisch einübende *Was mag Willi?* (ABANDOWITZ/WOTKA 2016, 28 f.).

Üben der Syntax
Die syntaktische Kompetenz ist nach dem lexikalischen und morphologischen Aspekt entscheidend für das erfolgreiche Erfüllen des Lernziels ‚Übersetzen'. Besonderes Augenmerk muss auf „deutsch-atypische Konstruktionen" gelegt werden, die sowohl grammatikstatistisch als auch fehlerstatistisch weit vorn rangieren (MAIER 1979, 267–303). Insgesamt können sich syntaktische Übungen auf den Ebenen des Syntagmas, des Satzes und des Kontextes bewegen (STEINHILBER 1986, 96–98).

Möglich sind zum einen *analytische Übungen* (STEINHILBER 1986, 98–103): *Erkennungsübungen* zielen hier als Vorstufe zur Analyse auf das Erkennen der Funktion von syntaktischen Elementen oder deren Abhängigkeit voneinander ab („Wer ist der Handlungsträger im Abl. abs.?"; FINK 1983, 22), wohingegen *Differenzierungsübungen* (ebd.) den Schüler die Funktion mehrdeutiger syntaktischer Erscheinungen herausfinden lassen (Sinngebung bei multifunktionalen Kasus, Konjunktionen und Partizipialkonstruktionen). Während die *Weglassprobe, Eliminierung* oder *Tilgung* (GLÜCKLICH 1978, 115 f.) eines oder mehrerer Wörter bzw. Satzglieder die

Satzgliedfunktion einübt, thematisiert die *Einfügeprobe* oder *Insertion* (ebd., 113) die Füllung von Satzgliedstellen oder Klärung unklarer Satzglieder. Bei der für den Spracherwerbsunterricht wohl zu anforderungsreichen *Umstellprobe* oder *Permutation* (ebd., 115) werden Satzglieder oder Satzgliedteile an eine andere Stelle im Satz versetzt und dadurch der Einflussbereich von Satzgliedern, die Grenzziehung durch Konjunktionen und Präpositionen, die Valenz von Verben und die Sensibilisierung für Spannungsbögen im Satz fokussiert. *Segmentierungsübungen* oder *Abtrenn- und Gliederungsübungen* (STEINTHAL 1967, 66) schulen durch die *scriptio continua* das Gespür der Schüler für zusammengehörige syntaktische Einheiten. *Beobachtungsübungen* (MAIER 1979, 223) dienen schließlich der Beobachtung syntaktischer Eigenheiten unter einem bestimmten Aspekt („Welche Veränderung im Informationsgehalt kann man bei einer Reduktion des Wortmaterials beobachten?").

Zum anderen sind als im weitesten Sinne **synthetische Übungen** denkbar: *Ergänzungs-/Komplementations-* oder *Einsetzübungen* (STEINHILBER 1986, 103–107), welche die Komplettierung weggelassener Endungen, Wörter oder Wortgruppen in vorgegebenen Sätzen oder kohärenten Texten verlangen; *Auswahlübungen* (FINK 1983, 22: Wahl der richtigen Subjunktion zur sinnvollen Verbindung von Haupt- und Gliedsatz oder richtige Übersetzung für einen Satz) oder *Kombinations-* (STEINHILBER 1986, 107–111) bzw. *Zuordnungs-* (FINK 1983, 22) oder *Sentence-Switchboard-Übungen* (SCHOLZ 2010b, 79) genannte Zuordnungsaufgaben zusammengehöriger Bauelemente eines Satzes. *Umwandlungsübungen* oder *Transformationsübungen* (STEINHILBER 1986, 111–114) sehen auf syntaktischer Ebene die Umformung eines Satzgliedes in ein anderes vor, das die gleiche Aufgabe erfüllt; dadurch werden Konstruktionen verständlich gemacht, was dem Übersetzen zugutekommt. Sie können in Aufgaben in Form einer *Reduktion* (z. B. Verkürzung eines Gliedsatzes → Partizip, vgl. FINK 1983, 21), *Expansion* (z. B. Verlängerung in Form von Attribut → Relativsatz; vgl. ebd.), *Einbettungstransformation* bzw. *Kontamination* (ebd., 22: Verknüpfung von zwei Sätzen zu einem oder Abhängigmachung des einen von dem anderen), der gängigen *kategorialen Transformation* (ebd., 21: anderes Tempus, anderer Modus, anderes Genus verbi) oder der *Substitution* (ebd.: Ersatz einer bestimmten Konstruktion durch eine relativ funktionsgleiche, z. B. *possidere* und Dativ des Besitzers etc.) auftreten.

Üben der Übersetzung
Hinübersetzung
Im Laufe der curricularen Wende wurde die Hinübersetzung ins Lateinische stetig zurückgedrängt. Heute haben Hinübersetzungsübungen im ersten bis maximal zweiten Lernjahr von L_1-Lehrgängen allenfalls noch differenzierende Funktion. Tatsächlich erscheint dieses Verfahren angesichts der Ausrichtung des Lateinunterrichts, des zurückgefahrenen Stundenumfangs sowie der insgesamt reduzierten Menge an Grammatik und Vokabular zu voraussetzungsreich, als dass eine aktive Kenntnis und Beherrschung lateinischer Syntax und Morphologie entstehen könnte (GLÜCKLICH 1978, 116 f.). Dennoch möglich sind: Alltagsdialoge oder, wie von SATTLER (1959) aufgezeigt, Fragen zu grammatischen Schwerpunkten als natürliche Impulse (*Quid monstro?* →Akk.-Obj.; *Quid Marcus facit?* → Prädikat) oder sprachproduktive Übungen (STEINHILBER 1986, 114–116), wie z. B. *Textwiederholung* mit lat. Wortmaterial anhand bildlicher Stimuli, das *Ausfüllen von Sprechblasen* mit einfachem lat. Wortmaterial (FINK 1983, 22), *Satzbildung* mit vorgegebenem lat. Material oder *Fortsetzungsübungen* (PRIDIK 1973, 120: Ergänzung von gegebenen lat. Sätzen).

Herübersetzung: Dekodierung (vgl. Kap. 5)

Herübersetzung: Rekodierung
Diese verstandenen Satzstrukturen und Inhalte wieder in adäquates Deutsch zu übertragen vollzieht sich im zweiten Schritt der Übersetzung, der kreatives Denken erfordert (MAIER 1979, 229 ff.). Hier ist das Augenmerk auf lateintypische Konstruktionen zu richten, die vom deutschen Ausdruck abweichen (STEINHILBER 1986, 117). Die Art von Übungen, welche die Auflösung und Wiedergabe dieser sprachenunterschiedlichen Strukturen einübt, nennt MAIER (1979, 225–228) ‚Einschleif'- bzw. ‚Umsetzungsübungen'. STEINHILBER erkennt richtig, dass die von MAIER vorgenommene eindeutige Trennung so nicht haltbar ist; da nach unserem Dafürhalten jegliche Übung, die einen Grammatikstoff nach seiner Durchnahme einüben soll, eine ‚Einschleifübung' ist, soll für diese Art der rekodierenden Übung der Terminus ‚*Umsetzungsübung*' Verwendung finden. *Umsetzungsübungen* sind besonders angemessen bei der Wiedergabe von verschränkten Relativsätzen, relativen Satzanschlüssen als Satzglieder eines untergeordneten Strukturteils, Partizipialblöcken, -konstruktionen, nominalen Wendungen im Ablativ, Infinitivkonstruktionen, Gerundialien, Dativi finales, Genitivi obiectivi. Die *Ersatzprobe* vollzieht eine Umsetzung in verschiedene Äquivalente nach (z. B. kann eine Partizipialkonstruktion subordinierend, koor-

dinierend oder als Präpositionalgefüge wiedergegeben werden; KUHLMANN 2009, 117). Als ‚übersetzungsfreie Arbeitsformen' schlägt STEINTHAL (1967, 65–67) vor: *Einsetzübungen* für einen lückenhaften lateinischen Text, *Fortsetzungsübungen* (Vervollständigung eines bereits begonnenen lateinischen Satzes mit oder ohne Wortmaterial), *Umformungsübungen* (lateinisch Gesagtes lateinisch anders ausdrücken), *Dialogisierung* (Umformung einer Erzählung in der dritten Person und Vergangenheitstempus in ein Gespräch mit 1. und 2. Person und präsentischem Tempus), Abfassung einer *Inhaltsangabe*, ‚syntaktische Umformung' (= *Umwandlungsübung* oder *Transformationsübung*), ‚rhetorisch-stilistische Umformung' (= anspruchsvolle Umwandlung eines Satzes der Normalstellung in eine rhetorisch geformte Periode mit Ton- und Bedeutungsverschiebungen). Ferner sind denkbar: das aus der Didaktik der modernen Fremdsprachen bekannte *Error-Spotting* oder die *Verbesserungsübung*, welche durch die Bewusstmachung falscher Übersetzungen auch für Latein nutzbar ist (BARTL 2016, 33), *Abtrenn-* und *Gliederungsübung* (STEINTHAL 1967, 66) bzw. *Segmentierungsübung*, bei der ein Text ohne Interpunktion oder Worttrennung grammatisch korrekt aufzugliedern oder in rhetorisch-stilistische Kola einzuteilen ist. Zu guter Letzt muss man im Anfangsunterricht oft auch noch auf *muttersprachliche Aspekte*, wie z. B. die oft anzutreffende Verwechslung von Futur und Präsens Passiv, oder *stilistische Eigenheiten*, wie z. B. die im Deutschen obligatorisch zu befolgende Verb-Zweit-Stellung bei Beginn mit einem Hauptsatz und hierauf sehr bald folgendem Gliedsatz („Caesar *sagte*, als er in Italien angekommen war, . . ", nicht „Caesar, als ...", vgl. KUHLMANN 2009, 116), eingehen.

Üben der Interpretation (vgl. Kap. 6 und 7)
Hier wären neben der formal-inhaltlichen Erfassung des Textes mit seiner Kernaussage sowie dem aktualisierenden existenziellen Transfer zu nennen: das *Blitzlicht* zu gerade Behandeltem (BARTL 2016, 19), eine auf Basis eines Blitzlichts oder Brainstormings entstandene *Mindmap*, hierauf *Steckbriefe* zu narrativen Passagen über Persönlichkeiten (ebd., 49), die *Schlüsselbegriff-Rekonstruktion* (ABANDOWITZ/WOTKA 2016, 43), die Abfassung eines *Elfchens* (ebd., 46), die *kreative Fortsetzung* eines bereits übersetzten Textes (ebd., 47) mit handlungs- oder produktionsorientierten Verfahren, die Verwendung von *Fragmenten* (ebd., 49f.) oder einem *Textpuzzle* (SCHOLZ 2010b, 78) zur Wiederherstellung der chronologisch-inhaltlichen Kohärenz eines übersetzten Textes, die Ausfüllung eines *Lückentextes* zu einem bereits übersetzten Text (ebd., 77f.), *szenische Interpretation* oder ein *Standbild* (ABANDOWITZ/WOTKA 2016, 48; vgl. hierzu Kap. 11) oder die *Wortwolke*

(ebd., 52), in der die im Text vorkommenden Wörter je nach Frequenz größer erscheinen und sowohl Inhalt als auch aktuellen und bereits gelernten Wortschatz rekapitulieren.

Üben der Realienkunde
Neben den als Standard den Lehrwerkslektionen beigegebenen Sachinformationen können dieses Ziel *Auswertungs- und Zusammenfassungsaufgaben* anhand von Leitfragen (GLÜCKLICH 1978, 24) erreichen, ferner *Kurzreferate*, durch Verweis auf einschlägige und qualitativ hochwertige Internetseiten angeleitete *Rechercheaufträge*, das *Gruppenpuzzle* (vgl. Kap. 11), die Erklärung von *Sprichwörtern* und andere spielerische Formen (BARTL 2016, 20 ff.; ABANDOWITZ/WOTKA 2016: 53 ff.).

Üben der Sprachreflexion
Der kontrastive Sprachvergleich mit dem Deutschen, Englischen oder den romanischen Fremdsprachen birgt beim Üben der Sprachreflexion am meisten Potential. Es ist zu denken an Aufgaben zur Sprachterminologie, zur Lautentwicklung von lateinischen Wörtern (GROSS 2005), zu Latein und den romanischen Sprachen (BLÜMEL 2007), ferner an Aufgaben zu Lehnwörtern, Fremdwörtern und ihrer Etymologie im Deutschen (SIEMER 2008), außerdem zum Sprachvergleich (BEHR 2005, mit Kopiervorlagen) und zur sprachlichen Allgemeinbildung (WIRTH ET AL. 2006), welche das semiotische Dreieck, die Kommunikationsfunktion von Sprache, Metapher und Metonymie als grundlegende Denkformen, die Geschichtlichkeit von Sprache sowie die Varianzen in der Sprache umfassen kann.

Übersetzen

Markus Janka[1]

5.1 Das alltägliche Wagnis des Übersetzens

Für alle, die an Gymnasien oder Hochschulen Latein oder/und Griechisch lehren oder lernen, ist es eine kaum je hinterfragte Selbstverständlichkeit: Das Übersetzen aus den klassischen Sprachen gehört von Anfang an und immer neu zu den alltäglichen Beschäftigungen. Während die anderen, nicht-klassischen, sondern zeitgenössischen und in erster Linie als Kommunikationsmittel gelehrten und gelernten Schulsprachen immer mehr die Einsprachigkeit in den Vordergrund stellen und die Übersetzung ins Deutsche marginalisieren resp. in „Sprachmittlung" umgestalten, bleibt eben dieses Tun – trotz aller Aufweichungen und Erweiterungen des einstmals reinen Übersetzungsbetriebes in den Alten Sprachen – die beherrschende Methode des Umgangs mit den Originaltexten. Die als „sprachpädagogischer Elementarvorgang" (MAIER 1979, 174–176) verklärte „Herübersetzung" in die Muttersprache ist mittlerweile zum Alleinstellungsmerkmal des altsprachlichen Unterrichts geworden (vgl. Kap. 1.3). Die Gestaltung der Leistungsnachweise von der Stegreifaufgabe über die Schulaufgabe bis hin zur Abiturprüfung und zum Staatsexamen spricht vom *Primat der Übersetzung* nach Umfang und Gewichtung Bände und wirkt auf die diesen Prüfungen vorgängige Unterrichtsgestaltung selbstverständlich zurück. Insbesondere während der Lektürephase liegt der Anteil der übersetzungsdominierten Elemente einer Unterrichtsstunde bei durchschnittlich 75 %: 30 von 45 Minuten einer typischen „Lekturestunde" sind eben nach wie vor nicht dem verstehenden Lesen und Interpretieren, sondern dem Übersetzen von mehr oder minder mageren Texthäppchen gewidmet. Selbst eine optimal geplante Unterrichtsstunde kann maximal sieben Verse eines poetischen lateinischen Textes für die akribische Lektüre vorsehen (vgl. Kap. 9). Dieses „statarische" Übersetzen (MAIER 1979, 121), das den Begriff der bereits bei BÖCKH (1877, 157) begegnenden „statarischen Lektüre" aufgreift, oder „mikroskopische Lesen" (etwa MAIER 1979, 177) gestaltet sich nicht selten als missglückendes Ringen um elementare Verständnisansätze, das in der Phase der sogenannten Vorerschließung in punktuelle Grammatik-, Wortschatz- und Realienrepetitorien diffundiert und vom Unterrichtenden nur mühsam in die Bahnen

---

[1] In dieses Kapitel sind folgende eigene Vorarbeiten eingeflossen, die im Gesamtliteraturverzeichnis bibliographiert sind und auf die ich hiermit ausdrücklich weiterverweise: JANKA (2001); JANKA (2009); JANKA (2010a); JANKA (2010b); JANKA (2011a); JANKA (2011b).

eines sinn- und kontextorientierten Inhaltsnachvollzuges in wohlgesetzten sprachlichen Analoga des Deutschen gelenkt werden kann.

Diesem – trotz aller Kritik an methodischen Einzelheiten, welche die didaktische Reflexion in den letzten Jahrzehnten vorgetragen hat (vgl. etwa GLÜCKLICH 1987c; LOHMANN 1988; WEDDIGEN 1988b; FUHRMANN 1992; NICKEL 2004; KIPF 2006; PFAFFEL 2013, jeweils mit weiterer Lit.) – mehr oder minder unhinterfragten Primat eines altsprachlichen Sonderweges zur Texterschließung (vgl. aktuell etwa KUHLMANN 2015, 11 f.) steht eine jahrhundertealte Debatte um Sinn und Grenzen des Übersetzens auf der höheren Ebene der Reflexion des professionellen Literaturbetriebs gegenüber. So hat etwa die am 07.11.2010 verstorbene legendäre Dostojewskij-Verdeutscherin SWETLANA GEIER (1923–2010) in einer ihrer Person gewidmeten Fernsehdokumentation beteuert, die Faszination des Übersetzens beruhe im Wesentlichen auf der „Sehnsucht nach etwas, das sich immer wieder entzieht, nach dem unerreichbaren Original". Und: „Die Übersetzung ist keine Raupe, die von links nach rechts kriecht, sondern sie entsteht immer aus dem Ganzen."[2]

5.2 Das Ringen um die „gute Übersetzung" in der öffentlichen Diskussion und im Unterricht

Damit kommen wir zum ersten Anschauungsbeispiel für das Wagnis des Übersetzens aus klassischen Sprachen in unserer Gegenwartskultur. Der Fall hat im Jahr 2009 gehöriges öffentliches Aufsehen erregt und wollte dieses auch erregen. Es handelt sich um die kurz nach *Homers Heimat* vorgelegte „Gesamtübertragung" der *Ilias* durch den Innsbrucker Literaten, Rezitator („Barden des 21. Jahrhunderts") und habilitierten Komparatisten RAOUL SCHROTT (*1964). Der *poeta/translator* versucht, wie er in der Einleitung bekennt, „Homer von seinem Ufer abzuholen, um ihn ins Heute zu holen", d.h. seine „Diktion mit modernen Mitteln wiederzugeben" (SCHROTT 2008, xxxiii) und „[d]iese Art von rezitativer Interpretation [...] auch auf dem Papier zu präsentieren" (ebd., xxxix).

Will man diesem dezidiert *zielsprachenorientierten* Übersetzungskonzept gerecht werden, darf man also von vornherein nicht den Maßstab unbedingter philologischer Exaktheit, Wortfolgen- und Konzepttreue anlegen, da diese ja dem *„dokumentarischen"* Typus entsprächen (zu dieser Typologie vgl. SCHADEWALDT 1969 und FUHRMANN 1992).

Wesentlich ist das vom Autor in seiner Einleitung mehrfach betonte

---

2 Vgl. den Film „Die Frau mit den fünf Elefanten. Swetlana Geier. Dostojewskijs Stimme" (3sat am 19.12.2010).

(neu)rhapsodische Wesen von SCHROTTS Textgestaltung (SCHROTT 2008, xxxi-xl). Sie wurde ja ursprünglich für eine Hörfunkversion der *Ilias* erarbeitet. Insofern ist sie durchweg dem Konzept der Hörfunk-*Odyssee* verpflichtet, die der Autor CHRISTOPH MARTIN im Jahr 1996 für den Hessischen Rundfunk übersetzt hat.[3] Leitend war bei beiden Beispielen das Bestreben, „den Staub rauszublasen" und die rhapsodischen Finessen und den Sprachwitz der homerischen Epik für eine Rezitationsliteratur im modernen Gewand zu gewinnen.[4]

Eine vergleichende Betrachtung des griechischen Originals mit SCHROTTS Übersetzung zeigt, dass SCHROTT, der versweise übersetzt, ohne den daktylischen Hexameter nachzubilden, zwar weitgehend treu den Gedankenspuren folgt. Auch diszipliniert er sich insoweit, als er die Informationsmenge nicht durch eine Fülle interpretierender Zusätze erhöht. Indes kann von Wortfolgentreue und von konsequenter Bewahrung der genuinen Bilder und Vorstellungen des Originals keine Rede sein. Mit Bedacht legt SCHROTT *keine mimetischen Kopien des Originals* im Sinne einer *Äquivalenzillusion* (zur Äquivalenz vgl. HERKENDELL 2003, 6 unter Rückgriff auf KOLLER 2011) vor. Vielmehr überrascht er durch vielschichtige heutige Anverwandlungen des Wortlautes, die man als Travestien im Sinne derjenigen Übersetzungstheorie bezeichnen kann, die CHRISTOPH MARTIN WIELAND bereits Ende des 18. Jahrhunderts vorgelegt hat (vgl. JANKA 2010b, 256f.). Diese Form der „rhapsodischen" *Mimesis* möchte auch den Produktions- und Rezeptionshorizont des archaischen Epos einholen oder zurückgewinnen. Auf diese Intention lassen zahlreiche *Kolloquialitätsmarkierungen* schließen: Hier erfolgen starke (eher lexikalisch-semantische) „Änderungen der Betrachterperspektive und Sinnverschiebungen" (Modulationen) sowie „Änderungen der Wortart und der grammatischen Struktur/Syntax" (Transpositionen) (zur Begrifflichkeit: HERKENDELL 2003, 7; ihm im Wesentlichen folgend: KEIP/DOEPNER 2010, 83f.). Bei aller Souveränität, mit der SCHROTT an einer mehrdimensionalen Vergegenwärtigung des Homertextes arbeitet, erschließt seine deutsche Fassung bei *wacher übersetzungsanalytischer Lektüre* auch für die philologische Interpretation wesentliche Schichten des Originals. Für den Schul- und Universitätsunterricht im *Griechischen und Lateinischen* sollte dieses mit großer medialer Aufmerksamkeit diskutierte Beispiel für eine Neuübertragung eines antiken Dichters als Motivationsschub dienen: Der Übersetzungsvergleich als Vergleich *unterschiedlich konzipierter deut-*

---

3   Dazu eingehend JANKA (2001) und JANKA (2010b).
4   Eine rezeptionsphilologische Bestimmung dieses Konzeptes biete ich in JANKA (2010b).

scher Übersetzungen untereinander und mit dem Original gibt den Lernenden Kriterien an die Hand, Übersetzungsprinzipien zu erkennen und sie anhand konkreter Beispiele zu veranschaulichen. Eine solche sprachvergleichende und methodische Analyse bildet dann den optimalen Ausgangspunkt für eine fundierte *Reflexion des eigenen Übersetzens,* die im Sprachunterricht zu entwickeln ist, damit sie im Lektüreunterricht anhand anspruchsvoller Texte der hohen Literatur ausbaufähig wird.

5.3 Von der Praxis der literarischen Übersetzung zum unterrichtlichen Übersetzen: Zwischen Äquivalenz und Skopos-Adäquatheit

Versuchen wir nun, diese Befunde in einen methodisch verantwortbaren Rahmen der rezeptionsphilologischen und didaktischen Forschung einzufügen.

Der als Philologe und literarischer Übersetzer insbesondere epischer und dramatischer Texte gleichermaßen berühmte WOLFGANG SCHADEWALDT (1900–1974) hat ausführlich über seine eigenen Übersetzungsprinzipien Rechenschaft abgelegt (vgl. SCHADEWALDT 2009 [erstmals 1963]) und einen Anforderungskatalog für das *„dokumentarische"* Übersetzen von griechischer Dichtung erstellt (SCHADEWALDT 1969).[5] Dieses sei – entgegen der herrschenden sprachlichen Hereinholung des nächstfremden Griechischen in die eigene Form- und Geisteswelt – bei Texten hoher Poesie die Methode der Wahl. Die wesentlichen Grundsätze lauten (SCHADEWALDT 1969, bes. 15):

- Vollständigkeit (nichts weglassen, nichts hinzufügen),
- Bewahrung der genuinen Vorstellungen, Ideen und Bilder des Dichters,
- Wortfolgentreue so weit wie irgend möglich.

Die Prinzipien 1 und 3 sind hinreichend klar formuliert und schlüssig als Maßstäbe für die Produktion eigener und die Analyse vorliegender Übersetzungen heranzuziehen. Man kann sie als implizite Warnung vor Füllwörtern und Streichungen im Dienste der metrisch analogen Wiedergabe sowie auch vor paraphrasierenden oder erklärenden Zusätzen lesen. Problematischer scheint es mir, den wichtigen Punkt 2 mit konkretem Inhalt zu füllen und anzuwenden: Wie sind „genuine" von „nicht genuinen" Vorstellungen abzugrenzen? Streng genommen sind mit griechischen Begriffen wie φίλος, δίκη, αἰδώς oder den lateinischen Wörtern *virtus, ratio, pietas, res publica* Konzepte verbunden, für die deckungsgleiche Äquivalente in der modernen Zielsprache fehlen. Und: Was ist konkret unter „Bewahrung" zu verste-

---

5 Zur Dichotomie „dokumentarisches" – „transponierendes Übersetzen" und weiteren übersetzungstheoretischen Grundlagen vgl. auch FUHRMANN (1992/1995).

hen? Hier ist das mit dem Wortkonzept verbundene *fremdkulturelle Schema*, das eine problembewusste Wortschatzdidaktik stets zu vermitteln trachtet (vgl. Kap. 3.2 und 3.3), jeweils kontextadäquat zu aktualisieren. Eine derartige Übersetzungsreflexion mag dann durchaus mehrere treffende Lösungen erbringen, gibt aber auch die Kriterien für die Entscheidung zugunsten der in einem bestimmten Zusammenhang passendsten Variante an die Hand.

Wesentlich erscheint mir die möglichst **konsequent entsprechende Wiedergabe** von Leitwörtern und Schlüsselbegriffen in einem bestimmten Sinngefüge, aus denen sich bei intratextueller Betrachtung ein *Wortnetz* ergibt, welches die „Vorstellungen" und „Ideen" des Verfassers erst zum Ausdruck bringt. Auf diese Weise wird die im Unterricht gemeinsam erarbeitete Übersetzung tatsächlich die Basis für eine textsemantisch angelegte Interpretation (vgl. Kap. 7). Dabei sollten auch etymologische Querverbindungen und Merkmale des rhetorischen Sprachschmucks *(ornatus)* Beachtung finden.

Wolfgang Schadewaldts übersetzungstheoretischer Kriterienkatalog, wiewohl ursprünglich für literarische Übersetzer und damit die „Suprastruktur" des Übersetzens gedacht,[6] lässt sich nun – so meine These – durchaus mit Gewinn auch für das vom Ciceroübersetzer und Übersetzungstheoretiker Manfred Fuhrmann (1925–2005, vgl. Mindt 2008) als „Infrastruktur" betitelte unterrichtliche Übersetzen in Schule und Hochschule anwenden (vgl. Fuhrmann 1992/1995). Und zwar – vielleicht überraschenderweise und, soweit ich sehe, für manchen neu – nicht nur auf die Phase der **Rekodierung,** also der sinnvermittelnden Wiedergabe des Verstandenen in korrektem, stilistisch angemessenem heutigem Deutsch, sondern bereits auf die vorangehende Phase der **Dekodierung,** der Entschlüsselung der im antiken Text versprachlichten Sinnstrukturen und Beziehungsgefüge. Namentlich die Parameter „Vollständigkeit" und „Wortfolgentreue" empfehlen mit Entschiedenheit die Annäherung an die Dekodierungsmethode der **wirklich linearen Sinnerfassung** bei der **Wort-für-Wort-Übersetzung** resp. den unterschiedlichen Spielarten der **natürlichen Lesemethode** (zu diesem Methodenrepertoire vgl. im unterrichtsgeschichtlichen Kontext Kipf 2006, 80–97).

Die Unterrichtsempirie offenbart hingegen ein ganz anderes Bild. Nach

---

6 Dieses Themenspektrum fand in der Forschung zur Rezeption oder Transformation der Antike in jüngerer Zeit zu Recht stärkere Beachtung, vgl. bes. die Sammelbände von Böhme et al. (2007), Kitzbichler et al. (2008) und Kofler et al. (2009), jeweils mit einer Fülle von Fallstudien zu zahlreichen Autoren, Epochen und Gattungen der griechischen und lateinischen Literatur; für den englischen Sprachraum vgl. die wichtige Studie von Walton (2006).

wie vor beherrschen das **Konstruieren** oder/und die **Satzanalyse** das Feld der sogenannten „statarischen" (und das heißt leider in der Tat oft: auf der Stelle tretenden) oder „mikroskopischen", *akribischen Originaltextlektüre* in Deutschlands Klassenzimmern und Übungsräumen. Als „*sukzessive Verfahren*" bezeichnete Auswege aus dem zu Raten, Willkür und sinnenthobenem Grammatizismus verführenden Konstruieren erweiterten das Spektrum. Einschlägig waren hier die „*Drei-Schritt-Methode*" (DSM) von Dieter Lohmann (1988) und das „*sukzessive Determinieren*" nach Hans-Joachim Glücklich (1987c). Indes handelt es sich bei Verfahren von Lohmann und Glücklich um Kombinationen aus der traditionellen Satzanalyse, welche die DSM mit ihrer Scheidung von Haupt- und Nebensätzen ja immer schon voraussetzt, und Konstruktion.

Im Folgenden sollen die für das unterrichtliche Übersetzen wichtigsten Dekodierungsverfahren systematisch dargestellt werden:

lineare/fortschreitende Verfahren
- *Wort-für-Wort-Übersetzung = Interlinearversion:*
  Caesari cum id nuntiatum esset, ...
  =} Caesar als das gemeldet worden wäre
- *lineares Dekodieren*
  - zuerst alle *Verbalinformationen* erschließen:
    Hauptverben, Partizipialien, Gerundialien
  - danach deren *Subjekte* und *Objekte*
- *sukzessiv-ganzheitliche Verfahren*
  - *natürliche Lesemethode* (Neumann)
  - *verstehendes Lesen* (Kracke/Jäkel)
  - *natürliches Verstehen* (Lohmann)

Allen drei Verfahren ist gemeinsam, dass das *Konstruieren abgelehnt* wird und man sich an der *Wortfolge des ausgangssprachlichen Textes* orientiert: Über eine Wortblöcke wiedergebende parataktische Interlinearversion, an die sich eine gedankliche Inhaltsangabe schließt, gelangt man zur bestmöglichen deutschen Wiedergabe (Feinübersetzung).

systematische Verfahren
- *Satzanalyse (meist Vorstufe des Konstruierens,* vgl. Kap. 7*)*
  (= zur Vereinfachung: *Einrückmethode zur Periodisierung des Satzbaus* bzw. genauer: Analyse der Satzglieder und deren syntaktischer Beziehungen)
- *Konstruktionsmethode (Favorit in der Schule)*
  Bearbeitung des HS und des NS nach folgendem Schema:
  - Suche nach dem *Prädikat*
  - abhängig davon: Ausfindigmachung des *Subjekts*
  - *Objekte* und *restliche Satzglieder*

kombinierte Verfahren:
- *Drei-Schritt-Methode*
  - *Hauptsatz* nach folgendem Schema:
    Satzauftakt – Prädikat – (Subjekt und) andere Satzglieder in der Reihenfolge ihres Vorkommens
  - *Nebensatz* nach folgendem Schema:
    Satzauftakt – Subjekt – Satzglieder in der Reihenfolge ihres Vorkommens (und zum Schluss Prädikat)
- zuerst Satzanalyse, dann Konstruktionsverfahren

Dieses Tableau der gegenwärtigen Übersetzungsmethodik soll den Lernenden systematische und universal einsetzbare Erschließungshilfen für die Sinnermittlung lateinischer Syntagmata an die Hand geben. Gleichzeitig lenken diese Verfahren die *Texterschließung* (vgl. dazu Kap. 6) von Anfang an in eine eher syntaktisch-grammatizistische statt semantisch-pragmatische Richtung: Unterrichtliches Übersetzen bleibt dennoch oder deswegen – zumal in der sogenannten Lektürephase – weit häufiger mit Notlösungen, Hilfskonstrukten oder gar Misserfolgserlebnissen verbunden als mit sinnerhellendem und damit sprachlich-literarisch bildendem Umgang mit den Texten, der die Augen für Schönheit und Sprachgewalt der antiken Weltliteratur zu öffnen vermöchte.

Tragfähige Lösungen für das hier skizzierte Dilemma, das sich auch als Kluft zwischen Anspruch und Wirklichkeit beschreiben lässt, ergeben sich zunächst aus einer wohlerwogenen Zielreflexion: HERKENDELL (2003, 11 f.) schreibt dem *schulischen Übersetzen* ein ganzes Bündel an konkreten Zielen zu, die folgende Kernkompetenzen enthalten:
- Einsicht in Komplexität, Möglichkeiten und Grenzen des Übersetzens als Kulturtechnik und Kulturtransfer (*metatranslatorische Kompetenz*)
- Kenntnis von Ebenen und Forderungen der Äquivalenz
- *Sachrichtigkeit* und *Vollständigkeit* der inhaltlichen Textinformationen resp. wort- und strukturgetreue *Transkodierung* je nach festgelegtem oder ausgehandeltem *Skopos* (Ziel) der Übersetzung. Dieser korreliert eng mit der *Diagnosefunktion* des Übersetzens.
- *adressatengerechte Wiedergabe* mit Blick auf die Wahl der sprachlichen Mittel und die Berücksichtigung des kulturellen wie kontextuellen Umfelds

Beispiele aus den einzelnen Lernjahren des Spracherwerbs sollen verdeutlichen, dass der vielfach diagnosegeleitete „Grammatizismus" im Anfangsunterricht sehr bald den „natürlichen Zugang" zur Dekodierung verdrängt und wie dieser Primat auch auf die Rekodierungsvorgänge ausstrahlt:

Für das erste Lernjahr bietet das Unterrichtswerk *Salvete I* (1996, 20) in Lektion IV unter der Überschrift *Rufus et Quintus thermas intrant* den folgenden lateinischen Text:
Rufus: Thermas frequentare iucundum est. Ego libenter thermas frequento, ibi animum relaxo, gaudeo, laetus sum.
Die kurzen Hauptsätze lassen sich – zumal unter Einbindung der deutschsprachigen inhaltlichen Vorentlastung *("Rufus möchte Quintus zeigen, daß auch Pompeji schöne öffentliche Bäder hat")* – unschwer durch ein sukzessiv-ganzheitliches Verfahren erschließen. Hier ist „spontan-intuitives Sprachverstehen" auch eines in der „Fremdkultur" der römischen Antike situierten lateinischen Textes möglich (vgl. dazu KUHLMANN 2015, 17f.). Eine bilinguale Präsentation kann hier verdeutlichen, dass wegen der weitgehenden Äquivalenz zwischen dem Lateinischen und Deutschen nur geringfügige Transpositionen erforderlich sind, die sich aus der Endstellung des Prädikats im Lateinischen ergeben:

Thermas frequentare iucundum est. Ego libenter thermas frequento, ibi animum relaxo, gaudeo, laetus sum.	Die Thermen zu besuchen **ist** angenehm. Ich **besuche** gern die Thermen, dort entspanne ich mich, freue ich mich, **bin** ich fröhlich.

In der Lectio XII desselben Lehrwerks wechselt der thematische Fokus von der Alltagskultur zur römischen Mythologie und Frühgeschichte. Wiederum ist zur Vorentlastung ein Rahmen zur Perspektivierung des lateinischen Textes vorhanden: Die kindlichen *Bezugsfiguren* erzählen sich gegenseitig Geschichten. Dabei begegnet der folgende Text, hier wird er – anders als im Lehrwerk – gleich bilingual präsentiert (*Salvete I* 1996, 42):

Rufus: *Nos non ignoramus pium Aeneam semper fato deorum paruisse.*	Rufus: Wir wissen, dass der brave Aeneas stets dem Spruch der Götter gehorcht hat.

In diesem Satz, mit dem der AcI eingeübt werden soll, führt die komplexere Syntax dazu, dass das natürliche Lesen oder natürliche Verstehen durch das *konstruierende Dekodieren* zumindest ergänzt wird. Ist der AcI erkannt und verstanden, kann indes wegen der Gedankenfolgenäquivalenz ohne weiteres Konstruieren oder Determinieren linear übersetzt werden.

In einem „Lesetext" (L 26) für das zweite Lernjahr bietet das aktuelle Lehrwerk *Adeamus!* (2016, 141) unter der Überschrift „Aeneas in der Unterwelt" folgende Sätze (im Lehrwerk wiederum nur lateinisch):

His verbis commota Sibylla pium Aeneam sub terram ad Anchisem duxit. Ille, cum aspexit filium, gaudens eum sic appellavit ...	Durch diese Worte bewegt, hat Sibylle den braven Aeneas unter die Erde zu Anchises geführt. Als jener seinen Sohn **erblickte, sprach er ihn** voller Freude so an: ...

Die syntaktischen Pensen des Ablativus instrumentalis *His verbis* und des Participium coniunctum *commota* machen eine (partiell) konstruierende Vorerschließung hier notwendig, der Rest des ersten Satzes lässt sich dann linear und wortfolgengetreu de- und rekodieren. Im zweiten Satz ist 1) die Hypotaxe und 2) die Funktion des Participium coniunctum *gaudens* zu klären, bevor linear übersetzt werden kann. Die Beispiele zeigen, dass die zunehmende syntaktische Komplexität schon recht bald im Lehrgang konstruierende Dekodierungsstrategien erforderlich macht; diese brauchen aber keinesfalls zu einem *schematischen Konstruktionsautomatismus* zu führen. Vielmehr sollte die passgenaue Hilfestellung bei der Dekodierung aus einer sensiblen didaktischen Reflexion über die notwendigen grammatischen „Vorfragen" resp. Vorerschließungshilfen entspringen. Inhaltlich-semantische Gesichtspunkte sollten jeweils in den dem L-Stück vorangehenden Teilen einer Lektion *vorentlastet* sein (zur Priorität der lexikalisch-semantischen Informationen vor den morpho-syntaktischen Informationen vgl. KUHLMANN 2015, 27, der sich auf Ergebnisse der empirischen Sprachforschung stützt).

Für das vierte Lernjahr, das den Sprachlehrgang in L₁ abschließt, bietet das innovative Lehrwerk *Comes 4* (2011) als in das Lehrbuch *integrierte Übergangslektüre* eine adaptierte Fassung des in APULEIUS' *Metamorphosen* erzählten „Märchens" von Amor und Psyche (Lektionen 93–100 mit Einführung der Sequenz S. 76 f. unter dem Titel „Amor und Psyche: Die Macht der Schönheit"). Als vierte Aufgabe erlegt Venus der Psyche eine Katabasis ins Totenreich zu Proserpina auf. In L 99 ist folgender Satz zu übersetzen:

Psyche cum intellexisset sibi eius officii explendi causa suis pedibus ultro in Tartarum eundum esse, perrexit ad aliquam turrim se inde praecipitatura ...	Als Psyche eingesehen hatte, dass sie, **um** diese Aufgabe **zu erfüllen**, mit eigenen Füßen/zu Fuß von sich aus in den Tartarus gehen muss, machte sie sich zu einem Turm auf, um sich von dort herabzustürzen ...

Eine übersetzungsdidaktische Analyse zeigt, dass selbst bei dieser für den Spracherwerbsunterricht ausgesprochen komplexen Periode eine *lineare Annäherung* erfolgversprechend ist, da nur relativ wenige Transpositionen bei einer wort- und strukturgetreuen Wiedergabe im Deutschen erforderlich werden. Indes ist die Kombination mit einer akribischen und *intensiven syn-*

taktisch-konstruierenden Vorerschließung zwingend. Denn in diesem Satzgefüge begegnen 1) ein temporaler *cum*-Satz mit Konj. Plusquamperf., 2) ein vom Nebensatz-Prädikat *intellexisset* abhängiger AcI mit einer 3) prädikativen Gerundivkonstruktion als Infinitiv (*eundum esse,* dazu der reflexive Dat. auct. *sibi*) sowie ein Hauptsatz mit einem auf das im Prädikat enthaltene Agens bezüglichen Partizip Futur Aktiv *(praecipitatura)*. Diese Häufung anspruchsvoller syntaktischer Phänomene, hier in einer Abrundungslektion ohne neues Grammatikpensum, ist zweischneidig. Aus *lektürepropädeutischer* Sicht kann diese Bündelung von sprachlichen Herausforderungen die folgende Autorenlektüre simulierend anhand eines ansprechenden Erzähltextes vorbereiten. Aus motivationaler Sicht ist zu bedenken, ob eine solche *Überfrachtung* bei manchen Lernenden nicht zu einem *Übergangslektüreschock* führen könnte. Jedenfalls sind die Lehrenden gehalten, durch Impulse für zielgerichtete grammatische *pre-reading-activities* und *inhaltlich-kontextuelle Einbettung* den Schülern die Bewältigung einer so verzwickten Übersetzungsaufgabe zu erleichtern. Allerdings mag gerade dieses Beispiel verdeutlichen, wie scheinbar übermächtig in der Phase des späteren Spracherwerbs und der Übergangslektüre die Gefahren der Fokussierung auf die geballte syntaktische Wucht des Lateinischen das Unterrichtsgeschehen prägen. Es liegt auf der Hand, dass hier eine u. U. fatale Kontinuität zum Lektüreunterricht entstehen könnte. Dieser ist nur durch Sensibilität und Flexibilität im Sinn der *verständnisgeleiteten Passung* der Dekodierungsmethodik zu begegnen. Semantisches Verstehen von Vokabeln und Wortformen ist die primäre Voraussetzung für die „mentale Repräsentation" in der Vorstellung des Schülers, die ihn zur treffenden Erfassung des Textsinns führt (vgl. KUHLMANN 2015, 19–30). Eine nachhaltige Effizienzsteigerung des Übersetzungsbetriebs hat daher Diagnosen beim Lektüreunterricht zu erheben, um eine aussichtsreiche Therapie für den Gesamtlehrgang des Lateinischen zu entwickeln, zumal die im Lateinunterricht habitualisierten Dekodierungsverfahren eine Fernwirkung entfalten, die noch bei Studierenden des Faches Latein zu greifen ist (vgl. hierzu JANKA 2011b).

5.4 Plädoyer für ein weiteres Verständnis von Übersetzungsdidaktik als ganzheitliche Sprach- und Literaturreflexion

Anstatt den Lernenden durch die immer noch vorwaltende syntaxfixierte Analyse und Konstruktion von Textabschnitten eine *Mechanik der strukturellen Dekodierung* einzutrichtern, die vom inhaltlich-semantischen Gefüge der Aussagen bewusst zunächst absieht, um diese **erst sekundär** in den Verständnisprozess einfließen zu lassen, sollte man mit Entschiedenheit eine Übersetzungsdidaktik der **kontextuell und semantisch-pragmatisch** geleiteten und entsprechend **vorentlasteten Annäherung an den Sinn des Originals** bevorzugen. Dabei wäre die getreue und vollständige Berücksichtigung der natürlichen, kunstprosaischen oder poetischen (auf jeden Fall dem Wollen des Verfassers entspringenden) Abfolge von Einzelwörtern, Kollokationen, Wortgruppen als Trägern der sachlichen Informationen *in der Ausgangssprache* der erste und wichtigste Schritt, um in eine Bewegung echten Verstehens auch die grammatikalischen Valenzen einfließen zu lassen und die syntaktischen Fügungen ähnlich wie beim Dekodieren eines muttersprachlichen Textes fortlaufend zu vereindeutigen.

Dieses Konzept sei knapp anhand eines Beispiels (s. u.) aus dem achten Buch der *Aeneis* veranschaulicht (*Aen.* 8, 671–681; ausführlich besprochen wird dieses Beispiel in: JANKA 2011b):

In Lektürematerialien zur bayerischen Oberstufensequenz (Q 12) „Nunc aurea Roma est – Politische Perspektiven", in welcher die *Aeneis*-Lektüre ihre neue Heimat gefunden hat, setze ich konsequent auf eine **mehrstufige Annäherung an den lateinischen Originaltext.** Der inhaltlichen Hinführung dient zunächst eine nach Art historischer Romane auf Deutsch verfasste **fiktive Rahmenhandlung,** in der sich der greise Kaiser Augustus mit dem Historiker Livius über seine Rolle in Geschichte und Literatur der Römer austauscht. Ein Beispiel soll den Stil dieser historisch fundierten und bewusst leserfreundlich angelegten Zugangstexte vorführen. Diese werden durch eine zeichnerische Nachbildung des Aeneasschildes auch visuell unterstützt:

> **Beispiel** Konzeption einer didaktischen Kontextualisierung (Augustus, RGDA – Livius – Vergil) der Schildbeschreibung etwa durch Rahmenhandlung („Augustus"/„Livius" im Dialog):
> „Mein dreifacher kurulischer Triumph am 13., 14. und 15. des Monats, der erst zwei Jahre später (27 v. Chr.) meinen Namen erhielt", sinniert Augustus: „Ich meinte, dies sei der endgültige Triumph meiner Person – daher habe ich keinen weiteren mehr feiern lassen –, aber

doch nicht der Höhepunkt meiner Macht, der ich durch innere Festigung des Imperiums und kluge Familienpolitik Dauer verleihen wollte." In einer Ecke des kaiserlichen Schreibgemaches steht eine Nachbildung des berühmten Schildes des Aeneas, den der Dichter Vergil vor etwa dreißig Jahren in seinem gewaltigen Epos *Aeneis* beschrieben hat. „Geschichte Italiens und der Römer Triumphe hat unser Schwan von Mantua darauf den fingerfertigen Handwerksgott Vulcanus, den ungleichen Ehemann unserer eleganten Stammmutter Venus, abbilden lassen – eine gigantische Prophetie, wenn man bedenkt, dass die Handlung in den grauen Urzeiten unseres Ahnherren Aeneas aus Troja angesiedelt ist." Augustus betrachtet den Schild, lässt sich das achte Buch der *Aeneis* aufrollen und vergleicht Bild und Text: „Immerhin hat Marcus Antonius mitten auf dem Schild seinen Platz gefunden. Vulcan bzw. Vergil hat ihm die Rolle des gefährlichsten Widersachers meiner Kriegspartei zugeschrieben und ihn bei der Gestaltung der entscheidenden Seeschlacht von Actium (2.9.31 v.Chr.) entsprechend in Szene gesetzt. Zum Welttheater wird das Kriegsereignis vor allem dadurch, dass Antonius' ägyptische Gattin Kleopatra und ihr orientalisches Gefolge mit von der Partie sind. Mit welcher Abscheu Vergil diese doch immerhin auch für meinen Großonkel und Adoptivvater so anziehende Exotik geschildert hat! Und natürlich die Götterwelt, die auf einer höheren Ebene die Kluft zwischen unserem zivilisierten Westen und dem wilden, ausschweifenden Osten absegnet …"

Derart in die Thematik eingestimmt, werden die Schüler dann mit Sprache und Inhalt der Verse 671–677 des achten *Aeneis*-Buches in Form einer *synoptisch aufbereiteten Bilingue* vertraut gemacht. Die Arbeit mit derartigen *lateinisch-deutschen Synopsen* (vgl. dazu Nickel 2004 mit weiterer Lit.) sollte gerade in der Lektürephase in viel größerem Umfang als bisher genutzt werden. Sie verbindet den Vorzug der rascheren Texterfassung im Sinne eines *echten Lesens* lateinischer Literatur mit den analytischen Vorzügen einer *(erleichterten) intensiven Originaltextlektüre*, die durchaus über eine bloß *kursorische Texterfassung* hinausgehen sollte.

Sind diese Vorinformationen im Unterrichtsgespräch hinlänglich gesichert, dann kann man bei der *akribischen Lektüre* der Verse 678–681 getrost wortfolgengetreu, also wirklich sukzessive, vorgehen.

Die Ergebnisse des am semantischen Verstehen orientierten Übersetzungsprozesses sind dann durch eine möglichst *sukzessiv verfahrende Musterübersetzung* zu sichern und ggf. durch einen Vergleich mit anderen Prinzipien verpflichteten Verdeutschungen zu erweitern. Zum Vergleich könnte man die viel freier transponierende und modulierende, gelegentlich sogar paraphrasierende (V. 680: *stans*: „aufrecht" statt „stehend") sowie eigenmächtig innerhalb von Vers 678 interpungierende poetische Fassung Emil Staigers heranziehen (Staiger 1985, 231). Die in Prosa gehaltene und damit in ihrer mimetischen Sprachgewalt reduzierte Übersetzung von Volker Ebersbach (*1942) mag als Kontrastfolie dienen. Dessen „Nachdichtung antiker Versepen in epischer Prosa" will „die gewesene Modernität des antiken Autors davor bewahren, zur Antiquität zu werden" (EBERSBACH 2009 [erstmals 1979], 469 und 471). Sie ist weitgehend, aber nicht konsequent um Konzept- und Gedankenfolgentreue besorgt. So wird etwa die Sperrung von *Augustus … Caesar* durch Zusammenziehung und Inversion normalisiert; *geminas … laeta* sind ebenso umgestellt wie *patrium* (EBERSBACH 1993, 196).

Quid ergo sequitur? Die ständige Übersetzungspraxis im Griechisch- und Lateinunterricht bedarf dringend nicht nur der traditionell eifrig geleisteten „Einschleifung" und „technischen Einübung". Sie bedarf darüber hinaus als Resonanzboden und Korrektiv der begleitenden Reflexion über die vielfältigen Annäherungsversuche an und die Grenzen von Äquivalenz zwischen Ausgangs- und Zielsprache. Die so verstandene **Übersetzungsreflexion,** die vom soliden Übersetzungsvergleich ausgehen und in Übersetzbarkeitsreflexion münden sollte, kann in stetige Wechselwirkung mit den eigenen Erfahrungen der Schüler und Studierenden als Übersetzende treten. Ein wesentlicher Gewinn wäre dabei die Einsicht, dass es zwar lexikalisch/grammatisch richtig und lexikalisch/grammatisch falsch gibt und dass ein Transkodierungsversuch bei fremdkulturell schematisierter Literatur gelingen oder misslingen kann, dass es aber niemals „die" einzig richtige und alle Nuancen des Originals durchgehend äquivalent resp. konzeptgetreu abbildende Verdeutschung geben wird. Dieser *experimentelle Charakter des Übersetzens*, welcher der Festigkeit der Wertungsmaßstäbe in unseren Matrices zu widersprechen scheint, lässt sich etwa bei der synchronen und diachronen Gegenüberstellung von Verdeutschungen erarbeiten und erlebbar machen, die sichtlich unterschiedlichen *Konzepten* verpflichtet sind, die dann jeweils wieder erschlossen und diskutiert sein wollen.

Die Erschließung von literarischen Übersetzungskonzepten beim kritischen Vergleich mag dann in der Lerngruppe eine notwendige Verständigung über die *Skopoi des schulischen Übersetzens* im Klassenunterricht (dazu HERKENDELL 2003, 6f. und 12f.) und bei Leistungsnachweisen beflügeln: Die oben behandelten Beispiele aus Sprachlehrwerken und Lektüreunterricht bezeugen, dass die von SCHADEWALDT (1969) und FUHRMANN (1992) stark betonte Antinomie zwischen Ausgangssprachen- und Zielsprachenorientierung für das unterrichtliche Übersetzen weniger Relevanz besitzt als bislang angenommen. Denn die Äquivalenzanalyse belegt, dass bei jeder unterrichtsrelevanten Textsorte aus Kunstprosa oder Poesie (Bericht, Dialog, Erzählung, Gedicht, Abhandlung, Lehrschrift) eine weitestmögliche *Deckung von Ausgangssprachen- und Zielsprachenorientierung* erstrebenswert erscheint. Die Orientierung an Wort- und Gedankenfolgentreue lässt sich – durch reflektierten und behutsamen Einsatz von Modulationen und Transpositionen – vielfach unerwartet gut mit dem Maßstab der Wiedergabe in idiomatisch einwandfreiem und adressatenspezifisch passendem Deutsch in Einklang bringen. In diese Richtungen weisende Lernprozesse werden durch den sprachbewussten Weg von „Interlinearversionen" zu „Feinübersetzungen" im Rahmen der linearen Vorgehensweise befördert.

Kreative Verfahren wie die Rekodierung nach mannigfachen, teils ganz widerstrebenden Vorgaben (metrisch/unmetrisch; informationsfolgengetreu/umstellend; Hochsprache/Umgangssprache oder Dialekt; historisches/gegenwärtiges Deutsch; Soziolekte, Idiolekte; konsequente Nachbildung von lexikalischen Affinitäten und stilistischen Figuren) runden das Programm einer *ganzheitlichen Übersetzungsreflexion* sinnfällig ab.

Freilich wird niemand so weit gehen und sich in die – scheinbare – Beliebigkeit eines *quot homines tot versiones* flüchten wollen. Im Gegenteil: Gerade die **Prinzipientreue oder Skopos-Konsequenz,** die als wesentliches Merkmal gelingenden Übersetzens im Sinne des Originals **und** im Dienst am Zielpublikum erhellen muss, öffnet die Augen für die beiden vornehmsten kulturellen Aufgaben des literarischen Übersetzens, als dessen *Vorform und Übungsgelände* das schulische Übersetzen stets auch zu betrachten ist: nämlich die mimetische, Tiefenverständnis heischende Annäherung an Gehalt und Form des vielschichtigen Urtextes ebenso wie die *Bewusstmachung* der letzthin beharrlichen Uneinholbarkeit desselben, zumal wenn es sich, wie bei unseren Beispielen aus HOMER und VERGIL, um geniale Sprachkunstwerke wie die *kanonischen Texte der antiken Poesie* handelt. Die Praxis des Übersetzens erfordert und liefert mithin die stetige Rechtfertigung dieses Tuns auf einer höheren Ebene. So wird die Sehnsucht nach dem unerreichbaren Original befriedigt und neu geweckt zugleich.

Textarbeit

Markus Janka

6.1 Arbeit am Text: Nicht nur Übersetzen und Interpretieren

Die traditionelle Fixierung des Lateinunterrichts auf das Herübersetzen aus dem Lateinischen ins Deutsche als privilegierte Methode der Texterfassung (vgl. Kap. 5) hat zur Folge, dass andere Verfahrensweisen, die Zugänge zu den Originaltexten eröffnen, in die didaktische Literatur vergleichsweise marginal Eingang gefunden haben: „Textreflexion" als „Forderung an den modernen Lateinunterricht" (MAIER 1984, 217–224) wird zwar seit den 1980er Jahren im Zuge der *textlinguistischen Wende* zunehmend ernst genommen, doch in der Regel auf die Phase der *post-reading-activities* beschränkt. MAIER (1984, 218) betont ausdrücklich die dienende Funktion der Textgrammatik und Textlinguistik mit Blick auf die Interpretation. Diese setzen eine Sinnerfassung durch akribisches Übersetzen in der Regel voraus. Diese Tendenz beherrscht auch jüngere didaktische Konzepte, die „Übersetzung und Texterschließung" in einem Kapitel abhandeln (vgl. KEIP/DOEPNER 2010, 81–111, die Texterschließung und Dekodierung gleichzusetzen geneigt sind, bes. 81; zur Texterschließung als Dekodierung vgl. schon GLÜCKLICH 1987b, HEILMANN 1990, HERKENDELL 1995 und PFAFFEL 2013). Auch im neuen LehrplanPLUS für das bayerische Gymnasium beschränkt sich dementsprechend der „Lernbereich 1: *Texte*" für die 5. Jgs. auf Übersetzen, Inhaltserfassung, Stellungnahme und Vortrag.[1]

Im Folgenden soll „Textarbeit" als ein Bündel von *texterschließenden Verfahren* gelten, welche *die Übersetzungsarbeit rahmen und befördern* und so zur *Interpretation hinführen* (vgl. Kap. 7). Damit ist der Horizont aber noch nicht erschöpft: Neben die 1) *übersetzungsbezogene* tritt die 2) *übersetzungsentlastete* (etwa anhand von muttersprachlichen Nacherzählungen, Paraphrasen, Paralleltexten oder Erläuterungen erfolgende) Textarbeit. Eher zur ersten Gruppe gehört die *satzübergreifende (transphrastische) Vorerschließung*, die von einer „Wiedergabe des spontan Verstandenen" und einer auf Zusammenstellung von Kohärenzmerkmalen beruhenden inhaltsbezogenen „Hypothesenbildung" zu einem „Vorverständnis" des Textes führen soll (NICKEL 2001, 246 f.; grundlegend auch PESTER 1995, der die wesentlichen Momente *„Ganzheit", „Signale"* und *„Intuition"* untersucht). Dieses „Vorver-

---

[1] http://www.lehrplanplus.bayern.de/fachlehrplan/gymnasium/5/latein (letzter Zugriff am 15.03.2017).

ständnis" wird dann in der Regel durch Übersetzen verifiziert oder falsifiziert (zu Texterschließung als textlinguistische Vorbereitung der Übersetzung vgl. HEILMANN 1990), wenngleich es auch in eine „kursorische Lektüre", also zügigere Erfassung des lateinischen Textes im Sinn des muttersprachlichen Lesens, münden kann, bei der die Ergebnissicherung nach wie vor zahlreiche Fragen aufwirft (vgl. die vagen Hinweise bei NICKEL 2001, 175). Nachhaltigere und breitere Wirkung als der transphrastischen Vorerschließung war der Textarbeit nach dem *Thema-Rhema-Verfahren* beschieden (vgl. dazu knapp NICKEL 2001, 285 f.; grundlegend WEDDIGEN 1988b und – linguistisch präziser – CONTI/PROVERBIO 1990; anwendungsorientiert KEIP/DOEPNER 2010, 104–108). Das Verfahren nutzt bestimmte sprachliche Mechanismen zur Herstellung von Textkohärenz. Die Themaentwicklung entsteht dabei durch vor- oder rückverweisende Informationsvergabe (vgl. CONTI/PROVERBIO 1990, 77 mit weiterer linguistischer Grundlagenliteratur):

> *Das Thema-Rhema-Paar unterscheidet sich vom Paar Gegebenes-Neues, das auf einem Kriterium der Information beruht: Das Thema ist der Träger der Nachricht in Satzgestalt, das Rhema ist der Körper der Nachricht; das Gegebene fällt mit dem zusammen, was dem Empfänger bekannt ist, das Neue besteht in der tatsächlich mitgeteilten Information.*

Ausgehend von der sogenannten „Topikalisierung" (Thema ~ *topic*), also der „Spitzenstellung" des Themas im Satzgefüge, kann die „thematische Progression", die schrittweise erfolgende Entfaltung des Themas, nach folgenden Typen klassifiziert werden (CONTI/PROVERBIO 1990, 80 f. nach DANEŠ 1978):

- Thematisierung eines (vorhergehenden) Rhemas a) im Kontakt (linear); b) in Distanz
- Wiederholung (einfach oder mehrfach) eines Themas oder thematische Progression mit fortlaufendem Thema
- Thematisierung einer Äußerung a) im Kontakt; b) in Distanz
- Thematisierung eines Intervalls (oder thematische Progression mit umfassendem Thema): Zurückkommen auf weiter oben Behandeltes
- Thematische Progression mit (von einem übergeordneten *Hyperthema*) abgeleitetem Thema

Auf der Grundlage textsemantischer Erkenntnisse plädiert HERKENDELL (1995) ansprechend für eine „Stufenfolge ganzheitlich-analytischer Bedeutungsaufhellung" als *Semantisierungsstrategie*. Diese stützt sich auf folgende Faktoren (nach HERKENDELL 1995, 25):
- textinterne Bezüge:
  - thematischer Zusammenhang (vgl. oben zum Thema-Rhema-Verfahren)
  - syntagmatische Verknüpfung (Kollokation resp. Konstruktion)
  - semantisches Umfeld in Form von *Konvergenz* oder *Divergenz*
- textexterne Bezüge:
  - Redesituation
  - Realien und Fakten
  - Zeit und Ort
  - Empfänger

6.2 Textarbeit in der Spracherwerbsphase

Diese theoretischen Erwägungen seien nun anhand eines Beispiels für den Spracherwerb konkretisiert. Angesichts der avancierten Überlegungen zur Didaktisierung der Textlinguistik im Lateinunterricht erstaunt der Befund, dass selbst die Lehrwerke der neuesten Generation allenfalls sporadisch, meist jedoch überhaupt nicht auf diese Verfahren der *übersetzungsbezogenen Textarbeit* zurückgreifen. Eine Ausnahme stellt hier neben *Adeamus!* das in vielerlei Hinsicht fortschrittliche Unterrichtswerk *Viva* dar, das konsequent kompetenzorientierte Textvorerschließungsaufgaben enthält. Die 37. Lektion des dritten Bandes der Ausgabe für Bayern (8. Jgst. L_2) beginnt mit einem Text über CICEROS Verteidigungsrede für den des Mordes bezichtigten SEXTUS ROSCIUS aus Ameria im Herbst des Jahres 80 v. Chr. (Quelle: *Viva* 3 [Ausgabe Bayern] [8. Jgst. L_2], Lektion 37: Cui bono? [Göttingen 2015], S. 16 f.):

37 Ein spektakulärer Mordprozess

Cui bono?

Das Forum ist voll von Schaulustigen: Heute findet ein spektakulärer Mordprozess statt. Der junge Redner Cicero hat die scheinbar aussichtslose Aufgabe übernommen, Sextus Roscius zu verteidigen.

»Certē mīrāminī[1], iūdicēs, cūr egō ipse Sextum Rōscium dēfendam. Vērō – minimō perīculō dīcere possim. Ad causam accessī, ut prō iūre innocentis agerem. Utinam hīs temporibus adversīs iūstitia vincat!

Accūsātōrēs contendunt reum patrem mediā nocte Rōmae necāvisse.

5 Scīlicet Roscius patrem necāvit! Ameriae[2] sē tenuit, ubī bona patris fidēliter administrāvit.

Et cūr patrem necāvit? Num cupidus hērēditātis[3] vel bonōrum patris erat? At eō occīsō Rōscius omnia āmīsit! Nam pater post mortem prōscrīptus[4] est et bona eius arrepta sunt.

10 Potius quaerāmus, cui bonō[5] scelus fuerit! Trēs virī ē facinore improbō lucrum fēcērunt: Chrȳsogonus[6], quī nunc possessiōnēs necātī habet, item Magnus[7] et Capitō[7], quī in grātiā eius sunt.

Utinam pecūniā Sextī Rōsciī contentus essēs, Chrȳsogone! Nunc etiam vītam et sanguinem fīliī petis.

15 Bonīs fortunīsque, iūdicēs, Sextus Rōscius iam spoliātus est – et sortem fert. Vīta autem eī restet! Nē crūdēlitātem probāveritis! Nēve permīseritis, ut hūmānitātem ex animīs āmittāmus!«

1 mīrāminī: ihr wundert euch
2 Ameria, ae: *Stadt in Umbrien und Heimat von Sextus Roscius*
3 hērēditās, tātis f.: Erbschaft
4 prōscrībere, -scrībō, -scrīpsī, -scrīptum: proskribieren; ächten
5 cui bonō: wem zum Vorteil?
6 Chrȳsogonus, ī: Chrysogonus *(Günstling Sullas, der Roscius auf die Proskriptionsliste setzte)*
7 Magnus, Capitō: Titus Roscius Magnus und Titus Roscius Capito *(Verwandte des Ermordeten, die mit ihm in Vermögensstreitigkeiten verwickelt waren)*

1 Lies den Einleitungstext und beschreibe das Bild. Überlege, welche Textsorte du erwartest und welche sprachlichen Merkmale dir begegnen könnten.

2 Nenne die Argumente, mit denen Cicero die Richter von Roscius' Unschuld überzeugen will.

3 Erkläre den Ausspruch »Cui bono?«, mit dem Cicero in seiner Rede argumentiert.

© Verena Bartoszek / Verena Datené / Sabine Lösch / Inge Mosebach-Kaufmann / Gregor Nagengast / Christian Schöffel / Barbara Scholz / Wolfram Schröttel (2015): Viva 3. Lehrgang für Latein ab Klasse 6 – Ausgabe Bayern. Vandenhoeck & Ruprecht: Göttingen, S. 16 f.

Auf der dem Text und den Aufgaben gegenüberliegenden Seite findet sich folgender Bildimpuls im Stil einer großflächigen, farbigen, comicähnlichen Rekonstruktionszeichnung der Prozesssituation mit dem jungen CICERO als Redner:

© Verena Bartoszek / Verena Datené / Sabine Lösch / Inge Mosebach-Kaufmann / Gregor Nagengast / Christian Schöffel / Barbara Scholz / Wolfram Schröttel (2015): Viva 3. Lehrgang für Latein ab Klasse 6 – Ausgabe Bayern. Vandenhoeck & Ruprecht: Göttingen, S. 16 f.

Die drei unterhalb des Textes abgedruckten Arbeitsaufträge dienen sämtlich der übersetzungsbezogenen Textarbeit. Einzig die erste Aufgabe erweist sich als *pre-reading-activity* oder *Vorerschließungsaufgabe*. Die Lernenden sollen durch Lektüre des deutschen Einleitungstextes, der der inhaltlichen Vorentlastung durch Kontextualisierung dient, und Beschreibung des Bildes *Hypothesen* über die vorliegende *Textsorte* aufstellen und von einer richtigen Bestimmung die zu erwartenden sprachlichen Merkmale ableiten. Es zeigt sich, dass hier eine (abgeschwächte) Variante der *satzübergreifenden (transphrastischen) Vorerschließung* zum Einsatz kommt. Die Angaben des deutschen Textes, der indes für entdeckendes Lernen wenig Raum lässt, da die Bestimmung der Textsorte „Rede" durch die Angabe „der junge Redner" bereits vorweggenommen ist, klären Schauplatz (Forum), Anlass (Mordprozess) und die Namen des Angeklagten (Sextus Roscius) und seines Verteidigers (der noch junge Cicero). Die Zeichnung ermöglicht eine Bestimmung sowohl dieser Personen als auch weiterer Funktionsträger wie des auf dem Tribunal sitzenden Prätors (der Name M Fannius bleibt ungenannt) rechts oben, der die Verhandlung leitet, sowie des Anklägers (Erucius ungenannt) links oben. Drei im Vordergrund dargestellte Träger der Toga praetexta stehen für das *consilium* der (senatorischen) Laienrichter, die auf den Bänken *(in subselliis)* Platz genommen haben.

Die „Intuition" der Lernenden über das „Gerichtsprozessschema", die durch den Kasten „Grundwissen: Forum Romanum" (S. 16 unten, hier nicht abgedruckt) noch fremdkulturell sensibilisiert, da sachkundlich unterfüttert wird, führt sie zu Vermutungen über die in der „Ganzheit" des Textes zu erwartenden „Signale": Anreden an das Gerichtsgremium, Rechtfertigung der Verteidigung, Beteuerung der Unschuld des Mandanten, Gegenvorwürfe gegen die Nutznießer des Kapitalverbrechens, parteiische bis pathetische Darstellung des Sachverhaltes etc.

Textarbeit in der Spracherwerbsphase

Die Kohärenz des Lehrbuchtextes ist von den Verfassern sorgsam hergestellt worden. Der Text kondensiert immerhin in nur 17 Zeilen CICEROS 154 Paragraphen umfassende Rede *Pro Sexto Roscio Amerino*. Der Text ist in ciceronischem „Lehrbuchlatein" mit nur wenigen wörtlichen Anklängen, aber zahlreichen instruktiven inhaltlichen Anleihen am Original verfasst: So bieten die Z. 1–3 eine Kurzfassung des Exordium (vgl. Cic. *Rosc.* 1), der zweite Absatz (Z. 4–6) betont das Alibi des Angeklagten (vgl. Cic. *Rosc.* 18), bevor der dritte Absatz (Z. 7–9) das Fehlen eines Mordmotivs bei ihm konstatiert (vgl. Cic. *Rosc.* 21–23). Der vierte Absatz (Z. 10–12) stellt die materiellen Vorteile, die Roscius' Gegner aus dem Mord an seinem Vater zogen, heraus (vgl. etwa Cic. *Rosc.* 13; 17). Die letzten beiden Absätze Z. 13–17) bieten eine verdichtete Version der Peroratio (vgl. Cic. *Rosc.* 143–154). Diese strukturelle (und hier zudem quellenkundliche) Betrachtung des Lehrbuchtextes könnte den Weg zu einer Textarbeit nach dem *Thema-Rhema-Verfahren* bahnen. Dieses könnte am ehesten als *while-reading* oder *post-reading activity* zum Einsatz kommen, weniger aber zur Vorerschließung. Denn im letzteren Fall könnten die Lernenden lediglich mit Signalwörtern (wie *iudices, ius/iustitia, patrem necare*), nicht aber mit verstandenen Sinneinheiten operieren. *While-reading* wäre das *Thema-Rhema-Verfahren* ähnlich einzusetzen wie die Erklärung *lexikalischer* (z. B. *accessi*), *morphologischer* (z. B. *miramini*) oder *syntaktischer* (Konjunktiv *defendam* im obliquen Fragesatz) Herausforderungen, vor die der Text die Schüler stellt. *Topikalisiert* ist das Thema von Ciceros (erstaunlicher) Übernahme dieses *heiklen Mandats* (Z. 1–3). Dieses wird zunächst linear (im Kontakt) voranschreitend entfaltet (Rhema: Kampf für das *Recht* eines Unschuldigen; dann linear: Wunsch, das *Recht* möge siegen!). In Distanz wird dieses Rhema erneut thematisiert im Schlussappell (Z. 15–17), wo sich der von Cicero zu erringende *Sieg des Rechts* im Kampf um das Leben des jungen Roscius konkretisiert. Das zunächst in den Anfangsteil eingebettete Rhema der Unschuld des Roscius wird in den Abschnitten 2 und 3 in leichter Distanz thematisiert. Die *Wiederholung* eines Themas lässt sich etwa anhand der (bemitleidenswerten) Mittellosigkeit des jungen Mannes belegen (Z. 7 und 8 mit interner Steigerung; wieder Z. 15 im Schlussappell). Diese exemplarische Betrachtung zeigt, dass *inhaltlich-strukturelle* Kohärenzmerkmale des Textes anhand dieses Verfahrens klärbar werden. Eine weitere Stütze findet solches Vorgehen durch die Ortung von *textsemantischen Signalen* wie Isotopien oder Schlüsselwörtern (hier etwa aus dem Sachfeld *ius* vs. *scelus*). Am einfachsten gelangt man, wie oben gezeigt, anhand einer *Analyse der Grob- und Feinstruktur des Textes* zu einer sinnstiftenden Orientierung über den Gedankengang. Die Beantwortung der Aufgabe 2, die als *post-reading-activity* gedacht ist, ergibt sich aus einer solchen Strukturanalyse beiläufig.

Als weitere Bausteine einer Textarbeit nach der Übersetzung, die *Viva* hier ungenutzt lässt, wären folgende Gesichtspunkte denkbar:
- grammatisch-pragmatische Analyse des Lektionstextes: Ortung und funktionale Erläuterung der vorkommenden Konjunktive im Hauptsatz als Potentialis (Z. 2: *possim*), Optativ (Z. 3: *Utinam ... vincat*; Z. 13: *Utinam ... esses*), Hortativ (Z. 10: *quaeramus*), Jussiv (Z. 16: *restet*), Prohibitiv (Z. 15: *Ne ... probaveritis*; Z. 15 f.: *Neve ... permiseritis*) im Dienst der rhetorischen Persuasion. Diese arbeitet mit suggestiven Relativierungen, Wünschen, Aufforderungen und appellativen Weisungen und „Verboten" (i. S. von Ermahnungen, ein bestimmtes Verhalten zu unterlassen).
- inhaltliche Analyse von Ciceros Argumentaufbau im Sinne des Schemas einer antiken Gerichtsrede mit *exordium, narratio, argumentatio, refutatio, peroratio*
- Thematisierung des existentiellen Transfers: Fortleben der Wendung *Cui bono?* im aktuellen Diskurs der Gegenwart; Strafprozesse mit überregionaler Medienpräsenz
- Rezeption von CICEROS Reden in historischen Romanen (z. B. STEVEN SAYLOR, *Das Lächeln des Cicero* [1991]; ROBERT HARRIS, *Imperium* [2006]) und anderen Werken der Gegenwartskultur

Für die *übersetzungsentlastete* Textarbeit würde sich im thematischen Kontext der Lektion 37 von *Viva* ein kulturkundlicher deutscher Vorentlastungstext zur ausführlicheren Klärung der Gerichtssituation anbieten, in den im Sinn einer *sachfeldorientierten Wortschatzarbeit* (vgl. Kap. 5 und Kap. 6) neben Lernwortschatz (durch Fettdruck hervorgehoben) auch Kulturwortschatz einzubringen wäre. Ein möglicher Arbeitsauftrag könnte lauten: „Erläutere anhand des folgenden Textes die Umstände und äußeren Bedingungen des Strafprozesses gegen den jungen Roscius, auf die sich Cicero einstellen musste. Gehe dabei besonders auf die beteiligten Personen und ihre Interessen ein!"

> Für das besonders abscheuliche Verbrechen des Vatermordes *(parricidium, i)* war in Sullas Rom das Strafgericht gegen Mörder und Giftmischer *(quaestio de sicariis et veneficis)* zuständig. Der ältere Sextus Roscius wurde in der zweiten Hälfte des Jahres 81 v. Chr. ermordet. Der Sohn des Opfers, Sextus Roscius junior, über 40 Jahre alt, unverheiratet und kinderlos, wird daraufhin vom väterlichen Besitz (**possessio**, onis/**bona**, orum patris) verjagt und ernsthaft bedroht. Drahtzieher sind seine geldgierigen Verwandten Magnus und Capito,

mit denen er im Streit liegt. Sie erwirken, dass Roscius junior angeklagt wird *(accusare)*, seinen Vater aus Habgier ermordet zu haben *(necare)*. Der Beschuldigte findet Hilfe bei Freunden seines Vaters aus dem römischen Stadtadel, die ihm Cicero als Anwalt *(patronus, i)* vermitteln. Dieser übernimmt im Alter von nur 26 Jahren die Streitsache *(causa, ae)* und verteidigt *(defendere)* Roscius. Der Prozess findet wohl zu Beginn des Jahres 80 v. Chr. statt.[2] Die Verhandlung ist auf dem Versammlungsplatz *(comitium, i)* in der Nordostecke des Forums anberaumt. Den Vorsitz führt der Gerichtspräsident *(praetor, oris)* Marcus Fannius, der auf dem Richterstuhl *(tribunal, alis)* Platz genommen hat. Als professioneller Ankläger *(accusator, oris)* wirkt Gaius Erucius. Diesen hat Chrysogonus, ein enger Vertrauter des Diktators Sulla, beauftragt. Damit wird der Prozess zur heiklen Angelegenheit für Cicero. Auf der Anklagebank sitzt, schwer bewacht, der jüngere Roscius. Gegen diesen erhebt Erucius heftigste Vorwürfe. Er habe seinen eigenen Vater kaltblütig ermordet, da er gierig auf die Erbschaft *(cupidus hereditatis)* gewesen sei …

Dieser Text ließe sich noch für eine kreative resp. handlungsorientierte Aufgabenstellung nutzen, derzufolge die Schüler – in Partner- oder Gruppenarbeit – einen knappen Vorbericht zum Prozess in journalistischer Manier in kurzen lateinischen Sätzen formulieren und diesen dann im Plenum vortragen. Alternativ könnte man einen kurzen deutschen Text aus der Perspektive von Cicero selbst gestalten lassen, der am Morgen des Prozesses seine Sorgen der Gattin Terentia mitteilt. Außerdem könnten sich Schüler in die Rolle der im Text erwähnten Personen versetzen und aus deren Perspektive jeweils einen (lateinischen oder deutschen) Satz als Stellungnahme zum Prozessauftakt aufschreiben und danach mündlich vortragen. Durch derartig variierte und mit eigener Textproduktion verknüpfte Formen der Textarbeit gewinnen die Lernenden nicht nur ein vielschichtiges *pragmatisches Vorverständnis* der Hintergründe sowie des römischen *Prozessschemas*. Sie verinnerlichen zudem lexikalisch und semantisch die Schlüsselbegriffe aus dem Sachfeld „Gerichtsverfahren, näherhin: Strafprozess". Auf diese Weise ist die Begegnung mit dem lateinischen Lektionstext nicht nur „vorentlastet", sondern konsequent gerahmt. Dabei sind Spracharbeit, Textarbeit und Kulturkunde idealerweise stetig miteinander verknüpft.

6.3 Textarbeit in der Lektürephase
Wie können diese Prinzipien der Textarbeit in der Lektürephase konsequent weiterentwickelt werden? Dies soll hier lediglich als eine Art Ausblick skizziert werden (vgl. ausführlich zur Lektürephase Kap. 8). Die lehrgangsinterne Progression lässt sich am besten durch die Betrachtung des gleichen

---

2   Zu diesem Termin vgl. DYCK (2010, 4); anders MÖLLER/BINROTH-BANK (2006, 7): „an einem Herbsttag des Jahres 80 v. Chr. ".

Lerngegenstandes verdeutlichen: Beispiel sei also die Lektüre von Ciceros Rede *Pro Sexto Roscio Amerino* (etwa in der 10. Jahrgangsstufe im Rahmen der Sequenz „Rede und Brief – Kommunikation in der Antike" gemäß dem geltenden bayerischen Lektürelehrplan). Hier könnte die Annäherung an die akribische Lektüre durch eine *übersetzungsentlastete Textarbeit* erfolgen. Geeigneter Gegenstand ist ein Auszug aus dem historischen Roman *Das Lächeln des Cicero* (1991). Der studierte Philologe und Althistoriker Steven Saylor (*1956) schildert in diesem „Römerkrimi" (zu diesem Genre vgl. Janka 2007 mit Lit.) die Ereignisse im Umfeld des Roscius-Prozesses aus der Perspektive des fiktiven Detektivs Gordianus, den Cicero im Roman zur Aufklärung der dubiosen Hintergründe des Tötungsdelikts engagiert hat. Gordianus beschreibt den Beginn des Prozesses folgendermaßen (Saylor 1991, 400–401 mit Kürzungen):

> „Hortensius wäre ein Gegner für ihn gewesen. Aber Cicero? Erucius war offensichtlich von seinem Widersacher nicht sonderlich beeindruckt. Er rief laut nach einem seiner Sklaven; er drehte sich um, um mit Magnus zu scherzen (sie lachten beide); er räkelte sich und schlenderte, die Hände in die Seite gestützt, umher, ohne die Anklagebank eines Blickes zu würdigen. Dort saß vornübergebeugt Sextus Roscius, hinter ihm zwei Wachen […]. Er sah aus, als wäre er bereits verurteilt – blaß, stumm und regungslos wie ein Stein. Neben ihm wirkte sogar Cicero robust, als er sich erhob und zur Begrüßung meinen Arm faßte. ‚Gut, gut! Tiro meinte, er hätte dich in der Menge entdeckt. Ich hatte schon Angst, du würdest zu spät kommen oder ganz wegbleiben.' Er beugte sich, noch immer meinen Arm haltend, lächelnd zu mir und sprach so vertraulich, als wäre er mein bester Freund. Solche Vertrautheit nach den letzten Tagen kühler Nichtbeachtung irritierte mich. ‚Guck dir die Reihen der Richter an, Gordianus. Die eine Hälfte ist zu Tode gelangweilt, die andere zu Tode geängstigt. An welcher von beiden soll ich meine Argumentation ausrichten?' Er lachte – nicht gezwungen, sondern ehrlich guter Stimmung. Der übellaunige Cicero, der seit meiner Rückkehr aus Ameria nervös gejammert und geschimpft hatte, schien mit den Iden verschwunden zu sein.

Für die Textarbeit sind an diesem Beispiel eines „realistischen historischen Romans" (zur Typologie vgl. Bernek 2016, 103 f.), der die historisch belegten Ereignisse mit fiktiven Ausschmückungen nach den Maßgaben des historisch Wahrscheinlichen versieht, mehrere Gesichtspunkte aufschlussreich: Im Vorfeld der Lektüre des *Prooemiums von Ciceros Rede* (Cic. Rosc. 1–14) könnten die Schüler zu folgenden Überlegungen angeleitet werden: Die im Text erwähnten Persönlichkeiten (Hortensius, Erucius, Magnus, Sextus Roscius, Cicero, Tiro, Gordianus) sollten per Recherche (etwa im „Lexikon" des Beiheftes zur Ausgabe von Möller/Binroth-Bank [2006] oder ähnlichen Quellen) historisch verifiziert und knapp in ihrer Bedeutung für den Roscius-Prozess charakterisiert werden. Sodann sollten die Schüler die Perspektivierung durch den fiktiven intradiegetischen Erzähler Gordianus untersuchen. Dieser hebt aus seiner vorgängigen Kenntnis der Umstände etwa den Hochmut des Erucius, seine Kumpanei mit Magnus, die Verzweiflung des Angeklagten, die Leutseligkeit des (zuvor bärbeißigen) Cicero, die Monotonie der Prozessformalia und den Eifer Tiros hervor. Dieses lebhafte Stimmungsbild lässt sich für die Erarbeitung der Ausgangssituation zu Beginn von Ciceros Verteidigungsrede nutzbar machen, die ja an Erucius' Plädoyer anschloss. Vergleichen können die Schüler SAYLORS Darstellung auch mit der nüchternen, aber informativen schematischen Zeichnung der Szenerie in MÖLLER/BINROTH-BANK (2006, 6f.), auf der sie die Personen und Funktionsträger verorten sollen:

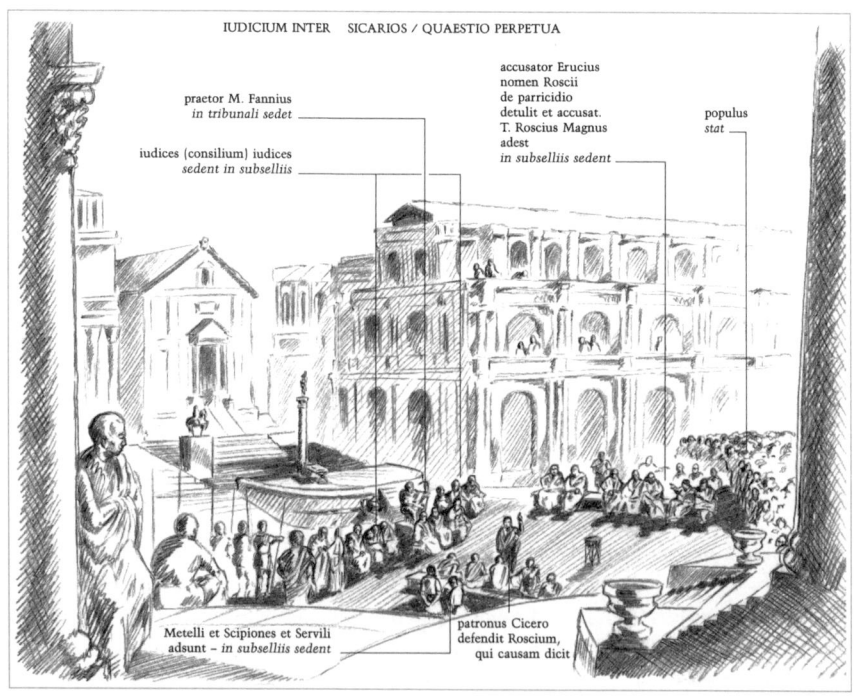

© Judith Möller / Christine Binroth-Bank (2006): M. Tullius Cicero. Pro S. Roscio Amerino ad iudices oratio. Bearbeitet von Judith Möller / Christine Binroth-Bank. Textauswahl mit Wort- und Sacherklärungen (Ausgabe mit Beiheft „Daten – Fakten – Hintergründe"). Klett: Stuttgart/Düsseldorf/Leipzig, S. 6f.

Eine derartige übersetzungsentlastete Textarbeit bereitet am gründlichsten den Boden für eine *übersetzungsbezogene Textarbeit*. Diese könnte im Bereich der Vorerschließung einer Lektüre des ersten Paragraphen von CICEROS Rede folgende Fragestellungen inhaltlicher und sprachlicher Art behandeln und sich dabei von vornehmlich *textsemantischen* Gesichtspunkten leiten lassen:

- Standardzielsetzungen eines *exordium* (Aufmerksamkeit, Informiertheit und Wohlwollen des Publikums) als Herausforderung für den jungen Cicero, der von vornherein um Verständnis für sein Auftreten als Junganwalt in einer besonders heiklen, da hochpolitischen Strafsache werben muss und das Mitgefühl der Zuhörer sogleich auf den zum Opfer vieler Bösewichter stilisierten Angeklagten zu lenken hat
- lexikalisch-semantische Vorklärungen durch Ermittlung eines „Wortnetzes" zum Sachfeld (Recht/Prozess) mit Klärung der jeweils spezifischen Bedeutung, für §1 etwa: *iudices, oratores, sedeant – surrexerim, causa, iniuriam, scelere, defendi, defendere*
- syntaktische Kolonanalyse zur Vorbereitung der Dekodierung der beiden Eröffnungsperioden des §1 (in MÖLLER/BINROTH-BANK [2006, 9] bereits auf der gegenüberliegenden Seite zum Text vorgegeben), variabel durch diverse graphische oder farbliche Hervorhebungstechniken
- syntaktische Feinanalyse von Konstruktionen wie AcI *(credo ... vos ... mirari)* und prädikativem Gerundiv *(ego ..., qui ... sim cum his ... comparandus)*

Kolonanalyse und Konstruktionsbetrachtung könnten in einer Graphik veranschaulicht werden. Die Markierung der Konjunktive in Gliedsätzen zeigt, dass es sich hierbei um ein Grammatikpensum handelt, das im Vorfeld der Lektüre des Redeanfangs repetiert und gesichert werden sollte:

HS:	Credo ego **vos**, iudices, **mirari**,
	A c I
NS_1:	quid *sit*,
NS_{2a}:	quod,
NS_3:	cum tot summi oratores hominesque nobilissimi *sedeant*,
NS_{2b}:	ego potissimum *surrexerim*,
NS_{3a}:	(is) qui neque aetate neque ingenio neque auctoritate <u>*sim*</u> cum his,
NS_4:	qui *sedeant*,
NS_{3b}:	<u>*comparandus*.</u>
	(prädikatives Gerundiv)

Die den Auftakt prägende Antithetik von *sedere* (vgl. *in subselliis* als Glosse in der obigen Zeichnung) und *surgere* (morphologisch zu sichern und in die Pragmatik der Szene als *surgere ad dicendum* einzuordnen) weist den Weg zu einer *integrierten sprachlich-inhaltlichen Textarbeit*. Diese erscheint gerade im Lektüreunterricht, der solche ciceronischen Perioden als aus Schülersicht wenig geschmeidigen „Einstieg" in die Werklektüre bereithält, dringend geboten. Die Freude am Entdecken der eigentümlich pompösen sprachlichen Gestaltung, die Ciceros zur Schau getragener Bescheidenheit zuwiderzulaufen scheint, soll keineswegs durch vorgängiges „Zergliedern" gemindert, sondern durch das integrierte Verfahren überhaupt erst ausgelöst werden. Als *post-reading-activity* bietet sich folgerichtig die Verfassung eines stichwortartigen Scripts oder „Kurzdrehbuchs" zur *actio* dieses Redeauftaktes an. Dabei sollten die Lernenden folgende Aspekte bedenken, diskutieren und in ihre Lösungsvorschläge einfließen lassen: In welcher Lautstärke und Tonlage trägt Cicero jeweils vor? Welche Mimik und Gestik setzt er zur Unterstreichung des Ausgesagten ein? Wen blickt er an, auf wen (oder welche Gruppe) deutet er? Wie verhält er sich bei den selbstreferentiellen Stellungnahmen? Wie bezieht er das engere und weitere Publikum mit ein? Bei solchem Vorgehen bildet die Zeichnung nicht nur einen informativen Eingangsimpuls, sondern auch die Szenerie für einen handlungsorientierten Rekonstruktionsversuch. In dessen Rahmen sollte in jedem Fall die (übersetzte und verstandene) Auftaktperiode der Rede nochmals sinnbetont und rhetorisch (gemäß dem erstellten Script) ausgefeilt vor der Klasse auf Lateinisch erklingen. Abrunden könnte diese Textarbeit, die dann freilich schon fließend in die Interpretation übergegangen ist (vgl. Kap. 7), eine Reflexion über die stark gewichtete rhetorische Performanz von Gerichtsreden im alten Rom im Vergleich zur Nüchternheit von Sachvorträgen heutiger Anwälte bei Strafprozessen (zumindest im deutschen Rechtssystem).

Das hier vorgeführte Beispiel für *integrierte Textarbeit* im Lektüreunterricht ergänzt und erweitert die bisher üblichen Annäherungen auf textlinguistischer Grundlage (etwa durch das Thema-Rhema-Verfahren, das beim Lektüretext natürlich ganz ähnlich funktioniert wie bei dem obigen Lehrbuchbeispiel) und bildet so einen wichtigen Baustein für einen als ganzheitlich zu verstehenden Lateinunterricht, wie er im Resümee des Kap. 5 umrissen ist.

Formen der Interpretation

Markus Janka

7.1 Von der philologischen Interpretation zum Lektüreunterricht: Didaktische Modellierungen

Eine grundlegende Betrachtung der *philologischen Interpretation,* der unbestrittenen Grundlage des unterrichtlichen oder pädagogischen Interpretierens antiker Literatur (zur Differenzierung vgl. MAIER 1984, 131; zur unterrichtlichen Interpretation als Kombination von *wissenschaftlich-dokumentarischem* und *pädagogisch-paradigmatischem* Ansatz vgl. schon BAYER 1959; JÄGER 1980, 107 differenziert zwischen Interpretation als „Explikation" des Textsinns und als „Applikation" i. S. von Aktualisierung der ermittelten Textaussage), kann getrost *ad fontes* schreiten und aus diesen begriffliche und sachliche Klärungen schöpfen. Das Interpretieren literarischer Texte ist nämlich bereits als Gegenstand der antiken Literatur selbst einschlägig. Von den Rhapsoden konnte man in SOKRATES' Zeiten eine umfassende Kompetenz in der Interpretation der homerischen Epen erwarten. Dies zeigt etwa die Figur des Ion in PLATONS gleichnamigem Dialog. Sokrates und Ion sind sich einig darin, dass der Rhapsode ein verständiger „Erklärer der dichterischen Absicht" (ἑρμηνέα … τοῦ ποιητοῦ τῆς διανοίας) sein muss (Plat. *Ion* 530b5–d3, hier c3–4). In PLATONS Dialog *Protagoras* ringt die Titelfigur in einer umfangreichen und von PLATON dramatisch in Szene gesetzten Exegese mit Sokrates um die treffende Auslegung eines Gedichtes (Plat. *Prot.* 338e6–347a5). Dieses „in der Antike offenbar berühmte[.]" (MANUWALD 1999, 306) *skolion* (fr. 542 Poetae Melici Graeci) über die Schwierigkeit, ein wahrhaft guter Mann zu sein, hat der Lyriker SIMONIDES VON KEOS an den thessalischen Herrscher SKOPAS gerichtet. Der Sophist Protagoras stellt sich dem von ihm selbst programmatisch erhobenen Anspruch, dass „bei der Mannesbildung der wichtigste Bestandteil darin liege, in Fragen der Poesie kompetent zu sein" (Plat. *Prot.* 338e6–8). Er operationalisiert diese Kompetenz in der Fähigkeit, „bei dem von Dichtern Ausgesagten zu durchschauen (συνιέναι), was ordentlich gedichtet ist und was nicht, dies darlegen und auf Fragen Auskunft erteilen zu können" (Plat. *Prot.* 339a1–3). Wenngleich die folgende Auseinandersetzung um die von Protagoras behauptete Widersprüchlichkeit von Simonides' Aussagen durch die Ironie des Sokrates, der schelmisch sophistische Tricks gegen den Erzsophisten Protagoras einsetzt, komisch gefärbt ist, schälen sich zwei Zugangsweisen zur Poesie heraus: Die „Widerspruchsjägerei" des Protagoras (so MANUWALD 1999, 316) könnte man als Keimzelle der philologisch-kritischen

Methode betrachten, wie sie namentlich im 19. Jh. nicht allein für die Textkritik, sondern auch für die Literaturexegese maßgeblich wurde (insbesondere für die prominent von FRIEDRICH AUGUST WOLF 1795 durch die *Prolegomena ad Homerum* inaugurierte Homer-Analyse). Die von SOKRATES favorisierte (dann aber in eine PLATON bewusste Fehldeutung mündende, vgl. MANUWALD 1999, 329) „Gesamtschau" auf die Aussageintention des Dichters (vgl. die programmatischen Begriffe 341e8: διανοεῖσθαι; 344b3 f.: τὸν τύπον αὐτοῦ τὸν ὅλον ... καὶ τὴν βούλησιν) steht gewissermaßen an der Wiege der geisteswissenschaftlichen *Hermeneutik*. Diese hat sich seit dem frühen 19. Jh. aus der Hermeneutik und Ästhetik des Platonübersetzers FRIEDRICH SCHLEIERMACHER (1768–1834) heraus entwickelt. Dessen hermeneutische Theorie spitzt GADAMER (1986, 171) auf den Begriff der „Rekonstruktion" der „ursprüngliche[n] Bestimmung eines Werkes im Verständnis" zu. Weitere Marksteine der philologischen Hermeneutik sind die für den Interpretationsbegriff seinerzeit innovative und einflussreiche „Enzyklopädie und Methodenlehre der Philologischen Wissenschaften" (postum 1877 veröffentlicht) von AUGUST BOECKH (1785–1867) (dazu STROHSCHNEIDER-KOHRS 1979), die geisteswissenschaftliche Methodenlehre von WILHELM DILTHEY (1833–1911) (zu deren Bedeutung für die Klassische Philologie vgl. OEHLER 1979) und die rezeptionsästhetisch geprägte Hermeneutik HANS GEORG GADAMERS (1900–2002) in *Wahrheit und Methode*, dem zufolge bei der Auslegung des literarischen Werkes Texthorizont und Leserhorizont verschmelzen:

> *Interpretation ist wohl in einem gewissen Sinne Nachschaffen, aber das Nachschaffen folgt nicht einem vorgängigen Schaffensakt, sondern der Figur des geschaffenen Werks, das einer so, wie er Sinn darin findet, zur Darstellung zu bringen hat. Historisierende Darstellungen, z. B. Musik auf alten Instrumenten, sind daher nicht so getreu, wie sie meinen. Sie sind vielmehr in der Gefahr, als Nachahmung der Nachahmung ‚dreifach von der Wahrheit abzustehen' (Plato).* (GADAMER 1986, 125)

Einen Abriss zur modernen Hermeneutik als „Theorie der Interpretation" bietet JÄGER (1980, 104–107). Dieser ergänzt das bei GADAMER zu wenig ausgeprägte Element der Ideologiekritik (mit Verweis auf HABERMAS 1968), das einem Kommunikationsmodell entspringt, bei dem der Interpret sowohl Dialogpartner des Autors (als Verstehender) als auch seiner eigenen Mitwelt (als Auslegender) sei (JÄGER 1980, 106). Eine kritische Würdigung der werkimmanenten, historischen, hermeneutischen und rezeptionsästhetischen Textzuwendung im lateinischen Literaturunterricht bietet Schindler (1987).

Während in der Klassischen Philologie seit dem Historismus ein „Bruch mit der hermeneutischen Tradition" in ihrer „universalen, eben auch für andere Disziplinen normgebenden" Methodik erfolgte (so Flashar in seiner Einleitung zu Flashar et al. 1979, 16), hat sich diese Hermeneutik in den anderen Literaturwissenschaften zu blühender und auch international anschlussfähiger „Methodenreflexion und Theoriebildung" weiterentwickelt. Die Klassische Philologie begegnete dieser Tendenz lange Zeit mit „Zurückhaltung, z. T. sogar Skepsis gegen Theorie und Methode" (Flashar, ebd.). Erst seit den 1980er Jahren ist eine Wiederannäherung der Griechischen und Lateinischen Philologie an die literatur- und kulturwissenschaftliche Hermeneutik der Nachbardisziplinen und ein daraus resultierender intensiverer Dialog zu beobachten (vgl. die als Zwischenresümee dieser Entwicklung lesbare Einführung von Schmitz 2002; zuvor umkreiste das Verhältnis von lateinischer Dichtung und Rezeptionshermeneutik schon Martindale 1993; einschlägige Fallstudien bietet der Sammelband von de Jong/Sullivan 1994). Diese wissenschaftsgeschichtliche Konstellation hatte zur Folge, dass bei der didaktischen Modellierung der Interpretation im altsprachlichen Unterricht, die seit den 1950er Jahren immer mehr Fahrt aufnahm (vgl. die Belege bei Nickel 1982, 21–27), der „Übersprung auf das Gebiet der Germanistik und Literaturwissenschaft" (so Jäkel 1962, 143) erforderlich wurde. Am Beispiel von Catulls *odi et amo* (c. 85) profiliert Jäkel (1962, 146–151) eine im weitesten Sinn *wirkungsorientierte*, auf das „Erlebnis" abzielende „Gegenwarts-Interpretation" (144), die „ein intensives Erfassen des Textes so weit wie möglich aus ihm selbst heraus" (151) anstrebe, gegenüber der etwa in Wilhelm Krolls Kommentar (Kroll 1980) verwirklichten Philologie von Parallelstellenakkumulation und sprachlicher Einzelerläuterung. Gern empfohlen wurde als „gute Einführung in die Textanalyse" (Jäger 1980, 203) die einflussreiche „Einführung in die Literaturwissenschaft", die der Göttinger Germanist Walter Kayser (1906–1960) erstmals 1948 unter dem Titel *Das sprachliche Kunstwerk* als Anleitung zur werkimmanenten Interpretation veröffentlichte. Diltheys Erlebnisbegriff verpflichtet ist die werkimmanente Interpretationsweise, die der Schweizer Germanist Emil Staiger (1908–1987) in seinem auch für den Lateinunterricht wirkungsreichen Buch *Die Kunst der Interpretation* (Zürich 1955) vorführt. Diese schreitet in den Phasen „Einstimmung, Zustimmung und Übereinstimmung" an das Verstehensziel (so Schindler 1987, 5 in seiner kritischen Würdigung, welche die Gefahr der subjektiven Überhöhung des vollkommenen Werkes in einer Art „Literaturtheologie" beschwört). Die im Zuge der Curricularisierung aufkeimenden Diskussionen um die „Didaktik des Lateinunterrichts" messen der Anleitung der Schüler „zur Auseinandersetzung mit Gehalten, zur Ordnung von Vorstellungen in bestimmten Bereichen [...] durch eine dem jeweiligen Text adäquate Interpretation" (KREFELD 1970, 15) entscheidende Bedeutung für die Bildungswirkung des Lateinunterrichts bei. Die Unterrichtenden erhalten als Hilfestellung eine Sammlung von knappen Interpretationen lateinischer Schulautoren (KREFELD 1970). Diese bieten in der Regel überblicksartige Sachanalysen zu Autor und/oder Werk und stellen dann ausgewählte Textpassagen vor, die sie für die unterrichtliche Lektüre empfehlen. Gesichtspunkte und Verfahren des Interpretierens bleiben uneinheitlich und unausgeglichen. VIKTOR PÖSCHL etwa leistet Übersetzung und „Einzelinterpretation" der Kleopatraode des HORAZ (c. 1,37) ganz im Stil der essayistischen philologischen Gedichtinterpretationen (PÖSCHL in KREFELD 1970, 120–152). Neben der Stellung des Gedichtes im Kontext der Odensammlung thematisiert PÖSCHL den Aufbau der Ode, stilistische Eigenheiten und die Darstellung Kleopatras. Eine Sammlung seiner in dieser Art verfassten Horazinterpretationen hat der Heidelberger Latinist PÖSCHL (1910–1997) später in Buchform vorgelegt (PÖSCHL 1991). Derartige Anthologien sind bis heute nicht nur für Interpretationsübungen im Lateinstudium willkommene Diskussionsgrundlagen und methodische Orientierungspunkte (vgl. bes. KLINGNER 1965; SYNDIKUS 2001, erstmals 1973; VON ALBRECHT 1977; VON ALBRECHT 1983; MAURACH 2007); sie wirken – oftmals vermittelt über Lehrerkommentare (zur VERGILS *Aeneis* vgl. etwa GLÜCKLICH 2004; HENNEBÖHL 2013) oder andere Handreichungen – auch als philologische Basis, die im Vorfeld der unterrichtlichen Interpretation dann zu *elementarisieren* und „vom Kind oder Jugendlichen her" zu perspektivieren ist.

In einem fruchtbaren Spannungsverhältnis zu diesen von individuellen Forscherpersönlichkeiten geprägten Literaturinterpretationen mit ihrer „Vielfalt der Interpretationswege" (VON ALBRECHT 1977, 18) steht die Standardisierung von „Gesichtspunkte[n] der Interpretation im Unterricht" (vgl. dazu knapp NICKEL 1982, 29–33) im Rahmen der Curricularisierung. Es erscheint bemerkenswert, dass die didaktische Reflexion um Aspekte und Ebenen der Interpretation Rückwirkungen auf die Gestaltung des Studiums der Lateinischen Philologie zeitigte. Dies belegen etwa die „Leitlinien für die Interpretationsklausur" im bayerischen Staatsexamen, die in den 1970er Jahren in enger Anlehnung an die philologischen Anteile der unterrichtlichen Interpretation entwickelt wurden und mit geringfügigen Änderungen noch heute Geltung besitzen. In seinen Überlegungen zur seinerzeit „neuen" Prüfungsform an Universität und Gymnasium knüpft SUERBAUM (1976) ausdrücklich an die fachdidaktische Diskussion an und geht auf schulische Parallelen wie textabhängige Zusatzfragen im Kollegstufenabitur oder zusätzliche Aufgaben des „Normenbuches" ein (SUERBAUM 1976, bes. 82–86). Zudem verankert er die kriteriengeleitete Textanalyse in den geläufigen Modellen der linguistischen Texttheorie und der traditionellen philologischen Textanalyse (Belege bei SUERBAUM 1976, 89 f.). HANSEN/PETERSEN (1977, 391, Anm. 6) greifen ihrerseits direkt den Begriff „Interpretationsleitlinien" von SUERBAUM (1976) auf.[1]

Mitte der 1980er Jahre hatte sich in sämtlichen bundesdeutschen Prüfungsrichtlinien für Gymnasien die „Interpretationsaufgabe" durchgesetzt – wenngleich in unterschiedlichem Umfang und heterogener Ausgestaltung (genaue Dokumentation bei GLÜCKLICH 1987b, 44f. mit Anm. 3–7). GLÜCKLICH entwickelt ein kleinteiliges „Raster der Interpretationsgesichtspunkte" (GLÜCKLICH 1987b, 52f.), das die drei Hauptaspekte 1) Textaufbau, 2) Historisch-politisch-soziologische Einordnung des Textes und 3) Übertragbarkeit der Aussage jeweils auffächert. Ähnlich hatten schon HANSEN/PETERSEN (1977, 390) auf folgende drei „Teilaspekte der Inhaltsbereiche" abgehoben: 1) Sprache und Struktur des Textes, 2) „Inhalt" und Hintergrund des Textes, 3) Kommunikative, literarische und rezeptionsspezifische Bedingungen des Textes. Beide *Interpretationsschemata* verbinden schlüssig *textinterne und textexterne* Aspekte. Inhärent sind allen diesen Modellen auch die Erkenntnisse der rezeptionsästhetischen Lese- und Kommunikationsforschung. Diesen zufolge ist die „Mitarbeit" des Lesers bei der Auffüllung der Leerstellen oder Unbestimmtheitsstellen ein wesentlicher Parameter, um Lektüren als interaktive Prozesse erschließen zu können (vgl. dazu bes. HEILMANN 1993 mit Verweis auf: WOLFGANG ISER: *Der Akt des Lesens*. 3. Aufl., Fink: München 1990 und UMBERTO ECO: *Die Grenzen der Interpretation*. Hanser: München/Wien 1992).

Eine graphische Darstellung der *wichtigsten Bezugsgrößen* einer philologisch grundierten *unterrichtlichen Interpretation* könnte wie folgt aussehen:

---

1 Vgl. die Online-Sammlung der Klausuraufgaben unter http://www.uni-regensburg.de/Fakultaeten/phil_Fak_IV/Klass_Phil/Latein/index1.htm (letzter Zugriff am 30.03.2017).

	literarisch: intra-, intertextuelle Bezüge / Gattungsgesetze	
historisch	**Text** immanent	geistesgeschichtlich
politisch	Analyse der textuellen Merkmale: Sprache	philosophisch
soziologisch	Stil Struktur	
rezeptionsorientiert	Kontext	Realia

Die Graphik veranschaulicht den für jedes exegetische Bemühen grundlegenden und leitenden Umstand, dass der zu interpretierende Text nie für sich alleine steht, sondern in mannigfacher Weise mit seinen kontextuellen Umfeldern in Wechselbeziehung tritt (dazu ausführlich HEATH 2002, 99–134, der neben den Vorannahmen und Kontexten der Werkgenese auch die Kontexte der antiken und modernen Interpretation berücksichtigt wissen will). Gleichwohl kann eine *immanente Analyse* gewissermaßen hilfsweise und vorläufig von dieser Erkenntnis absehen, um Sprach-, Stil- und Strukturmerkmale (nach den Methoden der antiken Rhetorik und Poetik sowie der zeitgenössischen Linguistik und Literaturwissenschaft) zu untersuchen. Für die Überzeugungskraft philologischer wie die pädagogischer Textinterpretation ist entscheidend, dass sie nicht, etwa durch punktuell analysierendes Kommentieren, beim mechanischen Abarbeiten eines Kriterienkataloges stehenbleibt. Vielmehr können die eher punktuellen Erträge einer immanenten Analyse den Ausgangspunkt bilden für eine ganzheitlich angelegte, synthetisierende (vgl. auch Kap. 14 zum LehrplanPLUS) *hypothesengeleitete Interpretation*. Das Schema soll also dazu anregen, die Textinterpretation nicht als Zusammentragen von Einzelbeobachtungen oder als Nebeneinander verschiedener Zugangsweisen (so die Tendenz bei KEIP/DOEPNER 2010, 118–126) zu verstehen, sondern eine Art Pendelbewegung zwischen Immanenz und Kontext für den Aufbau einer Interpretationsthese zu nutzen, in die sich dann die Einzelbeobachtungen als Argumente und mit Beispielen belegte Beweise einfügen.

Die hier schematisch skizzierten Kategorien bezeichnen Handlungsfelder der kulturellen Entwicklung, die keinesfalls trennscharf zu verstehen sind, sondern Denkanstöße für eine vom jeweiligen Text ausgehende Relevanztestung darstellen sollen.

Das lässt sich skizzenhaft am Prooemium von VERGILS *Aeneis* (V. 1–11) veranschaulichen: Eine *textimmanente Vorbetrachtung* wird die Struktur ermitteln, die nach gängiger Ansicht zweiteilig ist (1–7; 8–11) (vgl. dazu VON ALBRECHT 1972, 7, Anm. 1). Sie wird die als „Titelverkündung" überraschende Wortverbindung *arma virumque* u. a. auf ihre stilistische Valenz untersuchen. Auch die Wortstellung und ihre strukturelle wie semantische Aussagekraft wird Aufmerksamkeit finden, vgl. bes. *Troiae* (1) zu Beginn und *Romae* am Ende (7), die als „Eckpfeiler" (VON ALBRECHT 1972, 11) die Komposition dieses Abschnittes tragen. Auch die u. U. abbildende Funktion von Stilfiguren wie Hyperbaton in Verbindung mit Enjambement bei *Lavinaque* …/*litora* (2 f.) ist auf ihren Beitrag zur Aussage des Textes zu befragen.

Sind diese und ähnliche *immanente Befunde* im Rahmen einer skrupulösen Lektüre oder eines *close reading* erhoben, kann sich der Blick auf die Kontexte weiten. Hier müssen Stichworte genügen: Unter den literarischen Bezügen ist die *intratextuelle* Ausstrahlungskraft des Werkanfangs etwa auf die Binnenprooemien (bes. Verg. Aen. 7,37–44a) oder im Sinn des Rahmens auf den Schluss des Werkes erhellend. *Intertextuell* ist die kontaminierende Reminiszenz auf die Prooemien der privilegierten Prätexte *Ilias* und *Odyssee* von entscheidender Bedeutung. In engem Zusammenhang damit steht die Frage, wie sich VERGIL schon durch dieses Prooemium im *Gattungsgefüge* des antiken Heldenepos verortet. Das historische Umfeld führt zur Entstehungszeit (ca. 29–19 v. Chr.) des postum edierten Hauptwerkes VERGILS, zur Etablierung des augusteischen Prinzipates nach dem Sieg von Actium und ihrer propagandistischen Nobilitierung als „Friedensära". Die damit schon angedeutete politische Dimension wird in der Anlage der *Aeneis* als eines Epos zwischen Mythos, Historie, Gegenwart und Zukunft greifbar, in dem der Herrscher Augustus durch die Folienfigur des *pius Aeneas* heroisiert und seine politischen Leistungen durch prophetische Durchblicke auratisiert werden. Geistesgeschichtlich kann die Figur des *profugus Aeneas*, die VERGIL als *insignem pietate virum* ikonisiert (10), die kritische Frage nach Helden als „Erlöserfiguren" oder nach der Tradition um VERGIL als *anima naturaliter Christiana* oder „Vater des Abendlandes" auslösen. Philosophisch könnte die Prominenz des *fatum* in der *Aeneis* als Reflexion über offenen und verdeckten Stoizismus in VERGILS Werk und in der Figur des „gehorsamen Dulders" Aeneas fruchtbar werden. Der Gesichtspunkt der (literarischen) Rezeption der *Aeneis* öffnet nicht nur Horizonte, sondern könnte den Blick auf einen ganzen Kosmos von einschlägigen Dokumenten weiten. Zeitlich nah lägen das Prooemium von OVIDS *Metamorphosen* und die „Kleine Aeneis" in diesem Werk als Gegenkonzepte, DANTES *Divina Commedia* als vielschichtigste Vergilhommage im christlichen Mittelalter steht an der Schwelle der Renaissance, die wie alle folgenden Epochen im lateinischen Europa VERGIL als „the classic of all times" (T. S. ELIOT) und damit normgebenden kulturellen Leitstern kennt. Von diesem weiten Panorama, in dem die Interpretation nie zerfasern darf (etwa in der Aufzählung von Rezeptionszeugnissen), muss die Betrachtung zu einer Hypothese zur Erschließung des „Sinnpotentials" des Ausgangstextes zurückfinden: VON ALBRECHT (1972, 20) etwa hat in „der souveränen Kunst der Vorbereitung im Aeneisprooem" eine programmatische Verdichtung der Kühnheit der *Aeneis*-Konzeption überhaupt erkannt. Insbesondere das „Fluktuieren ... zwischen Gegenwart, Vergangenheit und Zukunft" und die entsprechende Informationsvergabe im Text leiten den Leser dazu an, „die spezifisch vergilische Perspektive zu teilen" (ebd.). Dieser Ansatz ließe sich noch ausbauen, indem man die strukturelle und sprachliche Ausgestaltung des Prooemiums (dann auch unter Einbeziehung der Verse 12–33) als Kondensat der poetologischen (Transport und Eingemeindung des homerischen Großpos im kallimacheisch geprägten Rom der Gegenwart) und ideologischen Botschaft (Bewährung der aeneadischen *translatio* auf italischem Boden gegen alle menschlichen und übermenschlichen Widerstände) lesen wollte.

Eine solche Lektüre kann auch von der Erklärung der an der Textoberfläche stehenden Realia profitieren (zur sog. *sachorientierten* Interpretation vgl. aus entwicklungspsychologischer Sicht MAIER 1984, 135 f.), zumal bei einer am fremdkulturellen Verstehen orientierten Texterfassung (vgl. dazu Kap. 3 und 5). Lage und Geschichte Trojas müssen den Schülern (am besten anhand von Karten- und Sachbuchmaterial) erklärt, die Route des Aeneas im Mittelmeer (am besten im Vergleich mit derjenigen seines homerischen „Musters" Odysseus) veranschaulicht, die beteiligten göttlichen und menschlichen Aktanten charakterisiert werden. *Realienkundliche* Verortung ist auch bei den in Latium beheimateten Orten und Völkerschaften erforderlich. Allein die drei Begriffe *genus* (6), *patres* (7) und *moenia Romae* (7) bieten ja eine römische Kulturgeschichte *in nuce*.

Ein spezifisches Additum, das die pädagogische oder paradigmatische Interpretation von der philologischen Interpretation unterscheidet, ist die durchgängige und konsequente Ausrichtung am Adressatenhorizont, also die *Schülerorientierung*. In diesem Zusammenhang spielt der Gesichtspunkt der *Relevanz* der in den Texten literarisierten Gegenstände für unser eigenes Denken und die uns prägende *Gegenwartskultur* eine Schlüsselrolle. In diesem Sinn ist bereits die Stellungnahme von KREFELD (1970, 15) zu verstehen, der das *quid ad nos?* als „Kernfrage aller humanistischen Bildung" ausgezeichnet hatte (aufgegriffen von KIPF 2006, 346). Ähnlich hatte bereits

JÄKEL (1962, 144 f.) in seinem Plädoyer für eine jugend- und erlebnisorientierte „Gegenwarts-Interpretation" argumentiert (als „Gegenwartsbezogene Interpretation" deklariert bei KEIP/DOEPNER 2010, 124–126). Damit wird indes **keiner** kurzschlüssig und unreflektiert „aktualisierenden Annäherung des Altertums an die Gegenwart" das Wort geredet, gegen die etwa HEITSCH (1986) heftig polemisiert hat (als kritische Stimme der Fachwissenschaft zitiert bei KIPF 2006, 349, Anm. 43). HEITSCH (1986) ging im Übrigen von einer Grundhypothese aus, die angesichts der allgegenwärtigen Antikenrezeption in vielfältigen kulturellen Sphären des neuen Millenniums (vgl. Kap. 13) als allzu pessimistisch erwiesen ist. Er schrieb damals: „Die griechische und römische Antike findet [...] in der modernen Welt so gut wie keine Beachtung mehr." (HEITSCH 1986, 423) Eine am *existentiellen Transfer* ausgerichtete Interpretationsdidaktik ist sowohl lerntheoretisch als auch hermeneutisch fundiert (vgl. dazu MUNDING 1985, bes. 3–26 mit Lit.). Sie zielt darauf ab, dass die Lernenden das bei der Arbeit am Text erschlossene Sinnpotential *mit ihrer eigenen Lebenswelt in Beziehung setzen* und sich, affektiv angesprochen, mit dem Gefühl des *mea res agitur* für die *ars interpretandi* engagieren (MUNDING 1985, 5). Beim intensiven Vergleich mit „analogen modernen Sachverhalten" bewähren sich *„Iso- und Allomorphie als zwei gleich wichtige hermeneutische Kriterien"* (MUNDING 1985, 22). Den Lernenden werden bei einer in dieser Weise *rezeptions- und rezipientenorientierten Betrachtung* die Kontinuitäten und Brüche zwischen Form, Gehalt und Umfeld antiker und gegenwärtiger Literatur und der sie prägenden Kultur nur umso deutlicher vor Augen treten. Ein derartig *problemorientiertes* Hinterfragen (vgl. dazu MAIER 1984, 136 f.) kann am Beispiel des Alltagslebens, der Politik und Gesellschaftsordnung im alten Rom in elementarer Form bereits im Anfangsunterricht etabliert werden, etwa durch Kontrastierungen *olim* (damals) – *hodie* (heute) auf den Kulturseiten eines Lehrwerkes. Die „Fremdheit der Antike", verstanden als kulturelle Diskontinuität und Verlust der Normativität und Vorbildwirkung (dazu KIPF 2006, 350 f.; zum von MAIER 1984, 105–130 stark strapazierten Konzept des *„Denkmodells"* vgl. MUNDING 1985, 18 f. und KIPF 2006, 355–361), wird also nicht kaschiert, sondern fortwährend zum Gegenstand des Abwägens und Vergleichens. Eine *ästhetische Interpretation* vermag zudem einen engherzigen Klassizismusverdacht zu überwinden und die etwa durch Werkstrukturanalyse substantiierbare Klassik epochenübergreifend wirkungsreicher Kunstwerke von *staying power* neu zu erschließen (zu Klassik und Anti-Klassik als Stilqualitäten der griechischen Tragödie am Beispiel der Wirkungsgeschichte von SOPHOKLES und EURIPIDES vgl. JANKA 2004, 37–51).

Die Einbeziehung von *Rezeptionsdokumenten* aus unterschiedlichen Medien (Text, Bild, Realien) und thematisch affinen Parallelmaterialien (insbesondere auch diskursiven Texten) kann die epochenübergreifende Relevanz der Gegenstände untermauern. Zudem fördert die Arbeit mit diesen Zeugnissen die kognitive kontextorientierte Literaturinterpretation durch vergleichende Analyse, Reflexion und Synthese. Affektive und psychomotorische Auseinandersetzung mit Form und Gehalt der Texte wird insbesondere durch *handlungs- und produktionsorientierte Interpretation* im Rahmen von schülerzentrierten methodischen Formen angeregt (vgl. Janka et al. 2013, 172). Nach Drumm/Frölich (2007, 15–18) gibt es für diese form- und inhaltsgeleitete Vertiefung der Interpretation folgende Umsetzungsmöglichkeiten (*viva voce*, deutsch oder gemischtsprachig):

- freie resp. angeleitete *Textproduktion*: z. B. Textergänzung, Textverfremdung, Textsortenwechsel (z. B. innerer Monolog, Brief, Gedicht, Zeitungsartikel, Parodie, Anklage, Charakteristik ...)
- *szenisches und musisches Gestalten*, z. B. Vertonung, Dialogisierung, fiktives Interview, Standbild, Rollenspiel, Hörspiel, Drehbuch, szenische Interpretation (Theaterstück)
- *graphisches Gestalten*: Bildergeschichte, Comic, Fotoroman, Filmplakat, Collage, Karikatur

7.2 Ansätze zur Interpretation im Spracherwerbsunterricht

Da die Interpretationskompetenz durch durchgängige Praxis mit ansteigendem Komplexitätsgrad am nachhaltigsten eingeprägt und verfestigt wird, ist sie bereits in der Spracherwerbsphase aufzubauen. Neben der Textarbeit (vgl. Kap. 6) können von Beginn an *elementare Formen* der Textinterpretation zum Einsatz kommen. Sobald realienkundliche, historische, gesellschaftliche oder politische Lerngegenstände (vgl. Kap. 3.3) in ihrer Relevanz für die Textaussage beleuchtet werden, ist bereits der Boden für eine ganzheitliche Interpretation bereitet.

Wie das Bewusstsein für die Komplexität der Literaturinterpretation bereits im Spracherwerbsunterricht geschärft werden kann, sei hier an einem Beispiel zum obigen Thema erläutert. Im 2. Band des Lehrwerks *Agite* befasst sich die Lektion 30 mit „Vergils *Aeneis*" (*Agite* 2, 2012, 26–29). Schon diese thematische Ausrichtung erweist ihr lektürepropädeutisches Anliegen: Die Eröffnungsseite bietet einen deutschsprachigen kulturkundlichen Vorentlastungstext zu Autor und Werk (vgl. dazu Kap. 3.3), der am linken unteren Ende der Seite von folgendem Bildimpuls begleitet ist:

Aeneas' Flucht aus Troja, Gemälde von Frederico Barocci (1598)

Das Rezeptionszeugnis aus der Malerei ist zugleich als Illustration des Lektionstextes intendiert. Dieser wird folgendermaßen präsentiert (*Agite* 2, 2012, 28):

Lektion 30

 Die Flucht des Aeneas aus Troja als göttlicher Auftrag

Das hölzerne Pferd der Griechen bedeutet das Ende von Troja: Die Feinde wüten in der brennenden Stadt. Aber die überlebenden Trojaner spielen im antiken Mythos noch eine wichtige Rolle – vor allem für die Geschichte Roms.

[1] somnus, ī m. der Schlaf
[2] Aenēa Vokativ zu Aeneas
[3] penātēs, um m. die Hausgötter
[4] manū (Abl.) an der Hand

Dum Graecī Trōiam dēlent, Aenēās dormīvit. Subitō in somnō[1] Hector, quem Achillēs occīdit, adest et eum monet, ut fugiat: „Fuge, Aenēā[2], hostis habet mūrōs! Servā rēs sacrās penātēsque[3] Trōiānōs! Quōs cape et quaere eīs patriam novam!"

5 Aenēās, postquam ea verba audīvit, prīmō dē salūte dēspērāvit. Tum autem Venus dea appāruit et dīxit: „Fīlī, es bonō animō! In rebus secundīs tibi semper aderam. Etiam in rēbus adversīs tē tuōsque nōn dēseram. Ōrō tē, ut ex urbe Trōiā fugiās! Moneō tē, nē 10 frūstrā patriam dēfendere studeās! Rogō tē, ut tē tuōsque servēs! Itaque vōbīs imperō, ut fugā salūtem petātis!"

Aenēās verbīs mātris pāruit: Anchīsem patrem, quī iam senex erat, umerīs tulit, 15 Ascanium fīlium manū[4] tenuit. Tum sē cum nōnnūllīs comitibus ad nāvēs contulit et ē patriā fūgit.

Venus dea etiam Iovem adiit et implōrāvit, ut fīlium servāret. Nam timuit, nē Aenēās 20 in marī tempestātibus perīret. Iuppiter autem Venerī respondit: „Bonō animō es, mea fīlia! Perīculum nōn est, nē Aenēās in marī pereat. Tempestātēs adhūc Aenēam impediēbant, nē patriam 25 novam reperīret. Sed brevī tempore ad lītora Italiae perveniet. In Latiō bellum longum geret, multōs hostēs vincet. Postrēmō Ascanius fīlius Albam Longam condet."

Flucht des Aeneas mit seinem Sohn und seinem Vater, der die Penaten hält. Marmorgruppe von Gianlorenzo Bernini, um 1619 (Rom, Museo Borghese)

28

Zu den beiden Abbildungen, BAROCCIS Gemälde aus dem 16. Jh. und BERNINIS Marmorgruppe, die auf unterschiedliche Weise die Flucht des Aeneas mit Vater, Sohn und Penaten – bei BAROCCI auch der Ehefrau Creusa – aus dem brennenden Troja künstlerisch umsetzen, findet sich auf der Übungsseite der Lektion eine Aufgabe zur *Bildanalyse* (S. 29, Aufgabe 6). Die Lernenden sollen die Darstellung des Aeneas auf beiden Rezeptionsdokumenten zur *Aeneis* beschreiben und miteinander vergleichen. Dieses bilddidaktisch begrüßenswerte Vorgehen könnte eine sinnvolle Erweiterung darin finden, die ikonographische Repräsentation des Heros Aeneas, der die trojanische Tradition und Zukunft schultert, um sie in ein neues „gelobtes" Land zu transportieren, mit entsprechenden Signalen im Lektionstext in Beziehung zu setzen. Eine solche Aufgabenstellung hätte auf die Handlungen des Aeneas im Text zu rekurrieren, die er insbesondere nach der göttlichen Ermutigung durch seine Mutter Venus in der zweiten Hälfte des Stückes (Z. 13–28) vollführt, vgl. Z. 13: *paruit*, Z. 14: *tulit*, Z. 15: *tenuit*, Z. 15–17: *se ... contulit*, Z. 17: *fugit*, (in Jupiters Prophetie:) Z. 26: *perveniet*, Z. 27: *vincet*, Z. 29: *condet*. Die Lektion enthält zwar keine entsprechenden *Anregungen zur textimmanenten Erschließung* von Signalwörtern, Abschnittmarkierungen und stilistischen Eigenheiten. Stattdessen rücken die Aufgaben das Grammatikpensum des Konjunktivs Präsens und der abhängigen Begehrsätze (im Kontrast zu den Konditionalsätzen, vgl. S. 29 Aufgabe 4) ins Zentrum. Aufgabe 5 verbindet beide Aspekte, indem sie die Einsetz- und Übersetzungsübung inhaltlich an die im Lektionstext behandelten Wünsche der Venus anknüpft. Die folgende Plateaulektion P 26–30 (S. 30–33) bietet einen Text zum Thema „Aeneas in der Unterwelt", der auch die Wiederbegegnung mit der selbst nach ihrem Tod unversöhnlichen Dido enthält (S. 31). Zu diesem Text formuliert das Lehrwerk zwei Interpretationsfragen (S. 31 unten). Die erste zielt auf *inhaltliche Verständnissicherung* („Beschreibe mit eigenen Worten, wie Dido sich verhält und welche Wirkung dies auf Aeneas hat"). Die zweite ist komplexer gestaltet und strebt offenbar eine stärkere auch affektiv-emotionale Involvierung der Schüler an, ohne dass ein existentieller Transfer explizit würde: Die Lernenden werden angeleitet, aus einer nochmaligen Lektüre der Sachinformation mögliche Gründe zu entnehmen und zu sammeln, „die dafür sprechen, dass Aeneas Dido verlässt, sowie solche, die dagegen sprechen". Durch diese übersetzungsentlastete Textarbeit (vgl. Kap. 6) können bereits Unterstufenschüler den Zwiespalt des Aeneas differenzierter würdigen. Der zweite Teil der Aufgabenstellung ist handlungsorientiert und ruft zur szenischen Umsetzung in Form einer Art *controversia* auf: „Veranstaltet in der Klasse eine

Diskussionsrunde, in der einige von euch für Aeneas Partei ergreifen und andere die Gegenposition vertreten." Diese exemplarische Analyse zeigt, dass die Lehrwerke der neuesten Generation eine früher nicht gekannte Fülle von Impulsen und Anregungen zu Textarbeit und Interpretation enthalten. Diese sind im gelungenen Fall eng mit dem dargebotenen Informations- und Illustrationsmaterial verwoben. Mit Blick auf die Fülle der bereits im Spracherwerbsunterricht lohnenden Ebenen und Sphären der Interpretation bleibt dennoch nach wie vor die Erarbeitung und Sicherung einer zwar noch elementaren, aber gleichwohl nach Ganzheitlichkeit strebenden Textinterpretation der Findigkeit und Phantasie des Lehrers überlassen.

7.3 Das „Lesen" und „Interpretieren" von Vergils *Aeneis* in der heutigen Unterrichtspraxis als exemplarischer Fall: Ebenen und Sphären der Interpretation

Am Beispiel der Lektüreausgabe von HENNEBÖHL (2011, 24–29) ist nun zu testen, welche Ebenen und Sphären der Interpretation in diese Aufbereitung von VERGILS *Aeneis* Eingang gefunden haben. Gerade wegen der charakteristischen Reichhaltigkeit der Begleitmaterialien, welche die Eigenart der neueren Lehrwerke in der Lektürephase fortschreibt, kann dieses Lektüremedium als repräsentativ für die vielschichtige Interpretationsdidaktik des gegenwärtigen Lateinunterrichts gelten. Schwerpunktsetzungen durch Favorisierung bestimmter Zugänge zum Text bleiben gleichwohl gut erkennbar.

HENNEBÖHL hat auf drei Doppelseiten die Verse 1–11 sowie 25–49 aus dem ersten Buch der *Aeneis* für die akribische Originallektüre aufbereitet. Die linken Hälften der Doppelseiten (S. 24, 26 und 28) bieten jeweils den lateinischen Text mit einem engmaschigen Sub-linea-Kommentar. Hinzu treten schon auf diesen Seiten, vor allem aber dann rechtsseitig grau unterlegte deutsche Erläuterungstexte mit literaturgeschichtlichen, philologischen, mythologischen und metrischen Informationen. Blau unterlegt sind Aufgabenstellungen, die zunächst zu einer eher textimmanenten Betrachtung in der *post-reading*-Phase anregen (S. 24 und 28). Zu den ersten elf Versen des Werkes formuliert HENNEBÖHL fünf Aufgaben. Diese zielen auf Inhaltssicherung, Textsemantik (Wortfeldanalyse mit Erläuterung der „Grundmotive menschlicher Existenz, z. B. Freiheit, Bedrohung, Glück"), Charakterisierung des Aeneas und Beobachtungen zu Stil, Versbau, Klang und Metrik und schließlich auf das Auswendiglernen der Verse 1–7. Die zweite Seite öffnet den Horizont in Richtung der literatur- und gattungsgeschichtlichen

Kontexte. Die Prooemien von *Ilias* und *Odyssee* sind synoptisch abgedruckt und sollen mit Vergils Prooemium verglichen werden. Die „Aufgabe" des Aeneas soll durch einen Vergleich mit derjenigen des Odysseus Profil erhalten. Das beigefügte Bildmaterial aus unterschiedlichen Epochen (frühe Neuzeit bis zur Gegenwartskunst) wird teilweise im Form von Bildbeschreibungen in die Aufgabenstellungen einbezogen (S. 27, Aufgabe 3; S. 29). Der gelb unterlegte Kasten auf S. 29 enthält auch eine Anleitung zur „Szenischen Interpretation" der Junorede (Verg. Aen. 1,34–49). Diese bezieht eine Reflexion der Redesituation sowie der *actio* ein und gipfelt im sinn- und stimmungsbetonten Vortrag vor der Klasse.

Diese Aufbereitung setzt deutliche Schwerpunkte bei der textimmanenten Interpretation und bezieht durchweg den literarischen Kontext punktuell in die künstlerische Rezeption des Textes mit ein. Die literarische Rezeption der *Aeneis* und die enorme kultur- und geistesgeschichtliche Strahlkraft ihres Autors finden ebenso wie die Übersetzungsreflexion (vgl. Kap. 5) demgegenüber weniger Beachtung.

7.4 Mehrkanalige Einbettung des Originals als Impuls zu vertiefter Kontextualisierung

Durch welche zusätzlichen Impulse kann nun die zeitgenössische Lektüredidaktik dazu beitragen, die thematisch akzentuierte Literaturinterpretation zu einem echten Bildungserlebnis werden zu lassen?

Eine mögliche Antwort scheint mir in einer ebenso polyphonen wie mehrstufigen Einbettung des Originaltextes in ein textpragmatisch angelegtes heuristisches Umfeld zu liegen.

Dabei kann es nicht um die Überbordung des Unterrichts mit einer schieren Fülle von Paralleltexten und Rezeptionszeugnissen gehen, die ja dann wieder der Überreizung und Zerstreuung Vorschub leisten könnten.

Vielmehr sollte der **Originaltext** tatsächlich um der **Konzentration** auf ihn willen im **Mittelpunkt einer mehrkanaligen Vielfalt von Annäherungsverfahren** stehen. Diese sind entsprechend der nach wie vor philologischen Ausrichtung der Instruktion schwerpunktmäßig textimmanent, öffnen sich aber programmatisch auch auf den kulturellen Kontext, namentlich in Richtung der Rezeptionsästhetik. So werden Rezeptionsdokumente unterschiedlicher Genera und Epochen nicht als Ornament oder Appendix vorgezeigt, sondern durch zielgerichtete Erschließungsfragen mit der Textarbeit verwoben.

Neue Impulse für die Interpretationsarbeit versuche ich insbesondere mit den narrativ gestalteten Annäherungstexten zu geben, mit denen jedes Kapitel einer Lektüreeinheit beginnen soll. Die so entstehende fortlaufende Rahmenhandlung umspannt die gesamte *Sequenz,* die so für Lehrende und Lernende als Einheit erfahrbar wird, auch wenn sie nur einen Teil der Texte intensiver zur Kenntnis nehmen sollten. Didaktisch ist mir hier an einer Perspektivierung gelegen, die sich an die im historischen Roman gängigen Verfahren anlehnt und durch Mehrbödigkeit, Typisierungen (der weise, aber nicht uneitle *princeps* Augustus feilt mit Hilfe von Intellektuellen, Künstlern und Büchern am Bild seines Lebens, das er hinterlassen möchte) und Brechungen (verschiedene Sichtweisen, etwa AUGUSTUS', LIVIUS' und OVIDS prallen aufeinander) einen Fragehorizont eröffnen, der ein echtes Interesse für die folgenden Texte wecken helfen soll.

Das konsequente **Miteinander verschieden intensiver Verfahren** der Textlektüre ist ein weiteres Markenzeichen dieses Konzeptes: Nach einem auf Deutsch gebotenen Hinführungstext, der das Prooemium der *Aeneis* knapp kontextualisiert zusammenfasst und die Leseerwartungen veranschaulicht, folgt der kommentierte **Originaltext** der ersten sieben Verse. Die Verse 8–11 sind dagegen als **Bilingue** geboten, die durch eine möglichst wortfolgengetreue eigene Übersetzung eine echt **synoptische Erschließung** durch das folgerichtige Training von Kolumnenlesen und Hin- und Herspringen zwischen deutscher und lateinischer Version ermöglichen soll. Auf diese Weise kann dann anhand des Vergiltextes zunächst ein wirkliches Leseerlebnis stattfinden, auf das sich eine Interpretation der Eröffnungssequenz aufbauen lässt.

Die mehrkanalige Rahmung des Textes könnte folgendermaßen gestaltet sein:

> Rom im Jahr 9 nach Christi Geburt: Kaiser Augustus erstrahlt mittlerweile nur noch in der Marmorgestalt seiner zahlreichen Prunkstatuen in der schönen Pose des jugendlichen Weltherrschers. In Wahrheit sucht der chronisch kranke Greis durch Schwefelbäder und andere Kuren seine körperlichen Beschwerden zu lindern. Zudem lasten schwere Schicksalsschläge auf seiner Seele. Seine beiden Enkel Gaius und Lucius Caesar, in die er so große Hoffnungen setzte, fanden einen ebenso frühen Tod wie andere von ihm geschätzte mögliche Nachfolger. Und dann vor kurzem die Katastrophe in Germanien! Drei ganze römische Legionen von abtrünnigen Barbaren aufgerieben! „Welche Schmach und Schande! Ist das noch *meine Zeit*", sinniert der Kaiser, „die glänzende Epoche des goldenen Roms, des neuen Paradieses, das Dichter und Prosaiker gepriesen haben? Ist *mein* Rom noch zu retten? Wie konnte es dazu kommen?" – Nach dem Bad nimmt der spartanisch lebende erste Bürger Roms ein karges Mahl zu sich und lässt sich, wieder ruhiger geworden, am späten Abend auf einer Sänfte durch die leeren Räumlichkeiten seiner Bibliothek tragen: „*Das* ist mein Werk! Nicht nur die Bauten aus Stein, sondern die auf Papyrus und

Pergament verewigten Monumente der lateinischen Weltliteratur!" – Augustus stöbert in einigen Regalen und weist seinen Privatsekretär an, bestimmte Buchrollen mit in sein persönliches Arbeitsgemach zu nehmen: „Ich brauche das alles für mein letztes großes Werk – mein Testament! Der Text soll nach meinem Tod auf zwei Bronzepfeilern vor dem Mausoleum Augusti auf dem Marsfeld allen Menschen zeigen, was ich geleistet habe." Als Augustus die Quellensuche bereits beendet hat, fällt sein Blick auf eine Porträtbüste des Dichters Vergil, die in der Nähe des Ausgangs einen würdigen Platz gefunden hat: „Ja, unser Schwan aus Mantua! In zwölf Buchrollen hat er etwas noch Großartigeres als Homers *Ilias* geschaffen, das die Helden grauer Vorzeit mit unserem Ruhm und Roms Mission zu verbinden wusste. Noch immer rührt mich die Erinnerung an die ersten Rezitationen aus diesem Werk, mit denen er uns damals in Bann schlug. Ich muss unbedingt einiges daraus wieder lesen, um mich wieder ganz als Augustus Caesar, der erhabene Mehrer des Reiches, fühlen zu können. Die Vorrede kann ich, glaube ich, noch auswendig." Er rezitiert:

Arma virumque CANO, *Troiae qui* **primus ab oris** *Italiam fato* **profugus** <u>Lavinaque</u> *venit* <u>litora</u>, *multum ille et terris iactatus et alto vi superum,* **saevae** <u>memorem</u> **Iunonis ob** <u>iram</u>, *multa quoque et bello passus, dum conderet urbem 5 inferretque deos* **Latio**; <u>genus</u> *unde* <u>Latinum</u> *Albanique patres atque* **altae** *moenia* **Romae.**	*Troiae ... oris:* **Karte!** *Lavin(i)us, a, um: zu Lavin(i)um:* **Karte!** *altum, i (n) hohe See superi, orum = dei; memor, oris „nachtragend" passus (est):* **Stilmittel?** *Albanus, a, um: zu Alba Longa:* **Karte!**
Musa, mihi causas memora, quo numine laeso quidve dolens regina deum tot volvere casus insignem pietate virum, tot adire labores 10 impulerit. tantaene animis caelestibus irae?	

Muse, erzähle die Gründe, durch welche Verletzung der Gottheit, welchen Schmerz die Herrin der Götter so großes Verhängnis einem Muster an Bravheit, so viele zu schulternde Mühen auferlegt hat. So stark tobt in himmlischen Herzen das Grollen?

Karte:

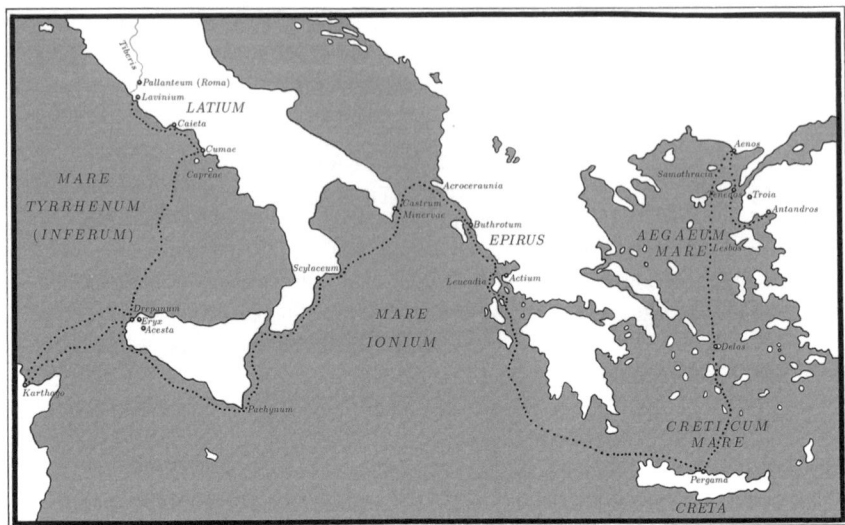

© Dorinna Tessmann

Aufgaben:

1. Die Anfangsworte literarischer Werke galten antiken Lesern oft als deren „Titel": Beschreibe die Erwartungen, mit denen ein Leser in der Zeit des Augustus einem Werk begegnet, das wie die *Aeneis* anfängt.
2. Der lateinische Text der Verse 1–11 ist oben in zwei Teilen dargeboten. Finde für jeden der beiden Teile eine passende Überschrift. Diskutiere, ob die beiden Teile auch in der umgekehrten Reihenfolge Sinn ergäben und warum sich Vergil wohl für die vorliegende Reihenfolge entschieden hat.
3. Erläutere, welche Funktionen die Ortsangaben *Troiae* und *Romae* im ersten Teil des Prooemiums erfüllen.
4. Ermittle die wichtigsten Stationen von „Aeneas' Reise" anhand der oben abgebildeten Karte und untersuche, ob und wie diese im Prooemium Aufnahme gefunden haben.
5. „Gott und Mensch" im Prooemium der *Aeneis*: Sammle die Schlüsselbegriffe zu diesem Themenkomplex. Lege dar, in welche Beziehung Dichter und Held zu den Göttern treten.
6. Erörtere, wie im zweiten Teil des Prooemiums (V. 8–11) syntaktische Gestaltung und Stilmittel die Aussage des Dichters rhetorisch unterstreichen.
7. Vergleiche die den Versen 8–11 beigegebene deutsche Übersetzung mit dem lateinischen Original und erläutere anhand von Beispielen das Übersetzungskonzept.

Formen der Interpretation

8. Arbeite heraus, inwiefern der Auftakt der *Aeneis* die Eigenschaften erfüllt, die ihm der Rhetorikprofessor Quintilian im 1. Jh. n. Chr. zuschreibt: Die Aufnahmebereitschaft (*docilem esse*) und Aufmerksamkeit (*attentio*) der Leser habe Vergil dadurch gewonnen, dass er die Gesamtaussage auf einen knappen, aber einleuchtenden Punkt gebracht habe.
9. Vergleiche das folgende Rezeptionsdokument mit dem Beginn der *Aeneis*: Belege, welche Inhalte des Prooemiums Sarasso aufgreift und welche er ausspart. Lege dar, wie sich der „Prologo" durch den Ausgangspunkt und die Perspektive der Erzählung von Vergils Vorbild abhebt.
10. Verfasse einen kurzen (lateinischen oder deutschen) Text (ca. fünf bis acht Zeilen) als „Prolog" zur *Aeneis* aus der Perspektive entweder Junos oder der Venus oder eines heutigen Romtouristen.

Rezeptionsdokument:

Der italienische Autor Simone Sarasso (*1978) hat bereits mehrere historische Romane veröffentlicht. Erst 2015 erschien *Æneas. La nascita di un eroe* (Aeneas. Die Geburt eines Heros). Der Roman beginnt mit dem folgenden „Prologo" (S. 11; dt. Übs. von Markus Janka):

[...]
Vom einstigen Zuhause bleibt der Rauch: Er füllt Hals und Nüstern und wird uns begleiten für immer.
Heimatlose Barfüßige, kaputte Seelen, Alte, Frauen und Kinder.
Wir brechen auf.
Geschlagene, Getäuschte, kalte Rücken unter den Augen gelangweilter Götter.
Wir brechen auf.
Die Locken meines Sohnes, die Runzeln des gekrümmten Vaters, das Gähnen der Leute, die mich „Fürst" nennen.
Dabei brennt das Reich, das ich niemals regierte, immer noch.
Mein Name lautet Aeneas und heute ist der letzte Tag von Ilion.
Die Taue lösen und zweimal sterben.
Die Zukunft riecht nach Wind und Angst.
Wir brechen auf.

Diese Aufgabenstellungen suchen möglichst gewichtige und das Interesse der Schüler in vielfältiger Weise weckende Gesichtspunkte abzudecken:
- philologisch-historische Textanalyse unter Einbeziehung textimmanenter und kontextueller Gesichtspunkte wie Literaturgeschichte, Struktur, Gattungsgesetze, Realien (Aufgaben 1–6). Aufgabe 7 sensibilisiert durch Übersetzungsanalyse für Möglichkeiten und Grenzen der Rekodierung poetischer Texte (vgl. Kap. 5).
- rezeptionsästhetische Aufgabenstellungen zu diversen Epochen (Quintilian als Beispiel für die Literaturkritik des ersten nachchristlichen Jahr-

hunderts und SARASSO als Beispiel für die Vergilrezeption in der italienischen Gegenwartsliteratur) (Aufgaben 8 und 9). Die Einbeziehung des Anfangs einer aktuellen Mythenadaption der *Aeneis* bezeugt die bleibende Rezeptionsrelevanz des Werkes und den *appeal* seines Helden auch für heutige Autoren und Leser. Sarasso wählt die Ich-/Wir-Perspektive der vom Untergang Trojas und vom Verlust der Heimat betroffenen Flüchtlinge im Kontrast zu Vergil, der in episch-objektiver Erzählung Ausgangs- *und* Zielpunkt von Aeneas' welthistorischer Mission ins Auge fasst.

- kreative Dimension: freies Schreiben hinsichtlich unterschiedlich perspektivierter alternativer Anfänge der *Aeneis* entweder aus dem Figurenpersonal des Werkes selbst oder aus der Sicht eines heutigen Italienreisenden, der auf die „Uranfänge" Roms literarisch zurückblickt (Aktualisierungsansatz) (Aufgabe 10).

Eine Synthetisierung der Interpretation kann im Sinn der Ringkomposition den Impuls des narrativen Annäherungstextes vor dem nun deutlich erweiterten Verstehenshorizont wieder aufgreifen. In Unterrichtsgespräch, Diskussion oder Interpretationsessay ließe sich das *Problem* behandeln, ob ein mythologisches Epos mit starker zeitgeschichtlicher und teleologischer Transparenz nicht vielschichtiger und interpretationsoffener ist und sein muss, als es die auf Rom- und Herrscherlob fixierte Engführung des offenbar noch nach Jahrzehnten befriedigten Princeps zum Ausdruck bringt. Diese auf der höchsten Taxonomiestufe unterrichtlichen Interpretierens angesiedelte Reflexion böte den optimalen Denkanstoß, um bei der weiteren Lektüre nicht nur den Sinn von Schlüsselstellen des Werkes in GADAMERS Sinn „nachschaffend" zur Darstellung zu bringen, sondern das Prooemium wie alle weiteren Passagen stets mit Blick auf ihren Stellenwert im sorgsam komponierten Ganzen des klassischen Epos der Römer hin zu befragen.

Die Lektürephase

Jan König

Sprachunterricht – Lektüreunterricht

Mit der Entwicklung weg vom Ziel der aktiven Sprachbeherrschung und hin zum Primat der Textlektüre entstand für den Lateinunterricht die noch heute gebräuchliche Zweiteilung in Spracherwerbs- und Lektürephase; dem Spracherwerbsunterricht kam dabei die Aufgabe zu, auf die Lektüre von Originaltexten vorzubereiten *(Lektürepropädeutik)*. Im Zuge der Neuausrichtung des Lateinunterrichts in den 1970er Jahren erhielt der Spracherwerbsunterricht im Rahmen der nun ausgearbeiteten polyvalenten Fachleistungen zunehmend eigenständige Zielsetzungen (*Autonomie* des Spracherwerbs). Nichtsdestotrotz kann der Lateinunterricht erst in der Lektürephase seine Zielsetzungen zur Gänze erfüllen, vgl. die einleitenden Sätze des Fachprofiles im Lehrplan z. B. des bayerischen Gymnasiums: „Das Fach Latein leitet ausgehend von lateinischen Texten zu intensiver Beschäftigung mit der lateinischen Sprache und der Kultur der Antike an."[1]

Die oben genannte Zweiteilung in Spracherwerb und Lektüre hat das Fach heute in dieser Striktheit freilich längst überwunden; Lehrpläne belegen eine enge Verzahnung der beiden Phasen. Denn erstens kann nachhaltiger Spracherwerb nicht bei Begegnung mit Originaltexten enden (vgl. Kap. 8.2): Wiederholung und Auffrischung zentraler grammatischer Themen ist lektürebegleitend unverzichtbar; zudem hat die Komprimierung der Lehrgänge dazu geführt, dass entlegenere Grammatikthemen (z. B. das Supinum) erst in der Lektürephase eingeführt werden. Zweitens findet Lektüreunterricht etwa im Sinn der *plurima lectio,* der Textarbeit (vgl. Kap. 6) und der Interpretation (vgl. Kap. 7), heutzutage ganz bewusst auch schon in der Lehrbuchphase statt, denn nur so kann ernst gemeinte Lektürepropädeutik geleistet werden, wenn man deren Aufgabe nicht nur in der Schulung des Übersetzens, sondern besonders in der text- und kulturerschließenden sowie persönlichkeitsbildenden Interpretation sieht.

Zielsetzungen

Seit der curricularen Wende in den 1970er Jahren hat sich auch das Verständnis von Lektüre im Lateinunterricht gewandelt. War zuvor die Lektürefähigkeit mit der Fähigkeit zur sprachlichen Entschlüsselung gleichgesetzt, so gilt

---

1 http://www.lehrplanplus.bayern.de/fachprofil/gymnasium/latein (letzter Zugriff am 04.04.2017).

seit jener Zeit: „Interpretation rückt ins Zentrum des didaktischen Interesses, wird gewissermaßen von der Übersetzung emanzipiert und grundsätzlich als eine fachstrukturelle Notwendigkeit des altsprachlichen Unterrichts begriffen." (KIPF 2006, 342) Seither versteht sich der Lektüreunterricht also primär als *Literaturunterricht,* in dem lateinische Texte übersetzt, interpretiert und dabei mit der Lebenswelt der Schüler ins Verhältnis gesetzt werden (vgl. Kap. 7). Die Stärkung der Interpretation fußt dabei auf zwei Einsichten: Erstens, dass antike Texte aufgrund von kultureller Distanz oft nicht ohne Interpretation für den heutigen Leser verständlich sind;[2] zweitens, dass antike Texte der didaktischen Vermittlung bedürfen, um pädagogisch wirksam werden zu können (vgl. Kap. 7).

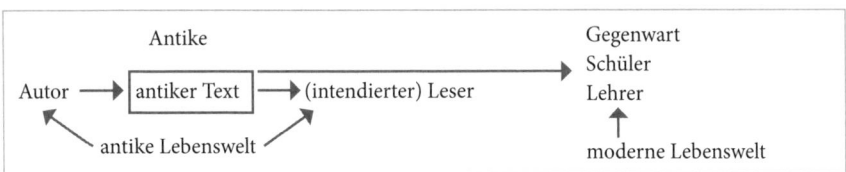

© PETER KUHLMANN *(Hrsg.) (2010): Lateinische Literaturdidaktik. Buchner Bamberg, S. 15.*

Dieser *existentielle Transfer* der Lektürethemen ist ein wichtiges Element, um den Lateinunterricht in den Bezugsrahmen der gymnasialen Bildungsziele, die sich in den Fach(wert)profilen konkretisieren, einzubinden.[3] Folgende Fachleistungen erfüllt der Lektüreunterricht im Besonderen:

- inhaltlich-fachsystematische Dimension:[4]
  - sprachlich-stilistische Gestaltung von Texten
  - Gattungen, Gattungsmerkmale
- philologisch-methodische Dimension
  - Entschlüsselung von Sprache, Symbolik (Sprachkompetenz) und Texten (Textkompetenz)

---

2 Umso mehr für Schüler, da die im Lateinunterricht gelesene Literatur Erwachsenenliteratur mit Bildungsanspruch ist – also noch zwei weitere Hürden des Verständnisses für die Behandlung in der Schule hinzutreten.

3 Dies folgt der Überzeugung, dass „die spezifischen Leistungen eines Faches nur dann eine Existenzberechtigung in der Schule haben können, wenn sie Stationen auf dem Weg zur Verwirklichung der allgemeinen Lernziele sind." (BEYER 1973, 6).

4 Für die Ordnung der Liste orientiere ich mich an den Dimensionen des Kompetenzstrukturmodells für das Fach Latein im LehrplanPLUS des bayerischen Gymnasiums (http://www.lehrplanplus.bayern.de/fachprofil/gymnasium/latein [letzter Zugriff am 04.04.2017]).

- Informationsbeschaffung in verschiedenen Medien (Lexika, Internet …)
- persönlich-existentielle Dimension
  - ästhetisches Erleben und Urteilsbildung
  - zentrale Fragestellungen des Lebens und Werteerziehung
- gesellschaftlich-politische Dimension
  - Verhältnis Individuum – Gesellschaft
  - Fremdperspektiven, Sozialkompetenz, interkulturelle Kompetenz
  - Orientierungswissen: Kulturgeschichte Europas

Gerade das Potential, auch die interkulturelle Kompetenz zu fördern, wurde in den vergangenen Jahren unter dem Eindruck einer globalisierten Welt und der Fachleistungen der modernen Fremdsprachen festgestellt (vgl. Kap. 12). Der Beitrag des Lateinunterrichts erhält dabei seine eigene Prägung durch die Beschäftigung mit einer Kultur, die räumlich nahe und dabei zeitlich entfernt ist; einer Kultur, die mit unserer durch kulturelle und anthropologische Konstanten verknüpft ist und doch durch die historische Distanz auch ‚von oben' betrachtet und ohne Scheu kritisch beleuchtet werden kann.

Das Ausschöpfen des persönlichkeitsbildenden Potentials funktioniert großenteils auf inhaltlicher Ebene der Texte. Dementsprechend kann es mitunter nützlich sein, nicht nur auf *Originallektüre* zu setzen, sondern verschiedene methodische Formen der Lektüre (vgl. Kap. 5) zu mischen: Inhaltlich wichtige, aber sprachlich zu schwierige Stellen können beispielsweise *bilingual* gelesen und *synoptisch* interpretiert, andere Passagen zur Herstellung des weiteren Kontextes in deutscher Übersetzung als Hausaufgabe gestellt werden *(Übersetzungslektüre)* etc. Gleichwohl steht natürlich die Arbeit am lateinischen Original im Zentrum des Lektüreunterrichts: Der Lektüreunterricht als Literaturunterricht fußt auf der Überzeugung, dass bei Literatur stets inhaltliche Aussage und sprachliche Gestaltung aufs Engste miteinander verwoben sind (vgl. Kap. 7). Dies den Lernenden beizubringen, ist wichtige Aufgabe des Lateinunterrichts und gleichzeitig zentraler Grund, sich in der Originalsprache mit lateinischen Texten zu beschäftigen.

Kanon

Wie die didaktische Ausrichtung des Lektüreunterrichts, so unterlag auch die Auswahl der zu lesenden Texte immer Schwankungen. Galten lange Zeit – im Prinzip schon seit dem Neuhumanismus – mittelalterliche und neulateinische Werke als ungeeignet für den Schulunterricht, so finden sie seit der Curriculumsreform der 1970er Jahre wieder vermehrt Eingang in den Lektürekanon (programmatisch dazu FUHRMANN 1995 [erstmals 1974] mit seinem Plädoyer für die stärkere Berücksichtigung der nachantiken Latinität in Universität und Schule). Auch die Entwicklungen neuester Zeit wirken in diese Richtung; Grund hierfür ist die Neubewertung der europäischen Geistesgeschichte (über ihre antiken Wurzeln hinaus) in den aktuellen Lehrplänen, die im Kontext eines zusammenwachsenden Europas entstehen. Eine weitere Entwicklung betrifft Ovid: Bestärkt durch seine Renaissance in Forschung und Populärkultur, wo sein Motivreichtum und seine Darstellungskraft bewundert werden (vgl. Kap. 13.1), erfreut er sich immer größerer Beliebtheit als Schulautor. Dagegen wurde beispielsweise Caesars *Bellum Gallicum*, früher zentrales Werk gerade für die Eingangslektüre, zurückgedrängt.

Die genannten Einflüsse auf die Bildungspolitik bedeuten für die Fachdidaktik, dass der Kanon an Texten, die wir lesen, stets hinterfragt und neu festgelegt werden kann und muss (freilich bleiben dabei viele Werke auch beständiger Teil des Corpus). Demzufolge müssen wir uns über Kriterien verständigen, die einen Text zur Aufnahme in den bzw. Verbleib im Kanon empfehlen (vgl. Kuhlmann 2009, 133 f.):

- *Vielfalt*: Um wirkliches Orientierungswissen vermitteln und ästhetisches sowie ethisch-moralisches Urteilsvermögen fördern zu können, sollten die Texte eine große Bandbreite an Gattungen und Epochen abdecken. Dabei greifen wir auch auf Texte zurück, die nicht zu Literatur im engen Sinne zählen, z. B. Inschriften oder Graffiti.[5] ‚Vielfalt' meint jedoch nicht ‚Vielzahl', denn am Ende ist natürlich die Qualität im Sinne der folgenden Kriterien ausschlaggebend.
- *Wirkmächtigkeit*: Texte, die in ihrer Entstehungs- und in der Folgezeit großen Einfluss entfalteten, sollten im Zentrum des Lektüreunterrichts stehen, denn sie formten die Geistesgeschichte Europas und spiegeln sie gleichzeitig wider; zudem können wir davon ausgehen, dass sie hohe sprachliche und literarische Qualität besitzen. Es können jedoch auch Texte geringerer Wirkmächtigkeit einbezogen werden, wenn sie besonders charakteristisch für ihre Zeit sind.
- *Lebensweltbezug*: Um die Schüler in ihrem Reifeprozess zu fördern, sollten wir mit ihnen Texte lesen, deren Thematik sie anspricht (und dadurch zur Lektüre motiviert) und mit ihren eigenen Erfahrungen in Bezug steht bzw. gesetzt werden kann. Für die einzelne Lehrkraft bedeutet

---

5 Kuhlmann (2010, 30) weist zu Recht darauf hin, dass der klassisch philologische Literaturbegriff an sich schon ein anderer, weiterer ist als der moderner Philologien, wo beispielsweise Fachprosa der Philosophie oder Geschichtswerke nicht unter Literatur im engeren Sinne fallen.

dies, dass der Lektüreunterricht gewinnt, wenn die Schüler in die Auswahl der Texte (im Rahmen der Lehrplanvorgaben) eingebunden werden.
- *Eignung*: Schließlich sollten die Texte natürlich auch ein angemessenes sprachliches Niveau aufweisen. Idealerweise ermöglichen dabei die jeweils gewählten methodischen Formen der Textarbeit (vgl. Kap. 6) und Interpretation (vgl. Kap. 7), Unterschiede im Schwierigkeitsgrad auszugleichen, sodass weder Über- noch Unterforderung eintritt.

Ohne Frage können diese Kriterien einander manchmal widersprechen und man wird abwägen müssen, welchem jeweils der Vorzug zu geben ist. Das kann durchaus zu unterschiedlichen Ergebnissen führen, wie die Vielfalt der Eingangslektüre im deutschlandweiten Vergleich zeigt. Einheitlicher ist da schon das Bild für die Oberstufe:

> *Unter den antiken Autoren haben sich länderübergreifend als quasi kanonische antike Autoren herauskristallisiert: Catull, Ciceros philosophische und rhetorische Schriften, Sallust, Horaz (Satiren und Oden), Livius, Vergil, Ovid (amores, ars amatoria, heroides, Metamorphosen), Seneca (epistulae morales), Plinius d. J., Tacitus; aus der spätantiken Literatur wird häufig Augustin (confessiones oder Ausschnitte aus de civitate dei) und gelegentlich Boethius (consolatio) empfohlen.* (KUHLMANN 2010, 32)

Mittel- und neulateinische Autoren werden, wenn überhaupt, in Ergänzung und in großer Verschiedenheit vorgeschlagen.

Lektüreprinzipien

Mit der Kanonfrage verknüpft sind die Überlegungen zur inneren Ordnung von Lektüresequenzen, denn hier geht es um die Zusammenstellung von Autoren und/oder Texten. Folgende Möglichkeiten gibt es:
- *Autorenlektüre*: Um Stil und Gedankenwelt eines bestimmten Autors näher kennenzulernen, liest man mehrere seiner Werke. Allein schon aus Zeitknappheit wird diese Form an der Schule heute kaum mehr praktiziert.
- *Werklektüre* (Spezialform der Autorenlektüre): Beschäftigung mit einem Werk eines Autors. Auch hier lernt man die Gedankenwelt und stilistische Eigenheit eben dieses Werkes kennen, wobei es idealerweise modellhaft für den Autor oder die Gattung steht. Außerdem spricht für die Werklektüre der motivationale Aspekt, ein Werk in Gänze gelesen zu haben. Allerdings erlaubt die knappe Zeit heute echte Ganzschriftlektüre eigentlich nicht mehr (außer z. B. bei kurzen Cicero-Reden). Sie „muss

durch alternative, originaltextfernere Methoden der Textlektüre ausgeglichen werden" (Janka/Müller 2013, 123).
Dass beide Prinzipien, Autoren- und Werklektüre, heute fast gänzlich verschwunden sind, kritisiert u. a. Kuhlmann (2011, 121), der darauf hinweist, dass gerade Sprach- und Textkompetenz nur dann aufgebaut werden, wenn man den Schülern die Möglichkeit gibt, sich in einen Autor bzw. in eine Gattung einzulesen.

- *Thematische Lektüre:* Sie hat sich seit den 1970er Jahren zum dominierenden Lektüreprinzip entwickelt. Folgende Gründe spielen dabei eine Rolle (vgl. Maier 1984, 144 f.):
  - *Motivationaler Aspekt* im Sinne von *variatio delectat*.
  - *Lerntheoretischer Aspekt:* Lernen ist Vernetzung von neuen Erkenntnissen mit bereits bestehenden Strukturen. Thematische Lektüre trägt dem in besonderem Maße Rechnung, da ein Thema mehrfache Behandlung erfährt.
  - *Kompetenzorientierung:* Die Ausrichtung auf Kompetenzen verlangt, dass Möglichkeiten zu Vergleich und Kontrastierung gegeben sind. Gerade die Förderung von sozialer und (inter)kultureller Kompetenz profitiert dabei von der Behandlung eines Themas aus der Sicht verschiedener Autoren/Texte (Multiperspektivität).

Arbeitsverfahren

Die Unterrichtsverfahren in der Lektürephase „sollen die Schüler möglichst zielstrebig und wirksam an Sprache und Aussage der Texte heranführen, sie zur persönlichen Auseinandersetzung damit veranlassen und die Arbeitserträge sichern" (Maier 1982, 37). Die wichtigsten Verfahren sind die *Texterschließung* (nicht jeder Text muss zwigend übersetzt werden! Vgl. Kap. 8.4) und *Übersetzung* (vgl. Kap. 5), die *Textarbeit* (vgl. Kap. 6) sowie die *Interpretation* (vgl. Kap. 7). Letztere sollte unbedingt die Arbeit mit der *Rezeption* der Texte und Themen einschließen; nur so können wir den Boden dafür bereiten, dass die Schüler sich eingehender und tiefschürfender mit den Texten auseinandersetzen – und nur dann erreichen wir die oben genannten vielfältigen Ziele der Lektürephase. Vorrangig werden hier Rezeptionsdokumente und Paralleltexte eingesetzt; dazu kommen Abbildungen von Gemälden oder Skulpturen, Film- und Serienausschnitte – hier eröffnen vor allem die digitalen Medien ständig neue Welten (vgl. Kap. 13). Weiterhin bieten sich der Besuch von Museen, Ausgrabungen oder der direkte Einsatz von Realien im Unterricht an.

8.1 Die erste Lektüre

Früher mehr als heute tat sich eine Kluft auf zwischen Spracherwerbs- und Lektüreunterricht. Ersterer arbeitet(e) mit für Lehrbücher eigens verfassten Texten (oder auch nur Einzelsätzen) in sog. Kunstlatein, deren bloßer Zweck es war/ist, eben gelernte Grammatik zu vertiefen; Letzterer präsentiert(e) den Lernenden Originaltexte, bei denen manche „Schüler nicht einmal die deutschen Übersetzungen der lateinischen Texte angemessen verstehen" (KUHLMANN 2011, 118), weil diese als Leser gebildete Erwachsene mit spezieller kultureller Einbettung voraussetzen. Die Konsequenz: der sog. Lektüreschock, also enttäuschende und demotivierende Erfahrungen mit den ersten originalen Werken, weil die Schüler die Texte, statt sie zu lesen, langwierig entschlüsseln müssen und am Ende bezüglich deren Inhalt dennoch ratlos zurückbleiben.

Folglich erreichen die Texte ihre jungen Leser nicht – und wir keines der oben ausgeführten Ziele des Lektüreunterrichts. Um also diesen Bruch aufzufangen, werden die beiden großen Phasen des Lateinunterrichts – wie zu Beginn von Kapitel 8 angemerkt – stärker miteinander vernetzt. Vor allem in diesem Jahrtausend arbeiten die Lehrbücher deshalb *lektürepropädeutisch* nicht nur im Bereich der Sprachkompetenz, sondern gezielt auch im Bereich der *Textkompetenz*. Und schon seit den 1970er Jahren wurde vom anderen Ende her die Lektürephase an den vorhergehenden Spracherwerbsunterricht angenähert.

Für die sich dabei entwickelnden Phasen haben sich Begriffe etabliert, die im Folgenden kurz voneinander abgegrenzt werden sollen, auch wenn sie teils ineinander übergehende Phasen bezeichnen:[6]

Lehrgangsabschnitt	Phase	
Spracherwerb	Begleitlektüre	Frühlektüre/ Eingangslektüre/ Erstlektüre
	Übergangslektüre	
Lektüre	Anfangslektüre	
	Hauptlektüre	

- *Begleitlektüre:* Neben der Arbeit mit dem Lehrbuch werden kleinere Passagen von Originaltexten gelesen. Heutige Lehrwerke arbeiten jedoch von Haus aus mehr mit Texten in Inhaltszusammenhängen (und teils

---

[6] Da die Bezeichnungen teils abweichend gebraucht werden, orientiere ich mich an den entsprechenden Einträgen im Lexikon von NICKEL (2001). Die Darstellung bewegt sich im Rahmen eines typischen Lateinlehrgangs am Gymnasium (L_1/L_2).

auch schon mit Adaptionen lateinischer Literatur), sodass diese Phase der Lektüre eher obsolet geworden ist.
- *Übergangslektüre:* Im letzten Jahr der Spracherwerbsphase angesiedelte Zeit des Übergangs vom Lehrbuch zu Originaltexten. Ihre Länge variiert je nachdem, wie bald die Arbeit mit dem Lehrbuch abgeschlossen ist; dadurch werden auch Unterschiede in der Stoffprogression von L_1 bzw. L_2 aufgefangen.
- *Anfangslektüre:* „Durch Begleitlektüre und Übergangslektüre vorbereitete erste Lektüre von Texten größeren Umfangs und umfassender Originalität nach Abschluss des Grammatikunterrichts." (Nickel 2001, 16 f.)
- *Frühlektüre/Eingangslektüre/Erstlektüre:* Synonym gebrauchte Begriffe, welche üblicherweise Begleitlektüre, Übergangslektüre und Anfangslektüre umfassen.

Die *Dichotomie* von Spracherwerb und Lektüre erscheint heute also weniger extrem als früher. Dennoch ist die Loslösung vom Unterrichtswerk, das die Lernenden seit der ersten Stunde im Fach begleitet hat, natürlich ein Wendepunkt und auch heute gibt es noch Probleme mit den ersten ‚echten' Texten. Hinzu kommt, dass gerade in Jahrgang 8 und 9 *entwicklungspsychologische Aspekte* eine große Rolle spielen. Durch die Pubertät bedingte Probleme mit Motivation, Konzentration und Disziplin führen zu ‚Schulstress' im Allgemeinen – und erschweren die Lektüre lateinischer Originaltexte, welche gerade die Motivation zu genauem, konzentriertem Lesen voraussetzt (vgl. Kap. 2.2).

Dementsprechend lohnt es sich, einige gesonderte Überlegungen zur *Eingangslektüre* anzustellen. Wenn wir nun noch einbeziehen, dass viele Schüler nach der Mittelstufe Latein ablegen – also nach den ersten Lektüreerfahrungen –, erhält das Thema zusätzliches Gewicht, denn die Eingangslektüre muss folglich einerseits motivieren, Latein weiterhin zu belegen, und andererseits auch denjenigen Schülern, die Latein nicht in der Oberstufe weiterführen, einen von der für sie nicht mehr folgenden Hauptlektüre unabhängigen Mehrwert bieten.

Kriterien sinnvoller Einstiegstexte

Prinzipiell sollten Texte, die der ersten expliziten Begegnung mit lateinischen Originalen dienen, natürlich denselben Anforderungen genügen, wie sie für den Rest der Lektürephase gelten. Aber die Forderungen an sie sind noch klarer umrissen, da das Lektürepropädeutikum im Rahmen der Erstlektüre vor allem zwei Zielsetzungen verfolgen sollte: Textkompetenz (Texterschließungsfähigkeit) und Motivation.

- *Textkompetenz*
  - im engeren Sinne: *Texterschließungsfähigkeit*. Ganz zentral muss die Erstarbeit mit Originalschriften den Schülern ein Instrumentarium an die Hand geben, mit dem sie sich Texte handhabbar machen können. Dabei geht es weniger um sprachliche Entschlüsselung als vielmehr um das Verständnis von *Gattungsvorgaben,* denen Texte gehorchen: um Konzepte wie Kohärenz usw., also um textsemantische und textpragmatische Einsichten (vgl. Kap. 8.2). Deshalb haben Texte für den Einstieg in die Lektüre auch eine überschaubare Länge – nur so können die Schüler den für diese Einsichten nötigen Überblick über das Textmaterial behalten.
  - durch Schaffung bzw. Festigung der sprachlichen Basis: Idealerweise kann die *Übergangslektüre* „Hilfen bieten, individuell entstandene Lücken in zentralen Bereichen der lateinischen Grammatik und im Wortschatz aufzuspüren" (UTZ 1994, 13).
- *Motivation*

  Noch vor den unterrichtlichen Möglichkeiten, Lektüreunterricht motivierend zu gestalten, nimmt bereits die Textauswahl Einfluss auf die Einstellung der Lernenden:
  - *Schwierigkeitsgrad*: Vor allem sollten Texte für den Lektüreeinstieg eine deutlich reduzierte Komplexität entweder von Natur aus aufweisen oder per *(vorsichtiger!) Adaption* erhalten, um an *didaktisierte Lehrbuchtexte* anknüpfen zu können (sowohl auf sprachlicher als auch inhaltlicher Ebene). Den Schülern muss dabei das Gefühl vermittelt werden, dass ihr bisher erreichter Kenntnisstand sie durchaus zur Lektüre befähigt und dass diese sich lohnt, weil die Texte einen Wert für die Lernenden besitzen, den diese über den Weg der Übersetzung erlangen können.
  - *Länge*: Kurze Texte beugen gerade am Anfang Überforderung vor; dann folgt schrittweise Steigerung des Umfangs, um „erhöhtes Lesetempo und Gewöhnung an längere Texteinheiten unter planmäßiger Schulung inhaltsbezogenen Lesens" (NICKEL 2001, 291) anzubahnen.

Methodik

Die Erwartungshaltung, mit der wir Texten begegnen, wirkt sich stark auf die Art und Weise aus, wie wir sie lesen: In einer Bedienungsanleitung überfliegen wir zumeist den Großteil, bis wir, von Über- und Unterschriften gelenkt, das für uns relevante Kapitel etwas genauer studieren; unsere Absicht ist dabei die Informationsaufnahme. Wird uns ein Text jedoch als Gedicht präsentiert, werden wir es Wort für Wort aufmerksam lesen und dabei nach Ebenen suchen, die über das bloße Wortmaterial hinausgehen.

Das bedeutet einerseits, dass wir den Schülern für den richtigen Umgang mit verschiedenen Gattungen auch Hinweise mit auf den Weg geben sollten, wie die jeweilige Gattung funktioniert, worauf sie sich einzustellen und zu achten haben. Andererseits folgt daraus, dass wir spätestens in der Erstlektüre dafür sorgen müssen, dass die Schüler mit der richtigen Erwartungshaltung an die literarischen Werke herangehen. Sie sollten den Text als Text ernst nehmen – und nicht als Übersetzungs- oder (was noch schlimmer ist) Grammatikübung auffassen.

Übersetzen sollte also unterrichtet werden als ‚Zeitlupenform' von Lesen, als Entschlüsselungsvorgang, der ganz genauso wie ‚natürliches' Lesen auf ständiger Hypothesenbildung des Kommenden fußt (vgl. Kap. 5). Und auch beschleunigteres ‚Lesen' ist mitunter möglich, denn oft lässt sich der Sinn eines Abschnittes rekonstruieren, ohne zu übersetzen, sofern das Wortmaterial bekannt und das nötige Kontextwissen (textanalytisches, literarisches, historisches etc.) vorhanden ist.[7] Dies anzulegen, ist die Aufgabe des gesamten Lateinunterrichts, v. a. aber der Eingangslektüre.

Konkret bedeutet das (Auswahl):

- bewusste und Bewusstsein schaffende Einführung in die *Arbeit mit Wortkunde, Lexika, Internet*
- gerade am Anfang auch Präsentation *sehr einfacher Texte,* um zu echtem Lesen zu ermutigen
- Bewusstmachen der enormen *Wichtigkeit von Kontextwissen*[8] (sei es zum Funktionieren von Texten allgemein wie zum konkreten Inhalt des gerade vorliegenden Werkes)
- Übungen zum *Erkennen von kohärenzstiftenden Elementen* (Einsetzübungen, Auswahlübungen usw. zu Konjunktionen u. a.)
- *Textvergleich* (Vergleich zweier kurzer Texte), um die Analyse der Struktur von Texten zu trainieren und die eigenständige Wahl der jeweils geeigneten Erschließungsmethoden zu fördern[9]

---

7   Dann erreichen wir auch wirkliche Text*kompetenz,* nämlich Wissen (um textpragmatische etc. Aspekte), das angewendet werden kann (in Kombination mit Recherche von noch unbekannten Aspekten), unterstützt durch die geistige Erwartungshaltung.

8   Wie häufig werden alleine schon die Einleitungssätze von Lehrbuch- bis Schulaufgabentexten nicht gelesen, weil die Schüler meinen, damit keine Zeit verschwenden zu wollen!

9   Hier geht es um die sprachpragmatische Ebene. Außer Frage steht, dass Textvergleich auch auf inhaltlicher Ebene sehr ertragreich sein kann (Multiperspektivität, historischer Transfer).

- *Text vervollständigen durch freie Textproduktion:* Die Schüler bekommen einen (Erzähl-)Text ohne Schluss vorgelegt und sollen (schriftlich/ mündlich; auf Deutsch) das plausibelste Ende dazu verfassen. Selbst nicht ganz exakte Übereinstimmung kann so zeigen, welchen doch sehr konkreten Rahmen es oft für die Weiterführung einer Geschichte gibt. Letztlich soll es die Schüler anspornen, bei Texten selbst Hypothesen aufzustellen und im Zweifelsfall den Mut zu fassen, nach der wahrscheinlichsten Lösung zu suchen.

8.2 Grammatikunterricht in der Lektürephase

Trotz immanenter Wiederholung beim Übersetzen sieht die Realität in den Klassenzimmern so aus, „dass viele Schüler in verschiedenen Bereichen der lateinischen Grammatik mehr oder weniger unsicher sind und dass sie in erster Linie der Wiederholung zentraler Themen bedürfen, die für den einen oder anderen wie eine Erstbegegnung wirken mag" (VAN DE LOO 2010, 157). Zudem führt gekürzter Stundenumfang dazu, dass bestimmte Grammatikthemen in der Spracherwerbsphase noch gar nicht behandelt wurden. Zweierlei macht also den Grammatikunterricht in der Lektürephase erforderlich: *Wiederholung* (vorentlastend für den aktuellen Text) wichtiger Themen und *Neubehandlung* bisher noch nicht behandelter Phänomene. Jeweils hinzu tritt *Sprachreflexion* (im Sinne der autonomen Ziele von Sprachunterricht)[10] inklusive Systematisierung des Grammatikwissens (hier ist der Ort, an dem eine *Systemgrammatik* sinnvoll eingesetzt werden kann).

Das ‚Nachholen' von Grammatik sollte jedoch nicht als Selbstzweck betrieben werden. Denn nicht die lückenlose Kenntnis der lateinischen Grammatik ist das Ziel. „Wenn also bestimmte Phänomene von ihrer statistischen Häufigkeit her als marginal anzusehen sind, dann kann man auf ihre Behandlung durchaus verzichten und sie stattdessen in Übersetzung im Vokabelkommentar angeben". (VAN DE LOO 2010, 153) Denn die eigentliche Zielsetzung bleibt natürlich (vgl. Beginn Kap. 8 und 8.1) die Auseinandersetzung mit den Texten; *Spracharbeit* hat primär dienende Funktion für den Erhalt / das Erreichen von Lektürefähigkeit.

Dieser *fortgeführte Sprachunterricht* in der Lektürephase wird sinnvollerweise textbezogen gestaltet, sowohl Ersterwerb als auch Wiederholung. Dies hat folgende Gründe:

---

10 Dennoch sollte Sprachreflexion in der Lektürephase nicht Auswahlkriterium für ein bestimmtes Grammatikphänomen sein, sondern ein, falls möglich, genutzter Synergieeffekt.

- *lernpsychologisch:* Die Verknüpfung von Grammatik und Lektüre motiviert und fördert die *Behaltensleistung,* weil sie direkt die Anwendungsmöglichkeit für das grammatische Wissen/Können präsentiert – in einem authentischen Sprachumfeld.
- *unterrichtsplanerisch:* Wenn die Erarbeitung/Wiederholung von Grammatik Teil der Lektürearbeit ist, erhält der Unterricht nicht die Gestalt eines Stückwerks aus Sprach- und Lektüreunterricht, sondern erscheint aus einem Guss mit einem Ziel: Erschließung des Originaltextes.[11]
- *textpragmatisch*: Ausgehend von der entscheidenden Überzeugung, dass bei literarischen Werken Inhalt und Form untrennbar miteinander verknüpft sind und sich gegenseitig mit Sinn anreichern, können wir echtes Verständnis des Originals nur dann als möglich erachten, wenn dieses sprachlich durchdrungen wird. Grammatische Strukturen tragen semantischen Gehalt; auf der Basis von grammatikalischen Kenntnissen erarbeiten wir uns also, warum der Autor seine Aussage in genau dieses sprachliche Gewand gebracht hat.

Idealerweise können wir so folgenden Kreislauf erreichen: Wissenszuwachs auf sprachlicher Ebene führt zu genauerer Lektüre; genauere Lektüre führt zu Wissenszuwachs auf sprachlicher Ebene.

Lektüreunterricht, der so der Einheit von Inhalt und Form von literarischen Texten gerecht zu werden versucht, muss selbstverständlich nicht nur die alte Trennung von Grammatikunterricht und Literaturunterricht überwinden, und auch nicht nur die bereits aufgeweichte Zweiteilung der Grammatik in Morphologie und Syntax. Ein solcher Lektüreunterricht fasst Grammatik umfassender auf; quasi als Genom aller sprachlichen Äußerungen. Dementsprechend muss er ‚Grammatikunterricht' verstehen als Spracharbeit, die einzelne grammatische Phänomene unter funktionaler Sicht für die Textarbeit fruchtbar macht und sie, in Verknüpfung mit Wortschatzarbeit (vgl. Kap. 8.3), in größeren textsemantischen bzw. textpragmatischen Zusammenhängen verortet (vgl. dazu auch die abschließenden Überlegungen in Kap. 8.2).

---

11 „Das schließt nicht aus, die während der Lektüre behandelten Phänomene auch in einen größeren systematischen Zusammenhang zu stellen, wenn es der Festigung und der Verwendbarkeit von Kenntnissen dient. Doch immer sollte die Verselbständigung der Grammatikarbeit vermieden und die Rückbindung an die Textarbeit gesichert sein." (NICKEL 1999, 43)

Methodik

Binnendifferenzierung

Es ist unvermeidlich, dass Phänomene, die der Lehrer wiederholen möchte, weil er sie für generell oder im speziellen Fall (für den aktuellen Autor, für einen kommenden Test) wichtig hält, den Lernenden unterschiedlich präsent sind und folglich möglichst binnendifferenziert zur Übung vorgelegt werden sollten. Deshalb bieten sich *schülerzentrierte* Formen an:
- Arbeitsblätter (auch digital)
- Hausaufgaben
- offene Unterrichtsformen, z. B. Stationenlernen (inkl. ‚peer teaching')

Die Aufgaben sollten dabei auf die von den Schülern verwendete Systemgrammatik verweisen, um individuelle Systematisierung des Grammatikstoffes zu ermöglichen.

Bei Themen, die für die gesamte Lerngruppe in etwa gleiche Relevanz besitzen, erscheint es aus Zeitgründen sinnvoll, *deduktiv und lehrerzentriert* (oder aber mit Schülerreferaten) vorzugehen, da hier der Stoff kompakt und strukturiert präsentiert werden sollte.

Kompetenzorientierung

Kompetenzorientiertes Üben ist für die Lektürephase zentral; das grundlegende grammatikalische Wissen wird idealerweise nur noch aufgefrischt. Dies ist an sich nichts Neues für den Lektüreunterricht mit seinem Fokus auf Übersetzung. Der moderne Lateinunterricht erweitert den Literaturunterricht jedoch um zusätzliche Formen der Texterschließung und die Interpretation. Deshalb muss die Textkompetenz vielfältig geübt und motivational angebahnt werden, bestenfalls in Verbindung mit der aktuellen Lektüre.

Dafür bedarf es auch der Schulung von konkreten Strategien, gerade bei solchen Phänomenen, die dem Deutschen fremd sind. Verständnis von etymologischen und morphologischen Zusammenhängen oder kontrastive Sprachbetrachtung Latein-Deutsch können hier Kompetenzgrundlagen schaffen. Doch oft ist auch das Einüben konkreter Strategien zur De- wie zur Rekodierung des Phänomens der effizienteste Weg. Einfaches, klassisches Beispiel: Den Ablativus absolutus erkennen zu lernen, ihn dann bei der Übersetzung eben ‚losgelöst' (oft durch Einklammern illustriert) zu bearbeiten, ist möglich, ohne größere terminologische oder sprachhistorische Exkurse (für Methoden zur Erzielung von Textkompetenz im weiteren Sinne vgl. das Ende von Kap. 8.1).

Didaktischer Ort (vgl. die Auflistung bei Nickel/Zanini 2003, 15)
- *pre-reading:* Augenmerk auf sprachlichem System, Sprachreflexion; Vorentlastung (bestmöglich an folgende Lektüre angebunden, um zu vermeiden, „dass Grammatik als lästiges, vom Genuss des Textes separates Problem erscheint." [Glücklich 2012, 55])
  - regelmäßige Übungen, verbunden mit Wortschatzarbeit
  - Stundeneinstieg mit Blick auf für die kommende Lektüre besonders relevanten Grammatikaspekt
  - Wiederholung für Test
  - in Form von Unterrichtsstunden, die komplett der Systematisierung von Grammatikwissen dienen (seltener)
- *while-reading:* Augenmerk auf Textarbeit
  - Sprachvergleich
  - Übersetzungsvergleich
  - funktionale Analyse von Sprachgestaltung für die Interpretation
  - spontane Exkurse bei verständnisverhindernden Lücken der Schüler
- *post-reading:* Sprach- wie Textarbeit; Ordnung/Vertiefung schon gewonnener Erkenntnisse
  - gestaltendes Interpretieren
  - sprachliche Besonderheiten eines Autors / einer Gattung
  - Besprechung von Tests

8.3 Wortschatzarbeit

Ein durch Wiederholung und Neuerwerb gesichertes Vokabular ist entscheidend für den Lektüreerfolg. Dies gilt jedoch nur, wenn die einzelnen Wörter nicht als bloßes lateinisch-deutsches Entsprechungspaar gespeichert sind, sondern wenn die Lernenden ein Konzept der Bedeutung im Rahmen *fremdkultureller Schemata* in ihrem *mentalen Lexikon abrufbereit* (behalten) haben (vgl. Kap. 3.2).

Auf dem Weg zur kompletten Entschlüsselung des Textes kommen hier zunehmend Textsemantik und -pragmatik zum Tragen, man denke nur an Kollokationen und ihre Auswirkungen auf die Bedeutung bzw. Übersetzung des Einzelwortes. Somit verschmilzt die Wortschatzarbeit besonders in der Lektürephase mit der Grammatikarbeit, sodass häufig ein *gemeinsamer Sprachunterricht* den höchsten Ertrag bringen wird.[12]

---

12 „Man kann grammatische und semantische Untersuchungen und Einstiege trennen, aber eine solche Trennung ist oft höchstens eine methodische Hilfe. Viel eher sind grammatische und semantische Vorüberlegungen und Beobachtungen bei der Erschließung des Textes miteinander verbunden." (Glücklich 2012, 55)

Methodik

Während in früheren Zeiten überwiegend *quantitative Überlegungen* zum Wortschatz in der Lektürephase angestellt wurden (wie viele und welche Vokabeln?) und man dann vorwiegend mit einer Wortkunde arbeitete, sind heute *qualitative Überlegungen* hinzugetreten. Gründe sind einerseits lernpsychologische Erkenntnisse (Wichtigkeit von Vernetzung etc.) und die Erkenntnis, dass es auch im Umgang mit Wortschatz nicht nur um Wissen/Nichtwissen, sondern um die *Fähigkeit zur Anwendung* geht. Wir können von „Wortschatzkompetenz" sprechen, um diese vielschichtige Fähigkeit zu benennen.

Der Begriff *Wortschatzkompetenz* bezeichnet für den Lateinunterricht v. a. die Fähigkeit der Schüler, das in ihrem mentalen Lexikon gespeicherte Vokabular flexibel für die Erschließung eines Textes (auf allen Ebenen!) einzusetzen. Dafür reicht es nicht aus, lateinische Wörter und deutsche Entsprechungen i. S. von „Wortgleichungen" auswendig zu lernen. Um einen Text durchdringen und in angemessenes Deutsch übertragen zu können, müssen folgende Voraussetzungen erfüllt sein:

- *Wortkonzept*: Nur sehr wenige Wörter haben ein exaktes Äquivalent in einer anderen Sprache, denn die Bedeutung eines Wortes ist ein Komplex aus mehreren Aspekten, die teilweise sogar von Sprecher zu Sprecher unterschiedlich sein können. Um also zu Texterschließung (zumal bei großer historischer Distanz, wie sie im Lateinunterricht zu überwinden ist) gewinnbringend anzuleiten, sollte man sich der verschiedenen Facetten von Wortkonzepten bewusst sein:[13]

> **Denotativ**: Kern der Bedeutung. Bsp.: Ein ‚Kater' ist eine männliche Hauskatze.
>
> *Bedeutung für den Lateinunterricht:* Wörterbücher, Wortschatzteile und Wortkunden versuchen, mit den deutschen Entsprechungen der Lemmata möglichst nahe an den lateinischen Ursprungswörtern zu bleiben. Dies gelingt naturgemäß eher bei konkreten als bei abstrakten Begriffen, deren spezifische Bedeutung oft mit mehreren deutschen Wörtern ‚eingekreist' werden muss.
>
> Problematisch ist dabei, dass jede Bedeutungszuweisung auch die restlichen Aspekte des deutschen Wortes in sich trägt; so bezeichnet ‚Mond' zwar den Himmelskörper, der im antiken Rom *luna* genannt wurde, hat jedoch ganz andere Konnotationen usw. als der lateinische Begriff, der zudem ‚Gottheit' usw. in sich trägt. Diese Problematik gilt es den Schülern deutlich zu machen, denn sie entscheidet zentral über deren Lektürefähigkeit.

---

13 Ich orientiere mich hier an Geoffrey Leechs „Sieben Arten von Bedeutung" (Leech 1974). Die Idee der Wortkonzepte hat für die lateinische Fachdidaktik v. a. Waiblinger populär gemacht.

Außerdem muss das deutsche Wortmaterial stets auf seine Aktualität geprüft werden, um sicherzustellen, dass die Schüler die angegebene Übersetzung auch richtig verstehen.

Konnotativ: Bedeutung, die über die Denotation hinausgeht; das, was mit einem Wort assoziiert wird. Dies variiert von Epoche zu Epoche und von Gesellschaft zu Gesellschaft bzw. sogar innerhalb kleinerer Einheiten.

Bedeutung für den Lateinunterricht: Mehr noch als schon die Denotation unterliegt die Konnotation eines Wortes der Veränderung im gesellschaftlichen Kontext. Dies den Schülern vor Augen zu führen, muss zentrales Anliegen der Wortschatzarbeit (spätestens) in der Lektürephase sein. So verhindert man einerseits zu starke muttersprachliche Interferenzen (ein *vir* ist eben nicht identisch mit dem deutschen ‚Mann') und erklärt andererseits die unterschiedliche Verwendung lateinischer Wörter im Wandel der Zeit, den der Lateinunterricht in seinem Lektürekanon ja durchaus abbildet.

Sozial: Viele Wörter sind markiert, was ihre Verwendung angeht; sie sind einem bestimmten Register, einem bestimmten Dialekt o. Ä. zugeordnet. Bsp.: Die Denotation von ‚Mann' und ‚Kerl' mag annähernd gleich sein, Konnotation und auch soziale Verwendung sind es gewiss nicht.

Bedeutung für den Lateinunterricht: Um den ‚Tonfall' eines Textes einschätzen zu können, muss man auch diese Komponente kennen: Ist er feierlich, polemisch …? Idealerweise transportieren dies schon die deutschen Wortschatzangaben, allerdings ist das gerade für dialektale Varianten schwierig umzusetzen.

Affektiv: Worte sind emotional aufgeladen; sie werden von Sprechern entsprechend gebraucht und evozieren (teils abweichende) Emotionen bei den Adressaten.

Bedeutung für den Lateinunterricht: Die affektive Komponente von Wörtern ist zentral für jede Art Literatur, da diese den Leser emotional erreichen will, was natürlich insbesondere für Reden und Lyrik gilt. Aufgrund ihrer Abhängigkeit vom einzelnen Individuum kann es für eine gelungene Interpretation ausschlaggebend sein, an bestimmten Stellen bewusst autoren- bzw. werkspezifische Wortschatzarbeit auch für diesen Bereich zu leisten. Zusätzlich sollten die Schüler ihren eigenen ‚Vorbelastungen' gegenüber sensibilisiert werden.

Reflektiert: Manche Wörter haben mehrere Denotationen. Wenn sie in einer Bedeutung gebraucht werden, können die anderen mitschwingen. Davon wird z. B. in Wortspielen Gebrauch gemacht (vgl. den o. g. ‚Kater').

Bedeutung für den Lateinunterricht: Um Verwirrung zu vermeiden, sollte man die Aufmerksamkeit nur punktuell auf dieses Phänomen lenken, wenn sich dadurch eine wichtige Ebene der Interpretation öffnet.

Kollokativ: Wörter werden von ihrem Kontext beeinflusst; manche stärker, manche weniger. Und viele Wörter können in Kollokationen unterschiedliche Bedeutungen annehmen (oder zumindest eine unterschiedliche Übersetzung nötig machen).

> *Bedeutung für den Lateinunterricht:* Kollokationenlernen – da ist sich die Forschung einig – ist zentral für das umfassende Verständnis und die Retention von Wörtern. Neben der semantischen Einbettung kann so auch manche grammatische Struktur wiederholt/eingeschleift/gelernt werden, z. B. *amico consulere* vs. *amicum consulere de*.

→ Fremdkulturelle Schemata, die den Wörtern eines lateinischen Textes zugrunde liegen, müssen (je nach Wort unterschiedlich intensiv) aufgebaut werden. Dies geschieht auch in der Lektürephase am besten durch *Wortschatzarbeit in Verknüpfung mit Kulturkunde und Textarbeit* (vgl. Kap. 3.3 und 6). Dazu kann die Wortschatzarbeit auch komplett in die Textlektüre integriert werden, muss aber dennoch explizit erfolgen, damit Umwälzungsdefizite gegenüber natürlichem Spracherwerb ausgeglichen werden. Zudem sollten Wortschatz- und Spracharbeit miteinander verknüpft werden *(syntaktisch eingebundene Wortschatzarbeit)*.

Freilich wird man hier in der Praxis mitunter Abstriche machen müssen, aber der *Synergieeffekt* darf nicht übersehen werden: Der Anwendungsbezug schafft mehr Retention als bloßes Vokabel-‚Pauken'. Gleichzeitig gibt der „sachliche bzw. thematische Zusammenhang innerhalb eines Textabschnitts […] oft Veranlassung, ein Wort- oder Sachfeld aus dem Text zusammenzustellen" (MEUSEL 1976, 23). Diese wiederum unterstützen die Retention gleichermaßen wie die Interpretation. Wie in der Grammatikarbeit erreichen wir so idealerweise den Kreislauf: Wortschatzarbeit führt zu tieferem Textverständnis; tieferes Textverständnis führt zu profunderem Wortschatz.

- Selbstverständlich spielt für die Wortschatzkompetenz auch die *muttersprachliche Kompetenz* eine Rolle. Ein reicher, ausdifferenzierter Wortschatz im Deutschen ist nun einmal die Grundlage für die Auswahl der treffendsten Übersetzung. Umgekehrt kann etwa ein methodisch schlüssiger und feingliedriger *Übersetzungsvergleich* (vgl. dazu Kap. 5) die lexikalische Sensibilität in der Muttersprache erheblich fördern.
- Außerdem ist *generelles Sprachverständnis* hilfreich. Morphologisches Grundwissen (Affigierung, Ablaut-Grundlagen …) erleichtert die Unterscheidung ähnlicher Vokabeln, den Wortschatzerwerb und -retention sowie das ‚Erraten' unbekannter Vokabeln – und ist über die lateinische Sprache hinaus einsetzbar: „[Z]ur Abrundung [kann man] die nun häufig vorgekommenen lateinischen Wortbildungsregeln auf die neuen Sprachen Italienisch, Spanisch, Französisch, Englisch und auf deutsche Fremdwörter übertragen." (SIEMER 2005, 46)
- Zur Wortschatzkompetenz im weiteren Sinne gehören schließlich auch *methodische Fähigkeiten* wie die Arbeit mit Vokabelprogrammen, (digita-

len) Wörterbüchern (Ordnungssystem kennen und nutzen; Wortkonzept anhand der Bedeutungsangaben erkennen und dann aus diesen sinnvoll auswählen bzw. bewusst freier übersetzen) und Wortkunden o. Ä.

Wortkunden
Wortkunden sind das klassische Medium zur Sicherung und Erweiterung des Wortschatzes in der Lektürephase. Sie können alphabetisch, etymologisch, nach Sachzusammenhängen oder autoren-/textspezifisch geordnet sein. Nur Letzteres macht jedoch für den Lektüreunterricht, wie oben ausgeführt, wirklich Sinn: Anwendungsbezogen eignet man sich Vokabular effizient an. Dementsprechend sind allgemeine Wortkunden auf statistischer Basis für den modernen Lektüreunterricht als ungeeignet einzustufen.

In der Lektürephase erscheint es erfolgversprechend, Wortschatzangaben und (gegebenenfalls) -übungen in das Lesebuch bzw. die Lektüreausgabe zu integrieren, wobei sie direkt der jeweiligen ‚Textportion' zugeordnet werden. Zudem können hier autorenspezifische Differenzen in der Verwendung von Vokabeln berücksichtigt werden.

8.4 Medien der Textarbeit: Lektüreausgaben

Auch heutzutage, da lateinische Texte in solider Qualität im Internet verfügbar sind (Latin Library), sind Lektüreausgaben weiterhin von zentraler Wichtigkeit für den Unterricht. Denn sie bieten den Lehrenden wertvolle Entlastung und Anregung, indem sie eine Vorauswahl interessanter Textpartien treffen und sie unter didaktisch-methodischen Gesichtspunkten aufbereiten.

Entwicklung
Gerade letzterer Aspekt hat in den vergangenen Jahren an Wichtigkeit gewonnen. Ältere Ausgaben, z. B. die roten „ratio"-Hefte der 1970er und 1980er Jahre, beschränkten sich nämlich in der Schülerausgabe auf die Auswahl und Bereitstellung von Textpassagen, welche durch sublineare oder in Begleithefte ausgelagerte Vokabelangaben und Übersetzungshilfen ergänzt wurden; dazu kamen Begleittexte in deutscher und lateinischer Sprache. Den Lehrerkommentaren konnte man weitere, meist realienkundliche oder literaturvergleichende Angaben entnehmen, zu denen ein bis zwei Fragen traten, bei denen es sich meist um Texterschließungsfragen oder solche zu bloß reproduzierbarem Wissen handelte. Hier spiegelt sich die zu Beginn von Kapitel 8 skizzierte Entwicklung eines Lektüreunterrichts wider, der auch über die Reformen der 1970er hinaus noch „auf eine unmittelbare Wirkung der Texte auf den Schüler [hoffte] – eine Interpretation fand nicht

statt" (WESTPHALEN 2001, 137). Erst in den vergangenen Jahrzehnten löste man die Interpretation aus dem Schatten der Übersetzung und weist ihr seither eine immer zentralere Position im Lektüreunterricht zu.

In der nächsten Generation, die Ende der 1980er / Anfang der 1990er Jahre eingeführt wurde, traten in „ratio" und anderen, z. B. der Reihe „Antike und Gegenwart", Bildmaterial und Fragen zur Interpretation hinzu. Letztere stellten jedoch so gut wie nie einen Bezug zur Lebenswelt der Schüler her. Nichtsdestotrotz begann damals eine deutliche didaktische Öffnung (WESTPHALEN 2001, 149), die bis heute ein zunehmend umfangreiches Angebot der Lektüreausgaben hervorbrachte.

Vor allem seit der Jahrtausendwende nahmen dabei die konsequenten Versuche *existentiellen Transfers* (vgl. Kap. 7) zu. Weitere Veränderungen:
- überwiegend thematische Lektüre (vgl. Kap. 8)
- noch kürzere Textpassagen, Tendenz zur ‚Häppchenlektüre' oder ‚Pröbchenlektüre' mit vielen deutschen Passagen zur Entlastung
- Layout-Hilfen für die Übersetzung, z. B. kolometrische Einrückungen
- Vokabelangaben und Übersetzungshilfen *ad lineam*
- ausführlicheres Kontextwissen
- Einbindung der Paralleltexte, Rezeptionsdokumente etc., auch des Bildmaterials, in die weiterführende Interpretation
- Handlungs-/Kompetenzorientierung (unterschiedlich stark ausgeprägt)

Es haben die Lektürehefte also gerade im Bereich *Lebensweltbezug* eine deutliche Aufwertung erfahren. Auch der Aspekt der *Handlungsorientierung* (inkl. Sozialform- und Medienvariation) hat zugelegt, ist jedoch im Vergleich zur Entwicklung der Lehrbücher (für die Spracherwerbsphase) teils noch zu wenig ausgeprägt; der Aspekt der Textpragmatik scheint bisher noch geringeres Gewicht zu erhalten. Versuche, die *Textkompetenz* der Lernenden mit Übersetzungsvergleichen u. a. zu schulen, erfolgen noch zu selten. Auch die konkrete Anleitung zu kluger Kombination von Kontextwissen und Textarbeit/Interpretation bleibt häufig rudimentär, allein schon, weil die Fragen zur Erschließung/Interpretation zu selten bewusst aufeinander aufbauen und stattdessen einer zufälligen Sammlung von Eingebungen gleichen.

Insgesamt jedoch entwickeln Lektüreausgaben seit Jahren ein immer größeres Leistungsspektrum: Sie präsentieren nicht nur Text zur Lektüre und entsprechende Interpretationsanregungen, sondern sollen auch in den Bereichen Grammatik- und Wortschatzarbeit sowie der Kulturkunde hilfreiche Materialien für einen effizienten Lektüreunterricht bieten, wie die folgenden Ausführungen zeigen.

Anforderungen an moderne Lektüreausgaben
Grammatik

Unbestritten ist, dass Lektüreausgaben heutzutage auch grammatikalische Hilfe anbieten sollten. Im Gegensatz zu u. a. UHL bin ich jedoch nicht der Meinung, dass es autorenbezogene Begleitgrammatiken geben sollte (vgl. UHL 2012, 10). Der Aufwand (und die mögliche Überforderung einiger Schüler) steht m. E. in keinem Verhältnis zum zu erwartenden Ertrag. Dagegen ist Arbeit mit für die aktuelle Lektüre zentralen Grammatikphänomenen eine große Hilfestellung, welche auch die Lektüreausgabe bieten kann und sollte – aber noch zu selten tut (inkl. Verbindung mit der Interpretation, vgl. Kap. 8.2). Grammatik hat also an folgenden Stellen Platz in Lektüreausgaben:

- *pre-reading*: Themenüberblick und/oder Übungsaufgaben zu zentralen Phänomenen des kommenden Textes
- *while-reading*: Angaben im Schülerkommentar zu entlegeneren Grammatikphänomenen als Übersetzungshilfe
- *while-/post-reading*: Fokus auf bestimmte Phänomene als Beitrag zur Interpretation
- *post-reading*: Vertiefung/Einschleifen eines neuen oder bekannten zentralen Themas

Wortschatz

Wie aus Kap. 8.3 ersichtlich, plädiere ich dafür, auch die Wortschatzarbeit zum festen Bestandteil von Lektüreausgaben zu machen, weil die klassische Wortkunde weder der effizienteste Weg zu Lektüre noch zu Stabilisierung von Wortschatz ist. Ich schlage eine Mischform vor:

- text-chronologische Wortschatzlisten zu jedem Lektürekapitel, in denen der vorkommende Wortschatz aufgeführt ist – allerdings weder die e. g. 500 häufigsten Wörter,[14] die den Schülern bekannt sein sollten *(et, esse, in ...)*, noch äußerst seltene Wörter (e. g. ab statistischer Position 1901)[15]
→ Dieser mittelfrequente Wortschatz ist Lernwortschatz, muss also bei Nichtwissen vor- oder nachbereitet werden.

---

14 Da ihn im Prinzip alle derzeit verwendeten Lehrwerke als Grundlage verwenden, nehme man als statistische Grundlage den Bamberger Wortschatz; vgl. hierzu z. B. UTZ (2001, 164 ff.).

15 Also in etwa der Bereich des Wortschatzes, der weder in Fundamentum noch Additum (Autorenwortschätze) des Bamberger Wortschatzes zu finden ist, vgl. ebd.

- dazu Anregungen zur Wortschatzarbeit (z. B. auf der gegenüberliegenden Seite eines Zwei-Seiten-Prinzips, vgl. u. a. die adeo-NORM-Wortkunde [Utz 2001])
  - Anordnung in Sachfeldern usw.
  - Kontextualisierung v. a. von Wörtern mit komplexem Bedeutungskonzept
  - Visualisierung
- Die sehr seltenen Wörter sollten in den adlinearen Angaben direkt beim Text zu finden sein.

In Zukunft werden hoffentlich intermediale oder rein digitale Aufbereitungen des Wortschatzes Einzug in den Lektüreunterricht finden:
- Der Wortschatz ist kapitelweise aufbereitet und wird automatisch in sinnvollem zeitlichem Abstand vorentlastet oder gefestigt.
- Die Vokabeln sind jeweils auf verschiedene Arten gespeichert und können je nach Bedarf in semantischen Feldern, Kollokationen, mit Visualisierungen etc. angezeigt bzw. vorgesprochen werden.

Die beiden hier skizzierten Wege lassen freilich auch das klassische Wörterbuch für den Lateinunterricht an Bedeutung verlieren; es ist fraglich, ob das wirklich eine bedauerliche Entwicklung darstellt.

Methodische Aufbereitung

Texte, die Eingang in eine Schulausgabe finden (Kriterien zur Auswahl: Kap. 8.1), werden in dieser unter didaktisch-methodischen Gesichtspunkten aufbereitet, um die Lektüre zu unterstützen:
- *Adaption:* Eingriffe in die Textgestalt (v. a. für die Übergangslektüre relevant) sollten gering gehalten werden, können aber die Zugänglichkeit einer Textpassage merklich erhöhen.
- *Formatierung:* Die Art und Weise, wie Text präsentiert wird, wirkt sich auf Motivationsgehalt und Schwierigkeitsgrad einer Lektüreeinheit aus: Abschnittsüberschriften, Absätze statt ‚Bleiwüste', Interpunktion. Dazu können in schwierigen Passagen zentrale Wörter hervorgehoben oder syntaktisch vielschichtige Sätze kolometrisch eingerückt werden (vgl. Nickel 2000, 10).
- *Schülerkommentar:* Hier finden sich, heutzutage wegen Benutzerfreundlichkeit meist adlinear, Angaben v. a. zu Lexik und Syntax, aber auch Informationen zu Randfiguren o. Ä.

- *Kontextualisierung*: Wichtige Informationen zu den beteiligten Personen/Orten/kulturelles Rahmenwissen etc. müssen vorab präsentiert worden sein, damit die Texte verstanden werden können.
- *Formen der Lektüre*: „Beides muss [...] bei der Textarbeit zusammenkommen: das langsame, jedoch zügige Übersetzen von Kernstellen und das raumgreifende Erfassen größerer Zusammenhänge, innerhalb derer die übersetzten Teile ihren Sinn bekommen. Die Textausgaben müssen dafür die Möglichkeit durch ein darauf abgestelltes Arrangement schaffen." (Maier 2002a, 180)
  - Kernstellen: lateinisches Original
  - wichtige Stellen, die wegen Umfang oder Schwierigkeit nicht im Original bewältigt werden können, bilingual (nebeneinander, um Sprachvergleich zu ermöglichen)
  - Kontextualisierung in deutscher Paraphrase der ausgelassenen Passagen
  - gelegentlich Ergänzungstexte auf Deutsch
- *Visualisierung*: Nur sehr selten sollten Bilder nur um der Auflockerung willen eingefügt werden. Sinnvoller ist Verknüpfung mit der Lektüre durch Paratext und v. a. Einbettung in Texterschließung/Interpretation; so erzielt man mit *Rezeptionsdokumenten* wirklichen Mehrwert (vgl. Kap. 7 und 13).
- *Texterschließung/Interpretation*: Die Fragen bzw. Anregungen folgen üblicherweise folgender Progression.
  - Text → Zeitkontext → Aktualisierung (Texterschließung → Interpretation)
  - leicht → schwierig

Bei all diesen Anforderungen, die eine Lektüreausgabe heute erfüllen sollte, bleibt natürlich zweierlei eher klein: erstens die Menge an lateinischem Text und zweitens die Freiheit der Lehrenden, den Unterricht nach ihren Vorstellungen zu gestalten. Eine Balance mit ständiger Rückbindung (Feinjustierung) an die anvisierten Fachleistungen wird in den nächsten Jahren zu finden sein.

Hier können auch die Neuen Medien helfen: Um das Angebot weiterhin groß zu halten, den Lehrkräften aber mehr (Wahl-)Freiheit zurückzugeben – und für einen zukunftstauglichen Lektüreunterricht überhaupt – böte sich die Erstellung von digitalen oder multimedialen Lektüreausgaben an; bisher noch ein Desiderat. Ein paar Beispiele der Anwendung:
- Binnendifferenzierung durch individuelles Anwählen von Übersetzungshilfen

- Deutsche Bedeutung/realienkundliche/grammatikalische Information erscheint beim Klick auf das lateinische Wort.
  → jeweils inklusive weiterführendem Angebot zum Training des nicht beherrschten Stoffes
- Anwählen von verschiedenen Darstellungsarten des Textes: Fließtext, mit Einrückungen, mit Hervorhebungen der Prädikate usw.
- enge Verknüpfung von Textarbeit und Grammatik- bzw. Wortschatzarbeit (Verlinkungen im Text; Fenster, die sich bei Bedarf öffnen, ohne dass der Text ‚beiseitegelegt' werden muss …)

Einleitend haben wir in diesem Kapitel festgestellt, dass gerade Handlungsorientierung und Textkompetenz noch verstärkte Aufmerksamkeit in Lektüreausgaben erfahren könnten. Auch hier täte sich eine Fülle an Möglichkeiten auf, die gerade mit den Neuen Medien leicht zu realisieren wären, zum Beispiel:
- Absätze eines einfacheren Textes in die richtige Reihenfolge bringen (per Drag and Drop)
- Lücken mit Konnektoren auffüllen (per Drag and Drop)
- einen Lückentext (Einzelwörter bis ganze Absätze) auf Deutsch (bzw. falls möglich auf Latein) vervollständigen
- direkte Einbindung von Rezeptionsdokumenten etc. in Form von Audio-/Bildmaterial und Filmclips
- Einbindung von Kultur-/Realienkunde über Websites, Filmausschnitte etc.
- Quiz o. Ä. zur Überprüfung von Grundlagenwissen

9 Unterrichtsplanung

Rüdiger Bernek

Da Unterricht ein hochkomplexes, von zahlreichen heterogenen Faktoren bestimmtes System der Interaktion darstellt, kann langfristiger Unterrichtserfolg im Sinne von Kompetenzaufbau und Verwirklichung übergeordneter Bildungsziele nur auf der Grundlage einer reflektierten makro- und mikrostrukturellen Planung erzielt werden, die sich freilich der Nichtplanbarkeit verschiedener Einflussgrößen stets bewusst ist. Im Folgenden soll nach einem knappen Abriss unterrichtstheoretischer Grundlagen[1] (9.1) ein praxisnaher Überblick über wichtige Prinzipien der Unterrichtsplanung auf den Ebenen der thematischen Sequenz (9.2) und der Einzel- bzw. Doppelstunde (9.3) geboten sowie ein mögliches Artikulationsschema für eine Lateinstunde (9.4) konkretisiert werden.

9.1 Didaktische Modelle als Grundlage von Unterrichtsplanung

Von den beiden im Zusammenhang mit der Planung von Unterricht zentralen didaktischen Theoriemodellen wurde das erste 1958 von WOLFGANG KLAFKI etabliert (zur Rezeption und Bewertung von KLAFKIS Modell im wissenschaftlichen Diskurs vgl. den Überblick bei ARNOLD/KOCH-PRIEWE 2010, 406–408). KLAFKI formulierte ausgehend von seinem Konzept der „kategorialen Bildung" fünf zentrale Leitfragen zur angemessenen Planung von Unterricht:

Die erste Leitfrage richtet sich auf den „exemplarischen" Charakter des jeweiligen Bildungsinhaltes („Urphänomen", „Grundprinzip", „Gesetz", „Kriterium", „Problem", „Methode", „Technik", „Haltung"), die zweite auf die tatsächliche oder pädagogisch gewünschte Bedeutung des Themas für die Gegenwart der Lernenden, die dritte auf seine Bedeutung für deren Zukunft. Die „Struktur des Inhalts" und seine Schichtung ist Gegenstand der vierten Leittrage. Die fünfte schließlich befasst sich mit den Möglichkeiten der Vermittlung des Inhaltes, der für die Lernenden „interessant, fragwürdig, zugänglich, begreiflich, anschaulich" werden soll (KLAFKI 1963 [erstmals 1958], 135–142).

---

[1] „Die Diskrepanz zwischen normativen Planungsmodellen und der tatsächlichen Planung erfahrener Lehrer" (BROMME 1986, 14) ist vielfach konstatiert worden. Allerdings weisen mehrere neuere Studien darauf hin, dass in der beruflichen Praxis zumindest implizit Berührungen zwischen konkreter Planung und didaktischer Theorie festzustellen sind (GASSMANN 2013, 124).

Mit seinem (vorläufigen) „Perspektivenschema zur Unterrichtsplanung" (KLAFKI 1996, 272) ergänzte KLAFKI später das ursprüngliche Modell der „didaktischen Analyse" um die Kategorie der „Bedingungsanalyse" (Analyse der personalen und institutionellen Ausgangsbedingungen des Unterrichts) und um die Fragen nach der „Erweis- und Überprüfbarkeit" (Operationalisierung von Lehr- und Lernzielen zum Zweck der Evaluierung der thematischen Strukturierung) bzw. nach der „Lehr-Lernprozess-Struktur" (Unterrichtsmethoden und Anordnung). Trotz seines „unterrichtsmethodische(n) Defizit(s)" (JANKA/MEYER 2002, 237) wurde KLAFKIS Modell vielfach rezipiert und zum Teil in verzerrender Simplifizierung (ARNOLD/KOCH-PRIEWE 2010, 406 f.) über Jahrzehnte zum Leitfaden praktischer Unterrichtsplanung.

Das zweite wirkungsmächtige Modell, dessen Entstehung sich einer bewussten Abgrenzung vom bildungstheoretischen Ansatz KLAFKIS verdankt, legte WOLFGANG SCHULZ im Rahmen seiner „Hamburger Didaktik" vor (SCHULZ 1981). SCHULZ entwickelte unter diesem Namen das von PAUL HEIMANN, GUNTER OTTO und ihm selbst erarbeitete „Berliner Modell" weiter, das den „Versuch einer deskriptiven, wertneutralen Totalerfassung aller im Unterricht wirksamen Faktoren" (WIATER 2011, 506) darstellt und darauf abzielt, der Lehrkraft ein Instrumentarium zur Analyse des eigenen Unterrichts an die Hand zu geben. Dabei wird zwischen der Analyse von „Strukturen" (Reflexionsstufe eins) und „Faktoren", die die konkreten didaktischen Entscheidungen beeinflussen (Reflexionsstufe zwei), unterschieden. Diese Entscheidungen betreffen zunächst die Fragen, „welche Absichten an welchen Inhalten unter Verwendung welcher Methoden und Medien verwirklicht werden sollen (Planung) oder verwirklicht worden sind (Unterrichtsanalyse)" (HEIMANN 1962, 416). HEIMANN bezeichnet daher die entsprechenden vier „Elementarstrukturen" als „Entscheidungsfelder" (ebd.) der „Intentionalität", „Inhaltlichkeit", „methodischen Struktur" und „Medien-Struktur des Unterrichts" (ebd., 417–420).

Eine die Strukturanalyse ergänzende „Faktorenanalyse" soll sich nach HEIMANN auf die den konkreten Unterricht beeinflussenden Größen richten: die Normen (z. B. allgemein gesellschaftlich oder konkret lehrplanvermittelt), die Fakten (z. B. Erkenntnisse der wissenschaftlichen Disziplinen) und die Formen (Unterrichtsmethoden und Sozialformen) (ebd., 422–426).

Die Weiterentwicklung des viel rezipierten „Berliner Modells" zum „Hamburger Modell" durch WOLFGANG SCHULZ (1981) reagierte auf die Kritik der Lehrerzentriertheit, des Übergewichts der Analyse gegenüber der Planung und der Wertfreiheit, die „für beliebige Zielsetzungen missbraucht werden könne" (TULODZIECKI ET AL. 2009, 231). SCHULZ gab nun den Gedan-

ken der Beschränkung auf die reine Deskription auf und definierte die Emanzipation als übergeordnetes Ziel eines Unterrichts, der von Lehrer und Schülern gemeinsam geplant werden sollte (Schulz 1981, 9–27). Dabei differenziert Schulz vier Ebenen der Unterrichtsplanung:
- die sich über ein Jahr/Halbjahr erstreckende *Perspektivenplanung*,
- die *Umrissplanung* einzelner Unterrichtseinheiten,
- die *Prozessplanung*, die „die Abfolge der Unterrichtsschritte in der Zeit sowie die Kommunikations- und Arbeitsformen im einzelnen" umfasst,
- die *Planungskorrektur*, die „während der Realisierung des Planes […] auf nicht vorhergesehene Planungswirkungen" antwortet (Schulz 1981, 3).

Zentrales Element des „Hamburger Modells" ist die *Umrissplanung*, die eine thematisch definierte „Sinneinheit" zum Gegenstand hat, die ihren Sinn „unter den leitenden Gesichtspunkten, die zu ihrer Auswahl geführt haben", erhält (Schulz 1981, 74). Der Terminus „Umriss" bezeichnet dabei eine Art der Vorstrukturierung, die in Bezug auf den Handlungsablauf des Unterrichts noch konkretisiert werden muss und Raum für Modifikation und Korrektur des Unterrichtsprozesses lässt. Als „Handlungsmomente didaktischen Planens" bestimmt Schulz:
- die *Unterrichtsziele*,
- die *Ausgangslage* der Schüler und Lehrer,
- die *Vermittlungsvariablen*, also die zur Erreichung des Zieles vorgesehenen Mittel und Wege,
- die *Erfolgskontrollen*, die Schülern und Lehrern die Möglichkeit zur Selbstkorrektur geben sollen.

Als für dieses Planungshandeln zu berücksichtigende Rahmenbedingungen nennt er weiterhin:
- die *institutionellen Bedingungen* von Unterricht und Erziehung, d. h.
- die Produktions- und Herrschaftsverhältnisse, die die Institution Schule determinieren (Schulz 1981, 80 f.).

Aus den Ergebnissen der Umrissplanung ist schließlich nach Schulz die *Prozessplanung* zu entwickeln, die die Differenzierung konkreter Teilziele und den Entwurf eines auf diese Ziele ausgerichteten Handlungsablaufes mit entsprechenden Methoden und Medien vorsieht. Für die Verschriftlichung der Prozessplanung schlägt er die Kategorien *Zeit, Lehr-Lernziele, Lernhilfen und Kontrollen* und *Planungsvarianten* vor.

Arnold/Koch-Priewe (2010, 410) empfehlen unter dem Terminus *Didaktische Analyse* eine komplementäre Verbindung der beiden Modelle von Klafki und Schulz zu neun Komponenten:

(1) Analyse der Schüler-, Schul- und Lehrpersonenvoraussetzungen
(2) Positionierung der Planungseinheit in den Planungshorizonten
(3) Intentionen (allgemeinbildende Ziele, Orientierung an Schlüsselproblemen, inhaltsbezogene Richtziele)
(4) Inhaltliche und thematische Analyse (Gegenwarts- und Zukunftsbedeutung, Exemplarische Bedeutung, Thematische Struktur)
(5) Grob- und Feinziele sowie Verfahren zur Zielerreichungsfeststellung
(6) Methodische Analyse
(7) Medienwahl
(8) Binnendifferenzierung
(9) Sequenzierung des Unterrichtsverlaufs

9.2 Die Planung einer Unterrichtssequenz

Unterrichtsplanung ist natürlicherweise immer vom Ende her zu denken. Die Planung einer kompetenzorientierten Unterrichtseinheit oder -sequenz umfasst dabei also weit mehr als die bloße Verteilung der Lerninhalte auf den zur Verfügung stehenden Zeitrahmen. Vielmehr ist es Aufgabe der Lehrkraft, „bei ihren Planungsüberlegungen das angestrebte Kompetenzniveau in Bezug auf Inhalte zu definieren und Standards festzulegen" (KIPER/MISCHKE 2009, 102). Erster Ausgangspunkt hierfür sind die in Lehrplänen bzw. Kerncurricula (und zugeordneten Schulcurricula) formulierten Kompetenzerwartungen im jeweiligen Grad ihrer inhalts- und niveaubezogenen Konkretisierung. Dabei sind sowohl die einzelnen Kompetenzbereiche (z. B. Sprache, Text, Kultur, Methoden) sowie übergreifende Kompetenzen bzw. Kompetenzdimensionen (z. B. Sach-, Methoden-, Selbst- und Sozialkompetenz) zu berücksichtigen. Aus der zielorientierten Bestimmung von Inhalten und Prozessen in Bezug auf ein abstraktes Jahrgangsstufenprofil sowie auf eine konkrete Lerngruppe ergeben sich die methodische und die zeitliche Dimension der Planung von Unterricht.

Für eine Unterrichtssequenz zum Thema OVIDS *Metamorphosen* beispielsweise sehen Lehrpläne häufig folgende **Inhalte** in den verschiedenen Kompetenzbereichen vor, anhand derer sich der Kompetenzerwerb vollziehen soll: formale und stilistische Merkmale der Dichtersprache OVIDS, Metrik, Funktion des Mythos und spezielle Adaption des Stoffes durch OVID, Kompositionstechnik, Gattung, historisch-soziologischer Kontext, Rezeption.

Der erste Schritt einer Sequenzplanung muss gemäß dem von SCHULZ (1981) festgestellten Implikationsverhältnis der Planungsmomente zunächst darin bestehen, in Verbindung mit einer Analyse der Ausgangslage bzw. der Lernvoraussetzungen (u. a. entwicklungspsychologisch, motivational, kognitiv, emotional, sprachlich, sozial, sachstrukturell, gruppenspezifisch) (BECKER 2012, 20–36; WIATER 2011, 199–203) und in Bezug auf die übergeordneten Bildungs- und Erziehungsziele des Lehrplans eine Konkretisierung der in der Unterrichtssequenz angestrebten Teilziele und der hierfür geeigneten Inhalte vorzunehmen. Die von KLAFKI grundgelegten Fragen nach der Exemplarität des Inhalts, seiner Relevanz für Gegenwart und Zukunft der Lernenden und seiner Zugänglichkeit sind unter Berücksichtigung der verschiedenen Kompetenzdimensionen in viele weitere Teilaspekte auszudifferenzieren (BECKER 2012, 44–58), können jedoch für die grundlegende inhaltsbezogene Entscheidung als Leitfaden dienen. So vermag die *Episode von Apoll und Daphne* hinsichtlich OVIDS ironischen Umgangs mit dem Mythos, seiner Technik des intertextuellen Spiels und der Einbettung seines Dichtens in den kulturell-soziologischen Kontext der augusteischen Epoche viele wichtige Aspekte in exemplarischer Form zu veranschaulichen. Großes Potential zur Behandlung von Fragen, die die Schüler in Gegenwart und Zukunft existentiell betreffen, bieten im Hinblick auf die Dimensionen von Selbst- und Sozialkompetenz beispielsweise die *Mythen von Narziss und Echo* (Verabsolutierung von Individualität), *Pygmalion* (Glücks- und Partnerschaftskonzepte), *Salmacis und Hermaphroditus* (Geschlechterrollen) oder *Orpheus* (Tod und Kunst als Formen der Entgrenzung). Darüber hinaus ist im Hinblick auf den Kompetenzbereich Kultur die exemplarische Relevanz zahlreicher Stoffe der *Metamorphosen* auch anhand der Häufigkeit ihrer Rezeption in Kunst, Musik und Literatur zu taxieren, so z. B. *Daedalus und Icarus, Pyramus und Thisbe, die Weltalter* etc.; KLAFKIS fünfte Frage nach der Zugänglichkeit soll den Blick für die Aspekte eines Inhalts schärfen, die geeignet sind, den Lernenden die Relevanz des Themas zu verdeutlichen und ihr Interesse zu gewinnen. So birgt z. B. Pygmalions Weigerung, eine nicht in jeder Hinsicht perfekte Partnerin zu akzeptieren, und sein Beharren darauf, eine solche lieber künstlich zu erschaffen als sich mit der Realität des Menschenmöglichen abzufinden, großes Potential, die Schüler durch existentiellen Transfer zur Auseinandersetzung mit dem Thema Partnerwahl in der modernen Mediengesellschaft anzuregen.

Aus der grundsätzlichen Entscheidung für den jeweiligen paradigmatischen Inhalt ergeben sich die damit verbundenen Grob-, Teil- und Feinziele in den einzelnen Kompetenzbereichen und -dimensionen, die aufgrund der formalen und inhaltlichen Parallelen zwischen den Texten natürlicherweise z. T. identisch sind. Die Kompetenzen, die Wirkung rhetorisch-stilistischer Mittel beschreiben, den Zusammenhang von metrischer Form und inhaltlicher Aussage herausarbeiten oder Ziel und Form des Umgangs mit dem ovidischen Prätext in Rezeptionsdokumenten erfassen und erläutern zu können, sind vom gewählten Inhalt unabhängige Zielbeschreibungen.

Auf dieser Grundlage ist nun je nach für die Unterrichtssequenz anberaumter Stundenzahl zu entscheiden, welche Mythen neben dem Prooemium schwerpunktmäßig auch in originalsprachlicher Lektüre behandelt werden und welche um ihrer interkulturellen Relevanz willen überblicksartig erfasst werden sollen. Aus diesen Entscheidungen resultiert weiterhin eine sinnvolle Anordnung der Teilthemen innerhalb der Sequenz, wobei die Vermittlung notwendiger Kenntnisse zur Biographie OVIDS, zum historischen Kontext der augusteischen Epoche, zur Gattung des Epos und zur Metrik am jeweils didaktisch begründeten Ort einzuplanen ist. Die zu veranschlagende Unterrichtszeit ist abhängig von den gewählten Methoden (z. B. Lehrer- oder Schülervortrag, selbsttätige mediengestützte Erarbeitung innerhalb oder außerhalb des Unterrichts etc.).

Der nächste Schritt der Sequenzplanung besteht in der grundsätzlichen Entscheidung für eine lehrergesteuerte, lehrer-schüler-gesteuerte oder offene Unterrichtskonzeption (WIATER 2011, 208; BECKER 2012, 97–129). Eng mit dieser Entscheidung verbunden ist die Auswahl der Textstellen, die innerhalb der einzelnen thematischen Schwerpunkte in *statarischer/akribischer Originallektüre* bzw. *kursorisch in bilingualer oder Übersetzungslektüre* behandelt werden sollen (vgl. Kap. 5 und 6). Denn der selbsttätigen Bewältigung komplexer originalsprachlicher Strukturen durch die Schüler sind im Lateinunterricht sachlogische Grenzen gesetzt, sodass dieser Ziel- und Gegenstandsbereich eine eher lehrergesteuerte Unterrichtskonzeption nahelegt. Für diese Auswahl ist neben dem Schwierigkeitsgrad und inhaltlicher Relevanz der Texte zuvorderst ihre Eignung zur exemplarischen Durchdringung der sprachformalen Dimension des Textes hinsichtlich Wirkung, Funktion und ästhetischer Qualität von Belang. In jedem Fall *originalsprachlich wären beispielsweise die Verse 3,379–392* zu behandeln, in denen OVID die scheiternde Kommunikation zwischen Narcissus und Echo darstellt, die nur die Worte des Angebeteten wiederholen kann, ihnen dabei aber durch Verkürzung einen dem eigenen Empfinden entsprechenden veränderten Sinn gibt. Nur die Auseinandersetzung mit dem lateinischen Original kann hier die Brillanz veranschaulichen, mit der OVID die besondere Form der Kommunikationssituation und zugleich das seelische Empfinden der Protagonisten in Sprache fasst. Für die inhaltliche und strukturelle Erschließung einzelner Mythen und die Auseinandersetzung mit der Rezeption der *Metamorphosen* in Literatur und Kunst sind offene Unterrichtsformen hingegen durchaus geeignet. So ließe sich in die zu planende Unterrichtssequenz beispielsweise eine diesen thematischen Schwerpunkten gewidmete Freiarbeit, ein Lernzirkel oder ein Gruppenpuzzle im Umfang von fünf bis zehn Stunden (Drumm/Frölich 2007, 63–164) integrieren. Weitere Entscheidungen über Methoden, Sozialformen und Medien sind auf der Ebene der Sequenzplanung dann zu treffen, wenn der Gegenstand eine stundenübergreifende Behandlung erfordert. So ist etwa zu planen, auf welche Weise den Schülern Texte und Bilddokumente für eine überblicksartige Erfassung ovidischer Mythen und ihrer Rezeption zugänglich gemacht werden und in welcher Sozialform die Ergebnisse erarbeitet und präsentiert werden sollen. Schließlich sind in die Planungsarbeit nach Schulz auch die jeweiligen Möglichkeiten der „Erfolgskontrolle" (z. B. Übersetzung, Einlesen von Versen, Interpretation eines Rezeptionsdokuments, Erstellung eines Portfolios, kreative Interpretation etc.) und die sinnvolle Verteilung von Leistungserhebungen einzubeziehen.

Im **Spracherwerbsunterricht** (vgl. Kap. 3) werden zumindest die Fragen der inhaltlichen Definition und der Sequenzierung stark durch das verwendete **Lehrwerk** (vgl. Kap. 4) bestimmt. Das bedeutet jedoch nicht, dass die Lehrkraft dadurch der Pflicht einer sorgfältigen makrostrukturellen Planung enthoben wäre. Vielmehr ist vorab genau die im Lehrwerk gebotene Verteilung der Inhalte auf die zur Verfügung stehende Unterrichtszeit zu analysieren. Ausgehend von dieser Analyse muss für die Behandlung komplexer sprachlicher Inhalte (z. B. Formen und Verwendung der Relativpronomina) eine das errechnete Mittel überschreitende Zahl von Unterrichtsstunden eingeplant werden, für die an anderer Stelle ggf. durch zügigeres Fortschreiten Ausgleich geschaffen werden kann. Zudem bildet die Behandlung jeder Lektion eine mehrstündige Einheit, in der die Teilstunden methodisch (Verteilung und Abstimmung von Neudurchnahme und Übung mit geeigneten Sozialformen) und thematisch (Wahrung eines Spannungsbogens, Kompetenzaufbau im Bereich Kultur) sinnvoll miteinander zu vernetzen sind (Frölich 2010, 161–164).

9.3 Die Planung einer Einzel- bzw. Doppelstunde

Die vielfach in der Literatur als erster Schritt der konkreten Unterrichtsplanung geforderte Sachanalyse (z. B. Gonschorek/Schneider 2007, 281–283; Wiater 2011, 193–198; Becker 2012, 86–91) ist umrisshaft schon in den grundsätzlichen Überlegungen zur Sequenzplanung angelegt und muss nun für den spezifischen Gegenstand einer Einzel- oder Doppelstunde konkretisiert werden. Sie umfasst die fachwissenschaftliche Durchdringung des

Inhaltes ebenso wie die Reflexion auf seine Eignung zur exemplarischen Veranschaulichung, seine innere Struktur, seine Stellung im thematischen Zusammenhang und die notwendigen Voraussetzungen für seine Aneignung. So muss die Sachanalyse im Fall der erwähnten Verse 3,379–392 auf der formalen Ebene etwa erfassen, mit welchen Mitteln OVID den Effekt des Echos in Sprache überträgt und welche Bedeutung der Konnotationsverschiebung des Verbs *coire* (V. 386: *huc coeamus* – V. 387: *coeamus*) bzw. dem Funktionswechsel des Konjunktives in Neben- und Hauptsatz zukommt (V. 391: *„Ante",* ait, *„emoriar, quam sit tibi copia nostri"* – V. 392: *„sit tibi copia nostri"*). Auf der inhaltlichen Ebene ist die Klimax der Intensität von Annäherung und Zurückweisung, die selbst- und fremdzerstörerische Ichbezogenheit des Narcissus, die Vorausdeutung auf dessen späteren Tod in der Selbstverwünschung in Vers 391 sowie der intertextuelle Bezug zur Liebeselegie als wesentlich festzustellen.

Der zweite Schritt der Unterrichtsplanung gilt der Analyse der Lernvoraussetzungen. Sie umfasst die Fragen nach dem Vorwissen der Schüler, ihren sprachlichen und inhaltlichen Kenntnissen, ihren Interessen, ihrer Motivation, ihrer emotionalen und kognitiven Reife, ihrem Sozialverhalten und dem Grad ihrer Beherrschung von Arbeitstechniken (vgl. Kap. 2). So ist es für das gewählte Beispiel von Bedeutung, ob bereits Kenntnisse über die Liebeselegie mit ihren geschlechterspezifischen Rollenmustern vorhanden sind oder ob etwa die Episode von Apoll und Daphne schon gelesen wurde und als Folie herangezogen werden kann. Für weitere methodische Entscheidungen ist es z. B. relevant, ob die Schüler über hinreichende sprachliche Kenntnisse und Techniken der Texterschließung verfügen, um gruppenteilig oder in Partnerarbeit übersetzen zu können, oder der Lenkung durch die Lehrkraft im Unterrichtsgespräch bedürfen. Wenn die Analyse der Lernvoraussetzungen ergibt, dass der Gegenstand aufgrund stark divergierender Kenntnisse und Fertigkeiten innerhalb der Lerngruppe nur von einem Teil der Schüler angemessen erfasst werden kann, sind Formen der Binnendifferenzierung einzuplanen. So kann einigen Schülern zunächst eine veranschaulichte und vereinfachte Form des Textes in Form eines Comics geboten werden. Aber auch die Methode des Peer-Tutorings wäre in diesem Fall eine denkbare planerische Maßnahme. Motivation, Interesse und emotionale Reife sind wichtige Kriterien etwa für die Planung von Formen der kreativen Interpretation (vgl. Kap. 7), die die Bereitschaft zur persönlich-subjektiven Positionierung zum Gegenstand voraussetzen.

Die didaktische Analyse stellt die Synthese aus den beiden vorausgegangenen Analyseschritten dar und intendiert eine möglichst adressatengenaue

Vermittlung des konkreten Inhaltes. Die in der Sachanalyse erarbeiteten Potentiale des Gegenstandes werden nun zu den spezifischen Lernvoraussetzungen der Gruppe durch Auswahl und Anordnung geeigneter Teilaspekte in Beziehung gesetzt. Dies geschieht durch die Formulierung operationalisierter Lernziele, die auf die im Lehrplan als Richt- und Grobziele formulierten Kompetenzerwartungen bezogen sind, aber im Sinne von Teilzielen bzw. Teilkompetenzen den Beitrag der Stunde zum sukzessiven Kompetenzaufbau in den verschiedenen Bereichen in konkreter Form benennen. Die Forderung nach der Operationalisierbarkeit von Lernzielen impliziert bereits die Reflexion auf die angemessene Form der Überprüfung des Lernerfolgs (KIPER/MISCHKE 2009, 72). Bei der Formulierung dieser Lernziele sind nach Möglichkeit die verschiedenen Kompetenzdimensionen (z. B. Sach-, Methoden-, Selbst- und Sozialkompetenz) zu berücksichtigen. Im vorliegenden Beispiel würde etwa die übergeordnete Kompetenzerwartung, lateinische Texte nach Form und Inhalt übersetzen und interpretieren zu können, konkretisiert durch die Teilkompetenz, rhetorisch-stilistische Mittel wie Parallelismus, Polyptoton, Onomatopoesie, Assonanz, abbildende Wortstellung erkennen, benennen und in ihrer Wirkung im konkreten Kontext erklären zu können. Die soziale Dimension des Kompetenzaufbaus ließe sich auf der inhaltlichen Ebene etwa durch eine kreative Aufgabenstellung (Text, szenische Interpretation, Bild) einbeziehen, die eine identifikatorische Auseinandersetzung mit dem existentiellen Liebesschmerz der Echo initiiert, mit dessen stetigem Anwachsen ihr körperliches Hinschwinden in der Metamorphose korrespondiert. Aber auch auf der methodischen Ebene ließe sich der Aufbau von Sozialkompetenz etwa durch die Aufgabenstellung einer arbeitsteiligen Übersetzung oder handlungsorientierten Interpretation des Textes in Gruppen fördern.

Der nächste Schritt besteht in der methodischen Analyse, aus der die Planung des konkreten Unterrichtsverlaufs resultiert. Sie umfasst die Überlegungen zur Artikulation der Stunde, zur Wahl der Methoden bzw. Lehrverfahren, z. B. darbietend, erarbeitend, entdecken lassend (EINSIEDLER 1981, 17 ff.; KIPER/MISCHKE 2009, 96–99), zu Aktionsformen (Lehrervortrag, Schülervortrag, Unterrichtsgespräch, Schüler-Schüler-Gespräch, Rollenspiel, szenische Darstellung etc.), Sozialformen (Klassenunterricht, Gruppenarbeit, Partnerarbeit, Einzelarbeit) und Medien (Tafel/Whiteboard, Arbeitsblatt, Schulbuch, Computer, Overhead-Projektor etc.), zu Möglichkeiten der Binnendifferenzierung und der Lernzielkontrolle. Die zentrale Frage nach der Angemessenheit einer Methode kann immer nur durch die Zusammenschau der Struktur des jeweiligen Inhalts und der spezifischen Lernvoraussetzungen der Schüler beantwortet werden. So ist ein *gruppenteiliges Vorgehen* beispielsweise nur dann sinnvoll, wenn die Aufgabenstellung tatsächlich so komplex gestaltet ist, dass eine arbeitsteilige Bearbeitung im Team ein besseres Ergebnis erwarten lässt. Eine *Partnerarbeit* sollte eine echte Kooperation in Erschließung oder Einübung eines Phänomens durch wechselseitige Unterstützung initiieren und die Teilhabe an Tätigkeit und Lerneffekt nicht dem Zufall überlassen. Die Sozialform der *Einzelarbeit* erscheint immer dann sinnvoll, wenn es um die Einübung und Vertiefung von zentralen Kenntnissen und Fertigkeiten geht, über die alle Schüler gleichermaßen verfügen sollen. In diesem Zusammenhang hat sie auch als *individualisierte Lernzielkontrolle* einen hohen diagnostischen Wert. Zum speziellen Charakter der *Doppelstunde* ist festzuhalten, dass ihre Struktur nicht einfach aus der Verdoppelung einer Einzelstunde zu gewinnen ist, sondern den Aspekten der selbsttätigen Erarbeitung, Übung und Wiederholung sowie der inhaltlichen Vertiefung hier erhöhte Bedeutung zukommt.

9.4 Mögliches Artikulationsschema einer Lateinstunde

In den Veröffentlichungen zur Unterrichtstheorie findet sich eine Vielzahl unterschiedlicher Stundenmodelle, die bis zu zwölf verschiedene Artikulationsschritte ausweisen. Als eine sinnvolle Grundlage für die Modellierung einer Unterrichtsstunde kann das vierstufige Informationsverarbeitungsmodell („Informationsaufnahme, Informationsverarbeitung, Informationsspeicherung, Informationsaufwendung") von KLAUER und LEUTNER dienen. Auf seiner Basis entwickeln die Autoren „eine Art Algorithmus [...] zur Steuerung eines wirksamen Lehr-Lern-Prozesses" (KLAUER/LEUTNER 2012, 44), der die Funktionen Motivation, Informierung, Informationsverarbeitung, Speichern und Abrufen sowie Transfer umfasst (ebd., 46f.). Daraus lässt sich zunächst ein **viergliedriges Artikulationsschema** mit den Phasen der Motivation, Erarbeitung, Ergebnisspeicherung und Anwendung ableiten (KIPER/MISCHKE 2009, 100). Stellt man in Rechnung, dass zu den Funktionen von Schule auch systematische Wiederholung und Übung sowie Leistungserhebung zählen, so sind auch diese Aspekte bei der Planung einer Stunde zu berücksichtigen. Da die vielfältigen Möglichkeiten der konkreten Planung und Organisation von Unterricht unter Einbeziehung offener Formen (vgl. DRUMM/FRÖLICH 2007 und unten Kap. 11) hier nicht dargestellt werden können, sei im Folgenden ein in der Praxis vielfach angewandtes Artikulationsschema für eine lehrergesteuerte Stunde vorgestellt, an dem sich insbesondere auch Praktikanten und Berufsanfänger orientieren können. Dieses Schema ist als *modular* zu betrachten. Selbstverständlich kann und muss es variiert und den konkreten Lernzielen einer Stunde sowie den Ausgangsbedingungen der Lerngruppe angepasst werden:

(1) Motivation (Stundeneinstieg)
Der Stundeneinstieg dient dazu, das Interesse der Schüler zu gewinnen, ihre Aufmerksamkeit auf eine Problemstellung zu lenken und sie zu deren Lösung zu motivieren. So markiert er auf pointierte Weise den Stundenbeginn und bildet den Ausgangspunkt für den roten Faden, der eine Stunde idealerweise zur thematischen Einheit verbindet. Ein guter Einstieg bildet überdies das Scharnier zwischen der vorangegangenen und der folgenden Stunde, indem er auf das bereits Behandelte zurück- und auf das Kommende vorverweist. In dieser Funktion kann er auch zur *inhaltlichen Vorentlastung* der übenden Wiederholung (ggf. Rechenschaftsablage) genutzt werden. Um den gewünschten motivierenden Effekt zu bewirken, sollte der Stundeneinstieg möglichst viele Schüler ansprechen und daher nicht zu kompliziert oder voraussetzungsreich sein. Stundeneinstiege, die ausführlicher Erläuterungen bedürfen, erweisen sich oft als wenig effizient und bergen die Gefahr einer thematischen Aufsplitterung, die zu einer deutlichen Überschreitung des sinnvollerweise für diesen Stundenteil einzuplanenden Zeitrahmens von drei bis fünf Minuten führt.

Ein geglückter Stundeneinstieg bedarf keineswegs immer eines hohen planerischen Aufwandes. Neben den klassischen Formen wie Bild, Text, Schlagzeile, Song, Filmausschnitt, dinglicher Gegenstand, Spiel etc. kann ein wirkungsvoller Einstieg auch nur aus einem deiktischen Impuls, einer provokanten Frage, der Konstatierung eines verblüffenden Sachverhalts, dem Erzählen einer human-interest-story oder der assoziativen Anknüpfung an tagespolitische Ereignisse bzw. an die Lebenswelt der Schüler bestehen (vgl. Lorenz 2012; zu methodischen Anregungen vgl. Abandowitz/Wotka 2016). Natürlich ist das Bemühen um motivierende Impulse nicht allein auf den Stundeneinstieg zu beschränken, sondern für jede Unterrichtsphase relevant.

(2) Übende Wiederholung (ggf. Rechenschaftsablage)
Die Phase der übenden Wiederholung trägt der instruktionspsychologischen Erkenntnis Rechnung, dass für die Informationsspeicherung durch Übung nicht nur die Faktoren „Anzahl der Wiederholungen" und „korrekter Vollzug", sondern auch der Faktor „Verteilung der Wiederholungen" ausschlaggebend sind. „Kurz, aber häufig üben: so heißt die einfache Grundregel" (Aebli 2003, 340–342; vgl. auch Klauer/Leutner 2012, 79 f.;

MEYER 2014, 104–107). Daher ist es geboten, die Übung von (neu) Erlerntem gleichermaßen auf schulischen Unterricht und häusliche Vor- bzw. Nachbereitung zu verteilen. So dient diese Phase einerseits dem verteilten Üben, andererseits auch der Korrektur der häuslichen Lern- und Übungsarbeit zur Lernfortschrittsdiagnose für Lehrkraft und Schüler. In dieser Funktion wird sie häufig auch zur Leistungskontrolle im Sinne einer (benoteten) Rechenschaftsablage verwendet. Von großer Bedeutung ist die Phase der übenden Wiederholung zudem für Vorbereitung der Neudurchnahme, da sie häufig die Vernetzung von bereits Bekanntem ermöglicht und so die Informationsverarbeitung und Speicherung unterstützen kann.

Diese Phase gliedert sich in der Praxis oft in zwei Teile. Der erste kann neu erlernte Phänomene aus Wortschatz und Grammatik sowie in der Vorstunde behandelte Texte oder Übungen zum Gegenstand haben. Der zweite ist ggf. der Verbesserung der schriftlich anzufertigenden Hausaufgabe gewidmet. Grundsätzlich ist die Einbindung möglichst aller Schüler in die übende Wiederholung anzustreben. Das kann u. a. durch (spielerische) Formen geschehen, die die Schüler zu gegenseitiger Abfrage von Vokabeln, Formen und syntaktischen Phänomenen aktivieren. Für den Bereich der Wortschatzarbeit gilt dabei, dass alle Methoden, die zur Einführung neuer Vokabeln anwendbar sind, sich auch zur Überprüfung des Lernerfolgs eignen. Unter lernpsychologischen Gesichtspunkten ist das Wiederholen bzw. Abfragen von Einzelwörtern ohne eine irgendwie geartete Form der *Kontextualisierung* (Kollokationen, kurze Sätze) bzw. *Feldvernetzung* (Fremdwort, neusprachliche Vokabel, Synonym, Antonym, etymologische Verwandtschaft etc.) zu vermeiden (SCHIROK 2010, 26–29; vgl. Kap. 3.2). Eine sorgfältige Planung der Stunde wird immer bestrebt sein, den Stundeneinstieg und die beiden Phasen der übenden Wiederholung thematisch zu verzahnen und dabei ggf. die Neudurchnahme bereits nach Möglichkeit inhaltlich und sprachlich vorzuentlasten. Das geschieht beispielsweise dann, wenn die Sätze, anhand derer ein neues Grammatikpensum erschlossen werden soll, im gleichen thematischen Kontext verortet sind wie die Kollokationen und Texte der Wiederholung und Übung und mit dem dort umgewälzten Vokabular gebildet werden. Teil der Planungsarbeit sind auch Überlegungen zu gekonnten inhaltlichen Überleitungen zwischen den Artikulationsschritten, die auf mechanische selbstreferenzielle Regiebemerkungen (z. B. „Jetzt kommen wir zur Wiederholung") verzichten, und zu instruktiven Fragen, die das Verständnis des wiederholten Textes überprüfen und die schriftliche Hausaufgabe vorerschließen. Da eine sorgfältige, zunächst bei geschlossenen Heften erfolgende Verbesserung der schriftlichen Hausaufgabe relativ viel Zeit in Anspruch nimmt, sollte die Lehrkraft bei Stunden, in denen aufgrund der Komplexität des zu erlernenden Inhalts mehr Raum für die Neudurchnahme und Einübung einzuplanen ist, den Umfang der schriftlichen Hausaufgabe vorausschauend reduzieren bzw. auf schnell zu verbessernde Aufgabenformate (z. B. Einsetz- oder Transformationsübungen) zurückgreifen.

Im *Lektüreunterricht* kann die übende Wiederholung ebenfalls neben dem in der Vorstunde übersetzten Text auf ein zu wiederholendes oder neu erlerntes Wortschatz- oder Grammatikpensum rekurrieren. Im Hinblick auf ein *effektives Zeitmanagement,* auf die thematische Geschlossenheit der Stunde und v. a. auf die effiziente Vorentlastung des Übersetzungstextes ist dieses Element aber besser in die Neudurchnahme zu integrieren. Das ist dann möglich, wenn durch vorausschauende Planung eben jene Wortschatz- und Grammatiksegmente zum Gegenstand der häuslichen Vorbereitung gemacht werden, die in der Folgestunde der Erschließung des Übersetzungstextes dienen.

(3) Erarbeitung (Neudurchnahme)
Die Neudurchnahme im Spracherwerbsunterricht erfordert eine Reihe von planerischen Entscheidungen. Zunächst müssen die Lernziele hinsichtlich des neuen Stoffsegments aus Wortschatz oder Grammatik genau bestimmt und etwaige Verständnisschwierigkeiten der Schüler antizipiert werden. Weiterhin ist die Struktur des neuen Inhalts zu reflektieren und ein angemessenes methodisches Vorgehen hinsichtlich der *Anordnung, Portionierung und Darbietung des Inhaltes* sowie der geeigneten Sozialformen und Medien zu wählen. Grundsätzlich wird kompetenzorientierter Unterricht überwiegend induktiv vorgehen und es den Schülern ermöglichen, sich ggf. ausgehend von bereits Bekanntem (zur Bedeutung sogenannter advance organizer für die Instruktion vgl. Klauer/Leutner 2012, 56–58) Neues selbsttätig zu erarbeiten. Bisweilen können die spezifische Struktur des Inhalts oder die Lernvoraussetzungen der Schüler aber auch den Rückgriff auf eine *deduktive Erschließung* nahelegen. So ist es beispielsweise schon aus Gründen der Zeitökonomie nicht sinnvoll, formenreiche Paradigmen wie das Relativpronomen komplett induktiv einzuführen (zu Möglichkeiten von Induktion und Deduktion bei der Grammatikeinführung im Lateinunterricht vgl. Keip 2010, 35–65). In jedem Fall ist immer größtmögliche Anschaulichkeit und Klarheit der Instruktion anzustreben. Für die Einführung von Wortschatz sind bei der Planung aus der Fülle möglicher Präsentationsformen (vgl. Kap. 3.2) diejenigen zu berücksichtigen, die die effektivste Art

der Feldvernetzung versprechen. Werden mit Grammatik und Wortschatz zwei Stoffsegmente neu eingeführt, kann die Neudurchnahme in zwei durch die Phase der Ergebnissicherung und Übung getrennte Teile gegliedert werden.

Im *Lektüreunterricht* richtet sich das Planungshandeln in Bezug auf die Neudurchnahme auf eine genaue Durchdringung der sprachlichen und inhaltlichen Struktur des Textes. Auf ihrer Grundlage sind Planungsentscheidungen hinsichtlich einer etwaigen vorentlastenden Wiederholung von Grammatik und Wortschatz und der grundsätzlichen Vorgehensweise zur Erschließung des Textes (statarisch oder kursorisch) mit den jeweils angemessenen Sozialformen und Medien zu treffen. Soll der Text in *statarischer/ akribischer* Lektüre behandelt werden, muss die Lehrkraft auch hier mögliche Verständnisprobleme antizipieren, um ihnen durch die Formulierung geeigneter Fragen und Hinweise zur sprachlichen und inhaltlichen Erschließung vorbeugen zu können. Soll die Neuübersetzung in einer heterogenen Lerngruppe in binnendifferenzierter Form stattfinden, so kann die gewünschte Differenzierung durch unterschiedliche Grade der *Vorstrukturierung bzw. Vorentlastung* (differierender Umfang der Angaben zu Vokabeln und Grammatik, Visualisierung grammatischer Strukturen, syntaktische Umschrift, Reduktion der Textmenge mit Zwischenüberschriften, vorentlastende Inhaltsparaphrase, Lückentext mit Teilübersetzungen, Codemixing etc.)[2] oder durch das Angebot mehrerer (adaptierter) Fassungen des Textes in unterschiedlichen Schwierigkeitsgraden gewährleistet werden[3].

(4) Ergebnisspeicherung (Ergebnissicherung)
Die Ergebnissicherung bildet das Scharnier zwischen den Phasen der Erarbeitung und der Anwendung (Übung, Interpretation, Transfer) und ist damit von entscheidender Bedeutung für die Verarbeitung und Speicherung von Information. Der neu erarbeitete Inhalt wird noch einmal rekapituliert und in möglichst anschaulicher und klar strukturierter Form festgehalten. Dabei sollten optische (farbige Hervorhebungen, Diagramme, Bilder etc.) und inhaltliche (Mind-Mapping, instruktive Beispiele) Lern- und Merkhilfen genutzt werden. Idealerweise formulieren die Schüler in einer Grammatikstunde selbst die Regel. Einfache Arten der *Lernzielkontrolle* (Zusammenfassen, Nennen weiterer Beispiele, isolierte Anwendung auf der niedrigsten

---

2 Vgl. GÖTTSCHING/MARINO (2008) mit Beispielen aus der Übergangslektüre; SCHOLZ/WEBER (2010, 130–155) mit Schwerpunkt auf binnendifferenzierten Leistungserhebungen.

3 Ein Beispiel für ein binnendifferenzierendes Lektüreprojekt zum Thema Phaedrus findet sich bei SCHOLZ/SAUTER (2009).

Komplexitätsstufe) geben Rückmeldung darüber, ob das Lernziel in angemessener Form erreicht wurde, und stellen als erste Form der Einübung den Übergang zur nächsten Phase dar.

Die Ergebnissicherung in einer Lektürestunde erfolgt ggf. mehrschrittig. Zunächst gilt sie nach der Arbeit mit dem Originaltext der sprachlichen Struktur des Textes (z. B. durch die Präsentation einer zusammenfassenden Musterübersetzung durch die Lehrkraft) und seinen wesentlichen inhaltlichen Aussagen (z. B. durch Paraphrase oder Herausarbeiten von Gedankenführung oder Argumentationsgang durch die Schüler). Auf dieser Grundlage kann dann ggf. in der nächsten Phase eine weiter vertiefende Interpretation unter bestimmten thematischen Gesichtspunkten erfolgen, deren Ergebnis ebenfalls zu sichern ist (Tafelbild, Hefteintrag, Arbeitsblatt etc.).

(5) Anwendung (Übung, vertiefende Interpretation, Transfer)
Die Phase der Anwendung dient der „Speicher- und Abruffunktion" (KLAUER/LEUTNER 2012, 77–87) mit dem Ziel der Fähigkeit zum Transfer (ebd., 88–93). Im Sprachunterricht ist hierfür eine möglichst häufige Umwälzung des neuen Phänomens in verschiedenen Übungen mit ansteigendem Komplexitätsgrad vonnöten. Bei der Planungsarbeit ist hinsichtlich Auswahl der Übungs- und Sozialformen zu beachten, dass für den gewünschten Effekt der Konsolidierung von Begriffen und Automatisierung von Abläufen gleichermaßen ein hohe Anzahl von Wiederholungen wie die Beteiligung aller Schüler anzustreben ist. Maßgeblich für die Effektstärke ist nämlich nicht die „Anzahl der Übungen, die von der Gesamtheit der Klasse ausgeführt werden", sondern „was der Einzelne leistet" (AEBLI 2003, 340 f.).

Dabei ist hier im Sinne der *Binnendifferenzierung* (vgl. Kap. 2.2) auf eine möglichst genaue Anpassung der Aufgaben an die Lernvoraussetzungen der Schüler anzustreben. So kann etwa hinsichtlich des Umfangs der Übungen differenziert werden. Leistungsstärkere Schüler erledigen dann mehr Aufgaben als leistungsschwächere. Dabei sollte die Lehrkraft darauf achten, den Schülern einen Anreiz für eine zügige Bearbeitung zu bieten, etwa durch „motivierende Zusatzaufgaben mit spielerischem Charakter" (SCHOLZ 2010a, 184). Bei einer Differenzierung hinsichtlich des Anforderungsniveaus können etwa weniger leistungsstarke Schüler Aufgaben wählen, die das neue Phänomen in weniger komplexer Form einüben (z. B. Einsetzübungen, Zuordnungsübungen, Erkennungsübungen), während leistungsstärkere schneller zu einem höheren Komplexitätsgrad fortschreiten (z. B. komplexe Transformationsübungen, Übersetzungsübungen). Im Sinne des Aufbaus von Selbstkompetenz erscheint es sinnvoll, dass die Schüler sich frei für eine der angebotenen Niveaustufen entscheiden können und so lernen, die eigene Leistungsfähigkeit richtig einzuschätzen und eine falsche Selbsttaxierung durch Wechsel in eine andere Niveaustufe sofort zu korrigieren (SCHOLZ 2010a, 184).

Die Stufe des *Transfers* wird im Sprachunterricht erreicht, wenn der Schüler das neue Phänomen im komplexen Kontext eines lateinischen Lesestückes erkennen, beschreiben und übersetzen kann. Die Neuübersetzung bietet neben dieser Form der Lernzielkontrolle genau wie die Besprechung von wiederholten oder präparierten Texten Gelegenheit zum Kompetenzaufbau in den Bereichen Text und Kultur (vgl. Kap. 3.3). Denn selbstverständlich sollen auch im Sprachunterricht in jeder Stunde im Sinne des polyvalenten Fachprofils Lernziele aus verschiedenen Kompetenzbereichen formuliert werden.

Im Lektüreunterricht bietet sich die Möglichkeit zum Transfer in der *vertiefenden Interpretation* (vgl. Kap. 7). Je nach Inhalt und definiertem Lernziel sind die methodischen Planungsentscheidungen abhängig vom gewählten Zugang (z. B. problemorientiert-analytisch, handlungsorientiert-kreativ etc.). So kann eine Interpretation beispielsweise auf der Grundlage von Beobachtungsaufträgen zu verschiedenen Teilaspekten (sprachlich-stilistische Gestaltung, Figurencharakterisierung, Thema-Rhema-Gliederung, intertextuelle Bezüge etc.) arbeitsteilig erstellt werden, indem zunächst mehrere Teilgruppen der Klasse in Einzel- oder Partnerarbeit die entsprechenden Beobachtungen sammeln und dann im Plenum zusammentragen. Eine *szenische Interpretation* hingegen wird sinnvollerweise in Gruppen erarbeitet werden. Der Transfer vollzieht sich aber natürlich auch in der Interpretation eines Rezeptionsdokumentes oder im Vergleich mit einem antiken oder modernen Paralleltext.

(6) Stellung der Hausaufgabe, Vorentlastung der schriftlichen Hausaufgabe, Abrundung
Eine sorgfältige Stellung der Hausaufgabe, die die Schüler genau darüber instruiert, was sie in der häuslichen Nach- und Vorbereitung leisten sollen, ist ebenfalls Teil der Unterrichtsplanung. Sollen die Schüler einen unbekannten lateinischen Text präparieren, sind hier in einer knappen Vorbesprechung mögliche Verständnisschwierigkeiten zu antizipieren. Nach Möglichkeit sollte die Stunde am Ende durch ein inhaltliches Moment abgerundet werden, das idealerweise im Sinne eines thematischen roten Fadens gedanklich auf den Stundeneinstieg zurückverweist.

Teil III: Herausforderungen

Fachspezifische didaktisch-methodische Forderungen an den Lateinunterricht

Volker Müller

10.1 Schülerorientierung im Lateinunterricht

Wer **schülerorientiert** unterrichten will, muss die *Personalität des Schülers*, die *Entwicklungsstufe des Schülers* und die *Individualität des Schülers* berücksichtigen und *vom Schüler her, mit dem Schüler zusammen* und *auf den Schüler hin* planen (WIATER 2005, 8). Andernorts ist ‚Schülerorientierung' als „Ausrichtung unterrichtlicher Entscheidungen am Lernenden" mit den Aspekten „Anknüpfung an die Erfahrungswelt des Jugendlichen, Problemorientierung, entdecken-lassende Unterrichtsformen und Verwirklichung von innerer Differenzierung und Individualisierung im Unterricht" (PETERSEN 1995, 58) definiert.

Ausgehend von diesen beiden Begriffsbestimmungen bietet der Lateinunterricht vielfältige Möglichkeiten. Die **Schülerpersönlichkeit** hilft er entwickeln durch die *werthaltigen Texte* sowohl schon in der Lehrbuchphase als auch besonders in der Lektürephase (MAIER 2008 a); die **geistig-emotionale Entwicklung** berücksichtigt und befördert er durch die mitunter *inhaltlich anspruchsvollen* Texte, deren Übersetzung und Interpretation ja immer das Ziel einer Lektion in der Spracherwerbsphase oder einer Einheit in der Lektürephase ist (vgl. Kap. 5 bis 7); durch die *sprachlich anspruchsvollen Texte* und *geistigen Operationen*, die beim Übersetzen durchlaufen werden müssen; durch die *Präsentation des „nächsten Fremden"* (UVO HÖLSCHER), durch die sich die Schüler selbst als Lebewesen einer geistig-zivilisatorischen Entwicklung des europäischen Kulturraums begreifen können; schließlich durch die *Vermittlungskategorie der Aktualisierung* (MAIER 2002 b) und *des existenziellen Transfers* (WENZEL 1994; vgl. Kap. 7). Die **Individualität des Schülers** berücksichtigt der Lateinunterricht durch die *Diversität an Lerninhalten* aus allen Lebensbereichen des römischen Lebens; durch Lernprobleme thematisierende *methodische Anleitungen zu individuellen Lernweisen,* beispielsweise des Vokabulars, oder *binnendifferenzierenden Verfahren* und *Aufgaben* (vgl. Kap. 2.2 und 9.4) sowie durch *Sozialform-* und *Arbeitsformwechsel* (vgl. Kap. 11); durch den potentiellen *Einbezug beispielsweise von muttersprachlichen Schülern der Romania,* um Vokabeln kontextualisieren zu lassen, oder *von Mitschülern,* um im LdL-Format (vgl. Kap. 11) Unterrichtsphasen mitzugestalten; durch *Visualisierung in den Lehrwerken* und *Textausgaben,* um zu motivieren (vgl. Kap. 10.3), durch

Vokabelangaben und *Schülerkommentare* in Textausgaben, um Könnenserfahrungen zu gewährleisten.

10.2 Handlungsorientierung im Lateinunterricht

Handlungsorientierung geht einher mit *zurückgefahrener Lehrerdominanz* hin zu gemeinsam organisiertem ganzheitlichem Lernen, *handelnden Lernformen* (Spiel, Erforschung, Herstellen, Experimentieren etc.), *praktischem Tun, persönlicher Bedeutsamkeit des Lernstoffes* für die Schüler und mit einer an die Unterrichtsziele angepassten *Methodenvielfalt* (NICKEL 2001, 102).

Der Lateinunterricht sollte daher (ebd.) durch das Angebot *alternativer Methoden* und Aufgabenformate *geöffnet* werden (vgl. Kap. 11) sowie durch *Wechsel der Sozialform* (Partner- und Gruppenarbeit) in Übungsphasen und den *Einbezug der Schüler* in die Vokabelsemantisierung, durch *Kurzreferate* über Realien oder durch *LdL-Phasen* (vgl. Kap. 11) **schüleraktivierend gestaltet** werden; idealerweise *ergänzen produktive Arbeit* die geistige (vgl. Kap. 11) sowie *Schülerwettbewerbe* (BARTL 2016: ABANDOWITZ/WOTKA 2016; vgl. Kap. 4.4) und *Projekte* (vgl. Kap. 11) die Sprach- und Textarbeit (z. B. die Aufführung eines Theaterstückes; vgl. hierzu VEIT 1992).

10.3 Visualisierung im Lateinunterricht

Visualisierung (hierzu grundlegend: PIECHA 1994) dient der *Verständnishilfe bzw. der Kommunikation durch den Transfer von nicht sichtbaren Strukturen in sichtbare* (THIES 2002a, 7). Für diesen Vorgang lassen sich *vier Typen* oder *Kontexte der Visualisierung* in Bezug auf die eigentliche Botschaft unterscheiden (ebd., 8), nämlich die *präzedierende*, d.h. vorausgehende (z. B. Bildimpuls vor Text), *simultane*, d.h. begleitende (z. B. Einblendung des Textes mit Bild), *konsekutive*, d.h. folgende (z. B. Bildarbeit nach Text), und die *substituierende*, d.h. ersetzende (kein Text, dafür Bild).

Je nach zeitlich-logischem Verhältnis des Visualisierten und der Visualisierung lassen sich *fünf allgemeine Funktionen* unterscheiden, die jeder Visualisierung zugeschrieben werden, aber in Abstufungen auftreten können: *Motivation/Inspiration, Instruktion, Reduktion, Dokumentation, Interpretation*. Ergänzen könnte man nach WIATER (2005, 46f.) noch die Funktion der *Wahrnehmungsschulung* und *Medienschulung*. *Kriterien für eine gute Visualisierung* (THIES 2002a, 8–11) sind *Sachorientierung*, d.h., wie gut sie zur Struktur der jeweiligen Thematik passt; *Funktionsorientierung*, d.h., wie effizient, angemessen oder geeignet sie ist; *Adressatenbezug*, d.h., wie gut sie den individuellen Voraussetzungen der jeweiligen Schüler entspricht; *Ökonomie*, d.h., ob das zu erarbeitende Pensum durch die Visualisierung mit dem angemessenen Aufwand erledigt werden kann; *Rekonstruierbarkeit*, d. h., wie adäquat das Visualisierte nach längerer Zeit wieder nachvollzogen werden kann, und schließlich der Grad der *ritualisierten Einübung* (eine Übersicht über die unterschiedlichen Formen der Visualisierung liefert WIATER 2005, 46).

Im Lateinunterricht findet das *visuelle Moment* (STEINHILBER 1982, 13) Berücksichtigung in dem *Lesen* (Buch, Tafel, Lernprogramm, Whiteboard), dem *Anschauen von Bildern* (Dias, Filme, Comics, Präsentationen), den *Arbeitstechniken* (Unterstreichen, Farbverwendung, Strukturierung) und dem *Einsatz von Medien* aller Art (Printmedien, Tageslichtprojektor, Präsentationen etc.). Für den Lateinunterricht sind von besonderer Bedeutung **Bilder** als *illustrierendes und eine Thematik ergänzendes oder fortführendes Moment* (FINK/MAIER 1995, 10), **Visualisierung** als *Arbeitstechnik zur Hervorhebung* und **Tafelbilder** als *Ergebnis(zwischen)sicherung*.

Bilddidaktik[1]
Formen von Bildern
Es gibt unterschiedlichste **Formen von Bildern,** die im Lateinunterricht zum Einsatz kommen können. Hierzu gehören *zeitgenössische Bilder* als unmittelbarer Ausdruck ihrer Zeit, aus der Perspektive späterer Zeit nachgestaltete *historische Bilder, Rekonstruktionen* in Form von 2-D-Schemata oder 3-D-Bildern oder *Modelle, Skizzen, Holzschnitte* oder *Holzstiche,* selbst oder von anderen aufgenommene *Fotos* oder *Dokumente,* die *Wanderseite* (aus mehreren Einzelbildern zu einem Thema bestehendes Gesamtbild), zugleich informative, dekorativ auflockernde und für jeden Schüler verfügbare *Abbildungen* im Lehrwerk, schließlich *Wandbilder* oder *Plakate* (hierzu: SCHIROK 2002, 46–49) als Veranschaulichungen im Wortschatz-, Grammatik- oder Realienkundebereich.

Einschlägige **Bildquellen** sind lat. Bildwörterbücher (KOLLER 2002; MAIER 2010) oder entsprechende Realienkundebücher (ANDRESEN ET AL. 1965; WEEBER 1995; KREFELD 2004; SCHAREIKA 2008), nicht zuletzt der unerschöpfliche Fundus des Internets.

---

1 Vgl. zu folgenden Ausführungen besonders: STEINHILBER (1982, 13–20); SIEWERT ET AL. (1985/86); NIEMANN (1988); CLASEN (1990); DISSELKAMP (1990); GLÜCKLICH (1990); WEIDENMANN (1990); FINK/MAIER (1995); GRAU (1999); BODE (2008); NIEHL (2014), 13–50 zu Bildmethoden.

Didaktische Überlegungen
Die Vermittlung kulturgeschichtlicher Inhalte erfolgt im Lateinunterricht entweder über Texte oder über Bilder (vgl. Kap. 3.3). Die Unersetzbarkeit von Bildern liegt in ihrer *Komplementarität zum narrativ-explikativen Diskurs* begründet, sie *erhellen Sachverhalte,* über die keine Texte existieren oder Texte nicht überliefert sind. Während Texte oft den subjektiven Standpunkt eines Schriftstellers repräsentieren, sind Bilder in der Regel *Ausdruck kollektiver Werte* (HÖLSCHER 2000, 159). In der Bildsprache gibt es den Bereich der *Semantik,* der die Denotation als ikonographische Erfassung eines Bildgegenstandes und die Konnotation als die mit dem Bildgegenstand assoziativ verbundenen Bedeutungen umfasst. Die *Syntax* des Bildes setzt sich aus den ikonographischen, stilistischen und typologischen Elementen zusammen. Produktions- und Rezeptionsprozesse als Mitkonstituenten eines Bildes entstammen der *Pragmatik* der Bildsprache. „Die Analyse der semantischen, syntaktischen und pragmatischen Aspekte der Bildsprache versucht die Rekonstruktion des Horizonts der möglichen Bedeutungen eines Kunstwerks." (BODE 2008, 80)

Didaktisch **gut ausgewählte Bilder** sind deutlich und ihre *Inhalte gut erkennbar,* sie *wirken* mit dem Thema des Lektionstextes oder *mit dem Inhalt des Informationstextes zusammen* und geben Geist, Stil und Sachverhalte einer Epoche *unverfälscht* wieder. Sie *illustrieren, ergänzen* einen verbal ausgerichteten Unterricht, ergänzen die Thematik inhaltlich oder *führen* sie *fort, motivieren* dadurch nicht zuletzt und können insgesamt als *Medium* oder *Unterrichtsgegenstand* dienen. Ihr **didaktischer Ort** ist einerseits als Motivationsanreiz der *Stundeneinstieg* zur Erstbehandlung einer neuen Lektion oder Anknüpfung an das Thema der Vorstunde, die *Einführung in das Thema des Lektionstextes* (NIEMANN 2000) oder die *Ergänzung und Vertiefung* bei (vgl. PFEIFER-BLAUM 2002) oder nach der Textbearbeit. Erwartungshorizonte in der Lehrerhandreichung zu einem Lehrwerk sind daher sehr sinnvoll. Für den **Nachweis von Kunstwerken** existieren folgende **Nachschlagewerke:** BAUM/LEMPP (1983); KRAUSS/UTHEMANN (1987); WALTHER (1993); FREITAG (1994); HARRAUER/HUNGER (2006); MOOG-GRÜNEWALD (2008), VON MÖLLENDORFF ET AL. (2013).

Methodische Schritte
Das Herumzeigen von Einzelbildern ist aus mehreren Gründen nicht sinnvoll: Jeder Schüler erhascht nur einen flüchtigen Blick, betrachtet also nur oberflächlich, außerdem führt dies zu Störungen und verbraucht viel Zeit; daher sollte ein allen Schülern die **bestmögliche Betrachtung gewährleis-

tender OHP, Beamer oder ein Whiteboard zum Vorzeigen von Bildern verwendet werden. Methodische Alternativen stellen die *Bildbefragung* (Schüler formulieren Fragen an das Bild), das *Bild-Interview* (von einer Gruppe an das Bild gestellte Fragen werden von einer anderen Gruppe beantwortet), die *Bildentdeckung* (alternierende Bildbeschreibung durch zwei Schüler ohne inhaltliche Vorgaben) oder *Bildauswahl* durch Schüler (Auswahl des für einen Sachverhalt passendsten Bildes) dar; außerdem kann das Bild *verzögert* oder *unterbrochen* betrachtet werden, es können *Titel* für ein unbetiteltes Bild *gesucht* oder – in Klasse 5–7 – ein *Umrissbild ausgemalt* werden. Es ist zu klären, ob bei den Schülern **Vorkenntnisse** vorhanden sind, die dann natürlich aufzugreifen sind.

Jedenfalls ist den Schülern hierauf genügend **Zeit zur Betrachtung** zu geben. Hierbei lassen sich die **bekannten W-Fragen** stellen: Wer ist dargestellt? Was tut/tun er/sie? Wo handelt/handeln er/sie? Wie vollzieht sich …? Außerdem eignen sich **Fragen der Bild-Semantik, -Syntax und -Pragmatik**: Wie/wohin wird der Blick des Betrachters gelenkt? Was wird deutlich hervorgehoben? Welche Rolle spielt der Aufbau des Bildes? Welche Rolle spielt die Farbgebung für das Verständnis des Bildes? Eine methodische Alternative bietet die *Reizwort-Aufgabe,* welche den Schülerfokus schon in eine gewisse Richtung lenkt.

Im Anschluss an diese Phase ist **spontanen Schüleräußerungen** mit Lehrersteuerung und -ergänzungen Raum zu geben.

Schließlich werden die wesentlichen Aspekte inhaltlicher und gestalterischer Art gebündelt, **gedeutet und begründet**; dabei kann die Lenkung durch die Lehrkraft auch einen bestimmten **didaktisch wichtigen Aspekt** des Bildes hervorheben *(Interpretation nach Leitfragen)*: Bilder können *erzählend* interpretiert werden, also den in Rede stehenden Sachverhalt illustrieren und Leerstellen auffüllen, oder *programmatisch-symbolisch* einen Aspekt herausheben, z. B. eine politische Aussage oder eine abstrakte Idee, was im Gegensatz zu dem oft nur Inhalte nacherzählenden griechischen Bilderrepertoire besonders oft bei römischen Bildern, Sarkophagen, Mosaiken der Fall ist. Häufig sind sie als Medien des kollektiven Gedächtnisses „Symbole kollektiver Identität, Zeugnisse kollektiver Mentalität und Affirmation von sozialen Gruppen" (BODE 2008, 79 f.), sodass sie idealisierenden Projektionen entsprechen. Hierbei muss nach dem *historischen Kontext der Bilder,* nach *Gattungen,* nach den *Intentionen von Auftraggebern* und nach *Adressaten* gefragt werden.

Oft ergänzen sich **Bildaussage und Text** auf eine didaktisch fruchtbare Weise, sodass **Gemeinsamkeiten und Unterschiede,** die interpretationsförderlich sind, herausgearbeitet werden können.

Durch **zusätzliche Rezeptionsdokumente** aus dem Nachleben der Thematik oder des Motivs, z. B. durch einen Vergleich mit einem motivgleichen Bild (NIEHL 2014, 31), lässt sich eine rezeptionsgeschichtliche Interpretation verfolgen (vgl. im Folgenden GRAU 1999, 135 ff.): *Illustrationen* (z. B. Holzstiche) geben oft Lesehilfen, weil eine hochgradige Entsprechung von Text und Bild vorliegt; *Allegorien,* beispielsweise aus der Barock-Malerei, übertragen die Aussage der Antike auf zeitgenössische Vorgänge; *moderne Kunst* interpretiert oft auf verfremdende Weise den antiken Sachverhalt im Sinne einer existentiellen Betroffenheit um, aktualisiert und emotionalisiert dadurch gewinnbringend.

Bleibt genügend Zeit, so ist an **weitergehende Aktivitäten** zu denken (vgl. im Folgenden NIEHL 2014, 28 ff.): Schüler können selbst *künstlerisch gestaltend* aktiv werden, indem sie einen *Bild-Dialog* oder eine *Fortführungsgeschichte* verfassen, *Collagen* erstellen, das Bild oder Teile davon *bearbeiten* oder *motivisch verfremden, Präsentationen mit Texttafeln* erstellen oder fächerübergreifend *projektorientiert* arbeiten. Sofern es sich anbietet, ist auch ein *Museumsbesuch* möglich (GRAU 1999, 140 f.).

Im Lateinunterricht können Bilder, wie oben beschrieben, Texte ergänzen, eine anders geartete Interpretation beflügeln, emotionalisierend und motivierend wirken; es können in beiden Phasen aber auch Texte einfach zu einem Foto-Roman umgestaltet (MÜLLER 1999) oder Lernergebnisse in ihnen dokumentiert werden (NIEMANN 2002 b) etc.

Visualisierung von Grammatik und Text

Markierungen und *Farbwahl* sind elementare Mittel, um Grammatikelemente zu segmentieren, Satzglieder zu markieren, Schlüsselbegriffe kenntlich zu machen (FINK 1999, 49) oder Grammatikpensen zu verdeutlichen, sie dienen also der **Verstehens- und Wahrnehmungshilfe**. Grammatikphänomene oder auch Lektionstexte können z. B. durch *Bildergeschichten* (VISSER 1994), *Strichmännchen* (NIEMANN 2002 a) veranschaulicht, Antithesen im Overlay-Verfahren visualisiert werden (ZELLNER 2002).

Zur Visualisierung von Text gehört auch der Umgang mit *Präsentationsprogrammen,* besonders PowerPoint (vgl. hierzu: THIES 2002 b).

Tafelbild

Tafelbilder – egal ob an einer analogen Schiefertafel oder einem digitalen Whiteboard – sind neben dem ausgeteilten Arbeitsblatt immer noch der Königsweg zur Sicherung von Lernergebnissen, ihre **Funktion** ist also *Erkenntnis-/Verstehens-* und *Behaltenshilfe.* Sie bieten die **Vorteile** der *dynami-*

schen Entstehung, der *Flexibilität*, der *klar definierten Einteilung* sowie der guten *Sichtbarkeit*, **nachteilig** sind die *beschränkten Platzmöglichkeiten*, der *Zeitaufwand*, (auf der analogen Schiefertafel) die *fehlende Reproduzierbarkeit* und, wenn der Platz aufgebraucht ist, die *fehlende Erweiterbarkeit*. Grundsätzlich kann ein Tafelbild während der Textarbeit **dynamisch** oder **genetisch** durch Schülerbeiträge erarbeitet oder als vorbereitetes **statisches Tafelbild** am Ende der Textarbeit fixiert werden. Als **Unterformen** sind geläufig

- die mehr skizzenhaften und als Randnotizen an den Außentafeln verwendeten *Arbeitstafelbilder* (Sammeln von Begriffen/Ideen, Skizzieren von Zusammenhängen etc.), *Induktionstafelbilder* (Entwicklung neuer Strukturen von vorgegebenem Material oder kontrastive Sprachbetrachtung), *Mindmaps/Cluster* und *antithetische/dialektische Tafelbilder* (zur Gegenüberstellung konträrer Positionen) sowie
- die tatsächliche Ergebnissicherung gewährleistenden *Ergebnistafelbilder* (Fixierung der Unterrichtsergebnisse in knapper, einprägsamer und übersichtlicher Form), *Strukturskizzen* (wie vorher, nur mit verdeutlichenden Strukturen) und *Strukturierungstafelbilder* oder *Konspekte* (optischer Nachvollzug der Textstruktur mit wichtigen lateinischen Schlüsselwörtern ≈ *optische Textanalyse*).

10.4 Motivation im Lateinunterricht

Motivation (zum Begriff ‚Motivation': WIATER 2005, 48 f.) entfaltet ihre Wirkung beim *Schüler*, im Bereich der *Schule* und beim *Lernen*. Auf das *Kind* wirkt motivierend:[2] *Tätigsein, Spielen, Neugier, Interesse, Geltung, Erfolg, Miteinandertun, Liebe zu jemand;* während die *Schule* selbst bei Motivationsgängen eher hinderlich wird, spielt die *Lehrkraft* als Bezugsperson eine immense Rolle; das *Lernen* bzw. die *Lerninhalte* sollten mit dem *Menschsein* zu tun haben und *Erstaunen* hervorrufen. Am besten motiviert sind Schüler auch beim Übergang von der Grundschule auf das Gymnasium. Beachtet man diese Aspekte, so ergeben sich für den Lateinunterricht folgende Überlegungen:[3]

0. Schüler

Am günstigsten liegen die Voraussetzungen für die Motivation, wenn *Latein* die *erste gymnasiale Eingangssprache* ist, da die Schüler nach wie vor in dieser Entwicklungsphase noch leichter lernen, sich Aufgenommenes tendenziell dauerhafter einprägen sowie die Bereitschaft zum Wettbewerb und

---

2 Vgl. hierzu im Folgenden ausführlich: WILLER (1979).
3 Gliederung der Unterpunkte nach WILLER (1979, 57 ff.).

der Ehrgeiz noch groß sind (REITZAMMER 1970, 389). Naturgemäß hat der elterliche Einfluss auch einen großen Einfluss darauf, ob man Latein lernen *muss* oder *darf*.

1. Lehrkraft

Die Motivationskraft eines Lehrers liegt in seiner **Persönlichkeit** und seiner **Fachkompetenz** (vgl. LINDL/KLOIBER 2017): Er sollte auf jeden Fall *von seinem Fach und den Alten Sprachen überzeugt* sein, denn nur dann wirkt man *authentisch* und den Schülern gegenüber glaubwürdig. Zweitens gilt es, die Schüler vor allem im Anfangsunterricht durch *Anerkennung* zu ermutigen und bei Misserfolgen *adäquate Hilfestellungen* zu geben, um die Freude der Schüler am Fach aufrechtzuerhalten. Drittens sollte die Lehrkraft durch *vielfältige Beispiele den Wert des Lateinlernens für die eigene Lebenswelt* (vgl. Kap. 1.3) überzeugend demonstrieren können.

2. Stoff: Sprache und Sachkunde

Schon ARISTOTELES sagte in seinen *Politika* (1339a, 28–29): μετὰ λύπης γὰρ ἡ μάθησις („Lernen ist ein schmerzlicher Prozess"); wie sehr ist diese Aussage auch mit Blick auf das Fach Latein, wenn man darunter nur den Sprachunterricht versteht, zutreffend, wenn man einmal den Anschluss und auch – pubertätsbedingt – die schulische Motivation verloren hat.

Die *sachlichen,* also *historischen, archäologischen* und *kulturgeschichtlichen Aspekte* sind aber für Schüler durchaus attraktiv (vgl. Kap. 3.3). Schon Grundschüler dürften von den Römern in irgendeiner Form einmal gehört haben, sei es in Form der Comics von *Asterix und Obelix*, in Form von Filmen wie *Caesar und Cleopatra* oder aus dem Heimat- und Sachunterricht der Grundschule, wenn man auf die historischen Wurzeln der eigenen Stadt zu sprechen kommt – und viele deutsche Städte in Süd- und Westdeutschland sind aus römischen Befestigungen hervorgegangen. Daraus ergibt sich die Konsequenz, dass gemäß den Lehrplänen Sprachunterricht immer mit Sachunterricht verknüpft ist (vgl. Kap. 3.3). So kann man das *Interesse der Kinder* wecken. Damit verbunden ist der vielleicht nicht immer vordergründige **Nutzen des Lateinischen,** der sich manchmal erst versetzt zeigt (vgl. Kap. 1.3). Schüler sollten auch das Gefühl vermittelt bekommen, dass Latein zu bewältigen oder **machbar** ist, auch wenn es hohe Ansprüche stellt. Hierzu führen der mittlerweile ausgeklügelte vorentlastende Lektionsaufbau der Lehrbücher, die zahlreichen Hilfestellungen durch Vokabelangaben, die inhaltlichen Vorentlastungen, die kindgerechten Erklärungen etc. Auch sollten Schüler gelegentlich erzählen, dass der Lateinunterricht *Spaß* gemacht hat; dies hängt sehr vom Lehrerverhalten und den eingesetzten (innovativen) Unterrichtsmethoden ab. Lehrwerksverfassern und Lehrkräften eröffnet sich ebenfalls eine Möglichkeit, motivierend zu wirken: Lehrwerksverfasser können *spannende Texte* fabrizieren, die Kinder entweder durch ihr Sujet – gemäß dem *Prinzip des Erstaunlichen* oder *Unbekannten* – oder durch den Lektionstextaufbau und die Wahl der Textsorte besonders ansprechen; Lehrkräfte haben in der Lektürephase die Möglichkeit, bei einem Hauptautor spannende Schwerpunkte zu setzen, sie mit modernen Rezeptionsdokumenten zu parallelisieren, eine persönliche oder gesellschaftlich-politische Aktualisierung zu gewährleisten oder angesichts des mittlerweile geöffneten Kanons alternative Autoren zu wählen.

3. Methodik: Einzelstunde

Prinzipiell gilt, dass die Lehrkraft *Neugierde* induzieren, *Mittätigkeit (Aktivierung als Unterrichtsprinzip)* und *Erfolgserlebnisse (optimal challenge)* ermöglichen, eine *Vielfalt an Methoden* anwenden und die Motivation *verstärken* (Lob, wenig Tadel, kein Sarkasmus) sollte. Auch ist in jeder Stunde stets auf einen *roten Faden* zu achten, um gedankliche Zäsuren zu vermeiden (vgl. Kap. 9.3 und 9.4).

Möglichkeiten des **Stundeneinstiegs** sind *Einführungssätze* oder eine *Fortsetzungsgeschichte* aus der Lebenswelt der Schüler mitsamt dem Wortschatz und der Grammatik der vorigen Stunde, in unteren Klassen, die affektiv dafür empfänglicher sind, auch *Latinitas viva* (grundlegend Fritsch 1990). Selbstverständlich motivieren auch *Bildimpulse* über die Themen der Vorstunde, außerdem natürlich *Rätsel* aller Art (vgl. hierzu Kap. 4.4; ausführlich Bartl 2015; Abandowitz/Wotka 2016).

Die **Neudurchnahme** in der Spracherwerbsphase ist im Sinne des entdeckenden Lernens *induktiv* und *schüleraktivierend* zu gestalten, indem *enaktives*, dann *ikonisches* und schließlich *symbolisches Lernen* ermöglicht wird. Bei der Komparation könnte man, auch wieder, um enaktives Lernen zu ermöglichen, drei Schüler, die unterschiedlich groß sind, nach vorn kommen lassen, um dies – evtl. in *Latinitas viva* – mit den jeweiligen Formen vorzuführen. Die zweitbeste Möglichkeit der Motivation in dieser Unterrichtsphase ist die *Visualisierung*, die durch Overlay-Verfahren etc. bedient werden kann (vgl. Kap. 10.3).

Die Phase der **Einübung** oder **Festigung** sollte, um motivierend zu sein, *adäquate Sozialformen* oder *spielerische Übungen* integrieren.

Die **Textarbeit** in der Lektürephase kann durch gestaltende oder kreative Formen im weitesten Sinne motivierender gemacht werden, beispielsweise könnte Catulls c. 85 in mehrere Sprachen oder Dialekte übersetzt werden, um einen persönlicheren Bezug herzustellen.

Die Phase der *Hausaufgabenstellung* kann durch *Vorentlastung* schwieriger Satzkonstruktionen oder polysemer Wortformen motivierender werden, außerdem durch die Stellung einer *angemessenen Menge*.

4. Unterrichtsmedien

Ein *Lehrwerk* in der Spracherwerbsphase sollte (vgl. Kap. 4.3 und 4.4), um motivierend zu sein, *optisch ansprechen, Identifikationsfiguren* als Handlungsträger haben, in *Sequenzen* gegliedert sein, *fesselnde Geschichten* aus der Welt der Schüler erzählen, die *unterschiedlich lang* sein können und die *Textsorte abwechseln* sollten, *viele, anregende, kompetitive, Sozialformwechsel ermöglichende, unterschiedliche Übungen* aufweisen, *bebildert* sein, *kulturkundliche Erläuterungen* haben, praktischerweise *Elementarbuch* sein, *Nachschlageverzeichnisse* haben und *methodische Anleitungen zu Vokabellernstrategien, Übersetzungsmethoden, Wörterbuchgebrauch* etc. aufweisen.

Tafel, OHP, Whiteboard und *Dokumentenkamera* sollten didaktisch sinnvoll und abwechselnd, jedenfalls nicht aufgrund mangelnder technischer Kompetenz monoton eingesetzt werden. Ob in der Lektürephase *Lesebücher* oder *spezielle Lektüreausgaben der einzelnen Autoren* zur Verwendung kommen, mag dem individuellen Geschmack jeder Lehrkraft vorbehalten sein. Beide sollten die Möglichkeiten der Adaption nutzen, wo es nötig erscheint, beispielsweise *syntaktische Entlastungen* in Form von kolometrischer Darbietung, Teilung von Sätzen oder Umstellung von sonst kaum erkennbar zusammengehörigen Satzteilen, *lexikalische Entlastungen* in Form von Ergänzung klärender Wörter oder durch Angabe von Vokabeln, am besten im adlinearen Kommentar, schließlich *graphische Einhilfen* in Form der Kennzeichnung von langen Ablativ-Vokalen, Kursivdruck oder Unterstreichung zusammengehöriger Wörter.

11 Alternative Unterrichtsmethoden

Volker Müller

11.1 „Öffnung" des Unterrichts

Der Begriff „Offener Unterricht" (vgl. hierzu im Folgenden HALLITZKY/SEIBERT 2007, 235 ff.) bzw. die implizite Forderung nach einer „Öffnung des Unterrichts" stellen praktisch-didaktische Postulate dar, die sich infolge der Curriculumsdiskussion Ende der 1960er-Jahre sowie aus dem Bemühen um eine praktische Umsetzung der Ergebnisse ebendieser Diskussion im didaktisch-methodischen Umfeld des tatsächlichen Klassenraums samt der in ihm ablaufenden Lehr- und Lernprozesse ergaben. Hierbei entwickelte sich seit den 1980er-Jahren, als die Forderung nach einer „Öffnung des Unterrichts" immer lauter wurde, ein disparates und oft widersprüchliches Theorie-Praxis-Verhältnis: Der praktische Wille nach einer „Öffnung des Unterrichts" auf der einen Seite traf auf den Mangel einer expliziten, einheitlich theoretisch begründeten Didaktik des „Offenen Unterrichts" auf der anderen Seite, obwohl „Offenheit" in nahezu jedem Didaktikmodell einen festen Bestandteil des Begriffsarsenals darstellt(e).

Dabei gibt es bisher keine Festlegung auf eine exakte und trennscharfe Definition des Begriffs „Offenheit" in den sich auf sie berufenden didaktisch-methodischen Unterrichtsmodellen. Deshalb kann der Begriff an dieser Stelle nur beschreibend, d. h. „offen" und dementsprechend weit, in seiner Verwendungsbreite umrissen werden: Im didaktisch-methodischen Unterrichtskontext versteht man unter „Offenheit" eine vonseiten des Lehrers initiierte und gesteuerte Variations- und Flexibilitätskompetenz hinsichtlich der Gestaltung und Planung von Lehr- und Lernprozessen unter Berücksichtigung der individuell-situativen Gegebenheiten sowie der individuellen Lernpersönlichkeiten der jeweils zu unterrichtenden Schüler. Als generelle Kriterien „Offenen Unterrichts" lassen sich nennen: Schülerzentrierung bei gleichzeitiger Lehrerdezentrierung unter dem Imperativ einer das Lernen im Klassenraum optimierenden, die Erkenntnisse der Reformpädagogik sowie der Lernpsychologie integrierenden, von Echtheit, Empathie und Wertschätzung geprägten, kreativ handlungsfähigen Alternativdidaktik.

Die Idee des „Offenen Unterrichts" sowie die Forderung nach einer „Öffnung des Unterrichts" gründen sich einmal auf die Erkenntnisse der Reformpädagogik, der universitären didaktischen Fachwissenschaften und der Lernpsychologie, außerdem stellen sie aber auch implizite Forderungen an die Lehrenden dar, auf die zunehmenden gesellschaftlich-wirtschaftlichen Veränderungen, Entwicklungen und Anforderungen an die in dieser Gesellschaft lebenden Menschen in schulischem Kontext konstruktiv und didaktisch effektiv zu reagieren (zu möglichen Formen und Spielarten „Offenen Unterrichts": GUDJONS 2012, 259–263; zu „offenen" Unterrichtsformen im altsprachlichen Unterricht vgl. NISSEN 1997; BELDE 1999; RICHTER 2006).

Trotz der hohen didaktischen Ambitionen „offener" Unterrichtsformen bleibt dennoch eine Grundkomponete schulischen Unterrichtens unverzichtbar: die Leistungsbewertung; und diese erfolgt aus zeitökonomischen und institutionellen Gründen zumeist nach einer sozialen Bezugsnorm. Hierbei führt das Beharren auf dieser Bezugsnorm eine aussagekräftige und faire Leistungsbewertung schülerzentrierter und individuell zugeschnittener „offener" Lehr- und Lern-Arrangements *ad absurdum;* denn diese bedürften, um eine widerspruchsfreie Leistungsbewertung zu gewährleisten, der Verwendung einer individuellen Bezugsnorm, die ihren Fokus auf den jeweils individuellen Lernfortschritt des einzelnen Schülers richtet – bei gleichzeitigem Verzicht auf einen Leistungsvergleich mit *anderen* Schülern (zur Leistungsbewertung bei „offenen" Unterrichtsformen vgl. HAAS 1999, 59–62). Dies ist oftmals unter den realen Bedingungen des Schulalltags (Zeitdruck, zu große Klassen, Notenvergabepflicht etc.) nicht zu verwirklichen, wenn man auf den Unterricht selbst nicht verzichten will.

11.2 Methodische Konzepte des „Offenen Unterrichts"[1]

Spricht man generell vom Konzept des „Offenen Unterrichts", so sind damit inhaltlich auch immer die jeweiligen methodischen Konzepte und Umsetzungsmöglichkeiten mitgedacht, die den lehrerzentrierten Unterricht in der didaktischen Praxis innovativ in Richtung einer Schülerorientierung „öffnen" sollen. Hierbei lassen sich innerhalb des Methodenrepertoires vier grundlegende Gruppen hinsichtlich ihres jeweils vorherrschenden Unterrichtsprinzips unterscheiden; diese sollen im Folgenden nicht in aller Ausführlichkeit, aber exemplarisch im Hinblick auf den Lateinunterricht illustriert werden:

- **handlungsorientierte** Unterrichtskonzepte (wie z. B. handlungs- und produktionsorientierte Interpretation, szenische Interpretation, LdL), die auf dem Prinzip des *handelnden Lernens* aufbauen (vgl. Kap. 10.2).
- **materialgestützte** Unterrichtskonzepte (wie z. B. Lernzirkel, Freiarbeit, Wochenplan, Gruppenpuzzle, Projektarbeit), die auf dem Prinzip des *forschend-entdeckenden Lernens* aufbauen.

---

1 Vgl. hierzu im Folgenden JANKA ET AL. (2013).

- **projektartige** Unterrichtskonzepte (wie z. B. projektorientierte Gruppenarbeit, projektorientiertes Übersetzungstraining), die auf dem Prinzip des *problemlösenden Lernens* aufbauen.
- **außerschulische** Aktivitäten (wie z. B. Museumsbesuche, Schulfahrten), die auf dem Prinzip des *begegnenden Lernens* aufbauen.

Handlungsorientierte Unterrichtskonzepte

Den Schülern wird bei einem handlungs- und produktionsorientierten Textumgang im Lateinunterricht die Möglichkeit geboten, „d[ie] übliche […] passive […] Rezeption literarischer Inhalte" (DRUMM 2007, 35) zu verlassen, indem sie dazu angeregt werden, antike Texte zu verfremden und sie *kreativ/schöpferisch/produktiv* in eine „andere Gestalt zu übertragen" (ebd.). Folglich liegt der Schwerpunkt mehr auf der Auseinandersetzung mit dem Textinhalt als auf der Grammatikarbeit. Dabei beabsichtigt eine handlungs- und produktionsorientierte Herangehensweise an den Text eine zusätzliche Vertiefung des Textverständnisses – natürlich stets im Anschluss an eine vorhergehende klassische Texterschließung, -übersetzung sowie philologische Textinterpretation. Als mögliche Realisierungen von handlungsorientiertem Lateinunterricht ließen sich dabei folgende Formen denken (zu Handlungsorientierung im altsprachlichen Unterricht: Themenheft „Handlungsorientierter Unterricht". Der Altsprachliche Unterricht [1994], 36. Jg., Heft 3+4; NICKEL 1994; SCHULZ 1997):

- das **freie/kreative Schreiben** im weitesten Sinne, welches den lateinischen Text als Ausgang und Inspiration für die eigene produktive Textverfremdung (z. B. einen Text zu Ende schreiben, einen Zwischentext verfassen) oder für die Übertragung in eine andere Textsorte (z. B. Tagebucheintrag, Zeitungsbericht, Gedicht etc.) verwendet.
- **musisches Gestalten**, das sich z. B. in einer musikalischen/rhythmischen Umgestaltung oder in der gemeinsamen Produktion eines Hörspiels verwirklichen ließe.
- **szenisches Gestalten**, das sich z. B. in einer szenischen/dramatischen (Um-/Aus-)Gestaltung oder Dialogisierung des lateinischen Ausgangstextes bewerkstelligen ließe. Das szenische Gestalten birgt dabei mehrere sich ergänzende und die didaktische Praxis befruchtende Vorteile in sich: Einerseits unterstützt es die Motivierung und Aktivierung der Schüler in *ganzheitlichem Sinne* (kognitives, soziales und kreatives Lernen bilden eine synergetische Einheit: nach PESTALOZZI ein Lernen mit „Kopf, Herz und Hand") (vgl. Kap. 10.2), andererseits bildet das szenische Gestalten in positivem Sinne einen Kontrast zu dem oft hohen Abs-

traktionsgrad des Lateinunterrichts sowie der lateinischen Textinhalte; so wird gerade durch das dramatische Nachvollziehen das oft theoretisch schwer Nachvollziehbare spielerisch nachvollziehbar. Das Spektrum an Umsetzungsmöglichkeiten im Lateinunterricht reicht von der Wortschatzarbeit (z. B. pantomimische Darstellung aktuellen oder auch neuen Wortschatzes) über Grammatikarbeit (z. B. der ‚Verbformen'-Bus[2]) bis zur Wiederholung, Festigung und Vertiefung von Texten der Lektürephase (z. B. die szenische Ausgestaltung eines Gesprächs/Streits zwischen Catull und Lesbia; zum szenischen Gestalten sowie zur szenischen Interpretation im altsprachlichen Unterricht: Themenheft „Szenische Interpretation". Der Altsprachliche Unterricht [2009], 52. Jg., Heft 4; darin bes. HENSEL 2009).

- **graphisches Gestalten**, das den lateinischen Text z. B. in die Form einer Bildergeschichte, eines Comics oder Fotoromans umgestaltet.
- **Lernen durch Lehren (LdL)**: Das vom französischen Didaktiker JEAN-POL MARTIN entwickelte Konzept „Lernen durch Lehren" taucht schon in der antiken Literatur auf, jedoch nicht als ein didaktisch-methodisches Konzept, sondern eher als allgemeine Feststellung: *[...] homines, dum docent, discunt* (Sen. *epist.* 1,7,8). In der veränderten Formel *docendo discimus* ist der senecanische Satz dann Teil des allgemeinen Sprichwortschatzes geworden. Das Prinzip des LdL-Konzepts besteht darin, dass Schüler in die Rolle des Lehrers ihrer Mitschüler schlüpfen. Der eigentliche Lehrer steht dem Schüler-Lehrer nach diesem Rollentausch lediglich hinsichtlich der stofflichen Gliederung und Organisation der jeweiligen Stunde zur Seite (zum LdL-Konzept im Lateinunterricht und Praxisbeispiele: GEGNER 1994; GEGNER 1997; GEGNER/SCHULZ 1999).

Aufgrund seines kreativen und flexiblen Potentials bietet sich ein handlungs- und produktionsorientiertes Unterrichtskonzept in besonderem Maße dafür an, fächerübergreifende und -verbindende Synergien zu nutzen (vgl. Kap. 12). Doch steht ihrer praktischen Umsetzung oftmals die durch die Stundekürzungen bedingte Zeitknappheit entgegen.

---

2 Der ‚Verbformen'-Bus funktioniert so, dass sich Schüler mit den ihnen zuvor zugeteilten flektierten Verbformen selbstständig auf zwei Stuhlreihen aufteilen. Dabei stellt die eine Stuhlreihe den Präsens-, die andere den Perfekt-Stamm dar. Die jeweilige Reihe kann sich dann noch stuhlweise in die jeweiligen Tempora (Präsens/Imperfekt/Futur I bzw. Perfekt/Plusquamperfekt/Futur II) aufteilen etc.

Materialgestützte Unterrichtskonzepte
Lernzirkel/Stationenlernen

Beim Lernzirkel bzw. Stationenlernen handelt es sich um ein Unterrichtskonzept, das verschiedene Orte des Klassenraums, die sogenannten Lernstationen, mit Arbeitsaufträgen verschiedener Art, aber thematischer Zusammengehörigkeit funktional miteinander verknüpft. Hierbei können die mit den jeweiligen ‚Lernstationen' verbundenen Arbeitsaufträge von den Schülern für gewöhnlich unabhängig voneinander und in unterschiedlicher Reihenfolge bearbeitet werden (zum Lernzirkel-Konzept im Allgemeinen: VAN DER GIETH 2010; zum Lernzirkel im Lateinunterricht: DRUMM 2007, 63–89).

Sowohl in fachlicher als auch in sozial-kommunikativer und methodischer Hinsicht zielt das Konzept des Lernzirkels/Stationenlernens auf die individuelle Förderung und auf den individuellen Lernfortschritt der Schüler ab. Gewährleistet wird dies einerseits dadurch, dass es den Schülern mithilfe von zuvor didaktisch aufbereiteten Materialien ermöglicht, sich selbstständig in ein Thema des Lehrplans einzuarbeiten, andererseits aber auch dadurch, dass es während der Arbeitsphase der Schüler vonseiten der Lehrkraft keines unmittelbar didaktischen Eingriffs bedarf; hierbei müssen Inhalte und Lernziele von der Lehrkraft zuvor klar festgelegt sein. Zudem ergeben sich für die Schüler beim Unterrichtskonzept des Lernzirkels/Stationenlernens folgende Möglichkeiten: persönliche Bestimmung des Arbeitstempos, eigene Schwerpunktsetzung, Wahl des Schwierigkeitsgrades der jeweils zu lösenden Aufgabe, Bestimmung der Zugangsweise zu einem Thema, Wahl der Sozialform und selbstständige Überprüfung der Arbeitsergebnisse.

Seine Einbettung in den Lateinunterricht findet das Konzept des Lernzirkels/Stationenlernens beim Einüben von Grammatikstoff, bei der Wortschatzarbeit, beim Training von Arbeitsmethoden und bei der Autorenlektüre.

Freiarbeit

Unter ‚Freiarbeit' versteht man einen Arbeitsmodus, bei dem sich ein Lernender ein Lernziel setzt, das er in Eigenleistung sowie mit einem hohen Maß an persönlicher Freiheit und Eigenverantwortung zu erreichen versucht. Hierbei besteht die Freiheit und Eigenverantwortung des Lernenden unter anderem auch darin, dass er die Auswahl der Arbeitsformen und Inhalte sowie die Planung von Aktivitäten während des Arbeitsprozesses selbst entscheidet. Die ursprüngliche Rolle des Lehrers als alleiniger Verantwortlicher für Planungs- und Entscheidungsprozesse überträgt sich so auf den Lernenden selbst, wobei der Lehrer lediglich als begleitender Impulsgeber und Berater fungiert. Das Konzept der auf die Reformpädagogik von MARIA MONTESSORI, PETER PETERSEN und CÉLESTIN FREINET zurückgehenden Freiarbeit ermöglicht den Lernenden, sich von eigenen Interessen, Vorlieben und Stärken geleitet selbstständig die Materialien, die der Lehrer nach den Grundsätzen der inneren Differenzierung vorgibt, auszuwählen und sich mit ihnen auseinanderzusetzen (zum Freiarbeits-Konzept im Lateinunterricht: PFEIFFER 1997; SCHOLZ 2007; siehe außerdem die Bibliographie zu „Wochenplan und Freiarbeit" und Verlage, die Freiarbeitsmaterialien anbieten: Der Altsprachliche Unterricht [1997], Jg. 40, Heft 1).

Die Phasierung der Freiarbeit gestaltet sich hierbei folgendermaßen: Auf die Einführungs-Phasen (wie z. B. Aufstellung eines Regelkatalogs, Festlegung des Pflichtpensums, Wahl der zu bearbeitenden Themen und der Materialien durch die Schüler) folgt die eigentliche Freiarbeitsphase (FA-Phase), wobei der Arbeitsprozess durch Lerntagebucheinträge dokumentiert wird. Den Abschluss bildet letztendlich die Auswertungsphase in Form von Kurzvorträgen oder Präsentationsmappen.

Wochenplan

Unter einem Wochenplan versteht man ein Arbeitsstrukturmedium, das Aufgaben (Pflicht-, Wahlpflicht- und Zusatzaufgaben) zu einem bestimmten Thema des Lehrplans enthält, die innerhalb einer Woche von den Schülern zu erledigen sind (zum Konzept des Wochenplans im Lateinunterricht: Themenheft „Wochenplan und Freiarbeit". Der Altsprachliche Unterricht [1997], Jg. 40, Heft 1; darin bes. RADEWALDT 1997). Die Möglichkeiten und didaktischen Potentiale der Wochenplan-Methode bestehen darin, dass sie die Selbstständigkeit der Schüler insofern fördert, als diese für einen bestimmten Zeitraum zum Planen, Durchführen, Reflektieren und Kontrollieren der eigenen Arbeit angehalten werden.

Als Beispiele für eine mögliche Einbettung des Wochenplans in den Lateinunterricht wären denkbar: Sequenzsicherung anhand von Plateaulektionen, Übung und sichere Beherrschung eines Grammatikphänomens (z. B. des AcI), als antizipierende Prüfungsvorbereitung, als Nachbereitung einer Klassenarbeit, als Lektürepensum kurzer und in sich geschlossener Texte wie z. B. Fabeln, Gedichte und Epigramme.

Gruppenpuzzle

Bei der Methode des Gruppenpuzzles handelt es sich um eine Variante des Gruppenunterrichts, bei der die Schüler einen Teil des gewählten Themas mithilfe eines Selbststudienmaterials erarbeiten. Nach der Erarbeitungsphase unterrichten diese dann ihre Mitschüler über ihr Thema (zum Gruppenpuzzle-Prinzip allgemein: Frey-Eiling/Frey 2015; zum Gruppenpuzzle im Lateinunterricht: Frölich 2007). In der Regel besteht ein Gruppenpuzzle aus folgenden fünf Phasen:

- **Einführung** in der Klasse (thematisch/organisatorisch/medial)
- **Aneignungsphase** in Einzelarbeit (im Vergleich zum Projektunterricht sind Inhalt und Methode vorgegeben): Mehrere Schüler bearbeiten jeweils ein Teilgebiet.
- **Expertenrunde** in „Expertengruppen" (Austausch und Planung der Unterrichtsstunde)
- **Unterrichtsrunde** in „Unterrichtsgruppen" (1 Tisch / 1 Experte)
- **Evaluation** (evtl. mit einer Lernerfolgskontrolle zur Überprüfung der fachlichen Ziele)

Bei der Methode des Gruppenpuzzles liegt der didaktische Fokus auf dem selbstständigen Lernen des Schülers in Verantwortung für sich und seine Mitschüler; fachlicher und sozialer Kompetenzerwerb gehen so Hand in Hand.

Die Gruppenpuzzle-Methode bietet sich im Lateinunterricht in allen Klassenstufen für die Erarbeitung eines neuen Themengebiets in einer übergeordneten Sequenz an (das sich zudem gut in Teilthemen untergliedern lässt). Außerdem ist das Gruppenpuzzle auch sehr gut geeignet für die Vorbereitung von Klassenfahrten und Museumsbesuchen.

Projektartige Unterrichtskonzepte

Beim Projektunterricht handelt es sich um eine methodische Großform, bei der innerhalb eines bestimmten Zeitraums meist fächerübergreifend und fächerverbindend ein von Schülern und Lehrern formuliertes und abgestimmtes Themenfeld bearbeitet wird. Hierbei verläuft der Unterricht meist in vier Phasen:

- **Bestimmung des Themas** (Erstellung von Leitfragen, die sich einerseits an den Inhalten und Zielen des Lehrplans orientieren, andererseits aber auch gesellschaftliche Fragestellungen und das persönliche Interesse der am Projekt Beteiligten berücksichtigen können)

- **Erstellung von Arbeitsplänen** (inkl. Zeitraster, Beschaffung von Arbeitsmitteln, Bildung von Arbeitsgruppen samt Erstellung von Arbeitsplänen für die jeweiligen Arbeitsgruppen)
- **Arbeitsphase in Kleingruppen** plus anschließender Präsentation im Plenum (dabei erweisen sich Informationsphasen im Plenum, z. B. zu Beginn des Projekttages, als sehr nützlich)
- **Evaluation/Reflexion**, ggf. mit abschließender Benotung (evtl. mit einer Lernerfolgskontrolle zur Überprüfung der fachlichen Ziele)

Da das Konzept des Projektunterrichts den Schülern sowohl die selbstständige Erarbeitung eines Themas in Eigenregie als auch die Präsentation des selbstständig erstellten Produkts ihrer Arbeit vor einer größeren Öffentlichkeit ermöglicht, fördert gerade dieses Unterrichtskonzept in hohem Maße sozialkommunikative Kompetenzen, da die Schüler in Austausch und Kooperation gemeinsam Probleme lösen und dementsprechend Kompromisse eingehen müssen. Außerdem fordert der Projektunterricht den Schülern nicht zuletzt ein hohes Maß an Kritikfähigkeit (aktiv und passiv) und Zuverlässigkeit ab.

Aber auch die Rolle des Lehrers wandelt sich bei projektartigen Unterrichtskonzepten: von der des frontal agierenden Wissensvermittlers zu der des disponierenden, organisierenden und assistierenden Moderators. In dieser Rolle hat er die Aufgaben, das Zeitmanagement des Projekts zu kontrollieren, die Einhaltung schulinterner/rechtlicher Bestimmungen zu gewährleisten, Impulse zu geben, Hilfestellung zu leisten und als Ansprechpartner zu fungieren.

Als Spielarten und Organisationsmodelle projektartiger Unterrichtskonzepte bieten sich hierbei an: Blockunterricht (wobei mehrere 45 Minuten-Stunden zu einem Block zusammengelegt werden können, z. B. am Nachmittag), Stundenblöcke (wobei alle am Projekt beteiligten Lehrer und Fächer ihre Stunden abgeben), Projektwochen/-tage, W- und P-Seminare (Beispiele für projektartigen Lateinunterricht bietet das Themenheft „Projektunterricht". Der Altsprachliche Unterricht [1998], 41. Jg., Heft 1; zur Leistungsbewertung im Projektunterricht: NEUMANN/KRICHBAUMER 2004).

Außerschulische Aktivitäten

Neben den klassenraum- bzw. schulinternen „offenen" Unterrichtskonzepten besteht auch die Möglichkeit eines Unterrichts außerhalb der Schule, z. B. in Form eines Museumsbesuchs, einer Schulfahrt oder Exkursion (zu Museumsdidaktik im Allgemeinen: KUNZ-OTT 2005; zu Museumsdidaktik im Lateinunterricht: Themenheft „Lernen im Museum". Der Altsprachliche Unterricht [2001], Jg. 44, Heft 4+5). Bei diesen außerschulischen Aktivitäten übernimmt der Lehrer die Rolle des Initiators, Katalysators und Moderators, während die Schüler die Rolle des *begegnenden Lerners* übernehmen: *entdecken, erforschen* und *erproben*.

Viele Gründe sprechen für die didaktische Fruchtbarkeit außerschulischer Aktivitäten im altsprachlichen Unterricht:[3]

In fachspezifischer Hinsicht vertiefen die Exponate als antike „Zeitzeugen" das Textverständnis und initiieren in den Schülern neue Reflexionsvorgänge. Darüber hinaus führt die räumliche Nähe des historisch Fremden – sei es bei einem Museumsbesuch oder bei einer Exkursion an eine antike Stätte – neben einer Konkretisierung der Unterrichtsgegenstände zu einer „Konträrfaszination des Authentischen" (KORFF 2007, 141).

Als fachübergreifende Gründe lassen sich anführen: eine Sensibilisierung in ästhetischer Hinsicht (die im Idealfall auch selbstständige Museumsbesuche der Schüler außerhalb des Schulkontexts zur Folge haben kann), außerschulische Aktivitäten als geeignete Rahmenbedingungen für fächerübergreifenden Unterricht (z. B. Kooperation mit dem Geschichts- oder Kunstunterricht), die Ausbildung und das Schulen verschiedener Fertigkeiten (wie z. B. Abzeichnen, Beschreiben, Recherchieren) sowie in gruppendynamischer Hinsicht die Stärkung der Klassengemeinschaft.

---

3   Die Aufteilung der Gründe in fachspezifische einerseits und fachübergreifende andererseits dient lediglich der Klarheit. In Wirklichkeit sind fachspezifische und fachübergreifende Gründe natürlich aufeinander bezogen, bedingen sich gegenseitig und überschneiden sich.

Kooperation im fächerverbindenden und fächerübergreifenden Lateinunterricht

Markus Janka

12.1 Kooperation *inter disciplinas:* Definitionen, Chancen, Probleme

Die universitäre Klassische Philologie hat sich in den vergangenen Jahrzehnten als „Grundlagenfach" wiederentdeckt (vgl. SCHWINDT 2002 mit Beiträgen zu Dialogen des Faches mit der Literaturtheorie, den Neuen Philologien, der Philosophie, Theologie und Bildwissenschaft) und wirkt seither dementsprechend gestaltungsmächtig an *interdisziplinären Forschungsverbünden* mit, wie sie für die Wissenschaftslandschaft unserer Epoche kennzeichnend sind. Neben dem Sonderforschungsbereich „Transformationen der Antike" sind hier das Cluster „Topoi" (beide Berlin) oder die Graduiertenschule „Distant Worlds" (München) als Beispiele zu nennen. Die Verbindungslinien zu den Altertumswissenschaften reichen inzwischen weit über den Horizont der mit der griechisch-römischen Antike befassten Disziplinen Alte Geschichte und Klassische Archäologie hinaus und schließen etwa auch den Vorderen Orient, die Indologie oder die Sinologie ein. Insbesondere die blühende Antikenrezeptionsforschung (vgl. Kap. 13) ist auf ein intensives und transnationales Zusammenwirken sowohl der Altertumswissenschaften als auch der Neueren Philologien, Geschichts-, Medien- und Kulturwissenschaften sowie deren Didaktiken angewiesen, das stetig weiter ausgebaut wird. Ein Beispiel für eine gelungene Institutionalisierung dieses Ansatzes bietet die Fakultät „Artes liberales" an der Universität Warschau.[1] Eine Zwischenbilanz für ein interdisziplinäres Verbundprojekt für die Antikenrezeption in Kinder- und Jugendmedien (insbesondere der Gegenwartskultur) enthält der Sammelband JANKA/STIERSTORFER (2017). Darin treten Zugangsweisen der Klassischen Philologie und der altertumswissenschaftlichen Antikenrezeptionsforschung, der germanistischen und romanistischen Literaturwissenschaft, der Kinder- und Jugendliteraturforschung sowie der Literatur- und Mediendidaktik, der Medienwissenschaft mit dem Fokus „Populäre Kulturen", Filmwissenschaft und Theologie in einen fruchtbaren methodischen Gedankenaustausch.

Angesichts der in den wissenschaftlichen Disziplinen ausgeprägten Diversifizierung und Spezialisierung ist ein solcher Trend zur Verbundforschung gerade in den Geisteswissenschaften alles andere als selbstverständ-

---

1 http://www.al.uw.edu.pl/eng.php (letzter Zugriff am 10.04.2017).

lich. Ähnlich spannungsreich stellt sich die Wechselbeziehung zwischen den *Einzelfächern* im Kontext gymnasialer Bildung dar, in deren planerisches Gefüge mit Stufenplänen und Stundendotationen der Lateinunterricht in aller Regel integriert ist. Tendenziell offenbart die fachdidaktische Diskussion auf diesem Gebiet ein zwiespältiges Bild: Während zahlreiche *Fallstudien gerade beim Projektunterricht* mit Stolz und Begeisterung auf gelingenden fächerübergreifenden Unterricht verweisen (vgl. etwa die Beispiele in: Der Altsprachliche Unterricht [1995], 38. Jg., Heft 4+5 und bei Nickel 2001, 143 f.), bleibt die Didaktik eher reserviert (vgl. Nickel 2001, 143).

Daneben begründet u. U. die Sorge um das je eigene Fachprofil und die Lernzeit für die fachspezifischen Inhalte die Sorge mancher Didaktiker vor euphorischer Wertschätzung des fächerübergreifenden Arbeitens. Stichworte wie „Integration" und „Konzentration", die im Zusammenhang mit fächerübergreifendem Unterricht in Gebrauch waren, konnten den Verdacht nähren, dass die Stundenausstattung des Lateinischen in Gefahr geraten mochte (vgl. zu diesen Diskussionen Person 1995, 9). Auch scheute die Lateindidaktik wohl die Nähe zur Reformpädagogik, die sich die Überwindung der als lernpsychologisch hinderlich befehdeten „Fachgrenzen" auf ihre Fahnen geschrieben hatte. Dies ist etwa dem Beitrag von Huber/Effe-Stumpf (1994) aus dem Bielefelder Oberstufenkolleg zu entnehmen, der indes diesseits der Grundsatzfragen einen guten Ausgangspunkt für eine definitorische Besinnung bietet.

Huber/Effe-Stumpf (1994, 64–66) unterscheiden prinzipiell „ungefächerten" Unterricht ohne Einzelfächer und Fachlehrer (wie in Teilen der Primarschule) von *„gefächertem Unterricht"*. In letzterem gibt es folgende *Organisationsformen* fächerübergreifenden Unterrichts:
- *fachüberschreitend*: Ausgreifen des Fachunterrichts auf Themen, Elemente, Perspektiven, die auch für andere Fächer Relevanz besitzen
- *fächerverknüpfend*: wechselseitige Querverweise der Fächer untereinander; planerische Verknüpfung (vgl. jetzt LehrplanPLUS; Latein plus: Englisch und Latein in Kooperation)
- *fächerkoordinierend*: Synchronisierung des (weiterhin getrennten) Unterrichts in zwei oder mehr Fächern
- *fächerergänzend* (z. B. „Ergänzungsunterricht", Theater-, Musikprojekt, Exkursion o. Ä., die den Fachunterricht um neue Dimensionen, u. U. *extra muros* erweitert)
- *fächeraussetzend* (z. B. Studien-, Projekttage, Praktika)

Seit der sogenannten curricularen Wende wird das Verhältnis von Einzelfach, Fachbereich und überfachlichen Zielen auch für den gymnasialen Bereich in Wissenschaft (vgl. besonders PETERSSEN 2000) und Curriculumsfortentwicklung gründlich reflektiert. In die Lehrpläne für das Fach Latein haben insbesondere Hinweise auf „fachüberschreitende" Verbindungslinien Einzug gehalten, in Bayern ab dem Lehrplan der 1990er Jahre (vgl. Kap. 1.4).

Die Vorgaben eines kompetenzorientierten Lehrplans (vgl. Kap. 14) dienen durchweg als Impulse für eine dementsprechend fachüberschreitende oder fächerverknüpfende Gestaltung der Unterrichtssequenzen. Die Lektüre von SENECAS *Epistulae morales* etwa fördert die *interkulturelle Bildung*, wenn man sein Augenmerk auf das Nachleben des Autors in seinem andalusischen Geburtsort Córdoba legt. Begeben Schüler sich, wie im Internet empfohlen, zunächst digital „auf die Spuren von SENECA in Córdoba" und stellen die Rechercheergebnisse im Unterricht vor, so werden Medienbildung und soziales Lernen gefördert. Bei der Übersetzung (vgl. Kap. 5), Textarbeit (vgl. Kap. 6) und Interpretation (vgl. Kap. 7) ausgewählter Briefe SENECAS an seinen jüngeren Adressaten LUCILIUS wird die inhaltliche Erschließung und ästhetische Würdigung von SENECAS ungemein zugespitztem und dabei freundschaftlich-lehrhaftem Beratungsstil, der zu fortdauernder Selbstertüchtigung im Lehrgang stoischer *virtus* ermuntert, die sprachliche Bildung erheblich aktivieren. Die Diskussionen um SENECAS Position zu anthropologischen Grundfragen wie Zeitgebrauch, Massenspektakel, Krankheit und Tod regen zu kulturübergreifender Wertereflexion an. Bezieht man SENECAS historisches Umfeld in der Endphase des julischen Kaiserhauses unter CLAUDIUS und NERO sowie seine zwiespältige Rolle als (letztlich gescheiterter) Prinzenerzieher NEROS mit ein, dann eröffnen sich weite Horizonte der politischen Bildung, die das Problem der Wechselbeziehungen von Geist, Macht und Moral anhand eines über die Zeiten hinweg prominenten Beispiels in seinem Kern berühren. Die angesprochenen Themen legen besondere Querverbindungen zu den Fächern Spanisch, Geographie, Geschichte, Religion, Ethik, Philosophie, aber, wenn man die ikonographische Rezeption von SENECAS – und insbesondere seines stoischen Philosophentodes – mit einbezieht, auch zur Kunsterziehung nahe.

12.2 Fächerübergreifender Unterricht in der Spracherwerbsphase: Beispiel Mehrsprachigkeitsdidaktik (Latein plus)

Die Spracherwerbsphase des Lateinunterrichts ist insbesondere seit der Umstellung von der Vermittlung einer *Verfertigungsgrammatik,* die zu lateinischer Textproduktion (meist in Form der Hinübersetzung) befähigen sollte, zur Übersetzung in die Muttersprache nahezu konsequent *fachüberschreitend* angelegt. Sowohl bei der Wortschatzarbeit als auch bei der Unterweisung in der lateinischen Schulgrammatik wird durchgehend *bilingual* gearbeitet, sodass stets auch eine Form von *Deutschunterricht* stattfindet. Die für die Wortschatzarbeit wesentlichen Vernetzungen im *mentalen Lexikon* werden durch die auch in den Lehrmedien stark berücksichtigten lateinischstämmigen *Lehn- und Fremdwörter im Deutschen* realisiert; hinzu kommt bald das *Interlexikon* in anderen modernen Sprachen (insbesondere in den Schulsprachen Englisch, Französisch, Italienisch und Spanisch), das auf der Ebene des stammverwandten Vokabulars Synergien bewusst macht und möglichst vielschichtig nutzt (vgl. Kap. 3.2). Auf diese Weise kann der Lateinunterricht bereits auf eine verfestigte Tradition der *Mehrsprachigkeitsdidaktik* (vgl. dazu Bausch et al. 2004; zu Möglichkeiten und Grenzen trilingualer Mehrsprachigkeit im Sinne von „Englisch und Latein als Brücke zur Romania" vgl. Schöpp 2013) zurückblicken, die schon etabliert war, als dieses Thema in der allgemeinen Sprachvermittlungsdidaktik verstärkt in Mode kam. Die größte didaktische und schulorganisatorische Aufmerksamkeit fand in diesem Handlungsfeld in den vergangenen Jahren der Ausbau der Kooperation zwischen den Schulfremdsprachen Englisch und Latein zu Beginn der Sekundarstufe. Die Ortung und noch bewusstere und zielgenauere Nutzung von Gemeinsamkeiten zwischen der Muttersprachdidaktik und der Fremdsprachendidaktik bei den gymnasialen Eingangssprachen soll *synergetisches Lernen* fördern und die Vernetzungsstrukturen noch besser aktivieren.

Schon 1997 betrat das Wieland-Gymnasium in Baden-Württemberg mit dem sog. Biberacher Modell in Form eines Schulversuchs Neuland, in dem es Schülern der 5. Jahrgangsstufe die Möglichkeit anbot, Latein und Englisch gleichzeitig zu erlernen. Dieser Schulversuch fand auch in anderen Bundesländern unter dem Namen „*Latein plus*" Anklang, beispielsweise in Recklinghausen oder Scharnebeck bei Lüneburg. Auch Rheinland-Pfalz folgte den Beispielen, indem es teilnahmefreudigen Gymnasien „Latein plus" ermöglichte (vgl. dazu Choiz/Sundermann 2013); zusätzlich startete das an „Latein plus" bereits teilnehmende Prümer Regino-Gymnasium aufgrund seiner Nähe zu Luxemburg und Belgien ein Pilotprojekt, das Englisch und Französisch gleichzeitig erlernbar machte und unter dem Namen „Prümer Modell" bekannt wurde. 2009 begann das bayerische Kultusministerium mit der Einführung des Schulversuchs „Latein plus", zunächst an drei, später an fünf Versuchsschulen.²

Der Fokus der wissenschaftlichen Begleitung lag zum einen in der Auslotung der sich für die Fächer Latein und Englisch ergebenden *Synergiemöglichkeiten von zeitgleich einsetzenden gymnasialen Lehrgängen in beiden Sprachen*, zum anderen in der *Erstellung von Unterrichtsmaterial*, das auf die Ausnutzung dieser Synergien abzielt.

Um die Synergien der mit unterschiedlichen Lehrwerken (*Latein mit Felix, Campus B, Green Line New E1/E2, English G 2000*) einhergehenden unterschiedlichen Unterrichtssituationen so erschöpfend wie möglich zu erfassen, haben sich die wissenschaftlichen Begleitteams aus den Fächern Englisch (PROF. DR. FRIEDRICH UNGERER) und Latein (PROF. DR. MARKUS JANKA/ VOLKER MÜLLER) im zweiten Lernjahr für ein komplementäres Vorgehen entschieden.

Vorschläge zu sprachwissenschaftlichen Grundlagen für den Schulversuch bot der Schweizer Linguist und Fachdidaktiker DR. THEO WIRTH (vgl. WIRTH ET AL. 2006).

Im Ergebnis ist festzuhalten, dass auf der Grundlage der bislang gültigen Lehrpläne und der darauf basierenden Lehrwerke *für das erste Lernjahr in Latein und Englisch* die Möglichkeiten einer synergetischen Abstimmung der Sprachlehrgänge *eher spärlich* ausfallen, ab dem zweiten Lernjahr in sprachlicher Hinsicht *zunehmend vielfältig und intensiv* möglich sind. Zu erwägen wäre eine synergiefreundlichere Lehrgangsgestaltung, etwa durch entsprechende *Modifikation oder Flexibilisierung des Lernvokabulars* bei künftigen Lehrplanrevisionen.

Die frühzeitige Förderung des *vergleichenden, vernetzenden Denkens* beim Spracherwerb ist von Beginn an als Grundprinzip des Fremdsprachenunterrichts wesentlich und ertragreich. Sie kann durch gezielte Nutzung der Synergien zwischen Latein und Englisch eine erhebliche Verbesserung erfahren. Unabdingbar erscheint die Entwicklung eines *Gesamtkonzepts des*

---

2   Die hier gebotenen Darlegungen fußen auf einer Ergebnissicherung der vom Lehrstuhl für Fachdidaktik der Alten Sprachen an der Ludwig-Maximilians-Universität München beteiligten Wissenschaftler, nämlich VOLKER MÜLLER und dem Verfasser dieses Kapitels. Online mit reichhaltigem Anschauungsmaterial zugänglich unter: http://www.fachdidaktik.klassphil.uni-muenchen.de/forschung/latein_plus/info/index.html (letzter Zugriff am 10.04.2017).

Sprachunterrichts in der gymnasialen Unterstufe, in das auf jeden Fall auch das Unterrichtsfach Deutsch zu integrieren ist.

Nicht nur wünschenswert, sondern erforderlich für ein Gelingen synergetischen Sprachunterrichts erscheint die *methodisch-didaktische Abstimmung und Harmonisierung altsprachlicher und neusprachlicher Unterrichtskonzepte.* Hier müssten eher auf profilierende Abgrenzung der beiden „Fundamentalsprachen des Gymnasiums" abzielende Modelle (vgl. etwa WESTPHALEN 1984) überdacht und synergetisch novelliert werden. Namentlich der Anfangsunterricht des Lateinischen kann im Bereich der Wortschatzdidaktik von kommunikationsorientierten und sprachpragmatisch ausgerichteten Verfahren der Englischdidaktik in erheblichem und bislang nicht annähernd ausgelotetem Maße profitieren. Umgekehrt könnte der Englischunterricht durch eine stärkere Berücksichtigung sprachreflektorischer, textanalytischer und literaturgeschichtlicher Gesichtspunkte vom Fachprofil des Lateinunterrichts gewinnen. Aus einem synergetischen Sprachunterricht sollte sich konsequent ein synergetischer Literatur- und Kulturunterricht entwickeln, der mit Blick auf die überreiche Rezeption der lateinischen Literatur in der englischen bestens fundiert wäre.

Hinsichtlich der *grammatischen Synergien* können in allen vier Lehrwerken Punkte ausgemacht werden, die auf die *Sprachbewusstmachung* in beiden Sprachen im 1. Lernjahr abheben, und solche, die sich für die *Herausstellung von Gemeinsamkeiten und Unterschieden im Sinne des synergetischen und zugleich kontrastiven Lernens* eignen.

Generell ist bei den *lateinischen Lehrwerken* (vgl. Kap. 4) gemäß den Fachleistungen des Sprachbewusstseins resp. der sprachlichen (Allgemein-) Bildung (vgl. WIRTH ET AL. 2006) und der mittlerweile den Status eines Alleinstellungsmerkmals des altsprachlichen Unterrichts in sich bergenden *Übersetzung* (vgl. Kap. 5) eine *Tendenz zu Übersetzungen* (zumeist lateinisch-deutsch, aber vereinzelt auch noch deutsch-lateinisch) sowie *formenanalytischen Aufgaben* zu verzeichnen, während sich in den Übungen der *englischen Lehrwerke* die Grundpostulate der Kommunikationsorientierung sowie der Einübung von *productive skills* in Form der stark vertretenen *Partner- und Gruppenaufgaben,* dem lediglich *sinngemäßen Dolmetschen* und dem Gewicht auf *creative writing* und *Spielerischem* manifestieren.

Als bereits synergiestiftend sei im Rahmen der *lateinischen Aufgabenformate* das der „Fremdwort-Etymologie" genannt, innerhalb dessen ein deutsches Fremdwort oder eines aus den großen romanischen Sprachen auf seine lateinische Wurzel zurückgeführt werden soll; Schwächen im stark rezeptiven Charakter der lateinischen Aufgabenformate könnten durch verstärkte *Übernahme von Partner- und Gruppenübungen* sowie *handlungs- und produktionsorientierten Elementen im Umgang mit dem lebendigen Latein* ausgeglichen werden.

Die *englischen Aufgabenformate* würden angesichts der mangelnden „echten" Übersetzungstätigkeit durch Einbringung eines Übersetzungsdreischritts, durch den die jeweiligen Fachanforderungen (lateinisch → deutsch; deutsch → englisch) abgedeckt werden, eine sprachreflektorische Vertiefung erfahren.

Im Konzept der von Prof. Eva Leitzke-Ungerer vorgestellten *mehrsprachigen Aufgabenplattform (MAP)*, die nach inhaltlich sinnvollen Einschnitten im Lehrgang zur Sicherung, Vertiefung und synergetischen Reflexion zum Einsatz kommt und bei den teilnehmenden Lehrkräften breiten Zuspruch fand, können Übungen zu einem Konvolut zusammengefasst werden – aus Sicht der Lateindidaktik mit folgenden Kriterien:
- Ansprechen vieler Lerntypen (auditiv, visuell, kommunikativ, handlungsorientiert)
- Sprachvergleich (zur Herausstellung von Gemeinsamkeiten und Unterschieden)
- gelenkte Übersetzung/Übersetzungsdreischritt (zur Bewusstmachung der Strukturen)

Passive Sprachbeherrschung	Vermittlungssprache	Aktive Sprachbeherrschung
Latein	Deutsch	Englisch
Cur mihi tum non narravisti de amico?	Warum **hast du** mir damals nicht von **deinem** Freund **erzählt**?	Why **didn't you tell me** about your friend **back then**?

Die Münchner Lateindidaktiker haben eine Reihe von MAPs zu folgenden synergetischen Themenkomplexen erarbeitet: Diese umgreifen allgemeinsprachliche, lexikalische und kulturkundliche Gesichtspunkte im Sinne eines ganzheitlichen Spracherwerbsunterrichts:[3]
- Sprachtypologie
- Begrüßen und Vorstellen
- Haus und Wohnen
- Stadt und Einkaufen
- Polysemie und Metonymie
- Sagenhafte Helden

---

3 Sämtliche von der Lateindidaktik entwickelten MAPs sind online abrufbar unter: http://www.fachdidaktik.klassphil.uni-muenchen.de/forschung/latein_plus/materialien/syn_maps/index.html (letzter Zugriff am 10.04.2017).

- Freizeit
- Kardinal- und Ordinalzahlen

Das folgende Beispiel aus den jeweiligen Sequenzen „Sagenhafte Helden" verbindet synergetische Spracharbeit auf Lateinisch und Englisch mit wesentlichen und bis heute wirkungsmächtigen kulturkundlichen Inhalten:

> **Übung zu den who- und what-Fragen:**
> Setze die entsprechenden englischen und lateinischen Fragewörter ein. Achte dabei auf die gerade wiederholten Regeln!
> _____ is the man, who kills the horrible Hydra with fire?
> _____ est ille vir, qui Hydram immanem igne necat?
> _____ is the name of that wild and terrible animal of the Underworld?
> _____ nomen est illi animali feroci et atroci Tartari?
> _____ helps Aeneas?
> _____ consulit Aeneae?

12.3 Fächerübergreifender Unterricht in der Lektürephase: Beispiele – rezeptionsorientierte Interpretation und wissenschaftspropädeutische Seminare

Für den Lektüreunterricht soll exemplarisch die Aufbereitung einer Lektüreeinheit aus OVIDS *Metamorphosen*, dem bis heute erfolgreichsten mythologischen Kompendium der Antike, durch den Autor des Beitrags vor Augen führen, dass eine *rezeptionsorientierte Interpretation* (vgl. dazu Kap. 13) *sponte sua* zu fachüberschreitendem oder auch fächerverknüpfendem Arbeiten anregt. Die *Metamorphosen* haben ja nicht nur seit ihrem Erscheinen eine immense Wirkung in zahlreichen Epochen der Kulturgeschichte entfaltet, sondern sind durch ihre inhärent multimediale Prägung auch für eine kreative Rezeption in den unterschiedlichsten Gattungen der Literatur und Sphären der Kultur prädestiniert.

Als Beispiel soll hier ein Ausschnitt aus der Aufbereitung der Geschichte um Narcissus und Echo im dritten Buch der *Metamorphosen* für die schulische Lektüre dienen (vgl. JANKA 2003, 67–79; hier gekürzt, adaptiert und ohne Bildmaterial). Als Erzählrahmen und Hinführung fungiert eine Konversation zwischen dem unglücklich verliebten Jugendlichen Amandus und seinem älteren Bruder Volker über das Gemälde „Echo and Narcissus" des Malers JOHN WATERHOUSE (1849–1917), das an dieser Stelle den Erzählrahmen illustrativ flankieren müsste:

> Amandus hat sich breitschlagen lassen, mit seinem Bruder Volker eine Ausstellung im Kunsthistorischen Museum zu besuchen, um dort vielleicht Zerstreuung zu finden und den Gefühlsstress für ein paar Stunden auszublenden. Gerade steht er vor einem Gemälde des englischen Künstlers John Waterhouse (1849–1917) und ist ganz versunken: Er wendet sich an seinen Bruder, der ihm über die Schulter lugt: „Wer ist denn nur diese bleiche, leicht geschürzte Schönheit, die so verloren und sehnsuchtsvoll dem Jüngling am anderen Ufer entgegenschmachtet?" – „Noch nie von Narziss und Echo gehört? Der viktorianische Maler hat die beiden 1903 in eine englische Teichlandschaft verpflanzt. Ursprünglich aber erzählt unser Naso die todtraurige, himmlisch sentimentale Geschichte vom ‚Aneinandervorbeilieben' der zwei schönen Kinder, die dahinwelken und sich schließlich verwandeln, weil die Natur ihnen Gegenliebe verweigerte." – Amandus schluckt ergriffen, doch Volker erklärt bereits weiter:

Daran schließt sich der folgende Erläuterungstext an, der die Lektürepassage werkintern kontextualisiert:

> „Ovid erzählt die Geschichte von Narcissus und Echo im Zusammenhang mit den Sagen um Theben, die von Kadmos gegründete Hauptstadt von Böotien in Mittelgriechenland. Berühmtester Zeichendeuter und Seher dieser Stadt war Teiresias, dessen Prophezeiungen immer ins Schwarze trafen: Als die Wassernymphe Liriope vom Fluss Kephisos, der sie recht unsanft ‚umschlungen' hatte, einen wunderschönen Jungen namens Narcissus gebar, da orakelte Teiresias, dass dem Kind nur dann ein langes Leben beschieden sei, wenn er ‚sich selbst nicht kennen lerne'."

An die Darbietung des lateinischen Textes mit einem ausführlichen sublinea-Kommentar schließen sich folgende Interpretationsaufgaben und -impulse an:

> Für Maler und bildende Künstler aller Epochen ist „Narcissus" eines der dankbarsten Objekte gewesen. Mit einer Sammlung von Bildern des selbstverliebten Jungen von der Antike bis heute könnte man leicht ein eigenes Buch füllen. Wir gehen hier (nur) ad fontes und zeigen eine der ältesten erhaltenen Darstellungen: Es handelt sich um ein Wandgemälde aus Pompeji [hier nicht abgedruckt!]. Arbeite heraus, welche Bestandteile gut zu Ovids Erzählung passen, welche hingegen weniger!

Echos Liebesunfähigkeit zeigt sich darin, dass sie nur „nachplappert", dass sie „nichts Eigenes" hat:
1. Belege diese Eigenschaft am lateinischen Text!
2. Charakterisiere die Stellen im Text, an denen dieser Makel erwähnt wird!
3. Arbeite heraus, mit welchen sprachlichen Mitteln Ovid die missglückte Liebeswerbung Echos gestaltet!

Narcissus' Liebesunfähigkeit zeigt sich in der Liebe zum eigenen Spiegelbild, er kennt nur sich selbst.
1. Nenne die Textstellen, an denen Ovid auf das Unnatürliche und Tragische dieser Liebe hinweist!
2. Beschreibe die Schritte, in denen sich diese Selbstliebe entwickelt!
3. Erkläre die Funktion der direkten Anrede des Dichters an seinen unglücklichen Helden in den Versen 71–75!
4. Erst in V. 102 erfolgt die für Narcissus so schlimme „Selbsterkenntnis". Erläutere, wie diese (szenisch) eingeleitet und erklärt wird!
5. Erörtere den Befund, dass Narcissus nachher (vgl. die V. 113-120) trotzdem mit dem Spiegelbild wie zu einem Gesprächspartner redet!
6. Beschreibe Echos Reaktion auf Narcissus' Dahinschwinden. Erkläre, wie Ovid sie damit charakterisiert!
7. Betrachte die „Verwandlung" des Narcissus (V. 129–137)! Vergleiche sie mit Echos Verwandlung! Nimm Stellung zu der Auffassung, dass durch die Verwandlung jede der beiden Hauptfiguren in eine für ihren Charakter bezeichnende Existenzform übergeht!

Auf Definitionen der Begriffe „Narzissmus" und „Echo", wie sie (z. B. psychologische oder physikalische) Fachlexika liefern, könnten sich beispielsweise folgende Fragen/Arbeitsaufträge anschließen:
1. Erkläre, warum man auch heute noch in der klinischen Psychologie den Namen unseres Sagenhelden zur Bezeichnung einer Krankheit benutzt!
2. Erläutere, was Ovids Figur aus dem Mythos mit dem physikalischen und poetischen Echo zu tun hat.

Der italienische Maler CARAVAGGIO (eigtl. MICHELANGELO MERISI) (1573–1610) war einer der größten und originellsten Meister des Barock. Sein Bild von Narcissus ist unter der folgenden Internet-Adresse animiert auf Youtube zu bewundern: https://www.youtube.com/watch?v=volxzXIKc-Y (letzter Zugriff am 10.04.2017).

Beschreibe die Art, wie das Gemälde digital verarbeitet wurde, und überlege, welche Botschaft der Videokünstler damit verbinden könnte. Diskutiert in kleineren Gruppen über weitere videokünstlerische Umsetzungsmöglichkeiten der Geschichte von Narcissus und Echo und skizziert ein kurzes Exposé.

Das hier gebotene Spektrum an Interpretationsanregungen eröffnet zahlreiche Perspektiven für den fächerübergreifenden Unterricht: Der Rahmentext behandelt Themen aus *Geschichte*, *Kunsterziehung* und *Psychologie*. Die kontextualisierende inhaltliche Vorentlastung zieht Verbindungslinien zu (historischer) *Geographie, Mythologie* und *Religion*(sgeschichte). Übersetzung und Interpretationsfragen fördern intensiv die sprachliche und literarische Bildung im engeren (textimmanente Analyse) und weiteren Sinn (Motivanalyse und Rezeptionsgeschichte). *Deutsch* und *moderne Fremdsprachen* könnten etwa über einen Übersetzungsvergleich zur Passage um Echos „Nachplappern" einbezogen werden. Die hier gebotenen Rezeptionsdokumente aus der umfassenden Wirkungsgeschichte des Narcissus-Motivs (vgl. etwa die Anthologie von RENGER 1999) fokussieren Gemälde aus den Epochen der römischen Kaiserzeit (Narcissus in Pompeji), dem Barock (CARAVAGGIO) und dem „akademischen Realismus" an der Wende vom 19. zum 20. Jh. (WATERHOUSE). Archäologie, (Kunst-)Geschichte und Kunsterziehung liegen hier als Bezugsdisziplinen nahe. Der Hinweis auf Narzissimus führt zur klinischen Psychologie und über Freud auch zum Geschichtsunterricht, derjenige zum Echo als physikalischem und poetischem Phänomen wiederum zum Physik- und Deutschunterricht. Die Rechercheaufgabe zum videokünstlerisch animierten Narcissus von CARAVAGGIO orientiert sich neben kunsterzieherischen Aspekten am fächerübergreifenden Ziel der *Medienbildung/Digitalen Bildung*. Der handlungsorientierte Arbeitsauftrag zur produktiven Gestaltung eines eigenen Exposés, den man ggf. durch szenische Vorführung erweitern könnte, zielt neben der allgemeinen kulturellen Bildung vor allem auf Selbst- und Sozialkompetenz.

Unschwer ließe sich das hier gebotene Spektrum noch um die theatrale Rezeption des Narcissus-Mythos in *Metamorphoses. A Play* (2002) der zeitgenössischen amerikanischen Dramatikerin und Theaterintendantin MARY ZIMMERMAN (*1960) dort taucht OVIDS Figur in einem „Narcissus Interlude" auf – ergänzen, das, im englischen Original behandelt, die Synergien mit dem Englischunterricht lektüreadäquat aufzugreifen erlaubt. Schließlich ist noch auf die musikalische Rezeption von OVIDS Sprachkunst und Bildlichkeit etwa in dem Werk „Six Metamorphoses" von 1952 für Oboe des Komponisten BENJAMIN BRITTEN (1913–1976) zu verweisen, die eine Kooperation mit dem Schulfach Musik nahelegt (zu einer entsprechenden Unterrichtsreihe vgl. SIMONS 2009 mit weiterer Lit.). Eine solche würde sich auch unbedingt empfehlen, wenn Lehrende und Lernende sich auf die Spuren von ZIMMERMAN begäben und eine eigene Neudramatisierung der Metamorphosen verfassten und auf die Bühne ihrer Schule brächten. Ein solches Theaterprojekt wäre im Rahmen des integrierten fächerergänzenden Unterrichts als „methodische Großform" anzulegen und würde den Beteiligten sicher ein Leben lang in bester Erinnerung bleiben. Ein solches Projekt könnte auf der Oberstufe etwa durch ein wissenschaftspropädeutisches Seminar oder ein projektorientiertes Seminar vorbereitet werden, bei denen eine fächerübergreifende Dimension nicht nur bestens möglich, sondern durchweg erwünscht ist.

Die erwähnte fächerverbindende Strahlkraft des Rezeptionswunders der ovidischen *Metamorphosen* bringt freilich für die Ersteller von Unterrichtsmedien und erst recht für die Unterrichtenden (etwa auf der Mittelstufe) die Qual der Wahl mit sich. Stets ist mit Blick auf die konkrete Lerngruppe und das kollegiale Umfeld innerhalb der Lehrer einer Klasse zu fragen, welche Impulse für den fächerübergreifenden Unterricht in welcher methodischen Form und in welchem zeitlichen Umfang ihr motivierendes (vgl. Kap. 10) Potential passgenau zur Entfaltung bringen können. Im Sinn eines rezeptionsdialektischen Verfahrens (vgl. dazu Kap. 13) ist es in jedem Fall geboten, die beeindruckende Vielfalt der für den fächerübergreifenden Unterricht in Frage kommenden Rezeptionszeugnisse der Lerngruppe zunächst nicht als *rudis indigestaque moles* zu präsentieren, sondern etwa bei der Vergabe von rezeptionsorientierten Texterschließungsreferaten stets die besonderen Vorkenntnisse und Vorlieben der individuellen Schüler zu berücksichtigen. Auf diese Weise kann die textbezogene Arbeit eine echte Bereicherung durch wohltemperierten und auch wohldosierten fächerübergreifenden Unterricht erfahren.

Latein und die Präsenz der Antike in der postmodernen Alltagskultur[1]

Michael Stierstorfer

13.1 Antike Mythologie in der Kinder- und Jugendliteratur

Bereits seit der Renaissance bauten Autoren Elemente aus der griechisch-römischen Mythologie in Werke ein, die zwar an Kinder und Jugendliche adressiert, doch keine „Schulbücher" im engeren Sinn waren. Dass dieses Phänomen in der Postmoderne insbesondere seit dem Jahr 2005 in einer so signifikanten Vielfalt und Bandbreite der verwendeten mythologischen Elemente (Mytheme) kulminiert, ist ein für die Lateindidaktik elektrisierender Befund, der einer ausführlichen Untersuchung bedarf. Gleichwohl gab es in der Fachdidaktik und KJL-Forschung vor 2015 nur drei umfassendere einschlägige Arbeiten zur Analyse von postmodernen Mythenadaptionen (vgl. dazu die ergiebigen Dissertationen von RUTENFRANZ 2004, SCHMITT 2006 und den Tagungsband zur sog. Mythentranslation von MAIRBÄURL ET AL. 2013).

Als herausragende Beispiele für *freiere Adaptionen,* die sich primär mit der *Ilias* und *Odyssee* auseinandersetzen, nennt RUTENFRANZ (2004, 135 ff.) besonders die drei folgenden: 1) IMME (EMMY THEODORA) DROS (*1936): *Die Reisen des listigen Mannes.* Aus dem Niederländischen von Mirjam Pressler. Dressler: Hamburg 1989: In diesem Jugendbuch träumt der Junge Nils Motive der *Odyssee* nach, die ihm sein Nachbar Herr Frank vorgelesen hat. In seinen Träumen liegt er auf einem Surfbrett und wird von dem tosenden Meer irgendwo an Land gespült; ?) CATHRINE CLÉMENT (*1939): *Theos Reise. Roman über die Religionen der Welt.* Aus dem Französischen von Uli Aumüller und Tobias Scheffel. Hanser: München/Wien 1998: Der vierzehnjährige Theo, der gerne Sachbücher über die griechisch-römische Mythologie liest, unternimmt mit seiner exzentrischen Tante Marthe eine Weltreise, an deren Ende ein bewegendes und zugleich friedliches Treffen aller Weggefährten, die unterschiedlichste Glaubensrichtungen vertreten, in der Ora-

---

[1] In diesem Beitrag wird bewusst auf den großen und für die Lateindidaktik bedeutsamen Bereich der lateinischsprachigen KJL verzichtet, da dies den Rahmen des Kapitels sprengen würde. Einen Überblick dazu liefert u. a. der Großmeister der Latinitas Wilfried Stroh: http://stroh.userweb.mwn.de/main4.html (letzter Zugriff am 03.04.2017). In diesem Zusammenhang ist auch auf einen Vergleich des Potentials von didaktisierten Lateincomics zu Ovids *Metamorphosen* bei STIERSTORFER (2013) zu verweisen: http://www.fachdidaktik.klassphil.uni-muenchen.de/forschung/nova-didactica/rezension_ovid-comics/index.html (letzter Zugriff am 03.04.2017).

kelstätte von Delphi stattfindet; 3) Caroline B. Cooney (*1947): *Anaxandra. Eine Prinzessin von Troja.* Aus dem Englischen von Gabriele Haefs. Carlsen: Hamburg 2003: Anaxandra kommt unter dem Anschein, eine griechische Prinzessin namens Kallisto zu sein, an den Hof des Menelaos. Von Paris nach Troja mitgenommen, schildert sie das Leben in Troja und den Ausbruch des trojanischen Krieges aus dem Blickwinkel eines jungen Mädchens. Zu ergänzen wäre noch der folgende mehrfach ausgezeichnete problemorientierte Roman, der Motive aus der *Ilias* und teilweise aus Ovids *Metamorphosen* aufgreift: Andreas Steinhöfel (*1962): *Die Mitte der Welt.* Mit einem Nachwort des Autors. Carlsen: Hamburg 1998: Die Zwillinge Dianne und Phil führen ein Außenseiterdasein in der Provinz von Visible und wohnen mit ihrer alleinerziehenden, promisken Mutter Glass im Landhaus von deren verstorbener Schwester. Erzähler Phil, der viele Parallelen zu Apollo aufweist, entdeckt im Roman seine Homosexualität und versucht damit umzugehen. Als die Dorfkinder Glass vor Phil und Dianne als Hure bezeichnen, kommt es zu einem Handgemenge zwischen den Zwillingen und den anderen Jugendlichen. Dieses verläuft – wie Schmitt (2006) in ihrer Dissertation stringent beweist – wie einzelne Kampfszenen aus der *Ilias* (vgl. bes. Schmitt 2006, 85–104).

Gleichwohl bleibt festzuhalten, dass im Lauf der Rezeptionsgeschichte in der KJL bis vor gut zehn Jahren die Nacherzählungen von Sagen dominierten. Dies trifft indes auf den Jugendbuchmarkt des neuen Milleniums nicht mehr zu. Bei den Nacherzählungen ist nicht mehr die sprachlich antiquierte Schwab'sche Sammlung führend, sondern die – auch als Hörbücher – überaus erfolgreichen, aber von der Didaktik der Alten Sprachen kontrovers diskutierten Nacherzählungen von Dimiter Inkiow (1932–2006), etwa *Die Abenteuer des Odysseus* (2006) und *Als Zeus der Kragen platzte* (2007). Da der Plot oft ironisch-witzig modifiziert wurde, finden sich Abänderungen von Handlungssträngen des Originals. Dies deckt Kipf (2003) in seinem fundierten Beitrag auf, zu dessen Untersuchungsgegenstand er ein aktuelles Corpus von fünf Nacherzählungen, drei mythologischen Sachbüchern und zwei Comics gewählt hat, die die Odyssee nacherzählen (vgl. Kipf 2003, 92). Er kommt zu dem Ergebnis, dass vor allem die Adaption von Inkiow seiner Meinung nach den Inhalt und die Intention des Epos verfälsche. Aus Sicht der Praxis lässt sich jedoch sagen, dass die Werke Inkiows bei Schülern jeder Altersstufe gut ankommen.

Seit den Studien von Rutenfranz (2004) und Kipf (2003) ist eine bemerkenswerte neue Entwicklung zu verzeichnen: Im vergangenen Jahrzehnt bestimmen nämlich andere freiere Adaptionen aus den Genres der Fantasy und Phantastik, welche in der KJL erstmals in den 1990er Jahren sporadisch aufkamen, den Buchmarkt. Die prämierten Bestseller-Reihen mit ihren Initialbänden *Schwein gehabt, Zeus!* (2005) von PAUL SHIPTON (*1963) und *Percy Jackson. Diebe im Olymp* (2006) von RICK RIORDAN (*1964) lösten eine bis heute anhaltende wahre Welle freierer fantastischer Adaptionen aus, hinter denen die Nacherzählungen zurückbleiben (zu diesem Phänomen vgl. umfassend STIERSTORFER 2017 a). Folgende vier Aspekte sind seit 2005 im Wesentlichen neu:

- Die Antikenadaptionen der KJL gehen mit dem mythologischen Material wesentlich freier um.
- Die freien Adaptionen der Postmoderne bedienen sich nicht mehr nur aus einem einzigen Sagenzyklus, wie dies z. B. bei den modernisierten Nacherzählungen MICHAEL KÖHLMEIERS (*1949), *Telemach* (1995) und *Calypso* (1997), der Fall war, sondern sie entlehnen *eklektisch* Mytheme aus unterschiedlichen Zyklen und verquicken diese mehr oder weniger stringent miteinander.
- Zu einem besonders hohen Anteil werden antike Mytheme transformationsoffen verarbeitet, deren Gattungsprofil einen parodistisch-ironischen Umgang mit ihnen nach dem Vorbild von OVIDS *Metamorphosen* ermöglicht.
- Neben OVIDS *Metamorphosen*, die am häufigsten direkt oder indirekt als Quelle von den Autoren genannt werden, beziehen sich die Werke vornehmlich auf HOMERS *Ilias* und *Odyssee* sowie auf HESIODS *Theogonie*.

Sonderfall *Harry Potter* – Antike Anspielungen in *Harry Potter*

Auch in der *Harry-Potter-Reihe* (1997–2007) von JOANNE K. ROWLING (*1965) finden sich einige Bezüge zur antiken Mythologie, wie KNOBLOCH (2000) herausarbeitet. Aus griechischen und römischen Götter- und Heldensagen greift ROWLING Anregungen, Ideen, Themen, Motive sowie Personen und Lebewesen auf. Mit der antiken Welt dürfte die Autorin bestens vertraut sein, da sie Altgriechisch und Latein studiert hat. So korrelieren etwa manche Lehrerfiguren mit antiken Olympiern (vgl. KNOBLOCH 2000, 85 f.): Die Lehrerin Prof. McGonagall, die mit Vornamen Minerva heißt, geht auf Athene zurück und ist ähnlich weise wie diese Olympierin. Der mächtige Dumbledore kann als Leiter der Zauberschule mit Zeus in Verbindung gebracht werden, der eine ähnliche Führungsposition in einem der Realität entrückten Setting innehat. Viel deutlicher zeigen sich jedoch mythologische Bezüge bei der Gestaltung der Fabelwesen (vgl. KNOBLOCH 2000, 86 f.). Beispielsweise kann man an dem dreiköpfigen Hund Fluffy aus Band 1

Harry Potter und der Stein der Weisen, der den Stein der Weisen bewacht und den Hagrid einem Griechen abgekauft hat, eindeutig Züge des Höllenhundes Zerberus erkennen. Darüber hinaus finden sich auch Fabelwesen aus der Antike, die direkt Einzug in die *Harry-Potter-*Bände gehalten haben. Zunächst ist an dieser Stelle der Hippogreif aus dem dritten Band *Harry Potter und der Gefangene von Askaban* zu nennen, eine Mischung aus Pferd und Adler. Dieser ist laut KNOBLOCH zudem mit Pegasus kontaminiert, dem Flügelpferd des Bellerophontes, und steht daher für dichterische Phantasie. Darüber hinaus tauchen in Band 1 auch Zentauren auf. Die Mischwesen aus Mensch und Pferd waren bei den Griechen meist Erzieher und zugleich Mentoren bedeutender Helden, wie dies z. B. bei Theseus und Jason der Fall war. Der Phoenix aus Band 2 *Harry Potter und die Kammer des Schreckens,* der ursprünglich aus ägyptischen Sagen stammt und in der Zauberwelt von *Harry Potter* zum Haustier des Schulleiters Professor Dumbledore wird, findet sich darüber hinaus in dem Werk *De chorographia* des römischen Geographen POMPONIUS MELA. Dort heißt es, dass dieser Vogel die besondere Eigenschaft besitzt, nach einer Lebenszeit von 500 Jahren in Flammen aufzugehen, nachdem er seinen eigenen Scheiterhaufen errichtet hat, und aus seiner Asche zu neuem Leben emporzusteigen. Danach bringt er die Knochen seines alten Körpers nach Ägypten, um sie dort ehrwürdig zu begraben. ROWLING funktionalisiert die antike Mythologie also dahingehend, dass sie i. d. R. weniger bekannte Fabelwesen den verschiedenen Sagenkreisen entnimmt und diese den Zauberern als domestiziert zur Seite stellt. Die mythologischen Wesen existieren daher nicht mehr um ihrer selbst willen, sondern als archaische Bestandteile von Harry Potters Zauberwelt und in Abhängigkeit von den Zauberern, die sich entweder um die Ungeheuer kümmern oder diese mit einem magischen Spruch herbeirufen. Nur die Kentauren handeln selbstständig, werden jedoch zu effektiven Helferfiguren degradiert. Die meisten davon finden sich in der *Naturalis historia* des älteren PLINIUS, der diese ungewöhnlichen Wesen aus naturgeschichtlicher Sicht behandelt, und spielen auch in der antiken Mythologie – bis auf den Kentauren Chiron und den Zerberus – keine Schlüsselrolle. Der Vollständigkeit halber sollte an dieser Stelle noch auf ein bisher unerwähntes Fabelwesen aus der Antike verwiesen werden, nämlich auf den Basilisken. Dieser tritt am Ende des zweiten Bandes von *Harry Potter* auf. Harry muss gegen ihn in der Kammer des Schreckens kämpfen, um Gini Weasley zu befreien. PLINIUS beschreibt ihn als mittelgroßes Mischwesen aus Hahn und Schlange und warnt besonders vor seinem starren Blick, der Mensch und Tier lähmt. In *Harry Potter* wird er dagegen als monströse Riesenschlange beschrieben.

Jedoch behält sie die gleiche Eigenschaft wie im Mythos und lässt Harry Potter fast erstarren vor Schreck. Deshalb kann sich der Zauberlehrling dem Basilisken nur mit geschlossenen Augen nähern.

Insgesamt ist es lohnend, diese mythologischen Motive mit Schülern herauszuarbeiten und die neuen Versionen mit den antiken zu vergleichen. Die Zentauren aus *Harry Potter* empfiehlt SIMONS (2017) in einem didaktischen Beitrag als motivierenden Einstieg in die Lektüre der Kentauromachie im 12. Buch von OVIDS *Metamorphosen* (mit vielfältigem Bild- und Textmaterial für den Unterricht). Der Beitrag ist eine von mehreren Fallstudien, die im „Antike in der Jugendliteratur" betitelten Themenheft des Altsprachlichen Unterrichts (59. Jg., Heft 1) versammelt sind. Zwei weitere Beiträge stellen Konzepte zur komparatistischen Einbindung der *Tribute von Panem* (engl.: *The Hunger Games*) von SUZANNE COLLINS (*1962) in den Lateinunterricht dar (vgl. STIERSTORFER 2017b und WÜNSCHE 2017).

Durch eine *rezeptionsorientierte Literaturinterpretation* (vgl. Kap. 7) erkennen die Schüler, dass die Fabelwesen in einen neuen narrativen Kontext eingebaut werden, um eine phantastische Geschichte mit spannungssteigernden Elementen zu versehen. Neben erzähltechnischen Interpretationsgesichtspunkten können auch Fragen des antiken und postmodernen Heldenbildes gestellt und die Codices der Werte und Normen problematisiert werden, die mythologische Erzählungen in antikem und postmodern-phantastischem Gewand offen oder unterschwellig transportieren (vgl. Kap. 7). In jedem Fall dokumentieren diese Rezeptionszeugnisse eindrucksvoll die Relevanz und Wirkungskraft der antiken Literatur und Kultur auch und gerade in unserer Epoche. Sie können das Interesse der Lernenden an der im Unterricht behandelten antiken Literatur in altersgerechter Weise beleben und verfestigen.

13.2 Antike im Comic für Kinder und Jugendliche

Zahlreiche Comics projizieren sogar ganze mythologische Versatzstücke in die Jetzt-Zeit. Deshalb ist der Sammelband zu antikenhaltigen Comics *Antico-Mix. Antike in Comics* (LOCHMAN 1999b) besonders lohnend, um sich einen ersten Überblick über Comics mit antiken Sujets zu verschaffen. Hier werden verschiedene Elemente des Comcis in der Antike verankert: So lässt sich das beliebte Motiv der Irrfahrt leicht auf den Archetypus der homerischen *Odyssee* zurückführen und unbekannte bzw. infolge einer Naturkatastrophe versunkene Welten fußen in der Regel meist auf PLATONS Atlantis-Mythos (zu dessen Adaption in Kinder- und Jugendmedien vgl. MÜLLER 2017). Griechische Heroen erleben ein Revival als amerikanische Superhelden und das sagenumwobene Volk der Amazonen steht Pate für alle Power-Heldinnen. Auch eine Vielzahl an mythischen Randfiguren tauchen im Comic auf: zügellose Satyrn und kampfeslustige Kentauren, verführerische Nymphen und eine bunte Vielfalt an Monstern, wie z. B. die für Laokoon verhängnisvollen Schlangen, Medusa, Cerberus etc. In diesem Kontext betont LOCHMAN (vgl. 1999 a, 11) die einzigartige Rolle der antiken Mythologie als „unerschöpfliche Fundquelle".

Wie in der aktuellen KJL so gibt es auch im Genre Comic *Adaptionen*, die den antiken Handlungssträngen zwar folgen, aber das Geschehen in eine andere Epoche verlegen. KAELIN (1999) führt eine stark modernisierte Variante zum Jason-Mythos namens *Das goldene Vlies. Die Nacht des Präsidenten*[2] an. Darin wird der Held sogar durch eine Frau verkörpert, die das letzte Raumschiff auf Erden namens *Goldenes Vlies* ausfindig machen soll, um die Mutter Erde mit dem Satelliten *Olymp* zu verbinden. Antike Sagen können auch als Hintergrund für die Abenteuer einer nicht-mythischen Figur dienen. So steigt in *Epicurus the Sage 1*[3] der Philosoph Epikur mit dem kindlichen Alexander dem (späteren) Großen in die Unterwelt, um Persephone aus Hades' Fängen zu befreien, damit Demeter der Erde endlich wieder schönes Wetter schenkt. In Band 2 *Epicurus the Sage. The Many Loves of Zeus*[4] wollen sich Epikur, Platon, Aristoteles und Alexander d. Gr. auf den weiten Weg zum Göttervater Zeus machen, um ihn zu überreden, von seinen unzähligen irdischen Affären abzulassen. Nach und nach kommt jedoch ans Licht, dass Hera deren Vorhaben als Racheakt gegen die bisherigen Geliebten von Zeus nutzt (vgl. KAELIN 1999, 79 f.). Trotz der breiten Auswahl an mythologischen Figuren aus dem antiken Sagengut werden KAELIN zufolge in populären Medien immer wieder dieselben Helden fokussiert. Zu den beliebtesten Gestalten zählt KAELIN Orpheus, Theseus, den Minotaurus, Herakles, Amazonen, Pan und Faune. Während in manchen Heften versucht wird, den Mythos zu rationalisieren, erscheinen in anderen die phantastischen Elemente noch verstärkt (vgl. KAELIN 1999, 82 f.). Auch hier ist es zielführend und lehrreich, *die Comic-Versionen mit mythologischen Standardversionen zu vergleichen*. Zudem können die Comicbilder auch *als motivierender Einstieg* verwendet werden. Diese befinden sich nämlich näher an der Lebenswelt und Wahrnehmungsweise der Schüler als etwa Bilder

---

2   ALFONSO FONT / PATRICK COTHIAS: *Das goldene Vlies. Bd. 1: Die Nacht des Präsidenten.* comicplus +: Hamburg 1989.

3   WILLIAM MESSNER-LOEBS / SAM KEITH: *Epicurus the Sage 1. Visiting Hades.* Piranha Press: New York 1989.

4   WILLIAM MESSNER-LOEBS / SAM KEITH: *Epicurus the Sage 2. The Many Loves of Zeus.* Piranha Press: New York 1991.

aus der Renaissance. Aus bilddidaktischer Sicht ist eine Streuung der Rezeptionsepochen besonders zielführend. So können die Schüler auch die Entwicklung bestimmter Bildtraditionen verinnerlichen und mit entsprechenden Prozessen in textuellen Medien in Beziehung setzen. Als Resümee zur Adaptionsweise des Mythos in Comics führen GEROLD und ROTTENECKER (vgl. 1999, 147–150) an, dass Superheldencomics häufiger als vermutet auf der antiken Mythologie fußen. Dabei bewegen sich die Versatzstücke meist an der Oberfläche und scheinen oftmals unreflektiert aneinandergereiht zu sein. Offenbar lassen die klassischen Superheldencomics tiefer gehende Adaptionen nicht zu. Denn während MESSNER-LOEBS beispielsweise mit seinem *Epicurus the Sage* eine anspruchsvolle Verarbeitung von antiken Bezügen in Form eines untypischen Heldencomics geschaffen hat, bewegen sich die Antiken-Zitate im Superheldencomic *Wonder Woman* lediglich auf der Oberfläche. Beim Adaptionsprozess lässt sich insgesamt erkennen, dass griechische Mythen eine wesentlich größere Rolle spielen als römische (vgl. GEROLD/ROTTENECKER 1999, 153).

Als nachteilig fällt bei dem von populären Comics transportierten Bild der Antike auf, dass ohnehin schon ahistorische Vorstellungen über berühmte griechische oder römische Persönlichkeiten noch weiter verzerrt werden können. Dies weist SCHOLLMEYER (2014) am Beispiel der Nero-Rezeption in dem Band *Disneys lustiges Taschenbuch Spezial Nr. 40 – Abenteuer in der Antike* nach. Darin wird ein drakonisch-despotisches Tyrannenbild aus taciteischer und suetonischer Sicht unkritisch übernommen und weiter trivialisiert (vgl. SCHOLLMEYER 2014, 76–85). Dennoch eignet sich eine solche Comicskizze von Nero gut für einen motivierenden Einstieg in die Lateinstunde oder für einen Vergleich mit Originalstellen aus TACITUS oder SUETON. In dem gerade erwähnten, reich bebilderten Sammelband *Caesar, Attila und Co. Comics und die Antike* finden sich noch viele weitere Comicanalysen (u. a. von HELLMICH zu Comics als lateinischer Schullektüre, LINDNER zu Caesars *Gallischem Krieg* als didaktischem Comic und KRAMER zur parodistischen Darstellung der Antike im bekannten DDR-Comic *Mosaik*), die sich für eine innovative Unterrichtsgestaltung eignen. Einen systematischen Überblick über antikenhaltige Comics, die sich als Impulse für die Oberstufe empfehlen, liefern GIESA und RONNENBERG (2017). Auf der Basis von deren Beitrag lässt sich mit Schülern erörtern, inwiefern Comics fernab des Mainstreams, wie z. B. *Sokrates der Halbhund. Herakles* (STAR und BLAIN 2011), Arbeit am Mythos vollführen und somit zu einer zeitgenössischen Weiterentwicklung der antiken Sagen beitragen. In diesem Comic reflektiert der schlaue, anthropomorphe Hund Sokrates die Heldentaten des bisexuell gezeichneten Herakles kritisch-ironisch aus Sicht eines philosophisch bewanderten Hundes.

Schließlich sei noch kurz auf die bekannte *Asterix*-Reihe verwiesen, die in einem solchen Kapitel natürlich nicht fehlen darf. Wie Preusser (2017) vorführt, eignet sich *Asterix* gut, um Schüler auf anachronistische Bezüge zur Gegenwart hinzuweisen, die in römisches Gewand gekleidet sind. Exemplarisch sei an dieser Stelle *Der Papyrus des Cäsar* (Ferri und Didier 2016) herausgegriffen, da sich dieser Band ideal als Einstieg in das im Lehrplan verankerte Werk *De bello Gallico* eignet. Er beginnt damit, dass Caesar seinen Verleger rügt, weil er das Kapitel, in dem offenbar wird, dass er ein gewisses gallisches Dorf des Häuptlings Majestix nicht besiegen konnte, gestrichen wissen will. Dadurch sollen seine Glanzleistungen ungetrübt erscheinen (vgl. S. 6). Auf der Release-Party wird dann der „exquisite Stil" von Caesars Werk mit den Worten „Besser als Vergil!" (S. 9, Panel 1, Bild 1) gefeiert. Das Bild zeigt zudem zwei Tänzerinnen in der Mitte, die feierlich mit einem roten Tuch um Caesars Statue tanzen. Passend dazu erwähnen auch die beiden Wein trinkenden Verleger, dass die Presse Caesars Werk über die Maßen lobt.

Im Folgenden gelangt ein Kolporteur namens Polemix – Wikileaks lässt grüßen – an das von Caesar getilgte Kapitel und bringt es in das gallische Dorf. Das Bild zeigt Polemix mit einem Korb, in dem sich Brieftauben befinden, die seine geheimen Botschaften durch ganz Gallien transportieren. Als er Majestix im Beisein von Miraculix, Asterix und Obelix das Kapitel als Schriftrolle überreicht, betont er: „Ja, ein Kapitel aus dem ‚Gallischen Krieg', aber Julius Cäsar hat es unterschlagen und mir wurde es zugespielt" (S. 13, Panel 1, Bild 1).

Asterix (und der extradiegetische Leser) erkennen daraufhin, dass auf der Inhaltsübersicht von Caesars Kapitel andere *Asterix*-Abenteuer und Anspielungen darauf zu finden sind, in denen Caesar eine Rolle gespielt hat (S. 13, Panel 3, Bild 1): „Inhalt von Konflikten zwischen Caesar und den unbeugsamen Galliern: Tour durch Gallien. Der Avernerschild. Die spanische Geisel. Agent Destructivus. Die Trabentenstadt. Korsika".

Damit die Wahrheit über den Gallischen Krieg ans Licht kommt, machen sich Asterix, Obelix und der gelehrte Druide Miraculix auf den Weg durch den Karnutenwald, um dieses geheime Wissen mündlich an Archaeopterix, den Hüter aller Erkenntnisse der gallischen Kultur, zu übergeben. Dieser tradiert sein Wissen mündlich weiter, bis die Geschichten um das widerspenstige gallische Dorf bei Uderzo und Goscinny landen, die daraus die berühmten Comics machen (vgl. S. 48, Panel 2–3). Diese Brücke zur extradiegetischen Gegenwart wird durch das Motto „Postskriptum" scherzhaft eingeleitet.

Somit besiegt das Prinzip der archaischen Mündlichkeit das der modernen Schriftlichkeit, das in diesem Band immer wieder *ad absurdum* geführt wird, indem es als unzuverlässiges Kommunikationsmittel entlarvt wird. So stellt sich heraus, wie gefährlich der Weg einer Brieftaube ist, weil die Botschaft dabei häufig verloren geht (vgl. S. 16). Als Einstieg in die Thematik des Gallischen Krieges könnte das Bild ausgewählt werden, auf dem ein selbstbewusster Caesar abgebildet ist, der sich damit brüstet, dass sein Prophet seinem Werk übergroßen Erfolg prophezeit hat. Caesar wiederholt auf dem Bild, das einen alten Mann als Orakel im Hintergrund zeigt, stolz die mantischen Worte für seinen Verleger Syndicus: „Und mein griechischer Astrologe Semmelklos prophezeit, dass Caesars Name durch dieses Buch als Stern am Firmament des Ruhmes leuchten wird!" (S. 24, Panel 1, Bild 1).

Die Schüler könnten zu diesem Zitat Stellung beziehen und dann erschließen, dass der Prophet recht hatte, da nicht nur *De bello Gallico* in der Moderne gelesen wird, sondern CAESAR auch zu einer der wirkmächtigsten Figuren der römischen Antike geworden ist, der bis heute in Theaterstücken, Filmen und Comics rezipiert wird. Somit kann der Comic für Schüler als Brücke zum Originaltext dienen.

13.3 Antike in Filmen für Kinder und Jugendliche

Auch im Medium Film ist die große Vielfalt an Adaptionen zu diversen antiken Heroenmythen bemerkenswert. Spätestens seit WOLFGANG PETERSENS Kassenschlager *Troja* (2004) herrscht im Kino ein Boom des antiken Mythos.[5] Darauf weist etwa KARIN RICHTER (vgl. 2006, 1) in ihrem kritischen Beitrag zur Beurteilung von modernen multimedialen Mythenadaptionen hin, in dem sie vor den Grenzen und Gefahren von sinnentleerten Actionhandlungsgerüsten im Film warnt. Auffällig ist, dass die antiken Mythen primär in gegenwärtigen Fantasy- oder Phantastik-Filmen mit großen Actionanteilen adaptiert werden, von denen viele eine bildgewaltige Computeranimation nutzen (vgl. ZWICK 2017). Als prototypische Beispiele hierfür dienen die Literaturverfilmungen zu den ersten beiden Bänden der *Percy-Jackson*-Reihe: *Diebe im Olymp* und *Im Bann des Zyklopen*. Ähnlich aufwändig produziert wurden die Werke *Kampf der Titanen*, *Zorn der Titanen*

---

5 Ähnlich wie bei der Auslösung dieses Hypes wurde auch im Jahr 2000 eine Renaissance des „Monumentalfilms" durch die Initialzündung eines antiken Sujets, nämlich durch den Historienfilm *Gladiator* (Columbia) mit RUSSELL CROWE, eingeläutet, wie WIEBER (2005, 44) konstatiert.

und *Krieg der Götter*. In diesen Werken stehen Halbgötter, wie z. B. Perseus und Theseus, im Mittelpunkt, die sich von den Göttern abwenden oder die sogar gegen den Olymp rebellieren, da sie sich von dem Pantheon um Zeus und seine „Familie" ungerecht behandelt fühlen. Im Laufe ihrer Bewährungsproben finden sie jedoch zu ihrem Glauben zurück. Darüber hinaus ist auch Herkules ein beliebter Protagonist für postmoderne Mythenvariationen. So wird diese Figur derzeit nicht nur in Filmen für Heranwachsende, wie z. B. Disney's *Hercules*, *Herkules* und *The Legend of Hercules*, sondern auch in Blockbustern für Erwachsene, die z. T. in blutige Orgien münden, fokussiert. Letzteres lässt sich am Beispiel von *Hercules* (RATNER 2014) und *Hercules Reborn* (LYON 2014) zeigen.

Bei mythoshaltigen Filmen variiert die Adaptionsintensität der Mythen sehr stark. Einige Fantasy- und Phantastik-Filme entlehnen lediglich ein einzelnes Element aus dem antiken Mythos. So hat in *Pirates of the Caribbean. Am Ende der Welt* (VERBINSKI 2007) die Wassernymphe und Atlastochter Calypso einen größeren Auftritt als Zauberin und Herrscherin über das Element Wasser. In diesem Fall wird eine Person aus der homerischen *Odyssee* herausgegriffen und mit Blick auf den Plot modifiziert.

Hier ist die Figur der Calypso als verlassene Frau, die Rache an ihrem Liebhaber nimmt, transformiert. Zudem wird der Mythos um die Wassernymphe durch ein historisches Ereignis überblendet: Der Film inszeniert Calypso in ihrer menschlichen Gestalt als schwarze Voodoo-Priesterin namens Tia Dalma, die von weißen Piraten gefangen gehalten wird. Dies korreliert mit den historischen Begebenheiten, dass Schwarze in der Kolonialzeit von weißen Eroberern inhaftiert und versklavt wurden. Somit lässt sich das erfolgreiche Aufbegehren der schwarzen Voodoo-Priesterin gegen die weißen Piraten mit dem Ende der Sklaverei in den USA in Verbindung bringen. Der Calypso-Mythos ist also in der Postmoderne als Folie für die Emanzipation von Schwarzen umgedeutet.

Andere Fantasy-Filme übernehmen gebündelt mehrere mythologische Figuren, Settings[6] oder Gegenstände und fügen sie in postmoderne Abenteuer neuer Heldenfiguren ein. Beispiele hierfür bieten *Wonder Woman* und *Sinbad, der Herr der sieben Meere*. Während der erstgenannte Film das Männer bekämpfende Volk der Amazonen aus dem trojanischen Sagenkreis, den Kriegsgott Ares als Antagonisten und andere Götter und Mischwesen aufgreift, bekommt es der Held Sinbad im letzteren Film bei

---

6 Zur Funktionalisierung der mythologischen Settings in OVIDS *Metamorphosen* im Vergleich zur postmodernen Fantasy und Phantastik sei auf den Artikel von JANKA und STIERSTORFER (2015) verwiesen.

seiner Odyssee mit Sirenen, Zyklopen, Greifen, dem Seeungeheuer Ketus und der zänkischen Göttin Eris zu tun. Darüber hinaus besucht er dabei nicht nur die gefährliche Insel der Zyklopen, sondern auch den morbide gezeichneten Sirenenfelsen. An diesem finden sich neben Skeletten von vorbeigesegelten Matrosen auch deren Schiffwracks, die herrenlos im todbringenden Wasser umhertreiben.

Andere Filme verknüpfen wieder unterschiedliche Mythen unreflektiert miteinander: *Ice Age 4*, der als einziger der hier betrachteten mythoshaltigen Filme Tiere als Protagonisten aufweist, parodiert neben dem Sirenen-Mythos auch den Atlantis-Mythos, der ursprünglich aus PLATONS berühmten Dialogen *Timaios* und *Kritias* stammt.

Zudem gibt es auch Filme, die lediglich mythologische Narrative adaptieren, um einen neuen Plot zu generieren. So beobachtet CLARKE (2015) am Beispiel von *Pans Labyrinth* (DEL TORO 2006), dass darin erzählerische Strukturen des Persephone-Mythos entlehnt werden, indem Ofelia mit Persephone überblendet wird (vgl. CLARKE 2015, 45), da sie einen nicht ganz freiwilligen Unterweltsgang vollzieht.

Nicht zuletzt gibt es gravierende, z.T. medienspezifische Unterschiede zwischen den Mythenadaptionen, die sowohl in Romanform als auch als Film vorliegen. In die Verfilmung *Percy Jackson. Diebe im Olymp* sind etwa ganze Mythen neu integriert, deren visuelle Umsetzung für den Rezipienten Spezialeffekte, die typisch für erfolgreiche Filme sind, in Aussicht stellen. Als markantes Beispiel sei der Hydra-Mythos genannt: Percy und seine Freunde treffen im Parthenon-Tempel von Nashville auf eine angriffslustige, Feuer speiende Hydra, die der Halbgott im letzten Moment mithilfe des Medusenhauptes versteinert. Da das mehrköpfige Schlangenwesen hier wie ein Drache inszeniert ist, kann Percy in die Rolle eines drachenbezwingenden Ritters mit Schwert und Schild schlüpfen.

Um den meist jugendlichen Rezipienten einen ersten Eindruck von den antiken Mythen zu vermitteln, bekommen diese als Nutzer einer DVD die Möglichkeit, mithilfe eines interaktiven Mythenglossars wichtige Helden bzw. Götter aus den unterschiedlichsten Sagenzyklen kennenzulernen. Dies ist sowohl bei der DVD *Percy Jackson. Diebe im Olymp* als auch bei der DVD Disney's *Hercules* der Fall. Das interaktive Glossar im Film wird in der Roman-Reihe um *Percy Jackson* durch ein manuelles Nachschlagewerk am Ende des Buchs ersetzt (vgl. hierzu ausführlich STIERSTORFER 2017a).

In diesem Kontext der Vermittlung antiker Mythologie sind auch zahlreiche Dokumentationen einschlägig, die sich mit den von HOMER in der *Ilias* und *Odyssee* beschriebenen Städten als möglicherweise historischen Orten und mit den archäologischen Funden im vermeintlichen Troja auseinandersetzen (vgl. MAKRINOS 2013, 365–379).

Das didaktische Potential, das diese filmischen Adaptionen bergen, sollte für den Lateinunterricht, insbesondere bei der Behandlung mythologischer Figuren im Spracherwerb oder bei einer Lektüre von OVIDS *Metamorphosen*, mit rezeptionsdialektischer Sensibilität genutzt werden (vgl. zu diesem Konzept JANKA 2016). Zahlreiche Anregungen für Umsetzungsmöglichkeiten im Unterricht anhand von Basisartikeln und Fallstudien bieten die Bände der Zeitschrift *Der Altsprachliche Unterricht,* die WIEBER 2005 und 2007 herausgegeben hat.

13.4 Antike in Computerspielen für Jugendliche

Der Bereich der antikenhaltigen Computerspiele ist noch wenig erforscht. Diese sind in den Lateinunterricht schwierig zu integrieren, jedoch könnte die Lehrkraft mit Screenshots auf deren Ursprung in der Antike verweisen, um computeraffine Schüler für den Lateinunterricht zu motivieren. So könnte bei der Thematisierung der Titanomachie das Cover des Strategiespiels *Age of Mythology. The Titans* (USA, 2003) als motivierender Einstieg gezeigt werden. Darauf sind ein zornig dreinblickender Zeus mit weißem Bart und ein Zähne fletschender, ins Monströse entrückter Titan abgebildet. Mithilfe des Titels sollen die Schüler erschließen, dass auf dem Bild der Kampf der Götter gegen die Titanen zu sehen ist und dass es sich bei dem alten Mann um den Göttervater Zeus handelt. Die Lehrkraft könnte zusätzlich auf die Prominenz der Titanomachie in der internationalen Populärkultur verweisen, die an diesem Rezeptionsdokument deutlich würde. Schüler hätten dann die Möglichkeit, eigene Rezeptionsdokumente zu nennen, in denen die Titanen eine Rolle spielen (z. B. *Percy Jackson, Kampf der Titanen, Krieg der Götter* usw.). Nicht zuletzt könnte man den Heranwachsenden mithilfe einer ikonographischen Analyse des Covers zeigen, dass es sich bei dem gerade angesprochenen, phantastischen Kampf um einen Wettstreit zwischen Zivilisation und Barbarentum handelt.

Als einer der wenigen gibt PERSCHON (1997) in seinem Beitrag einen skizzenhaften Überblick über archaisch-mythologische Versatzstücke in PC-Spielen und weist auf die Trivialisierung dieser Elemente hin. Den Fokus seiner Untersuchung setzt er auf Action-, Abenteuer-, Rollen- und Strategie- bzw. Simulationsspiele, da diese am häufigsten mythologische Motive verwendeten. Er kommt dabei zu dem schlüssigen Ergebnis, dass vor allem in Abenteuer- und Rollenspielen der am häufigsten rezipierte mythische Topos, nämlich das Grundraster der *Odyssee,* adaptiert werde. Dieses trete im Rahmen der Abenteuerreise des PC-Helden bei dessen Bewältigung von weltweiten Aufgaben deutlich zum Vorschein. Für die beiden eben genannten Spiele-Genres sei auch die Verarbeitung von Märchen-, Sagen- und Legendenliteratur nahezu essentiell, um eine Überhöhung des Plots, der Settings und der Figuren durch mythische Themen, Motive und Symbole zu erreichen. Daneben finde auch die Scheidewegmotivik aus der griechischen Herakles-Sage auf dem langen Weg des Helden bis zum höchsten Ruhm Eingang in viele Spiele.

Im Folgenden wendet sich PERSCHON Details zu und wirft auch anhand von Beispielen *(Dungeon Keeper, Master of Orion 2, Titan Wars, Diablo)* einen intensiveren Blick auf Schauplätze und Widersacher, die beim virtuellen Kampfgeschehen zum Vorschein treten. Hinsichtlich der Settings stellt er fest, dass die antike Unterwelt primär dazu verwendet wird, besonders bedrohliche Höhlensysteme und labyrinthartige Verliese zu erschaffen. Diese gehen m. E. auf den Mythos um Theseus zurück, der den Minotaurus, ein Mischwesen aus Mensch und Stier, in einem undurchdringlichen Irrgang auf Kreta – dem Prototyp aller gefahrvollen Labyrinthe – mithilfe des Fadens der Ariadne getötet hat. Auch bei näherer Betrachtung der Gegner entdeckt PERSCHON, dass hierbei in vollem Maße aus der griechische Mythologie geschöpft wird, um dem Helden bzw. dem Spieler äußerst gefährliche und phantasievolle Widersacher entgegenzustellen. Die Bandbreite reiche dabei von Giganten und hundertarmigen Riesen über geflügelte Harpyien und Greife bis hin zu fatalen Medusen und Chimären. Gerade die modernen Spiele-Designer von Fantasy-& Horrorgames würden in diese unerschöpfliche mythologische „Requisitenkiste" greifen, um neue Arten von widerwärtigen Mischgestalten zu kreieren. Unter PERSCHONS konkreten Beispielen für Computerspiele mit ergiebigen mythologischen Versatzstücken halte ich zum einen *Afterlife* für erwähnenswert, in dem der Spieler in die Rolle eines Halbgottes schlüpft, um im Jenseits Himmel und Hölle als Stellvertreter von Hades zu verwalten.[7]

Im Bestseller-Game *Diablo* muss sich der Spieler ebenfalls in eine höllenartige Unterwelt begeben. PERSCHON merkt an, dass sich bereits in der Anleitung ein antikes Zitat aus VERGILS *Aeneis* findet, das die Katabasis des Helden Aeneas thematisiert. In diesem Zusammenhang stellt er die interessante These auf, dass die zwölf verschiedenen Dämonenarten, die

---

[7] Das Spiel enthält neben dem Frame *Hades* auch eine Anspielung auf Charon, den Fährmann der Unterwelt: Wenn der Spieler seine Aufgabe gut macht, so erhält er von den verstorbenen Schatten je einen Obolus, andernfalls entsteht Chaos. Der Obolus ist eine griechische Münze von geringem Wert, die in der antiken Mythologie den Toten als Fahrtgeld für Charon unter die Zunge gelegt wurde.

vom Spieler besiegt werden müssen, in Verbindung mit Herkules' zwölf Arbeiten im Auftrag des Königs Eurystheus gebracht werden könnten. Gerade die zwölfte Aufgabe weist m. E. eine wichtige Parallele zum Setting von *Diablo* auf: Sie führt Herkules in den Tartaros, damit er Zerberus, den dreiköpfigen Höllenhund und Wächter des Hades, von der Unterwelt zu Eurystheus bringe.

PERSCHON gelangt zu dem Schluss, dass in PC-Spielen Mythen keineswegs als „weltdeutende Erklärungsmodelle", sondern vielmehr zur „Profilierung der bösen Macht" verwendet werden, die dadurch noch bedrohlicher wirken soll. Neben antiken Mythen würden auch zahlreiche Elemente aus den keltischen und germanischen Sagen Eingang in PC-Spiele finden (vgl. PERSCHON 1997).

Die trivialisierende Verwendung solcher Versatzstücke spreche laut PERSCHON in besonderem Maße die Psyche der Spieler an, da archetypische Helden, die als Erlöser inszeniert werden, hohes Personifikationspotential aufweisen (vgl. PERSCHON 1997, 81).

Diese These PERSCHONS, dass jeder Spieler nur zu gerne die Gelegenheit ergreift, um in die Rolle einer Erlöserfigur zu schlüpfen, lässt sich sehr gut am Beispiel des Action-Adventures *Titan Quest* belegen. Auf der Rückseite des Spielecovers steht Folgendes geschrieben, um einen potentiellen Spieler für das Gameplay zu begeistern:

> *Der Weg eines Helden zum Ruhm – Die Titanen sind aus ihrem ewigen Gefängnis entkommen und bringen Unheil über die Erde. Die Götter suchen einen Helden, der das Blatt in dieser epischen Schlacht wenden und das Schicksal der Menschen und Götter retten kann. Sind Sie bereit für diese Aufgabe?*[8]

Die griechisch-römische Unterwelt wird zudem zur Generierung von bedrohlichen Settings funktionalisiert. Auch die mythologischen Figuren werden zur Erschaffung gefährlicher Widersacher verwendet. So kann also mithilfe von mythologischen Versatzstücken die Sehnsucht des Spielers nach abenteuerlichem Heroentum und nach Eskapismus mithilfe mythologisch motivierter Figuren und Settings gestillt werden. Für den Lateinunterricht eignen sich Screenshots von Figuren und Settings aus den gerade genannten Computerspielen ideal als Einstieg oder Interpretationsimpuls. Diese sind einfach über die *Google*-Bildersuche zu finden.

---

8   Siehe *Titan Quest. Gold Edition.* THQ Entertainment GmbH (2007).

13.5 Antike im Internet

Auch das Internet eröffnet, obgleich sich die digitale Kultur vor allem durch (inter)individuelle Verwendung dieses Mediums auszeichnet, unzählige Möglichkeiten einer förderlichen Integration in den Lateinunterricht, deren Nutzen über einen rein medienpädagogischen Effekt hinausgeht. Die Bandbreite reicht dabei vom *selbstgesteuerten Wortschatzerwerb* über *Grammatikübungen* bis hin zur *Recherche nach Rezeptionsdokumenten*. Hierzu ist die umfassende Studie von BECHTHOLD-HENGELHAUPT (2012) grundlegend, der unzählige Möglichkeiten des *medienintegrativen Lateinlehrens* mithilfe des www berücksichtigt.

In seinem Kapitel über *Internetbibliotheken* verweist er vor allem auf ThLL *The latin Library* (vgl. http://www.thelatinlibrary.com/). Diese werde sogar vom Lehrplan des Freistaates Sachsen explizit empfohlen. Texte kanonischer Autoren könnten aufgrund der übersichtlichen Anordnung leicht gefunden werden. Jedoch sei es schwierig, weniger bekannte Texte nicht-kanonischer Autoren ausfindig zu machen, da diese auf der Startseite nicht mit ihrem Namen zu finden seien (vgl. BECHTHOLD-HENGELHAUPT 2012, 127–133; die für den Lateinunterricht sehr gewinnbringende Arbeit ist online kostenlos abrufbar unter: https://edoc.ub.uni-muenchen.de/15133/1/Bechthold-Hengelhaupt_Tilman.pdf [letzter Zugriff am 03.04.2017]).

Auch wenn diese Seite aufgrund des fehlenden kritischen Apparats aus wissenschaftlicher Perspektive zu kritisieren ist, so erleichtert sie Lehrern durch das kostenlose Bereitstellen von Textausschnitten das Erstellen von Arbeitsblättern. Des Weiteren erwähnt BECHTHOLD-HENGELHAUPT auch das *Perseus*-Projekt (vgl. http://www.perseus.tufts.edu/hopper/ [letzter Zugriff am 03.01.2017]) als „multimediale Bibliothek", die außer Quellentexten auch Übersetzungen, Kommentare, Landkarten, Lexika, Grammatiken, ganze elektronische Bücher und eine Bildersammlung bereitstellt (BECHTHOLD-HENGELHAUPT 2012, 140).

Diese Seite weist zu den wichtigsten lateinischen Texten englische Übersetzungen auf, sodass sie dadurch eine Hilfe sein kann, wenn man sich als Lehrkraft in Texte einlesen möchte. Als Kritikpunkt äußert BECHTHOLD-HENGELHAUPT die unübersichtliche Anordnung der Ergebnislinks im Rahmen von Recherchen zu lateinischen Inhalten. Schließlich finde auch keine Informationsreduktion statt, sodass man z. T. durch die Fülle an Informationen überflutet wird (vgl. BECHTHOLD-HENGELHAUPT 2012, 141 f.).

Als Drittes führt BECHTHOLD-HENGELHAUPT in diesem Kontext die *Die Bibliotheca Augustana* (BA, vgl. http://www.hs-augsburg.de/~harsch/augustana.html [letzter Zugriff am 03.04.2017]) an. Diese enthalte nicht nur antike und mittelalterliche, sondern auch moderne Texte. Neben den lateinischen Texten seien auch brauchbare Übersetzungen zu finden. Als Besonderheit hebt BECHTHOLD-HENGELHAUPT hervor, dass auf dieser Seite nicht nur alle wesentlichen Briefe CICEROS in chronologischer Reihenfolge veröffentlicht seien, sondern auch „eine Edition von Ciceros verlorenem Dialog ‚Hortensius'" (BECHTHOLD-HENGELHAUPT 2012, 144) abgerufen werden könne. Nach einem Überblick über weitere, mehr oder weniger bedeutende Online-Bibliotheken, geht BECHTHOLD-HENGELHAUPT noch auf *Online-Lexika* ein und fokussiert dabei eine Kooperation zwischen dem wohl meistgenutzten Online-Lexikon Wikipedia und den Altertumswissenschaften unter dem Motto *Wikipedia trifft Altertum* (vgl. BECHTHOLD-HENGELHAUPT 2012, 170 f.), die im Juni 2011 in Göttingen stattfand. Laut den Veranstaltern wurde das Ziel fokussiert, eine Art Konsens zwischen altertumswissenschaftlichem Anspruch und der rhizomatischen, postmodernen Struktur von Wikipedia zu finden, jedoch ist dies m. E. aufgrund der oftmals unzureichenden Quellenlage nicht ganz gelungen. So werden zwar insbesondere bei Texten, welche die Antike betreffen, häufig diverse Quellen angeführt, aber es geht aus diesen Quellen oft nicht hervor, welche Passagen aus welcher Quelle entlehnt wurden und welcher Teil als Eigenleistung des Autors anzusehen ist. Diese Tatsache macht zwar wissenschaftliches Arbeiten mit Wikipedia schwierig, jedoch ist die Internetseite durchaus für die reflektierte Recherchearbeit mit Schülern zu empfehlen, sofern zuvor kritisch auf die Nachteile dieses extrem rhizomatischen Lexikons verwiesen wurde. Schließlich resümiert BECHTHOLD-HENGELHAUPT, dass die Fachdidaktik immer noch zu wenig Interesse am dominanten Medium des Internets zeigt. Immerhin landen zumindest Schüler bei der Bearbeitung von Aufgaben nicht selten auf privaten Homepages von Lateinlehrern, welche dort Materialien für den altsprachlichen Unterricht, wie z. B. Übersetzungstexte und Grammatikübungen anbieten. In diesem Zusammenhang fokussiert BECHTHOLD-HENGELHAUPT die bekannte Internetseite *Navicula Bacchi* (vgl. http://www.gottwein.de/ [letzter Zugriff am 04.04.2017]). Neben Übersetzungen, die nicht selten eher überwortenden als übersetzenden Charakter haben und mit einigen Fehlern und grammatischen Ungenauigkeiten versehen sind, findet man dort auch Erläuterungen und Landkarten, die etwa bei den Caesar-Texten besondere Relevanz besitzen. Da neben dem lateinischen Text die Übersetzung in Tabellenform präsentiert ist, welche zweckmäßig zum Einfügen in

Word-Dateien formatiert seien, könne man diese für *bilinguale Arbeitsblätter* nutzen (vgl. BECHTHOLD-HENGELHAUPT 2012, 232 f.). Jedoch sind die Übersetzungen dieser Seite m. E. stellenweise problematisch, da sie nur überworten und nicht übersetzen. Als innovativ zeigt sich auch die Internetseite www.frag-caesar.de (letzter Zugriff am 04. 06. 2017). Dieses ungewöhnliche Online-Lexikon liefert neben Wortbedeutungen auch ganze Konjugations- und Deklinationsschemata zum gesuchten Wort mit. Das Lexikon empfiehlt sich daher besonders für Schüler mit grammatischem Nachholbedarf. Als Gimmick begrüßt Caesar die Nutzer der Seite höchstpersönlich und stellt sich ihnen *post mortem* als Lernpartner zur Seite.

Hinzuweisen ist außerdem auf die besonders aufschlussreiche Seite http://arts.mythologica.fr (letzter Zugriff am 03. 04. 2017) mit Zeichnungen und Bildern zur griechisch-römischen und christlichen Mythenrezeption, welche alphabetisch nach den Künstlernamen geordnet ist. Diese Seite eignet sich ideal dazu, namhafte *Rezeptionsdokumente* für Schüler etwa im Rahmen einer Sequenz zu OVIDS *Metamorphosen* zu suchen und auf ihre Tauglichkeit für den Unterricht zu prüfen.

Neben diesen Online-Lexika und lateinaffinen Homepages können aus Sicht der Lehrkraft noch *wissenschaftliche Online-Journale* zur Unterrichtsvorbereitung oder zum Konzipieren von Kursen in der Kollegstufe verwendet werden. Als wichtigstes Flaggschiff dieser Formate erweist sich *Pegasus Online* (http://www.pegasus-onlinezeitschrift.de/ [letzter Zugriff am 04. 04. 2017]). Diese von KIPF ET AL. herausgegebene Zeitschrift enthält nicht nur fundierte wissenschaftliche Beiträge zum schulrelevanten Thema der Antikenrezeption, sondern auch Vorschläge für die Unterrichtspraxis bzw. praxiserprobte Konzepte. Wenn man als Lehrkraft wissen möchte, wie neue Lehr-Lernmaterialien für Latein bewertet wurden, kann man sich darüber auf der Homepage des Lehrstuhls für Didaktik der Alten Sprachen der LMU (http://www.fachdidaktik.klassphil.uni-muenchen.de/forschung/nova-didactica/index.html [letzter Zugriff am 04. 04. 2017]) informieren. Dort sind nicht nur Rezensionen zu neuesten Schulbüchern, sondern auch zu Lektüreausgaben und Supplementa, wie z. B. lateinsprachigen Comics zugänglich. Als Vorletztes ist noch das prämierte, internationale Projekt *Our Mythical Chidhood* von KATARZYNA MARCINIAK von der Universität Warschau zu nennen (http://mythicalbeasts.obta.al.uw.edu.pl/ [letzter Zugriff am 04. 04. 2017]). Deren Homepage über veranstaltete Fachtagungen zu diesem Themenkomplex (z. B. *Chasing Mythical Beasts*) versammelt zahlreiche Impressionen, auf welch kreativ-produktive Weise Antikenrezeption in einem *Weltverband aus Experten*, die auch mit diversen Schulen aus Polen kooperieren, aussehen kann. In diesem Kontext steht auch das darauf fußende Subprojekt *ancient greek vase animations*,[9] das von englischen Wissenschaftlern der Universität Roehampton in London realisiert wurde. Dabei werden griechische Schwarz- oder Rotfigurenvasen durch digitale Bewegung der Figuren animiert. So könnte Schülern z. B. als Einstieg in die Thematik der olympischen Spiele ein Video aus diesem Projekt gezeigt werden, in dem die Siegesgöttin Nike zwei Sportler mit Ehrenkränzen versieht (vgl. http://www.panoply.org.uk/ [letzter Zugriff am 04.06.17]). Darüber hinaus zeigen die Videos u. a. auch Hopliten beim Kampf oder Achill und Ajax beim Würfelspiel. Insgesamt werden sowohl historische als auch mythologische Themen abgedeckt.

Als Letztes ist noch die Latein-Didaktik-Homepage der Humboldt-Universität zu Berlin zu empfehlen, auf der sich etwa eine lange Literaturliste mit aktuellen antikehaltigen Jugendbüchern findet, die auch für den Unterricht geeignet sind (vgl. https://www.klassphil.hu-berlin.de/de/fachgebiete/didaktik/indices/thematische-bibliographien/jugendbuecher [letzter Zugriff am 03.04.2017]).

Schon aus diesem skizzenhaften Überblick über die unzähligen Funktionen des Mediums Internet sollte hervorgehen, dass sich eine Einbettung in den Lateinunterricht im Sinne des *Aufbaus von Medienkompetenz (Recherche, Kritik, Umgang mit dem Internet)* lohnt. Besonders in Bezug auf die Möglichkeiten der *Recherche* bietet das Internet für einen zeitgemäßen Lateinunterricht schier unendliche Möglichkeiten. Zudem schauen die Schüler ohnehin auf der Suche nach Übersetzungen ins Netz – also warum damit nicht offen umgehen? Somit lernen Schüler im Sinne der *Selbst- und Methodenkompetenz*, welche Seiten gut geeignet sind, wenn sie bei ihrer Übersetzung nicht weiterkommen. Sie können dann ihre Übersetzung mit der aus dem Internet abgleichen und lernen im besten Fall etwas dazu, weil sie sich intensiv mit dem Text und den Möglichkeiten, ihn zu übersetzen (vgl. Kap. 5), beschäftigen.

---

9   Diese Schlagwörter können auch bei youtube.com eingegeben werden, um zu aktuellen Videoproduktionen dieses innovativen Projekts zu gelangen.

Fazit

Summa summarum lassen sich *Rezeptionsdokumente aus der multimedial geprägten Alltagskultur* (vgl. zu den Kinder- und Jugendmedien sowie zu All-age-Literatur umfassend JANKA/STIERSTORFER 2017) überaus vielfältig im Lateinunterricht einsetzen. Besonders gut eignen sich Auszüge aus Romanen, Comics, Filmen und Computerspielen als *Einstieg bzw. Motivation* zur Beschäftigung mit der noch immer fortdauernden Kultur der alten Griechen und Römer. Darüber hinaus lässt sich mithilfe von Rezeptionsdokumenten ein *Vergleich zu den mythologischen Standardversionen* anstreben oder die Rezeptionsdokumente können mit den Zeugnissen zur römischen Historie in Beziehung gesetzt werden. Dadurch erkennen fortgeschrittene Schüler, dass das antike Werte- und Normensystem überblendet wird und die modernen Autoren den Mythen und Erzählungen aus der Historie oftmals das westliche Werte- und Normensystem „überstülpen". Bei jüngeren Schülern reicht es, wenn sie feststellen, dass Lateinunterricht nicht etwas Überholtes und Verstaubtes behandelt, sondern anhand von modernsten Rezeptionsdokumenten aktuelle Relevanz gewinnt. Denn dass moderne und modernste (audiovisuelle oder digitale) Rezeptionsdokumente nicht nur Ornament des Unterrichts bleiben, sondern einen spezifischen Gewinn für die Interpretation der klassischen Texte darstellen, gerade wenn der Blickwinkel dialektisch wechselt, hebt insbesondere JANKA (2016) am Beispiel der Serie *Rome* (2005–2007) hervor:

> *Eben dieser Blick von der Gegenwartskultur zurück auf die Gegenstände der Antike, der dann in einem dialektischen Prozess jeweils neue Gesichtspunkte und Blickwinkel auch für die werkimmanente Interpretation der klassischen Texte erschließt, prägt das in diesem Beitrag vorgestellte Lektürekonzept.*
> (JANKA 2016, 36).

Kompetenzorientierung im Lateinunterricht

Rüdiger Bernek

14.1 Kompetenzorientierung – Entstehung und Bedeutung

Der weder in der Forschung noch in kultusbehördlichen Publikationen einheitlich verwendete Begriff „Kompetenz" wurde im erziehungswissenschaftlichen Kontext durch HEINRICH ROTH eingeführt, der im Zusammenhang mit dem Erziehungsziel der Mündigkeit zwischen Selbst-, Sach- und Sozialkompetenz unterscheidet (ROTH 1976; MÜLLER-RUCKWITT 2008, 185–236). Die Etablierung des Begriffes in seiner protoypischen Bedeutung für den aktuellen Bildungsdiskurs geht indes zurück auf die PISA-Studie des Jahres 2000, deren erklärtes Ziel es war, die „Funktionalität der bis zum Ende der Pflichtschulzeit erworbenen Kompetenzen für die Lebensbewältigung im jungen Erwachsenenalter und deren Anschlussfähigkeit für kontinuierliches Weiterlernen in der Lebensspanne" zu erfassen (BAUMERT ET AL. 2001, 16). In Anknüpfung an die angelsächsische *literacy*-Konzeption, die von der Notwendigkeit der „Universalisierung von Basisqualifikationen" in Anbetracht der sich rasch wandelnden Anforderungsprofile in einer „Industrie- und Wissensgesellschaft" ausgeht (BAUMERT ET AL. 2001, 20), definierten die Autoren als eine Zielbeschreibung für den schulischen Bildungsprozess die Aneignung eines „für Weiterlernen anschlussfähigen Orientierungswissens" (BAUMERT ET AL. 2001, 20). Zugrunde gelegt wurde bereits hier ein komplexer Kompetenzbegriff, der kognitive, emotionale und motivationale Aspekte verbindet (OECD 2005, 6).

Die konkrete Lehrplanarbeit der folgenden Jahre wurde weiterhin maßgeblich durch die sogenannte Klieme-Expertise *Zur Entwicklung nationaler Bildungsstandards* aus dem Jahr 2003 geprägt. Diese hat im Auftrag des Bundesministeriums für Bildung und Forschung (BMBF) unter Federführung von ECKARD KLIEME das Deutsche Institut für Pädagogische Forschung (DIPF) erstellt; die Studie lieferte der Ständigen Konferenz der Kultusminister der Länder der Bundesrepublik Deutschland (KMK) konzeptionelle Richtlinien für die beschlossene Implementierung einheitlicher *Bildungsstandards* in den Fächern Deutsch, Mathematik und in der ersten Fremdsprache (Englisch/Französisch). Diese Standards sollen abstrakte Bildungsziele konkretisieren, ohne dabei spezifische Inhalte zu definieren oder zu quantifizieren, sondern grundlegende Kriterien zur Erfassung der „Lernentwicklung in einem Gegenstandsbereich" (KLIEME 2003, 21) benennen. Ziel dieser Standardisierung war und ist die Qualitätssicherung in der Umsetzung von Bildungszielen durch ein auf empirische Befunde gestütztes Bildungsmonitoring.

Kompetenzmodelle dienen in diesem Zusammenhang als „Grundlage für Operationalisierungen von Bildungszielen", die es ermöglichen, den „Output des Bildungssystems" empirisch zu überprüfen (KLIEME 2003, 71). Diese sogenannte *Output- bzw. Outcome-Orientierung*, die den Fokus der schulischen Lehr- und Lernprozesse weg von den bloßen Unterrichtsgegenständen auf ein tatsächlich beobachtbares Wissen und Können in Verbindung mit sozialen und personalen Dispositionen verschiebt, wird allgemein als der Kerngedanke des kompetenzorientierten Unterrichtsmodells verstanden.

Die Klieme-Expertise operiert dabei mit einer ursprünglich aus der psychologischen Expertise-Forschung stammenden Definition des Begriffes Kompetenz von FRANZ WEINERT, die von etlichen Ländern für die Formulierung kompetenzorientierter Lehrpläne wörtlich oder leicht modifiziert übernommen wurde. WEINERT (2001, 27 f.) bestimmt Kompetenzen als „die bei Individuen verfügbaren oder durch sie erlernbaren kognitiven Fähigkeiten und Fertigkeiten, um bestimmte Probleme zu lösen, sowie die damit verbundenen motivationalen, volitionalen und sozialen Bereitschaften und Fähigkeiten, um die Problemlösungen in variablen Situationen erfolgreich und verantwortungsvoll nutzen zu können". Dieser komplexe Kompetenzbegriff wirft allerdings das Problem der tatsächlichen Messbarkeit insbesondere der emotionalen und motivationalen Kompetenzen auf, die nicht als modulare, von den kognitiven Anteilen trennbare Einzelbestandteile, sondern gleich diesen als einander durchdringende und bedingende Konstituenten von Kompetenz verstanden werden (kritisch dazu beispielsweise ARNOLD 2005 und LADENTHIN 2011). Aus diesem Grund weisen etwa die einheitlichen Prüfungsanforderungen in der Abiturprüfung Latein (EPA) der KMK nur Methodenkompetenzen aus.

Aus den skizzierten Funktionsbestimmungen des Kompetenzbegriffes ergeben sich mithin mehrere definitorische Konsequenzen:
- Da anhand von Kompetenzen die Lernentwicklung in einem bestimmten Gegenstandsbereich überprüft werden soll, sind Kompetenzen zwangsläufig *domänenspezifisch* (fachspezifisch). Auch wenn sich in den Kompetenzbeschreibungen der einzelnen Domänen selbstverständlich Überschneidungen im Sinne von abstrakteren Basiskompetenzen (z. B. Urteilen, Analysieren, Reflektieren, Argumentieren, Kommunizieren,

Problemlösen, Darstellen etc.) ergeben, so sind doch Kompetenzen immer nur *funktional* im Kontext einer konkreten, fachbezogenen Anwendungssituation *überprüfbar*. Daraus ergibt sich auch, dass Kompetenzerwartungen immer so konkret formuliert werden müssen, dass das angestrebte Ziel operationalisier- und überprüfbar bleibt. In sogenannten Kompetenzstrukturmodellen sind die spezifischen Kompetenzbereiche eines Faches und die in ihrem Kontext nachweisbaren (Teil-)Kompetenzen ausgewiesen (SCHWEIZER 2006, 132 f.).

- Die mit der Einführung des Kompetenzbegriffs intendierte Abbildung einer Lernentwicklung geht davon aus, dass sich der Erwerb von Kompetenzen *in dynamisch-hierarchischer Form* vollzieht. Kompetenzen werden im Verlauf des (schulischen) Bildungsprozesses kumulativ erworben und manifestieren sich deshalb progressionsbedingt auf unterschiedlichen Niveaus. Konkret bestimmt und differenziert werden sollen diese Niveaus in sogenannten Kompetenzstufen- (zur Problematik des Stufenbegriffes vgl. HELMKE/HOSENFELD 2004) oder Kompetenzniveaumodellen, und zwar als Ergebnis einer kriteriumsorientierten Beschreibung von quantitativ erfassten Kompetenzen (SCHWEIZER 2006, 133–136). Im *Fach Latein* greifen die unterschiedlichen Kompetenzmodelle der Länder zur Abbildung des kumulativen Kompetenzaufbaus in der Regel auf den *Ausweis zunehmender Komplexität* der inhaltlichen und prozeduralen Kontexte im Abstand von einer oder mehreren Jahrgangsstufen zurück. Für den konkreten Lehr- und Lernprozess ergibt sich aus dem Prinzip der Kumulation, dass Kompetenzen immer langfristig anzustrebende Zielbeschreibungen sind, die den Rahmen von Einzelstunden weit überschreiten (KLIEME 2004, 12).

Die Interdependenz der Konstituenten Operationalisierbarkeit bzw. Skalierbarkeit und kumulativer Erwerb hat zur Folge, dass Kompetenzen in Lehrplänen und Kerncurricula häufig als Fertigkeiten oder „Können-Standards" beschrieben werden (KUHLMANN 2011, 116). Das führt mitunter zum dem Missverständnis, dass Kompetenzorientierung eine Abwertung von sogenanntem deklarativem Wissen (*Verfügungswissen*) impliziere. Doch bereits in der grundlegenden Beschreibung der Klieme-Expertise wird Wissen neben Fähigkeit, Verstehen, Können, Handeln, Erfahrung und Motivation (KLIEME 2003, 73) als integraler Bestandteil des Kompetenzbegriffes bestimmt. Ausschlaggebend für den Kompetenzaufbau sind vielmehr die Kriterien der Vernetzbarkeit und der Anschlussfähigkeit von Wissen.

Schon allein aufgrund der Komplexität des Kompetenzbegriffes können die dem Kompetenzerwerb zugrundeliegenden Inhalte nicht – wie bisweilen behauptet – beliebig austauschbar sein. Aufgrund des multivalenten Fachprofils Latein haben nur Gegenstände von *nachweisbarer ästhetischer Qualität* bzw. *überzeitlicher inhaltlicher Relevanz* das Potential, die Sinnhaftigkeit des kompetenzgenerierenden Umgangs mit Sprache, Text und Kultur zu verdeutlichen, sodass in der Kompetenz auch die Bereitschaft, sie anzuwenden, grundgelegt wird.

14.2 Kompetenzorientierung in Lehrplänen für das Fach Latein

Auch wenn die den Lehrplänen und Kerncurricula zugrundeliegenden Kompetenzmodelle der Alten Sprachen auf Länderebene im Einzelnen erheblich differieren, so weisen sie doch grundsätzlich in der Gliederung nach den drei Kompetenzbereichen ‚Sprache', ‚Text' und ‚Kultur' eine ähnliche Makrostruktur auf, die letztlich in der vom Deutschen Altphilologenverband entwickelten Lernzielmatrix mit ähnlichen „Inhaltsklassen" (Sprache – Literatur – Gesellschaft/Staat/Geschichte – Grundfragen menschlicher Existenz/Humanismus) wurzelt (NICKEL 2015, 39 f.). Der Bereich „Methoden" tritt in einigen als eigens ausgewiesener vierter Kompetenzbereich hinzu (z. B. Nordrhein-Westfalen, Baden-Württemberg), in anderen wird er als integraler Bestandteil der drei anderen Kompetenzbereiche definiert (z. B. Niedersachsen, Rheinland-Pfalz). Weiterhin verweisen alle Fachlehrpläne und Kerncurricula neben den fachlichen auch auf *überfachliche Kompetenzen* bzw. *Kompetenzdimensionen* (vgl. Kap. 12) und rekurrieren dabei mit terminologischen Variationen zumeist auf die von HEINRICH ROTH grundgelegte Unterscheidung von Sachkompetenz (personaler Kompetenz), Sozialkompetenz und Selbstkompetenz, die in ROTHS Modell die später als eigenständige Dimension extrapolierte Methodenkompetenz einschließt. Obgleich die Begriffe nicht einheitlich definiert und gebraucht werden, so lassen sich doch für die einzelnen Kompetenzdimensionen Basiskonzepte abstrahieren. So werden mit *Selbstkompetenz* (personaler Kompetenz) zumeist Fähigkeiten aus dem Bereich der Selbstorganisation (z. B. Selbstständigkeit, Konzentrationsfähigkeit, Zielstrebigkeit) und Selbstreflexion (z. B. Erkennen eigener Schwächen und Stärken, Kritikfähigkeit), aber auch allgemeine und kontextbezogene Werthaltungen (z. B. Urteilsfähigkeit, Aufgeschlossenheit, Flexibilität, Leistungsbereitschaft, Verantwortungsbewusstsein etc.) sowie die Offenheit für die reflektierte persönliche Auseinandersetzung mit existenziellen und gesellschaftlich-politisch bedeutenden Fragestellungen beschrieben. Der Bereich der *Sozialkompetenz* umfasst im Kern die Bereitschaft und Fähigkeit zu wertebasierter Kommunikation und Interaktion. In diesen Kontext gehören Begriffe wie Team-, Gesprächs- und Konfliktfähigkeit, Solidarität, Empathie, Hilfsbereitschaft und Toleranz etc. Im Bereich der *Methodenkompetenz* bezieht sich das Können, Wollen und Verstehen im engeren Sinn auf die speziellen Arbeitsverfahren bzw. Lern- und Lösungsstrategien des Faches (z. B. in den Bereichen Spracherwerb, Texterschließung, Übersetzung etc.), die Handhabung fachspezifischer Hilfsmittel (Grammatiken, Lehrbücher, Nachschlagewerke), aber auch auf allgemeine Strategien der zielgerichteten Erschließung von Gegenstandsbereichen und der Beschaffung, Auswertung, Strukturierung und Darstellung von Informationen. *Sachkompetenz* (Fachkompetenz) schließlich beschreibt die Bereitschaft und Fähigkeit, fachspezifische Kenntnisse und Fertigkeiten zielgerichtet und selbstständig zur Problemlösung einzusetzen.

Das differenzierteste Kompetenzmodell für die Alten Sprachen dürfte derzeit wohl das bayerische sein. Es unterscheidet prozessbezogene Kompetenzen und klassifiziert sie in Bezug auf drei unterschiedliche Gegenstandsbereiche als „den *analysierenden, reflektierenden und synthetisierenden Umgang* mit […] lateinischen Texte[n], deren sprachliche[r] Basis und deren kulturelle[m] Kontext" (SCHEIBMAYR 2012, 13). Diese prozessbezogene Kategorisierung von Kompetenzen unterscheidet als die drei maßgeblichen Schwerpunkte die „Aufgliederung des Gegenstands und seine Bearbeitung nach Einzelaspekten" (z. B. Herausarbeitung von Gesichtspunkten und Strukturen), „den umfassenden Zugriff auf den Gegenstand, der als Ganzes bearbeitet wird" (z. B. Definitionen, Schlussfolgerungen, Stellungnahmen) und die „Kombination und Integration verschiedener Aspekte zu einer Einheit" (z. B. Übersetzung, Interpretation, Vergleich). Der Aufbau der so beschriebenen Kompetenzen wird im Rahmen von vier Dimensionen („inhaltlich-fachsystematisch, philologisch-methodisch, persönlich-existenziell und gesellschaftlich-politisch") abgebildet. Die zweite Ebene des Kompetenzmodelles erläutert den Bezug der drei übergeordneten prozessbezogenen Kategorien auf die einzelnen Gegenstandsbereiche (SCHEIBMAYR 2012, 17–21), während die dritte Ebene konkrete Kompetenzerwartungen gegliedert nach Kompetenzen und Gegenstandsbereichen formuliert. Die hierfür verwendeten Operatoren der EPA[1] werden dabei einzeln den jeweiligen prozessbezogenen Kompetenzkategorien Analysieren, Reflektieren und Synthetisieren zugeordnet und zum Ausdruck von Progression und wachsender Komplexität in der Abstufung der Anforderungsbereiche der EPA

---

1   Einheitliche Prüfungsanforderungen in der Abiturprüfung Latein (Beschluss der Kultusministerkonferenz vom 1. 2. 1980 i. d. F. vom 10. 02. 2005), 65 f.

verortet. So ergibt sich ein sehr differenziertes Raster zur Beschreibung von Kompetenzen.[2] Formuliert werden die Kompetenzerwartungen in Lehrplänen und Kerncurricula entweder als sogenannte *Können-Standards* (z. B. Die Schüler „können grundlegende parallele Gesetzmäßigkeiten im Wortschatz anderer Sprachen erkennen und für dessen Verständnis und Erlernen nutzen", Kernlehrplan Sek. I NRW, 28) oder als *Performanzbeschreibung* der konkreten Operation zur Betonung des „outcomes" bei der tatsächlichen Anwendung der zugrundeliegenden Kompetenz (z. B. Die Schüler „beziehen bei der Interpretation eines lateinischen Textes historisch-politische und soziokulturelle Hintergrundinformationen ein", Lehrplan Sek. I RP, 16).

14.3 Kompetenzorientierung in der Unterrichtspraxis

Die Überführung von Wissen in Können und die Generierung einer Disposition der Fähigkeit und Bereitschaft, Wissen und Können zur Problemlösung in neuen Kontexten anzuwenden, impliziert die Notwendigkeit, im Unterricht durch „Handlungs- und Anwendungsbezug" (HEY 2008, 98 f.) entsprechende Lern- bzw. „Anwendungssituationen" (EYRAINER 2012, 47) zu schaffen. Das gilt für die Überprüfung von Wissen und Können ebenso wie für deren Erwerb und Erweiterung. Kompetenzorientierter Unterricht wird also, wo immer möglich, den Schülern die Möglichkeit bieten, sich selbstständig neues Wissen und Können durch Vernetzung mit bereits Gelerntem zu erwerben und dabei auf die angewandten Methoden zu reflektieren. So können sich die Schüler beispielsweise aus ihrer Kenntnis des Perfektstammes der einzelnen Konjugationen und des Futurs von *esse* sowie ihrem Verständnis des Konzeptes der Vorzeitigkeit sowohl *Formen als auch Funktion des Futur II* selbstständig erarbeiten und dadurch das Prinzip der synthetischen Tempusbildung erfassen und beschreiben. Durch den Vergleich mit dem deutschen Futur II oder Perfektfutur und dem abweichenden Sprachgebrauch im Deutschen werden ihnen die Unterschiede der beiden Tempussysteme und damit auch der Sinn der *vergleichenden Sprachbetrachtung* bewusst. So kann langfristig die Kompetenz aufgebaut werden, die Besonderheiten von Tempusbildung und -gebrauch im Lateinischen erklären und durch den Sprachvergleich mit dem Deutschen und weiteren Fremdsprachen den Zusammenhang zwischen Sprache und Weltwahrnehmung erfassen und erläutern zu können. Diese Kompetenz kann in den verschiedensten Kontexten, etwa bei Erlernen weiterer Fremdsprachen, genutzt

---

2 Eine die Operatoren der EPA ergänzende Auflistung mit Zuordnung zu den Kompetenzstufen Mindeststandard, Regelstandard, Expertenstandard findet sich auch bei SCHOLZ/WEBER (2010, 42 f.).

werden. Voraussetzung dafür ist, dass der Lateinunterricht ein Bewusstsein für die entsprechenden Kategorien der Sprachbetrachtung fördert und ihre Relevanz verdeutlicht.[3] Im Lektüreunterricht kann die selbstständige Aneignung und Anwendung von Wissen in der Erschließung des historischen und sozio-kulturellen Kontextes, aber auch in gattungstheoretischen und philologisch-methodischen Fragen habitualisiert werden. So kann beispielsweise an OVIDS *Amores* 1,1 basales gattungstheoretisches Wissen zum Epos für die kontrastive Erarbeitung der Gattungsmerkmale der Liebeselegie genutzt und durch eine entsprechend gestufte Erschließungsaufgabe der textimmanente Verständnishorizont vom intertextuellen unterschieden werden. Dies dient zum langfristigen Aufbau der Kompetenz, (antike) Texte als komplexe Verweisungssysteme zu erfassen und im Hinblick auf (markierte) intertextuelle Referenzen untersuchen und interpretieren zu können.

Für Sprach- und Lektüreunterricht gilt gleichermaßen, dass der Aufbau v. a. von Sach-, Methoden- und Selbstkompetenz insbesondere dann gefördert wird, wenn das Moment der Selbsttätigkeit um das der Reflexion auf das eigene Tun ergänzt wird (EYRAINER 2012, 47 f.). Im Sprachunterricht kann dies beispielsweise durch *Selbstdiagnosebögen*[4] oder ein simples *Lerntagebuch* geschehen (KIPER/MISCHKE 2008), in dem die Schüler knapp festhalten, was sie in der vergangenen Woche gelernt haben, wo sie noch Defizite sehen und wie sie diese zu beheben planen. Im Lektüreunterricht liegt der reflektorische Fokus zudem auf angewandten Methoden der Übersetzung, Interpretation und der Informationsgewinnung, aber selbstverständlich hilft auch hier die Analyse eigener Schwächen und Stärken in Verbindung mit den daraus resultierenden Handlungsvorgaben den Schülern, sich ihrer Verantwortung für den eigenen Lernfortschritt bewusst zu werden und ein Instrumentarium der Selbstanalyse zu entwickeln. Ein Missverständnis wäre es allerdings, die personale und soziale Dimension des Kompetenzaufbaus ausschließlich mit der Frage nach Unterrichtsmethoden und Sozialformen zu verknüpfen. Der Lateinunterricht bietet zahlreiche Inhalte, anhand derer die Schüler auf zentrale Fragen des menschlichen Miteinanders reflektieren, Werthaltungen entwickeln und diese argumentierend vertreten. Bereits in der Lehrbuchphase und verstärkt im Lektüreunterricht werden wichtige Fragen behandelt, die für diesen *wertebezogenen Aspekt der Selbst- und Sozialkompetenz* relevant sind, etwa die Frage nach der Ge-

---

3 Zu Zielen und Möglichkeiten der sprachlichen Bildung im Lateinunterricht vgl. WIRTH ET AL. (2006).
4 Mehrere Beispiele aus der Unterrichtspraxis bietet das Themenheft: „Diagnose und Evaluation". Der Altsprachliche Unterricht (2012), 55. Jg., Heft 1.

rechtigkeit zwischen Individuen bzw. Völkern (z. B. CICERO, *De re publica* und *De legibus;* AUGUSTINUS, *De civitate Dei;* CAESAR, *De bello Gallico*), nach dem persönlichen Glück (z. B. SENECA, *Epistulae morales* und *Dialogi;* HORAZ, *Sermones;* CICERO, *De finibus*), nach dem Verhältnis der Geschlechter (z. B. CATULL, *Carmina;* OVID, *Ars amatoria* und *Metamorphosen*), nach den Mechanismen und Zielen menschlicher Kommunikation (CICEROS Reden und rhetorische Schriften; PLINIUS, *Epistulae*) etc.

Zentrale Bedeutung kommt im kompetenzorientierten Unterricht einer *Aufgabenkultur* zu, die durch komplexe Anwendungssituationen den kreativen und flexiblen Einsatz von Wissen und Können fördert. Für Aufgaben zur Entwicklung bzw. Überprüfung von Kompetenzen lassen sich mithin folgende Merkmale festhalten:[5]

- Kompetenzorientierte Aufgaben sind *komplex und anwendungsbezogen* (NICKEL 2015, 41–43). Sie beschränken sich nicht auf die Ebene der bloßen Reproduktion.
- Durch die Verwendung von eindeutig definierten Operatoren bei der Aufgabenstellung ist die angestrebte Kompetenz klar bestimmbar. Dabei können mehrere Operatoren und damit mehrere Anforderungsniveaus miteinander verbunden werden, sodass sich durch die Einbindung von Operatoren aus dem ersten Anforderungsbereich (z. B. Nennen, Zuweisen etc.) innerhalb einer komplexen Aufgabenstellung auch explizit auf deklaratives Wissen rekurrieren lässt.
- Eine kompetenzorientierte Aufgabenstellung intendiert die *Kombination von Kompetenzdimensionen* (HEY 2008, 114 f.). Im Kontext von sogenannten Lern- und Erarbeitungsaufgaben kann hierzu eine Aufgabenstellung beitragen, die „individuelle Lösungswege und Lösungen" erlaubt (EYRAINER 2012, 47).
- Die motivationale Komponente des Kompetenzbegriffes berücksichtigen kompetenzorientierte Aufgaben idealerweise, wenn sie die Relevanz oder gar den lebensweltlichen Bezug der angestrebten Kompetenz widerspiegeln.

---

5 Beispiele für kompetenzorientierte Aufgaben finden sich z. B. in: Institut für Qualitätsentwicklung an Schulen Schleswig-Holstein – IQSH (Hrsg.): Leistungsmessung und Leistungsbewertung in den Alten Sprachen, Kronshagen 2005 (online verfügbar unter: http://faecher.lernnetz.de/faecherportal/index.php?DownloadID=50 [letzter Zugriff am 28.03.2017]) oder verlinkt mit der Ebene der Fachlehrpläne der einzelnen Jahrgangsstufen des bayerischen LehrplanPLUS (online verfügbar unter: http://www.lehrplanplus.bayern.de/schulart/gymnasium [letzter Zugriff am 28.03.2017]); fächerübergreifend zu Prinzipien kompetenzorientierter Aufgabenstellung REISSE (2008).

Ein Beispiel für eine kompetenzorientierte Aufgabe aus dem Bereich der Wortschatzarbeit (Lehrbuch *Comes*, Bd. 2 für Jahrgangsstufe 6, Lektion 41) könnte folgendermaßen lauten:

> *Ein Freund, der über keine Lateinkenntnisse verfügt, ist bei einem Projekt zum Thema Afrika auf einen Text gestoßen, den er aufgrund der zahlreich verwendeten Fremdwörter nicht versteht. Erkläre ihm mit Hilfe deiner Lateinkenntnisse die Aussagen des Textes. Falls du dir selbst an einigen Stellen nicht ganz sicher bist, benutze ein Fremdwörterlexikon:*
> „Ein weiterer **gravierender Aspekt** ist die sogar im Afrikavergleich ungewöhnlich hohe **Mortalitätsrate** im Land. Den **lokalen** Machthabern, die seit vielen Jahren auch Kinder als Soldaten auf die **Exerzierplätze** und in den Kampf schicken, werden von den europäischen Staaten aufgrund wirtschaftlicher Interessen immer wieder **Konzessionen** gemacht, obwohl in **offiziellen** Stellungnahmen die Einhaltung von Menschenrechten als Bedingung für die Gewährung von Wirtschaftshilfe **postuliert** wird. Ohne ein entschiedenes und gemeinschaftliches Handeln Europas wird den **Furien** von Krieg, Hunger und **Terror**, die das Land seit Jahrzehnten heimsuchen, nicht Einhalt geboten werden können."

Die Schüler wenden ihre Wortschatzkenntnisse in einem neuen Kontext an (Sprachkompetenz) und erkennen dabei die Präsenz des Lateinischen in der eigenen Sprache (motivationaler Aspekt). Da ihnen z. B. für die Erklärung des Wortes „Aspekt" die gelernte Bedeutung für *aspectus* („Anblick") nur bedingt weiterhilft, bauen sie ihre Methodenkompetenz in der Benutzung von Nachschlagewerken aus und erweitern dabei zugleich den muttersprachlichen Wortschatz (Aspekt der Vernetzbarkeit).

Ein Beispiel für eine kompetenzorientierte Erarbeitungsaufgabe aus dem Lektüreunterricht zu CATULL c. 93 als letztem Gedicht in einer Unterrichtssequenz über CATULLS Inventiven gegen CAESAR könnte folgendermaßen lauten:

> *Nil nimium studeo, Caesar, tibi velle placere*
> *nec scire, utrum sis albus an ater homo.*

1. Übersetzen Sie das Gedicht und berücksichtigen Sie die verschiedenen Bedeutungsnuancen der Wörter *albus* und *ater*, über die Sie sich in einem Wörterbuch informieren können.
2. Der antike Biograph Sueton berichtet, dass Catulls Gedichte Caesar in der Öffentlichkeit geschadet hätten, dass es aber schließlich zu einer Versöhnung zwischen den beiden gekommen sei. Interpungieren Sie das Gedicht so, dass es im Sinn eines Versöhnungsangebots verstanden werden kann. Berücksichtigen Sie dabei Ihre Rechercheergebnisse bezüglich des griechischen Ausdrucks *mēdén ágan* (μηδὲν ἄγαν) in einer geeigneten Internetquelle.

3. Interpretieren Sie das Gedicht in Zusammenhang mit dem Inhalt der Gedichte 29 und 57.
4. Eine Entscheidung des Bundesverfassungsgerichtes aus dem Jahr 1990 zum Tatbestand der „Schmähkritik" lautet folgendermaßen: „Eine Meinungsäußerung wird nicht schon wegen ihrer herabsetzenden Wirkung für Dritte zur Schmähung. Auch eine überzogene und selbst eine ausfällige Kritik macht für sich genommen eine Äußerung noch nicht zur Schmähung. Eine herabsetzende Äußerung nimmt vielmehr erst dann den Charakter der Schmähung an, wenn in ihr nicht mehr die Auseinandersetzung in der Sache, sondern die Diffamierung der Person im Vordergrund steht."
Nehmen Sie schriftlich Stellung zu der Frage, ob der Tatbestand der „Schmähkritik" in den Gedichten 29, 57 und 93 nach Maßgabe des Bundesverfassungsgerichts erfüllt wäre, und diskutieren Sie die Frage anschließend in der Klasse

Die Schüler übersetzten lateinische Texte (Sprachkompetenz, Textkompetenz). Sie erfassen dabei die Relevanz von kontextvariablen Konnotationen von Wörtern (Sprachkompetenz) (vgl. Kap. 8.3) für die Interpretation von Texten (Textkompetenz) und arbeiten diese Konnotationen mit geeigneten Hilfsmitteln heraus (Methodenkompetenz). Die Schüler werden sich der möglichen (intendierten) Polyvalenz von Texten bewusst (Textkompetenz) und untersuchen diese im Hinblick auf einschlägige sinnkonkretisierende sprachliche Signale (Sprachkompetenz, Textkompetenz). Dabei recherchieren sie selbstständig die notwendigen Informationen zur Entschlüsselung intertextueller Verweise und deren kulturgeschichtlichen Kontext (Methodenkompetenz, Sachkompetenz, Kulturkompetenz). Sie interpretieren Texte unter Berücksichtigung ihrer intertextuellen Dimension (Textkompetenz) und ergründen dabei zugleich die Bedeutung des soziologischen bzw. historischen Kontextes für die Interpretation (Sachkompetenz, Kulturkompetenz). Weiterhin erfassen sie die überzeitliche Bedeutung der Frage nach Möglichkeiten und Grenzen von (satirischer) Meinungsäußerung (Kulturkompetenz), bilden sich dazu eine wertfundierte Meinung (Selbstkompetenz) und vertreten diese in der Diskussion (Sozialkompetenz).

Inklusion im Lateinunterricht

Volker Müller

15.1 Begriff und Realisierungsformen

Mittlerweile ist der schillernde Begriff ‚Inklusion' in aller Munde; darüber, welche Dimensionen er hingegen umfasst, herrscht sowohl in der Forschung (HINZ 2002; SANDER 2004; WERNING/LÖSER 2010) als auch in der Praxis kein Konsens. Man scheint, vom etymologischen Standpunkt ausgehend, das Konzept am treffendsten zu erfassen, wenn man – im Unterschied zur ‚Integration' – damit den Einbezug *aller* Schüler mit *allen* Heterogenitätsdimensionen (alle *sonderpädagogischen* Förderschwerpunkte: Lernen, geistige/emotionale/soziale Entwicklung, Sprache, körperlich-motorische Entwicklung, Hören, Sehen, Kranke; *Migrationshintergrund, Gewaltproblematik, Geschlechtsdiskriminierung, Homosexualität, Konfession, Leistungspotential*; TRAUTMANN/WISCHER 2011) in den Unterricht an allgemeinen Schulen meint, indem sich eine veränderte Schulkultur und ein adäquater Unterricht mit Blick auf die Akzeptanz der Vielfalt etabliert (HINZ ET AL. 2012; TOMLINSON/IMBEAU 2012; WERNING/LÜTJE-KLOSE 2012). Prinzipielle Forderungen nach nur einer inklusiv arbeitenden Schulform für alle ohne Ausnahme sind weder von der UN-Konvention[1] über die Rechte von Menschen mit Behinderungen (am 26.03.2009 durch Deutschland ratifiziert; vgl. hier insbesondere Artikel 24) intendiert noch in der Realität umsetzbar. Vielmehr machen Art und Schwere der Behinderung eine adäquate Wahl der sonderpädagogischen Unterstützungsform erforderlich: An dem einen Ende des Kontinuums steht die *volle* Inklusion einzelner Schüler in den Unterricht von Regelschulen, die auch das Profil ‚Inklusion' haben können (meist mit mobilem sonderpädagogischem Dienst [MSD]) (1), gefolgt von der Bereitstellung von Teil- oder Vollzeitklassen für lernhomogene Schülergruppen innerhalb der Regelschulen (= *partielle* Inklusion) (2), Partner- oder Kooperationsklassen zwischen Regel- und Förderschulen (3) (zu möglichen Spielarten dieser Option vgl. FISCHER ET AL. 2014, 13–16), auf spezifische Behinderungen ausgerichtete Förderschulen (evtl. mit Internatsoption) (4) und schließlich bei gravierender oder Mehrfachbehinderung der Hausunterricht (5) (WINZER 1999; LINDSAY 2007). Der sich primär an die Regelschule richtende Gedanke des Wandels hin zur Inklusion lässt sich am besten in einem Fünf-Ebenen-Modell beschreiben (HEIMLICH/JA-

---

[1] http://www.bmas.de/SharedDocs/Downloads/DE/uebereinkommen-ueber-die-rechte-behinderter-menschen.pdf?__blob=publicationFile&v=2 (letzter Zugriff am 30.06.2017).

COBS 2001; HEIMLICH 2003): Ausgangspunkt und Zentrum der Inklusion sind dabei Kinder und Jugendliche mit individuellen Bedürfnissen, die diagnostisch erfasst und entsprechend gefördert werden müssen (1). Damit steht der inklusionsorientierte Unterricht in Verbindung, auf dessen Anlage und Umsetzung, speziell mit Blick auf Latein, im Folgenden der Fokus zu legen ist (2). Dem Ideal eines größtmöglichen Inklusionserfolgs kann nur ein eng zusammenarbeitendes, multi-professionelles Team (Fachlehrkräfte; sonderpädagogische Lehrkräfte; psychologische, sozialpädagogische, therapeutische, pflegerische und medizinische Fachkräfte) gerecht werden (3). Auf einer noch höheren Ebene müssen alle am Schulleben Beteiligten dadurch, dass sie das Profil des inklusiven Schulkonzeptes mittragen, am Gelingen der pädagogischen Arbeit mitwirken (4). Da man in dieser komplexen Gemengelage auf externe Unterstützung angewiesen ist, erweist sich eine enge Vernetzung mit dem sozialräumlichen Umfeld (Stadtteil-Institutionen und weitere externe Unterstützungssysteme) als essentiell (5).

Wie in diesem Fünf-Ebenen-Modell aufgezeigt, ist es nun Aufgabe der Fachlehrkraft (Ebene 2), auf Basis der Kenntnis vom sonderpädagogischen Förderbedarf der jeweiligen Schüler und in Zusammenarbeit mit Fachkollegen und anderen Fachkräften den eigenen Unterricht im Idealfall so zu gestalten, dass sie den Lernerfolg aller im Klassenzimmer befindlichen Schüler durch entsprechende Lehr-Lern-Arrangements optimiert und maximiert. Zunächst gilt es unter den Heterogenitätsdimensionen diejenigen auszumachen, deren praktische Förderung im Lateinunterricht besondere Schwierigkeiten bereiten. Im Anschluss sind allgemein-didaktische Unterrichtsprinzipien und inklusionsdidaktische Modelle mit Blick auf den Lateinunterricht fachdidaktisch-methodisch zu konkretisieren und Handlungsleitlinien ableitbar.[2]

15.2 Heterogenitätsdimensionen im Lateinunterricht

Von den diversen einfachen Beeinträchtigungen, die wir festgestellt haben, bereiten im Lateinunterricht folgende *kaum* Probleme:
- Schüler mit *körperlich-motorisch*er Beeinträchtigung (Rollstuhlfahrer, Prothesenträger etc.) benötigen zwar einen entsprechenden behindertengerechten Zugang zu den Klassenzimmern, eine höhenverstellbare Schulbank, können Eintragungen an Tafel oder OHP weniger schnell

---

2   Derzeit existieren weder ein inklusionsdidaktisches Modell für das Fach Latein oder Altgriechisch noch konkrete Leitlinien. Daher sind die hier nur knapp dargebotenen Ausführungen als erste Anregungen und Vorschläge mit weiterem Konkretisierungsbedarf zu verstehen.

vornehmen oder brauchen mehr Zeit bei Ausflügen oder Exkursionen, ansonsten bringen sie aber prinzipiell die gleichen Voraussetzungen zum Erlernen einer Fremdsprache mit wie Schüler ohne Handicap.
- Schüler mit Problemen bei der *emotionalen* und *sozialen Entwicklung* (WACHTEL 2010) oder mit Erlebnissen *häuslicher Gewalt* dürften zwar zurückgezogen sein und es an der Leistungsbereitschaft mangeln lassen, weswegen in solchen Fällen vielleicht eine Partner-/Gruppenarbeit oder eine Rechenschaftsablage vor dem Plenum weniger ratsam sein dürfte, haben aber zum Erlernen einer Fremdsprache die gleichen Voraussetzungen wie die anderen.
- Bei Schülern mit *Sehschwäche* kommt es auf den Grad der Behinderung an; generell ist in solchen Fällen auf eine ausreichende Schriftgröße bei Projektionen am OHP oder Beamer, auf vergrößerte Prüfungsangaben und genügend große und leserliche Korrekturen zu achten; bei progredienten, schwerwiegenden Krankheitsbildern stellen die Schulbehörden unter Umständen ein Mikroskop zur Verfügung. Erblindete Schüler im Regelschulsystem zu unterrichten, zumal im Fall einer Fremdsprache, die nicht nur vom auditiven und oralen, sondern auch vom schriftlichen Input (Lesen, Schreiben) lebt, dürfte – realistisch betrachtet – wohl zu keinem Erfolg führen. Lateinische Lehrwerke in Blindenschrift sind mir nicht bekannt.
- Bei Schülern mit einer *Hörschädigung* kommt es ebenfalls auf den Grad der Behinderung an; entweder schaffen entsprechende Geräte (Cochlea-Implantat) Abhilfe oder es werden Klassenzimmer speziell für eine lernhomogene Gruppe Hörgeschädigter (in Förder- oder Regelschulen) eingerichtet, die deren Bedürfnissen gerecht werden: Eine halbkreisförmige Tischanordnung erleichtert die Möglichkeit des Lippenlesens, ein entsprechender Teppich und Schalldämpfung an den Wänden verbessern die Akustik des Raumes, ein Lehrer-Mikrophon gewährleistet bei klarer und deutlicher Aussprache das Verständnis bei den Schülern und eine Konferenz-Mikrophon-Anlage das gesprochene Wort der Schüler untereinander. Der Unterricht mit Gehörlosen wird zwar machbarer sein als mit Blinden, allerdings bedürfte es einer in der Zeichensprache ausgebildeten Lehrkraft, um zusätzliche Erläuterungen, die mündlich gemacht wurden, auf diesem Wege nachzuliefern.

Folgende Beeinträchtigungen bereiten *mittelschwere* Probleme:
- *Chronisch kranke* Schüler, bei denen ein häufiges Fehlen im Unterricht wahrscheinlich ist, dürften, wie in den anderen Fächern auch, große

Probleme mit dem Vokabular, mit der zu erlernenden Grammatik sowie mit der im Lateinunterricht ständig praktizierten Übersetzung haben.
- Schüler mit Problemen im Bereich des *sprachlichen Handelns* – hierzu zählen Mängel bei Atmung, Stimmgebung, Artikulation, bei der Aussprache von Lauten, beim Verständnis von Begriffen, die falsche Anwendung von Wortschatz, mangelhafte Wort- und Satzbildung sowie Inkompetenz in sprachlichen Kommunikationssituationen – dürften dem Sprachlehrgang Latein durchaus folgen können, zumal die Kommunikation in der Alten Sprache nicht im Vordergrund steht; wenn es allerdings zur Übersetzung und äquivalenten Darstellung im Deutschen kommt, können gravierende Fehler bei der Verwendung des Wortschatzes sowie der Satzbildung auftreten.
- Bei Schülern mit *Lernschwierigkeiten*, die sich teilweise mit anderen Förderschwerpunkten überlappen, gibt es mannigfaltige Kausalzusammenhänge: Störungen in der Fein- und Grobmotorik, in der Wahrnehmungs- und Differenzierungsleistung (Lese-Rechtschreib-Störung), in der Aufmerksamkeit (ADHS), in der Entwicklung von Lernstrategien, in der Transferleistung, in der Motivation, im sozialen Handeln/Verhalten (Ricking 2005; Schröder/Wittrock 2002; Stein 2011) und im Aufbau von Selbstwertgefühl und einer realistischen Selbsteinschätzung. Gerade das Fach Latein lebt eben nicht von der Kommunikation und dem Aufbau der je nach Situation immer wieder vorkommenden sprachlichen Muster, sondern erfordert ein hohes Maß an Selbstdisziplin sowohl bei der Aneignung des Wortschatzes als auch bei der hochkomplexen Übersetzung. Ein Versagen ist die Regel bei Schülern mit wenig Disziplin und Selbstmotivation sowie mangelhaften Lernstrategien. Mit der Befolgung von Vokabellern- sowie Satz- und Texterschließungsstrategien sowie einer abwechslungsreichen Unterrichtsmethodik dürften die Probleme aber in den Griff zu bekommen sein.

Bei weitem am schwierigsten dürfte der Unterricht mit Schülern sein, deren geistige Entwicklung beeinträchtigt ist:
  Bei Schülern mit Problemen in der *geistigen Entwicklung* (Down-Syndrom, Autismus etc.) ist der Lernerfolg an Regelschulen – wohl in allen Fächern – am wenigsten sicherzustellen, obwohl überraschende Inselbegabungen zu beobachten sind. Autisten beispielsweise haben für gewöhnlich eine im Unterricht oder beim Stundenwechsel anwesende Begleitperson mit dabei, die sie bei auftretenden Aufmerksamkeitsmängeln an das Weiterverfolgen des Unterrichts erinnert oder im Gespräch an das richtige Verhalten in der jeweiligen Situation appelliert. Damit die Teilnahme

am Regelunterricht funktioniert, wird oft ein Sitzplatz am Rande des Klassenverbandes gewählt, damit die entstehenden Störungen so wenig wie möglich auf den Rest der Klasse übertragen werden. Oftmals haben sie zum Zwecke der Konzentration in Stillarbeitsphasen Kopfhörer dabei. Die Lehrkraft wird sich hier auf den möglichst egalitären Einbezug solcher Klassenmitglieder und Geduld bei entsprechenden Antworten einstellen; außerdem ist auf der einen Seite die ohnehin für alle Schüler ratsame Binnendifferenzierung als Unterrichtsprinzip verstärkt zur Geltung zu bringen, andererseits sind Stillarbeitsphasen enorm wichtig.

15.3 Anregungen zu einer inklusionsorientierten Fachdidaktik des Lateinischen

Aus einer Zusammenschau inklusionsdidaktischer Modelle (vgl. FEUSER 1989; LAMERS/HEINEN 2006; SEITZ 2006; das Forschungsprojekt „BALD" [= Bildung für alle! Gemeinsames Lernen durch inklusive Didaktik] der Pädagogischen Hochschule Heidelberg) lassen sich gewisse *Prinzipien* benennen, die beim inklusionsorientierten Unterricht – auch im Fach Latein – vorherrschen sollten; diese sind: *Elementarisierung* der prinzipiell gleichen Bildungsinhalte und Ansprüche, *vertikale Differenzierung* und *Binnendifferenzierung, Individualisierung* der Aneignung und *kooperatives Lernen*. Hinzu kommen über kognitiv-sprachliche **Lernformen** hinaus ebenso *senso-* und *psychomotorische* sowie *emotionale* und *soziale Aspekte* des *gemeinsamen Lernens* (FISCHER ET AL. 2012, 12). Auch die **Unterrichtsmethodik** (Arbeitsformen) sollte sich im Sinne einer Erfassung möglichst vieler Lernzugänge den *reformpädagogischen Arbeitsformen* wie Stationenarbeit, Wochenplan, Freiarbeit, Gesprächskreisen und Projektlernen öffnen (FISCHER ET AL. 2012, 15; vgl. Kap. 11.2); durch *Berücksichtigung der Interessenlage* (MÖLLER 2008), der *Selbstbestimmung* (DECI/RYAN 1993) und der *Multiperspektivität* (SPIRIO/JEHNG 1990) wird die Motivation gefördert und langfristig wirksames Lernen begünstigt. Zu einer **lernförderlichen Atmosphäre** tragen in der Unterrichtspraxis vor allem *Strukturierung* und *Klarheit, Visualisierung*, ein *freundliches Unterrichtsklima*, von Lehrerseite *Geduld* und *Toleranz für Langsamkeit* sowie *transparente Leistungserwartungen* bei (HELMKE 2011). Gerade im Falle stark beeinträchtigter Schüler scheint die Schulung im *Umgang mit Misserfolgserlebnissen* von hoher Bedeutung zu sein.

Elementarisierung
In *sprachlicher* Hinsicht wäre es für inklusiv zu unterrichtende Schüler wünschenswert, lediglich einen Basis-Wortschatz und die statistisch für die Bewältigung der Lektürephase wichtigsten Grammatik-Phänomene (vgl. Kap. 3.1) vorauszusetzen, in *methodischer* Hinsicht verstärkt Worterschließungstechniken durch Kenntnisse von Affixen (UTZ 2001, 162 f.) und Satzerschließungsstrategien durch Übersetzungsmethoden (vor allem die Konstruktions- und Einrückmethode; PFAFFEL 2013, 101–106) einzuüben; Tafelanschriften und erläuternde Arbeitsblätter sollten sich auf das Wesentliche beschränken.

In *inhaltlicher* Hinsicht sind als Mindestanforderung die einschlägig ausgewiesenen Grundwissenskataloge mit den Lehrplanvorgaben in Einklang zu bringen, entsprechende Arbeitsblätter sollten mit Fettdruck oder Unterstreichung schlagwortartig die wesentlichen Inhalte hervorheben, Intensivierungs- und Schulaufgabenvorbereitungsstunden, außerdem auch das Ende des jeweiligen alten und der Beginn des neuen Schuljahres zur Wiederholung genutzt werden.

Binnendifferenzierung, Individualisierung und andere Lernformen
(vgl. Kap. 2.2 die Ausführungen zur Lernerindividualität)

Inklusionsförderliche Lernatmosphäre
Die unterrichtliche Praxis lehrt, dass jegliche Form von Strukturierung vor allem Schülern mit Lernschwierigkeiten und Beeinträchtigungen in der geistigen Entwicklung eine große Erleichterung ist. Hierzu denke man an die *eindeutig zu kennzeichnenden Phasen der Unterrichtsartikulation*, an ein klar strukturiertes und *immer wiederkehrendes Layout von Arbeitsblättern*, *leserliche Schrift* und schließlich *Ordnung* um den und auf dem Tisch des jeweiligen Inklusionsschülers. Lernförderlich ist auch eine *Visualisierung* jeglicher Art (vgl. Kap. 10.3). Die Lehrkraft sollte auch genügend Zeit und *Toleranz für zögerliche Antworten, langsameres Arbeiten* und *kleine Pausen* (10- bis 12-Jährige: nach 25 Minuten; über 12-Jährige: nach 30 Minuten) aufbringen, sodass bei der Planung einer 45-Minuten-Stunde von definitiv weniger als 40 Minuten eigentlicher Unterrichtszeit auszugehen ist. Auch sind *transparente Leistungserwartungen* aufzustellen. Bei den Leistungsnachweisen sind auf der Grundlage der gesetzlichen und kultusministeriellen Vorgaben und in Absprache mit der Schulleitung und den Schulpsychologen ein entsprechender Nachteilsausgleich oder Notenschutz zu berücksichtigen. Im Falle von Misserfolgserlebnissen (HUBER/WILBERT 2012) sind viel

Empathie und *positive Bestärkung* angeraten, allerdings gilt auch für Inklusionsschüler, dass sie trotz aller zu ihren Gunsten ergriffenen Maßnahmen in den „mainstream schools" letzten Endes den allgemeinen Anforderungen gerecht werden müssen (FARELL ET AL. 2007).

Inklusion als Herausforderung

Es muss nochmals betont werden, dass alle hier formulierten Ausführungen lediglich Ansätze in Richtung eines inklusionsorientierten Lateinunterrichts sein können. Gegen Patentrezepte sprechen allein schon die Vielfalt der Heterogenitätsdimensionen sowie die individuellen Bildungsbiographien und Lernausgangslagen. Konzepte, die Inklusion als allgemeines Phänomen der Grundschule und der Schulentwicklung betreffen, liegen mittlerweile in ausreichendem Maße vor (*in nuce* SANDER 2004); was fehlt, sind befriedigende Lösungen für differenzierende Leistungsbeurteilungen und Konzepte für die jeweiligen Fachdidaktiken vor allem im Sekundarbereich, mithin also auch im Falle des Lateinunterrichts. Solche fachbezogenen inklusionsdidaktischen Konzepte zu erarbeiten, ist ein Desiderat der universitären und schulischen Fachdidaktik. Diese dann über theoriegeleitete Module in Einführungsveranstaltungen zur lateinischen Fachdidaktik an der Universität, über die Thematisierung der unterrichtspraktischen Konsequenzen im Verlauf des Vorbereitungsdienstes und über fachbezogene Fortbildungen in der dritten Phase der Lehrerbildung in die Breite zu diffundieren, bleibt neben der individuellen inklusionsorientierten Kompetenzerweiterung der (Fach-)Lehrkräfte weiterhin eine noch zu bewältigende Herausforderung (HOFER 2009; JORDAN ET AL. 2009; LINDMEIER 2009; WILLMANN 2009).

Literatur

ABANDOWITZ, JANA / WOTKA, ULRIKE (2016): 55 Stundeneinstiege Latein: einfach, kreativ, motivierend. 2. Aufl., Auer: Augsburg.
AEBLI, HANS (2003): Zwölf Grundformen des Lehrens. Eine Allgemeine Didaktik auf psychologischer Grundlage. Medien und Inhalte didaktischer Kommunikation, der Lernzyklus. 12. Aufl., Klett-Cotta: Stuttgart.
VON ALBRECHT, MICHAEL (1972): Die Kunst der Vorbereitung im Aeneis-Prooem. In: HANSLIK, RUDOLF ET AL. (1972) (Hrsgg.): Antidosis. Festschrift für Walther Kraus. Böhlau: Wien/Graz/Köln, 7-20.
VON ALBRECHT, MICHAEL (1977): Römische Poesie. Texte und Interpretationen. Lothar Stiem: Heidelberg.
VON ALBRECHT, MICHAEL (1983): Meister römischer Prosa von Cato bis Apuleius. 2. Aufl., Wissenschaftliche Buchgesellschaft: Darmstadt.
ANDRESEN, CARL ET AL. (1965) (Hrsgg.): Lexikon der Alten Welt. Artemis: Zürich/Stuttgart.
APEL, HANS JÜRGEN (1999): Altsprachlicher Unterricht. I. Deutschland. In: LANDFESTER, MANFRED (1999) (Hrsg.): Der Neue Pauly. Enzyklopädie der Antike. Rezeptions- und Wissenschaftsgeschichte. Bd. 13: A-Fo. Metzler: Stuttgart/Weimar, 113-120.
APEL, HANS JÜRGEN / SACHER, WERNER (2007) (Hrsgg.): Studienbuch Schulpädagogik, 3., überarb. und erw. Aufl., Julius Klinkhardt: Bad Heilbrunn.
ARNOLD, KARL-HEINZ / KOCH-PRIEWE, BARBARA (2010): Traditionen der Unterrichtsplanung in Deutschland. In: Bildung und Erziehung, 63. Jg., Heft 4, 401-416.
ARNOLD, ROLF (2005): Die PISA-Lüge. Die Wiedererstarkung mechanistisch-linearer Pädagogik und ihrer Bildungspolitik. In: ‚Standards'. Friedrich Jahresheft, 23. Jg., 65-67.
BÄCKER, NOTBURGA (2010): Motivation. In: KEIP/DOEPNER (2010), 191-207.
BARIÉ, PAUL (1979): Thesen zum altsprachlichen Unterricht. In: HÖHN/ZINK (1979), 1-17.
BARSEWISCH, LEONIE (1967a): Lateinisches Verben-Quartett I. Zeiten und Formen des Verbs. Schroedel: Braunschweig.
BARSEWISCH, LEONIE (1967b): Lateinisches Verben-Quartett II. Stammformen. Schroedel: Braunschweig.
BARTL, FLORIAN (2015): 66 + XV Spielideen Latein. Mit Spielen aus dem Alten Rom, aufbereitet für den modernen Lateinunterricht. Auer: Augsburg.
BARTL, FLORIAN (2016): 55 Methoden Latein: einfach, kreativ, motivierend. Auer: Augsburg.
BAUDER, MANFRED (1999): Der Lateinunterricht in der DDR. Anspruch und Wirklichkeit. Diss. Humboldt-Univ. Berlin.
BAUDER, MANFRED (2006): Leistung, Kontrolle und altsprachlicher Unterricht im Wandel der Zeiten. In: Forum Classicum, 49. Jg., Heft 2, 122-134.
BAUM, SUSANNE / LEMPP, ULRICH (1983): Was ist wo abgebildet? Fundstellenindex zu den Abbildungen in lateinischen und griechischen Unterrichtswerken, Beilage zu: Der Altsprachliche Unterricht, 26. Jg., Heft 4.
BAUMERT, JÜRGEN ET AL. (2001): PISA 2000: Untersuchungsgegenstand, theoretische Grundlagen und Durchführung der Studie. In: BAUMERT, JÜRGEN ET. AL. (2001) (Hrsgg.): PISA 2000: Basiskompetenzen von Schülerinnen und Schülern im internationalen Vergleich. Leske und Budrich: Opladen, 15-68.
BAUSCH, KARL-RICHARD ET AL. (2004): Mehrsprachigkeit im Fokus. Narr: Tübingen.
BAYER, KARL (1959): Möglichkeiten moderner Methoden im Lateinunterricht. In: FÄRBER, HANS (1959): Moderner Unterricht an der Höheren Schule. Festschrift des Wittelsbacher Gymnasiums. Bayerischer Schulbuchverlag: München, 89-116.
BECHTHOLD-HENGELHAUPT, TILMAN (2012): Antikerezeption im Internet. Diss. Univ. München, https://edoc.ub. uni-muenchen.de/15133/1/Bechthold-Hengelhaupt_Tilman.pdf (letzter Zugriff am 03.04.2017).
BECKER, GEORG (2012): Unterricht planen. Handlungsorientierte Didaktik. Teil I. 10., neu ausgestattete Aufl., Beltz: Weinheim.
BEHR, URSULA (2005) (Hrsg.): Sprachen entdecken – Sprachen vergleichen: Kopiervorlagen zum sprachübergreifenden Lernen. Deutsch, Englisch, Französisch, Russisch, Latein. Cornelsen: Berlin.

Behrendt, Anja / Korn, Matthias (2016): Schülerzahlen im Fach Latein und Entwicklungsperspektiven der Fachdidaktik. In: Forum Classicum, 59. Jg., Heft 3, 156–157.

Belde, Dieter (1999): Möglichkeiten des Offenen Unterrichts. Grundlegende Hinweise – Beispiele aus der Praxis. In: Maier (1999), 4–21.

Bernek, Rüdiger (2016): Ciceros *Verrinen* und Robert Harris' *Imperium*. In: Kussl, Rolf (2016) (Hrsg.): Formen der Antikenrezeption in Literatur und Kunst. Aktiv Druck & Verlag: Ebelsbach, 99–146. (Dialog Schule – Wissenschaft, Klassische Sprachen und Literaturen, Bd. 50)

Beyer, Klaus (1973): Zum Verhältnis von Sprach- und Lektüreunterricht. In: Der Altsprachliche Unterricht, 16. Jg., Heft 2, 5–13.

Blättner, Fritz (1960): Das Gymnasium. Aufgaben der höheren Schule in Geschichte und Gegenwart. Quelle & Meyer: Heidelberg.

Blümel, Adolf (2007): Latein pur: Streifzug durch den Wortschatz moderner Sprachen. In: Die Alten Sprachen im Unterricht, 55. Jg., Heft 2, 26–38.

Bode, Reinhard (2008): Kulturgeschichte, Archäologie und Bilder im Lateinunterricht. Kulturgeschichtliches Wissen im Lateinunterricht. In: Maier/Westphalen (2008b), 72–103.

Böckh, August (1877): Encyklopädie und Methodologie der philologischen Wissenschaften. Teubner: Leipzig.

Böhme, Günther (1984/1986/1988): Bildungsgeschichte des frühen Humanismus. Bildungsgeschichte des europäischen Humanismus. Wirkungsgeschichte des Humanismus im Zeitalter des Rationalismus (3 Bde.). Wissenschaftliche Buchgesellschaft: Darmstadt.

Böhme, Hartmut et al. (2007) (Hrsgg.): Übersetzung und Transformation. De Gruyter: Berlin. (Transformationen der Antike, Bd. 3).

Bromme, Rainer (1986): Die alltägliche Unterrichtsvorbereitung des (Mathematik-)Lehrers im Spiegel empirischer Untersuchungen. Zur anderen Hälfte des Arbeitstages. In: Journal für Mathematikdidaktik, 7. Jg., Heft 1, 3–22.

Burgmaier, Florian / Traub, Angelika (2007): Schüler mit Migrationshintergrund. Auf die Definition kommt es an! In: Zeitschrift für Bildungsverwaltung, 23. Jg., Heft 2, 5–16.

Butzkamm, Wolfgang (2002): Psycholinguistik des Fremdsprachenunterrichts. 3., neubearb. Aufl., Francke: Tübingen/Basel.

Choiz, Tamara / Sundermann, Klaus (2013): Zur Realisierung eines sprachenübergreifenden Schulversuchs: Das Projekt Latein plus in Rheinland-Pfalz. In: Doff/Kipf (2013), 134–143.

Clarke, Jacqueline (2015): Gender Roles, Time and Initiation in Pan's Labyrinth and the Homeric Hymn to Demeter. In: New Voices in Classical Reception Studies, Heft 10, 42–55.

Clasen, Adolf (1990): Wege zur Anschaulichkeit: Ein Beitrag zur Praxis der Textarbeit. In: Der Altsprachliche Unterricht, 33. Jg., Heft 1 + 2, 4–20.

Conti, Susanna / Proverbio, Germano (1990): Latein und Textlinguistik. In: Der Altsprachliche Unterricht, 33. Jg., Heft 3, 76–88.

Culler, Jonathan (2002): Literaturtheorie. Eine kurze Einführung. Reclam: Stuttgart.

Daneš, František (1978): De la structure sémantique et thématique de message. In: Textlinguistik. Linguistique et Sémiologie. Traveaux du Centre de Recherches Linguistiques et Sémiologiques de Lyon 5, 177–200.

Deci, Edward L. / Ryan, Richard M. (1993): Die Selbstbestimmungstheorie der Motivation und ihre Bedeutung für die Pädagogik. In: Zeitschrift für Pädagogik, 39. Jg., Heft 2, 223–238.

Decke-Cornill, Helene / Küster, Lutz (2010): Fremdsprachendidaktik. Narr: Tübingen.

Dettweiler, Peter (1906): Didaktik und Methodik des lateinischen Unterrichts. 2., umgearb. Aufl., Beck: München.

DeVane, Alice K. (1997): Efficacy of Latin Studies in the Information Age, http://www.detroitgreekandlatin.com/resources/Efficacy%20of%20Latin%20Studies%20(1).pdf (letzter Zugriff am 14.03.2017).

Dieterle, Arnulf (1983): „Latein im Alltag – Latein lebt noch!". In: Der Altsprachliche Unterricht, 26. Jg., Heft 4, 54-58.

Dietrich, Dieter (1971): Die bildungs- und erziehungstheoretischen Vorstellungen der Begründer des Neuhumanismus in Deutschland. In: Das Altertum, 7. Jg., Heft 3, 179–192.

Disselkamp, Christoph (1990): Das Bild als Hilfe beim Dekodieren. In: Der Altsprachliche Unterricht, 33. Jg., Heft 1 + 2, 51–55.
Doff, Sabine / Kipf, Stefan (2013) (Hrsgg.): English meets Latin. Unterricht entwickeln – Schulfremdsprachen vernetzen. Buchner: Bamberg.
Drumm, Julia / Frölich, Roland (2007) (Hrsgg.): Innovative Methoden für den Lateinunterricht. Vandenhoeck & Ruprecht: Göttingen.
Durlak, Joseph A. et al. (2011): The impact of enhancing students social and emotional learning: a meta-analysis of school-based universal interventions. In: Child Development, 82. Jg., Heft 1, 405–432.
Dyck, Andrew R. (2010): Cicero. Pro Sexto Roscio. Ed. with commentary. Cambridge University Press: Cambridge.
Ebersbach, Volker (1993): Vergil. Aeneis. Prosaübertragung von Volker Ebersbach. 3. Aufl., Reclam: Leipzig.
Ebersbach, Volker (2009 [erstmals 1979]): Römische Antiquitäten. Erfahrungen und Anregungen aus der Werkstatt. In: Kitzbichler et al. (2009), 461–471.
Einsiedler, Wolfgang (1981): Lehrmethoden: Probleme und Erkenntnisse der Lehrmethodenforschung. Urban & Schwarzenberg: München.
Erb, Josef (1974): Unterrichtsverfahren für den Lateinunterricht auf der Orientierungsstufe. In: Anregung, 20. Jg., Heft 3, 158–171.
Eyrainer, Jörg (2012): Brauchen wir Kompetenzen in der Bildung? Eine Antwort aus Sicht des bayerischen Gymnasiums. In: Staatsinstitut für Schulqualität und Bildungsforschung München (ISB) (Hrsg.): Einblicke – Ausblicke. Jahrbuch 2011. München, 40–48 (online verfügbar unter: https://www.isb.bayern.de/download/11283/jahrbuch_2011.pdf [letzter Zugriff am 28.03.2017]).
Farell, Peter et al. (2007): Inclusion and achievement in mainstream schools. In: European Journal of Special Needs Education, 22. Jg., Heft 2, 131–145.
Ferber, Matthias (2003): Latein als Kernfach des „kulturellen Gedächtnisses". Zu F. Maier „Latein auf dem Prüfstand" (in: Forum Classicum [2002], 45. Jg., Heft 3). In: Forum Classicum, 46. Jg., Heft 1, 70–73.
Feuser, Georg (1989): Allgemeine integrative Pädagogik und entwicklungslogische Didaktik. In: Behindertenpädagogik, 28. Jg., Heft 1, 4–48.
Fink, Gerhard (1983): Übung und Übungsformen im Lateinunterricht. In: Der Altsprachliche Unterricht, 26. Jg., Heft 6, 5–23.
Fink, Gerhard (1997): Vertikal oder horizontal? Total = fatal! In: Die Alten Sprachen im Unterricht, 44. Jg., Heft 1, 20–24.
Fink, Gerhard (1999): Grammatik sehen – Grammatik verstehen. Formen der Verdichtung, Visualisierung und Operationalisierung. In: Maier (1999), 48–64.
Fink, Gerhard / Maier, Friedrich (1995): Cursus Continuus. Ausgabe A. Unterrichtswerk für Latein als zweite Fremdsprache, hrsg. von Gerhard Fink und Friedrich Maier. Lehrerband zu Cursus Continuus. Buchner: Bamberg/München, 10-11.
Fink, Gerhard / Maier, Friedrich (1996): Konkrete Fachdidaktik Latein. Oldenbourg: München.
Fischer, Erhard et al. (2012): Profilbildung inklusive Schule – ein Leitfaden für die Praxis, hrsg. vom Bayerischen Staatsministerium für Unterricht und Kultus: München/Würzburg.
Fischer, Erhard et al. (2014): Bericht zum 1. Beauftragungszeitraum des Wissenschaftlichen Beirats „Inklusion", hrsg. vom wissenschaftlichen Beirat „Inklusion" beauftragt durch den Bayerischen Landtag: München/Würzburg.
Flashar, Hellmut et al. (1979) (Hrsgg.): Philologie und Hermeneutik im 19. Jahrhundert. Zur Geschichte und Methodologie der Geisteswissenschaften. Vandenhoeck & Ruprecht: Göttingen.
Fleckenstein, Josef (1953): Die Bildungsreform Karls des Großen als Verwirklichung der norma rectitudinis. Josefs-Druckerei: Bigge/Ruhr.
Freitag, Christiane (1994): Altsprachlicher Unterricht und moderne Kunst. Buchner: Bamberg. (Auxilia, Bd. 35)
Frey-Eiling, Angela / Frey, Karl (2015): Das Gruppenpuzzle. In: Wiechmann, Jürgen (2015) (Hrsg.): Zwölf Unterrichtsmethoden. Vielfalt für die Praxis. Neu ausgestattete Sonderausg. der 5., überarb. Aufl., Beltz: Basel, 52–76.

FRINGS, UDO (1983): "Vokabelschlacht" als Lernhilfe. In: Der Altsprachliche Unterricht, 26. Jg., Heft 6, 100–101.
FRITSCH, ANDREAS (1978): Die ‚Lesestücke' im lateinischen Anfangsunterricht. Ein Beitrag zur Geschichte des lateinischen Lehrbuchs. In: Der Altsprachliche Unterricht, 21. Jg., Heft 4, 6–37.
FRITSCH, ANDREAS (1990): Lateinsprechen im Unterricht. Geschichte – Probleme – Möglichkeiten. Buchner: Bamberg. (Auxilia, Bd. 22)
FRITSCH, ANDREAS (1991): Sachkunde im Anfangsunterricht. In: Der Altsprachliche Unterricht, 34. Jg., Heft 5, 4–22.
FRÖLICH, ROLAND (2007): Gruppenpuzzle. In: DRUMM/FRÖLICH (2007), 131–164.
FRÖLICH, ROLAND (2010): Planung von Unterrichtsreihen. In: KNEIP/DOEPNER (2010), 161–173.
FUHRMANN, MANFRED (1992): Die gute Übersetzung: Was zeichnet sie aus, und gehört sie zum Pensum des altsprachlichen Unterrichts? In: Der Altsprachliche Unterricht, 35. Jg., Heft 1, 4–20.
FUHRMANN, MANFRED (1995): Cäsar oder Erasmus? Überlegungen zur lateinischen Lektüre am Gymnasium. In: Ders. (1995): Cäsar oder Erasmus? Die alten Sprachen jetzt und morgen. Klöpfer und Meyer: Tübingen, 53–77 (erstmals in: Gymnasium [1974], 81. Jg., Heft 5, 394–407).
FUHRMANN, MANFRED (2001): Latein und Europa. Geschichte des gelehrten Unterrichts in Deutschland: von Karl dem Großen bis Wilhelm II. Dumont: Köln.
FUNK, HERMAN / KÖNIG, MICHAEL (1991): Grammatik lehren und lernen. Langenscheidt: Berlin.
GADAMER, HANS-GEORG (1986): Hermeneutik I. Wahrheit und Methode. Grundzüge einer philosophischen Hermeneutik. 5. Aufl. (durchges. u. erw.), Mohr: Tübingen.
GASSMANN, CLAUDIA (2013): Erlebte Aufgabenschwierigkeit bei der Unterrichtsplanung. Eine qualitativ-inhaltsanalytische Studie zu den Praktikumsphasen der universitären Lehrerbildung. Springer VS: Wiesbaden.
GEGNER, RENATE (1994): Lernen durch Lehren. Ein Weg zu handlungsorientiertem Unterricht. In: Der Altsprachliche Unterricht, 37. Jg., Heft 3 + 4, 14–31.
GEGNER, RENATE (1997): Lernen durch Lehren (LdL). In: Forum Classicum, 40. Jg., Heft 3, 128–133.
GEGNER, RENATE / SCHULZ, HARTMUT (1999): Lernen durch Lehren. LdL in der Spracherwerbsphase und im Lektüreunterricht. In: MAIER (1999), 22–47.
GERMANN, ALBRECHT / WÜLFING, PETER (1987): Altertumskunde im Unterricht der Sekundarstufe I – Realien. In: HÖHN/ZINK (1987), 161–184.
GEROLD, SUSANNE / ROTTENECKER, GERD (1999): USA und Antike – Auf der Suche nach dem verlorenen Mythos. In: LOCHMAN (1999b), 142–153.
GIESA, FELIX / RONNENBERG KARSTEN C. (2017): Zeitgenössische Comics als „Arbeit am Mythos". In: JANKA/ STIERSTORFER (2017), 211–228.
VAN DER GIETH, HANS-JÜRGEN (2010): Lernzirkel – die ideale Form selbstbestimmten Lernens. BVK, Buch-Verlag: Kempen.
GLÜCKLICH, HANS-JOACHIM (1978): Lateinunterricht. Didaktik und Methodik. Vandenhoeck & Ruprecht: Göttingen.
GLÜCKLICH, HANS-JOACHIM (1979): Ziele und Formen des altsprachlichen Unterrichts. In: GRUBER/MAIER (1979), 222–240.
GLÜCKLICH, HANS-JOACHIM (1987a): ‚Basisgrammatik' des Lateinischen. In: HÖHN/ZINK (1987), 86–103.
GLÜCKLICH, HANS-JOACHIM (1987b): Interpretation im Lateinunterricht. Probleme und Begründungen, Formen und Methoden. In: Der Altsprachliche Unterricht, 30. Jg., Heft 6, 43–59.
GLÜCKLICH, HANS-JOACHIM (1987c): Satz- und Texterschließung. In: Der Altsprachliche Unterricht, 30. Jg., Heft 1, 5–32.
GLÜCKLICH, HANS-JOACHIM (1990): Anschauung, Veranschaulichung, Visualisierung. In: Der Altsprachliche Unterricht, 33. Jg., Heft 1 + 2, 30–43.
GLÜCKLICH, HANS-JOACHIM (2004): Vergils „Aeneis" im Unterricht. 3., neu bearb. Aufl., Vandenhoeck & Ruprecht: Göttingen. (Consilia 6)
GLÜCKLICH, HANS-JOACHIM (2012): Grammatik – Mittel, das Leben zu erfassen, zu beschreiben, zu beeinflussen. In: Der Altsprachliche Unterricht, 55. Jg., Heft 3, 54–62.

GÖTTSCHING, VERENA / MARINO, STEFANO (2008): Binnendifferenzierung als Brücke von der Spracherwerbsphase zur Übergangslektüre. In: Der Altsprachliche Unterricht, 51. Jg., Heft 1, 2008, 47–64.

GONSCHOREK, GERNOT / SCHNEIDER, SUSANNE (2007): Einführung in die Schulpädagogik und die Unterrichtsplanung. 5. Aufl., Auer: Donauwörth.

GRAU, PETER (1999): Texte lesen mit Bildern. Rezeptionsdokumente in den modernen Schulausgaben. In: MAIER (1999), 131–142.

GREEN, NORM / GREEN, KATHY (2009): Kooperatives Lernen im Klassenraum und im Kollegium: das Trainingsbuch. Kallmeyer: Seelze-Velber.

GROSS, CHRISTINE (2005): Mutter Latein Töchter. Multilinguale Wortschatzarbeit. In: Der Altsprachliche Unterricht, 48. Jg., Heft 6, 38–44.

GROSSE, MARIA (2011): Theorie und erste empirische Befunde zum Thema „Lateinunterricht mit Schülern nichtdeutscher Herkunftssprache". Masterarb. Humboldt-Univ. Berlin.

GRUBER, JOACHIM / MAIER, FRIEDRICH (1979) (Hrsgg.): Handbuch der Fachdidaktik. Fachdidaktisches Studium in der Lehrerbildung. Alte Sprachen 1. Oldenbourg: München.

GRUBER, JOACHIM / MAIER, FRIEDRICH (1982) (Hrsgg.): Handbuch der Fachdidaktik. Fachdidaktisches Studium in der Lehrerbildung. Alte Sprachen 2. Oldenbourg: München.

GUDJONS, HERBERT (2012): Pädagogisches Grundwissen. Überblick – Kompendium – Studienbuch. 11., grundlegend überarb. Aufl., Klinkhardt: Bad Heilbrunn.

GWIASDA, DENISE (2014): Induktive vs. deduktive Grammatikeinführung im Schülerurteil – eine empirische Studie. In: KUHLMANN (2014), 95–105.

HAAG, LUDWIG / STERN, ELSBETH (2000): Non scholae sed vitae discimus? Auf der Suche nach globalen und spezifischen Transfereffekten des Lateinunterrichts. In: Zeitschrift für Pädagogische Psychologie, 14. Jg, Heft 2/3, 146–157.

HAAG, LUDWIG / STERN, ELSBETH (2003): In Search of the Benefits of Learning Latin. In: Journal of Educational Psychology, 95. Jg., Heft 1, 174–178.

HAAS, GERHARD (1999): Bewertung kreativer und produktiver Tätigkeiten im Unterricht. In: Der Altsprachliche Unterricht, 42. Jg., Heft 6, 59–62.

HABERMAS, JÜRGEN (1968): Erkenntnis und Interesse. Suhrkamp: Frankfurt a. M.

HACKER, HARTMUT (1995): Lehrplan. In: HALLER, HANS-DIETER / MEYER, HILBERT (1995) (Hrsgg.): Enzyklopädische Erziehungswissenschaft. Bd. 3: Ziele und Inhalte der Erziehung und des Unterrichts. Klett-Cotta: Stuttgart, 520–524.

HALLITZKY, MARIA / SEIDENT, NORBERT (2007): Didaktische Konzepte und Modelle. In: APEL/SACHER (2007), 211–240.

HANSEN, JENS GODBER / PETERSEN, PETER (1977): Die Interpretationsaufgabe. Eine Matrix zur Aufgabenkonstruktion und Leistungsbewertung. In: Anregung, 23. Jg., Heft 6, 386–394.

HAPP, HEINZ (1976): Grundfragen einer Dependenzgrammatik des Lateinischen. Vandenhoeck & Ruprecht: Göttingen.

HARRAUER, CHRISTINE / HUNGER, HERBERT (2006): Lexikon der griechischen und römischen Mythologie. 9. Aufl., Hollinek: Purkersdorf.

HEATH, MALCOLM (2002): Interpreting classical texts. Duckworth: London.

HECHENLEITNER, ANDREA ET AL. (2006): Glossar. Begriffe im Kontext von Lehrplänen und Bildungsstandard. München, https://www.isb.bayern.de/download/939/glossar_lehrplanfragen.pdf (letzter Zugriff am 13.03.2017).

HECKENER, ALFONS (1987): Übungsformen. In: HÖHN/ZINK (1987), 125–138.

HEILMANN, WILLIBALD (1987a): Die Beziehung zwischen Textarbeit und Grammatikarbeit im Lateinunterricht der Sekundarstufe I. In: HÖHN/ZINK (1987), 67–78.

HEILMANN, WILLIBALD (1987b): Lernpsychologische Grundlagen des Übens im einführenden lateinischen Sprachunterricht. In: HÖHN/ZINK (1987), 104–124.

HEILMANN, WILLIBALD (1990): Texterschließung – ein Ratespiel oder mehr? In: Der Altsprachliche Unterricht, 33. Jg., Heft 3, 6–15.

Heilmann, Willibald (1993): Interpretation im Rahmen eines lateinischen Literaturunterrichts. In: Der Altsprachliche Unterricht, 36. Jg., Heft 4 + 5, 5–22.
Heimann, Paul (1962): Didaktik als Theorie und Lehre. In: Die deutsche Schule, 54. Jg., Heft 9, 407–427.
Heimlich, Ulrich (2003): Integrative Pädagogik. Eine Einführung. Kohlhammer: Stuttgart.
Heimlich, Ulrich / Jacobs, Sven (2001) (Hrsgg.): Integrative Schulentwicklung im Sekundarbereich. Das Beispiel der Integrierten Gesamtschule Halle/Saale. Klinkhardt: Bad Heilbrunn.
Heitsch, Ernst (1986): Klassische Philologie und Philologen. In: Gymnasium, 93. Jg., Heft 5, 417–434.
Helmke, Andreas (2011): Forschung zur Lernwirksamkeit des Lehrerhandelns. In: Terhart, Ewald et al. (2011) (Hrsgg.): Handbuch zur Forschung zum Lehrerberuf. Waxmann: Münster/New York/München/Berlin, 630–643.
Helmke, Andreas / Hosenfeld, Ingmar (2004): Vergleichsarbeiten – Standards – Kompetenzstufen: Begriffliche Klärung und Perspektiven. In: Jäger, Reinhold S. et al. (2004) (Hrsgg): Lernprozess, Lernumgebung und Lerndiagnostik. Wissenschaftliche Beiträge zum Lernen im 21. Jahrhundert. Empirische Pädagogik e. V.: Landau, 56–75.
Henneböhl, Rudolf (2011): Vergil – Aeneis. Bearbeitet von Rudolf Henneböhl. Ovid-Verlag: Bad Driburg. (Latein kreativ, Bd. 3)
Henneböhl, Rudolf (2013): Vergil – Aeneis. Lehrerkommentar. Ovid-Verlag: Bad Driburg. (Latein kreativ, Bd. 3)
Hensel, Andreas (2009): Szenische Interpretation im altsprachlichen Unterricht. In: Der Altsprachliche Unterricht, 52. Jg., Heft 4, 2–13.
Herkendell, Hans Ernst (1995): Überlegungen zu Textverstehen und Übersetzen. In: Der Altsprachliche Unterricht, 38. Jg., Heft 1, 19–32.
Herkendell, Hans Ernst (2003): Textverständnis und Übersetzung. In: Der Altsprachliche Unterricht, 40. Jg., Heft 3, 4–13.
Hesse, Markus et al. (2004): Zur Diskussion gestellt: Entwurf für Standards im Lateinunterricht. In: Pegasus-Onlinezeitschrift, 4. Jg., Heft 1, 82–89.
Hey, Gerhard (2008): Kompetenzorientiertes Lernen im Lateinunterricht. In: Maier/Westphalen (2008a), 97–127.
Hilbert, Karlheinz (1974): Feldbezogene Wortschatzarbeit auf der Oberstufe. In: Der Altsprachliche Unterricht, 17. Jg., Heft 5, 17–29.
Hinz, Andreas (2002): Von der Integration zur Inklusion – terminologisches Spiel oder konzeptionelle Weiterentwicklung? In: Zeitschrift für Heilpädagogik, 53. Jg., Heft 9, 354–361.
Hinz, Andreas et al. (2012) (Hrsgg.): Von der Integration zur Inklusion. Grundlagen – Perspektiven – Praxis. Lebenshilfe-Verlag: Marburg.
Höhn, Wilhelm (1987): Zum Textproblem. In: Höhn/Zink (1987), 58–66.
Höhn, Wilhelm / Zink, Norbert (1979) (Hrsgg.): Handbuch für den Lateinunterricht Sekundarstufe II. Diesterweg: Frankfurt.
Höhn, Wilhelm / Zink, Norbert (1987) (Hrsgg.): Handbuch für den Lateinunterricht Sekundarstufe I. Diesterweg: Frankfurt a. M.
Hölscher, Tonio (2000): Bildwerke. Darstellungen, Funktionen, Botschaften. In: Borbein, Adolf H. et al. (2000) (Hrsgg.): Klassische Archäologie. Eine Einführung. Reimer: Berlin, 147–165.
Hofer, Manfred (2009): Kompetenz im Umgang mit Schülerheterogenität als Beitrag zur Bildungsgerechtigkeit. In: Zlatkin-Troitschanskaia, Olga et al. (2009) (Hrsgg.): Lehrprofessionalität. Bedingungen, Genese, Wirkungen und ihre Messung. Beltz: Weinheim/Basel, 141–150.
Huber, Christian (2008): Jenseits des Modellversuchs: Soziale Integration von Schülern mit sonderpädagogischem Förderbedarf im Gemeinsamen Unterricht – eine Evaluationsstudie. In: Heilpädagogische Forschung, 34. Jg., Heft 1, 2–14.
Huber, Christian (2009): Gemeinsam einsam? Empirische Befunde und praxisrelevante Ableitungen zur sozialen Integration von Schülern mit sonderpädagogischem Förderbedarf im Gemeinsamen Unterricht. In: Zeitschrift für Heilpädagogik, 60. Jg., Heft 7, 242–248.

Huber, Christian / Wilbert, Jürgen (2012): Soziale Ausgrenzung von Schülern mit sonderpädagogischem Förderbedarf und niedrigen Schulleistungen im gemeinsamen Unterricht. In: Empirische Sonderpädagogik, 4. Jg., Heft 2, 226–237.

Huber, Ludwig / Effe-Stumpf, Gertrud (1994): Der fächerübergreifende Unterricht am Oberstufenkolleg. In: Krause-Isermann, Ursula et al. (1994) (Hrsgg.): Perspektivenwechsel: Beiträge zum fächerübergreifenden Unterricht für junge Erwachsene. Oberstufen-Kolleg NRW: Bielefeld, 63-86. (Ambos, Bd. 38)

Irmscher, Johannes (1965/66): Altsprachlicher Unterricht im faschistischen Deutschland. In: Jahrbuch für Erziehungs- und Schulgeschichte, 5./6. Jg., 223–271.

Jäger, Gerhard (1980): Einführung in die Klassische Philologie. 2., durchges. Aufl., Beck: München.

Jäkel, Werner (1962): Methodik des altsprachlichen Unterrichts. Quelle & Meyer: Heidelberg.

Jank, Werner / Meyer, Hilbert (2002): Didaktische Modelle. 5., völlig überarb. Aufl., Cornelsen Scriptor: Berlin.

Janka, Markus (2001): Odysseus 1996: Ithaka auf der Bühne, im Rundfunk und im Buch. Die Rezeption der Odyssee im Multimedia-Zeitalter. In: Korenjak, Martin / Töchterle, Karlheinz (2001) (Hrsgg.): Pontes I. Akten der ersten Innsbrucker Tagung zur Rezeption der klassischen Antike. StudienVerlag: Innsbruck/Wien/München/Bozen, 79–107.

Janka, Markus (2003): Ovid. Doctor amoris. Textausgabe ausgewählter erotischer Dichtungen mit Schülerkommentar und Übungsmaterialien, hrsg. von Markus Janka. Buchner: Bamberg.

Janka, Markus (2004): Dialog der Tragiker. Liebe, Wahn und Erkenntnis in Sophokles' *Trachiniai* und Euripides' *Hippolytos*. Saur: München/Leipzig.

Janka, Markus (2007): Die ‚Verschwörung gegen Rom' als Bestseller. Catilinas Putsch in Populärwissenschaft und Trivialliteratur der Gegenwart. In: Korenjak, Martin / Tilg, Stefan (2007) (Hrsgg.): Pontes IV. Die Antike in der Alltagskultur der Gegenwart. StudienVerlag: Innsbruck/Wien/Bozen, 113–128.

Janka, Markus (2009): „Ohn' alles Griechisch hab' ich ja verdeutscht die Iphigenia". Deutsche Euripidesübersetzungen von Schiller bis Steinmann zwischen Philologie und Bühnenpraxis. In: Kofler et al. (2009), 221–244.

Janka, Markus (2010a): Zorn und Zeit: Die Metamorphosen von Homers Ilias in Ovids Verwandlungsepos. In: Kussl, Rolf (2010) (Hrsg.): Themen und Texte. Anregungen für den Lateinunterricht. Kartoffeldruck-Verlag Kai Brodersen: Speyer, 79–128 (Dialog Schule – Wissenschaft, Klassische Sprachen und Literaturen, Bd. 44).

Janka, Markus (2010b): Neue Rhapsoden braucht das Land. Christoph Martin und Raoul Schrott auf der Suche nach einem deutschen Homer der Postmoderne. In: Arnold, Heinz-Ludwig (2010) (Hrsg.): ‚Homer und die deutsche Literatur'. TEXT + KRITIK-Sonderband (VIII/10), edition text + kritik: München, 242–261.

Janka, Markus (2011a): Neue Rhapsoden braucht das Land. Zur Praxis neuerer deutscher Übersetzungen aus den alten Sprachen. In: Scrinium, 56. Jg., Heft 1 + 2, 3–21.

Janka, Markus (2011b): *tantae molis erat Romanam condere gentem* (Vergil, Aeneis 1,33): Didaktische Überlegungen zur politischen Lektüre von Vergils Aeneis in der Oberstufe des Gymnasiums. In: Kussl, Rolf (2011) (Hrsg.): Antike im Dialog. Kartoffeldruck-Verlag Kai Brodersen: Speyer, 198-237. (Dialog Schule – Wissenschaft, Klassische Sprachen und Literaturen, Bd. 45)

Janka, Markus (2016): Modernste Antike zwischen Wissenschaft und Unterricht. Die Serie *Rome* als Impuls für die rezeptionsdialektische Hermeneutik im lateinischen Lektüreunterricht. In: Anselm, Sabine / Janka, Markus (2016) (Hrsgg.): Vernetzung statt Praxisschock. Konzepte, Ergebnisse, Perspektiven einer innovativen Lehrerbildung. Edition Ruprecht: Göttingen, 36–61.

Janka, Markus et al. (2013): Methoden im Lateinunterricht (LU) – Ein Überblick. In: Markoff (2013), 165–189.

Janka, Markus / Müller, Volker (2013): Lektüreunterricht. In: Markoff (2013), 111–141.

Janka, Markus / Stierstorfer, Michael (2015): Von Arkadien über New York ins Labyrinth des Minotaurus: Mythologische Orte in Ovids Metamorphosen und aktueller Kinder- und Jugendliteratur. In: Gymnasium, 122. Jg., Heft 1, 1–44.

Janka, Markus / Stierstorfer, Michael (2017) (Hrsgg.): Verjüngte Antike. Griechisch-römische Mythologie und Historie in zeitgenössischen Kinder- und Jugendmedien. Winter: Heidelberg.

de Jong, Irene / Sullivan, J. John Patrick (1994): Modern Critical Theory and Classical Literature. Brill: Leiden/New York/Köln.

Jordan, Anne et al. (2009): Preparing teachers for inclusive classrooms. In: Teaching and Teacher Education, 25. Jg., Heft 4, 535–542.

Kaelin, Oskar (1999): Helden! Griechische Mythologie und Comics. In: Lochman (1999b), 76–87.

Keip, Marina (2010): Grammatikeinführung. In: Keip/Doepner (2010), 35–66.

Keip, Marina / Doepner, Thomas (2010) (Hrsgg.): Interaktive Fachdidaktik Latein. Vandenhoeck & Ruprecht: Göttingen.

Kielhöfer, Bernd (1994): Wörter lernen, behalten und erinnern. In: Neusprachliche Mitteilungen aus Wissenschaft und Praxis, 47. Jg., Heft 4, 211–220.

Kiper, Hanna / Mischke, Wolfgang (2008): Selbstreguliertes Lernen – Kooperation – Soziale Kompetenz. Kohlhammer: Stuttgart.

Kiper, Hanna / Mischke Wolfgang (2009): Unterrichtsplanung. Beltz: Weinheim.

Kipf, Stefan (2003): Homer im Kinderzimmer: Odyssee-Rezeption in der modernen Kinder- und Jugendliteratur. In: Brodersen, Kai (2003) (Hrsg.): Die Antike außerhalb des Hörsaals. LIT: Münster/Hamburg/London, 77–96. (Antike Kultur und Geschichte, Bd. 4)

Kipf, Stefan (2006): Altsprachlicher Unterricht in der Bundesrepublik Deutschland. Buchner: Bamberg.

Kipf, Stefan (2014): Integration durch Sprache. Schüler nichtdeutscher Herkunftssprache lernen Latein. Buchner: Bamberg.

Kipf, Stefan (2015): ... und wo bleibt die Literatur? Gedanken zum Kompetenzerwerb im altsprachlichen Unterricht. In: Forum Classicum, 58. Jg., Heft 2, 70–83.

Kitzbichler, Josefine et al. (2008) (Hrsgg.): Übersetzen antiker Literatur. Funktionen und Konzeptionen seit 1800. De Gruyter: Berlin.

Kitzbichler, Josefine et al. (2009) (Hrsgg.): Dokumente zur Theorie der Übersetzung antiker Literatur in Deutschland seit 1800. De Gruyter: Berlin.

Klafki, Wolfgang (1963 [erstmals 1958]): Didaktische Analyse als Kern der Unterrichtsvorbereitung. In: Klafki, Wolfgang (1963): Studien zur Bildungstheorie und Didaktik. Beltz: Weinheim, 126–153.

Klafki, Wolfgang (1996): Neue Studien zur Bildungstheorie und Didaktik. Zeitgemäße Allgemeinbildung und kritisch-konstruktive Didaktik. 5., unveränd. Aufl., Beltz: Weinheim.

Klauer, Josef / Leutner, Detlev (2012): Lehren und Lernen. Einführung in die Instruktionspsychologie. 2. überarb. Aufl., Beltz: Weinheim.

Klieme, Eckhard (2003): Zur Entwicklung nationaler Bildungsstandards. Eine Expertise. Bundesministerium für Bildung und Forschung, Referat Öffentlichkeitsarbeit: Bonn.

Klieme, Eckhard (2004): Was sind Kompetenzen und wie lassen sie sich messen? In: Pädagogik, 56. Jg., Heft 6, 10–13.

Klieme, Eckhard et al. (2007): Zur Entwicklung nationaler Bildungsstandards. Eine Expertise. Berlin, https://www.bmbf.de/pub/Bildungsforschung_Band_1.pdf (letzter Zugriff am 13.03.2017).

Klingner, Friedrich (1965): Römische Geisteswelt. Essays zur lateinischen Literatur. 5., verm. Aufl., Ellermann: München.

Klischka, Holger (2014): Zweisprachige Grammatikeinführung. In: Kuhlmann (2014), 83–94.

Kloiber, Harald (2013): Die Klassischen Sprachen in der Spracherwerbsphase/Grammatikphase. In: Markoff (2013), 49–93.

Klowski, Joachim (1994): Die Alten Sprachen und der Neue Schüler. In: Mitteilungsblatt des Deutschen Altphilologenverbandes, 37. Jg., Heft 2, 54–61.

Knobloch, Jörg (2000): Die Zauberwelt der J. K. Rowling. Hintergründe und Facts zu „Harry Potter". Verlag an der Ruhr: Mühlheim an der Ruhr.

Ko, Mireille (2000): Enseigner les langues anciennes. Hachette Éducation: Paris.

Kofler, Wolfgang et al. (2009) (Hrsgg.): Pontes V. Übersetzung als Vermittlerin antiker Literatur. Studien-Verlag: Innsbruck/Wien/München/Bozen.
Koller, Hermann (2002): Orbis pictus Latinus. Lateinisches Bildlexikon. 3. Aufl., Patmos: Düsseldorf.
Koller, Werner (2011): Einführung in die Übersetzungswissenschaft. 8., neubearb. Aufl., Francke: Tübingen/Basel.
Korff, Gottfried (2007): Museumsdinge: deponieren – exponieren, hrsg. v. Martina Eberspächer. 2., erg. Aufl., Böhlau: Wien.
Kranz, Walther (1926): Die neuen Richtlinien für den Lateinisch-Griechischen Unterricht am Gymnasium. Weidmann: Berlin.
Kratz, Heinrich (1902): Die Lehrpläne und Prüfungsordnungen für die höheren Schulen in Preußen vom Jahre 1901. Heuser: Neuwied.
Kraul, Margret (1984): Das deutsche Gymnasium 1780–1980. Suhrkamp: Berlin.
Krauss, Heinrich / Uthemann, Eva (1987): Was Bilder erzählen. Die klassischen Geschichten aus Antike und Christentum. Beck: München.
Krefeld, Heinrich (1970): Interpretationen lateinischer Schulautoren. Mit einer didaktischen Einführung. 2., überarb. Aufl., Hirschgraben: Frankfurt a. M.
Krefeld, Heinrich (2004) (Hrsg.): Studeo. Wege zum Latein-Lernen. Cornelsen: Berlin.
Krell, Michaela (2006): Kein Leseverstehen ohne Sprechen und Schreiben! In: Forum Classicum, 49. Jg., Heft 2, 109–121.
Kroll, Wilhelm (1980): C. Valerius Catullus, hrsg. u. erkl. von Wilhelm Kroll. 6., durch neue Zusätze verm. Aufl., Teubner: Stuttgart.
Kuhlmann, Peter (2008): Kompetenzorientierung im Lateinunterricht. Chancen und Gefahren. In: Mitteilungsblatt des Landesverband Hessen im Deutschen Altphilologenverband, 55. Jg., Heft 1–3, 30–37.
Kuhlmann, Peter (2009): Fachdidaktik Latein kompakt. Vandenhoeck & Ruprecht: Göttingen.
Kuhlmann, Peter (2010) (Hrsg.): Lateinische Literaturdidaktik. Buchner: Bamberg.
Kuhlmann, Peter (2011): Kompetenzorientierung und Lateinunterricht in der Oberstufe. In: Forum Classicum, 54. Jg., Heft 2, 114–123.
Kuhlmann, Peter (2014) (Hrsg.): Lateinische Grammatik unterrichten. Didaktik des lateinischen Grammatikunterrichts. Buchner: Bamberg.
Kuhlmann, Peter (2015): Lateinische Texte richtig übersetzen – (k)ein Problem? In: Frisch, Magnus (2015) (Hrsg.): Alte Sprachen – neuer Unterricht. Kartoffeldruck-Verlag Kai Brodersen: Speyer, 11–33. (Ars Didactica, Bd. 1)
Kuhnke, Ralf (2006): Indikatoren zur Erfassung des Migrationshintergrundes. Arbeitsbericht im Rahmen der Dokumentationsreihe: Methodische Erträge aus dem „DJI-Übergangspanel". Forschungsschwerpunkt „Übergänge in Arbeit". Arbeitspapier 2/2006. Halle, http://www.dji.de/fileadmin/user_upload/bibs/276_5969_WT_2_2006_kuhnke.pdf (letzter Zugriff am 14.03.2017).
Kuhnle, Till. R. (2005): Querelle. In: Ueding, Gert (Hrsg.): Historisches Wörterbuch der Rhetorik. Bd. 7: Pos-Rhet. Niemeyer: Tübingen, 503–523.
Kunz-Ott, Hannelore (2005) (Hrsg.): Museum und Schule. Wege zu einer erfolgreichen Partnerschaft. Deutscher Kunstverlag: München/Berlin.
Ladenthin, Volker (2011): Kompetenzorientierung als Indiz pädagogischer Orientierungslosigkeit. In: Deutscher Philologenverband. Profil. Das Magazin für Gymnasium und Gesellschaft, Heft 9, 1–6.
Lamers, Wolfgang / Heinen, Norbert (2006): „Bildung mit ForMat" – Impulse für eine veränderte Unterrichtspraxis mit Schülerinnen und Schülern mit (schwerer) Behinderung. In: Heinen, Norbert et al. (2006) (Hrsgg.): Basale Stimulation. Kritisch – konstruktiv. Selbstbestimmtes Leben: Düsseldorf, 141–205.
Laser, Günter (2005): Rhetorische Partituren. Handlungsorientierte Interpretation römischer Reden. In: Der Altsprachliche Unterricht, 48. Jg., Heft 2 + 3, 59–69.
Latacz, Joachim (1979): Die Entwicklung der griechischen und lateinischen Schulgrammatik. In: Gruber/Maier (1979), 193–221.

LATTMANN, JULIUS (1896): Geschichte der Methodik des Lateinischen Elementarunterrichts seit der Reformation. Eine specialistische Ergänzung zur Geschichte der Pädagogik. Vandenhoeck & Ruprecht: Göttingen.

LEBEK, WOLFGANG DIETER (2004): Das Latinum und die Qualität der deutschen Universitätsstudenten. Kurzbericht über eine statistische Untersuchung. In: Forum Classicum, 47. Jg., Heft 2, 108–113.

LEECH, GEOFFREY N. (1974): Semantics. The Study of Meaning. Penguin: Harmondsworth.

LEONHARDT, JÜRGEN (2009): Latein. Geschichte einer Weltsprache. Beck: München.

LINDL, ALFRED / KLOIBER, HARALD (2017): *artifices docendi*. FALKO-L: Modellierung und Messung domänenspezifischer Kompetenzen von Lateinlehrkräften. In: KRAUSS, STEFAN ET AL. (2017) (Hrsgg.): FALKO: Fachspezifische Lehrerkompetenzen. Münster: Waxmann, 153–199.

LINDMEIER, CHRISTIAN (2009): Sonderpädagogische Lehrerbildung für ein inklusives Schulsystem? In: Zeitschrift für Heilpädagogik, 60. Jg., Heft 10, 416–427.

LINDSAY, GEOFF (2007): Educational psychology and the effectiveness of inclusive educational mainstreaming. In: British Journal of Educational Psychology, 77. Jg., Heft 1, 1–24.

LOCHMAN, TOMAS (1999a): „Antico-mix" – Eine Einleitung. In: LOCHMAN (1999b), 8–13.

LOCHMAN, TOMAS (1999b) (Hrsg.): Antico-Mix. Antike in Comics, Skulpturhalle Basel, 31. März–26. September 1999.

LOHMANN, DIETER (1988): Latein – ein Ratespiel? In: Der Altsprachliche Unterricht, 31. Jg., Heft 6, 29–54.

VAN DE LOO, TOM (2010): Grammatikarbeit während der Lektüre. In: KEIP/DOEPNER (2010), 147–160.

LORENZ, SVEN (2012): „Gott sei Dank! Es sind Ferien!". Überlegungen zum motivierenden Einstieg in die Lateinstunde. In: KUSSL, ROLF (2012) (Hrsg.): Altsprachlicher Unterricht. Kompetenzen, Texte und Themen. Kartoffeldruck-Verlag Kai Brodersen: Speyer, 63–88. (Dialog Schule – Wissenschaft, Klassische Sprachen und Literaturen, Bd. 46.)

MAGER, KARL WILHELM EDUARD (1846): Die genetische Methode des schulmäßigen Sprachunterrichts in fremden Sprachen und Literaturen nebst Darstellung und Beurteilung der analytischen und synthetischen Methoden. 3. Bearb., Meyer und Zeller: Zürich.

MAIER, FRIEDRICH (1979): Lateinunterricht zwischen Tradition und Fortschritt. Bd. 1: Zur Theorie und Praxis des lateinischen Sprachunterrichts. Buchner: Bamberg.

MAIER, FRIEDRICH (1982): Leitfragen im altsprachlichen Lektüreunterricht. In: GRUBER/MAIER (1982), 37–47.

MAIER, FRIEDRICH (1984): Lateinunterricht zwischen Tradition und Fortschritt. Bd. 2: Zur Theorie des lateinischen Lektüreunterrichts. Buchner: Bamberg.

MAIER, FRIEDRICH (1992): Stichwörter der europäischen Kultur. Lehrerkommentar von Friedrich Maier. Buchner: Bamberg. (Antike und Gegenwart)

MAIER, FRIEDRICH (1997): Vertikal oder Horizontal? Zur Behandlung der Formenlehre in der Sprachlernphase (Stellungnahme zu: HOFFMANN, GÜNTHER [1996]: Für die vertikale Behandlung der Formenlehre. In: Die Alten Sprachen im Unterricht, 43. Jg., Heft 4, 38–46). In: Die Alten Sprachen im Unterricht, 44. Jg., Heft 1, 17–20.

MAIER, FRIEDRICH (1999) (Hrsg.): Latein auf neuen Wegen. Alternative Formen des Unterrichts. Buchner: Bamberg. (Auxilia, Bd. 44)

MAIER, FRIEDRICH (2002a): Latein auf dem Prüfstand. Für eine Reform des Lektüreunterrichts in der Mittelstufe. In: Forum Classicum, 45. Jg., Heft 3, 175–185.

MAIER, FRIEDRICH (2002b): Latein – Bildungskraft der Antike für das geistige und kulturelle Leben der Gegenwart. In: Gymnasium in der Wissensgesellschaft. Sprachen und Kulturen – Wege zur europäischen Identität. Kongressbericht (hrsg. vom Deutschen Philologenverband). Düsseldorf, 65–77.

MAIER, FRIEDRICH (2008a): Spracherwerb und Werteerziehung. Ein Zielkonflikt im Programm humanistischer Bildung? In: MAIER/WESTPHALEN (2008a), 27–35.

MAIER, FRIEDRICH (2008b): Stoffökonomie in der Kasuslehre. In: MAIER/WESTPHALEN (2008b), 7–27.

MAIER, FRIEDRICH (2008c): Warum Latein? Zehn gute Gründe. Reclam: Stuttgart.

MAIER, FRIEDRICH / WESTPHALEN, KLAUS (2008a) (Hrsgg.): Lateinischer Sprachunterricht auf neuen Grundlagen I. Forschungsergebnisse aus Theorie und Praxis. Buchner: Bamberg. (Auxilia, Bd. 59)

Maier, Friedrich / Westphalen, Klaus (2008b) (Hrsgg.): Lateinischer Sprachunterricht auf neuen Grundlagen II. Innovationen in der Praxis. Buchner: Bamberg. (Auxilia, Bd. 60)

Maier, Robert (2010): Visuelles Wörterbuch Latein-Deutsch. Über 6000 Wörter und Redewendungen. Übers. von Robert Maier. Coventgarden: München.

Mairbäurl, Gunda et al. (2013) (Hrsgg.): Kinderliterarische Mythen-Translation. Zur Konstruktion phantastischer Welten bei Tove Jansson, C. S. Lewis und J. R. R. Tolkien. Chronos: Wien.

Makrinos, Antony (2013): In Search of Ancient Myths. Documentaries and the Quest for the Homeric World. In: Hardwick, Lorna / Harrison, Stephen (2013) (Hrsgg.): Classics in The Modern World. A Democratic Turn. Oxford University Press: Oxford, 365–379.

Malecki, Andrea (2016): Schulen auf einen Blick, Ausgabe 2016, hrsg. vom Statistischen Bundesamt Wiesbaden, https://www.destatis.de/DE/Publikationen/Thematisch/BildungForschungKultur/Schulen/BroschuereSchulenBlick0110018169004.pdf?__blob=publicationFile (letzter Zugriff am 13.03.2017).

Manuwald, Bernd (1999): Platon, Protagoras. Übersetzung und Kommentar. Vandenhoeck & Ruprecht: Göttingen.

Markoff, Renate (2013) (Hrsg.): Fachdidaktik Latein. Akademiebericht 487. Dillingen.

Marrou, Henri-Irénée (1957): Geschichte der Erziehung im Klassischen Altertum, hrsg. von R. Harder. Karl Alber: Freiburg i. Br.

Martindale, Charles (1993): Redeeming the text: Latin poetry and the hermeneutics of reception. Cambridge University Press: Cambridge.

Matthiessen, Kjeld (1979): Altsprachlicher Unterricht in Deutschland. In: Gruber/Maier (1979), 11–42.

Maurach, Gregor (2007): Interpretationen lateinischer Texte. Ein Lehrbuch zum Selbstunterricht. Wissenschaftliche Buchgesellschaft: Darmstadt.

Meissner, Franz-Joseph / Reinfried, Marcus (1998) (Hrsgg.): Mehrsprachigkeitsdidaktik. Konzepte, Analysen, Lehrerfahrungen mit romanischen Fremdsprachen. Gunter Narr: Tübingen.

Meissner, Helmut (2011): Vom Ungenügen der Kompetenzorientierung im Gymnasialunterricht. In: Forum Classicum, 54. Jg., Heft 3, 205–215.

Merkler, Anne / Meurer, Horst-Dieter (2012): Bericht zur Lage des altsprachlichen Unterrichts in der Bundesrepublik Deutschland. Berichtsjahr 2010/2011. In: Forum Classicum, 55. Jg., Heft 3, 164–175.

Merkler, Anne / Meurer, Horst-Dieter (2013): Bericht zur Lage des altsprachlichen Unterrichts in der Bundesrepublik Deutschland. Berichtsjahr 2011/2012. In: Forum Classicum, 56. Jg., Heft 3, 188–197.

Meurer, Horst-Dieter (2010): Bericht zur Lage des altsprachlichen Unterrichts in der Bundesrepublik Deutschland. Berichtsjahr 2008/09. In: Forum Classicum, 53. Jg., Heft 2, 120–129.

Meurer, Horst-Dieter (2011): Bericht zur Lage des altsprachlichen Unterrichts in der Bundesrepublik Deutschland. In: Forum Classicum, 54. Jg., Heft 2, 105–114.

Meusel, Horst (1976): Zur Wortschatzarbeit bei der Ovid-Lektüre. In: Römisch, Egon (1976): Metamorphosen Ovids im Unterricht. Kerle: Heidelberg.

Meusel, Horst (1987): Wortschatzarbeit. In: Höhn/Zink (1987), 139–160.

Meyer, Hilbert (2014): Was ist guter Unterricht? 10. Aufl., Cornelsen: Berlin.

Mindt, Nina (2008): Manfred Fuhrmann als Übersetzer der Antike. Ein Beitrag zu Theorie und Praxis des Übersetzens. De Gruyter: Berlin.

von Möllendorff, Peter et al. (2013) (Hrsgg.): Der Neue Pauly. Supplemente. Bd. 8: Historische Gestalten der Antike. Rezeption in Literatur, Kunst und Musik. Metzler: Stuttgart/Weimar.

Möller, Jens (2008): Lernmotivation. In: Renkl, Alexander (2008) (Hrsg.): Lehrbuch Pädagogische Psychologie. Huber: Bern/Stuttgart/Wien, 263–298.

Möller, Judith / Binroth-Bank, Christine (2006): M. Tullius Cicero. Pro S. Roscio Amerino ad iudices oratio. Bearbeitet von Judith Möller / Christine Binroth-Bank. Textauswahl mit Wort- und Sacherklärungen. Klett: Stuttgart/Düsseldorf/Leipzig. (Ausgabe mit Beiheft „Daten – Fakten – Hintergründe")

Moog-Grünewald, Maria (2008) (Hrsg.): Der Neue Pauly. Supplemente. Bd. 5: Mythenrezeption. Die antike Mythologie in Literatur, Musik und Kunst von den Anfängen bis zur Gegenwart. Metzler: Stuttgart/Weimar.

MÜLLER, BERND (1999): Umgestaltung eines lateinischen Lektüretextes zum Fotoroman. In: Der Altsprachliche Unterricht, 42. Jg., Heft 6, 33–38.

MÜLLER, VOLKER (2017): Verjüngtes Atlantis: die Rezeption des platonischen Atlantis-Mythos in Kinder- und Jugendmedien der letzten 40 Jahre. In: JANKA/STIERSTORFER (2017), 265–286.

MÜLLER, WALTER (2007): Lehrplantheorie und Lehrplanentwicklung. In: APEL/SACHER (2007), 71–103.

MÜLLER-LANCÉ, JOHANNES (2001): Thesen zur Zukunft des Lateinunterrichts aus der Sicht eines romanistischen Linguisten. In: Forum Classicum, 44. Jg., Heft 2, 100–106.

MÜLLER-RUCKWITT, ANNE (2008): „Kompetenz" – Bildungstheoretische Untersuchungen zu einem aktuellen Begriff. Ergon: Würzburg.

MUNDING, HEINZ (1985): Antike Texte – aktuelle Probleme. Existenzieller Transfer im altsprachlichen Unterricht. Buchner: Bamberg. (Auxilia, Bd. 12)

NAGEL, WERNER (2003): Latein und romanische Sprachen. Ihre Vernetzung in Unterrichtseinheiten. Buchner: Bamberg. (Auxilia, Bd. 51)

NATZEL-GLEI, STEPHANIE (2005): „Hier werden Sie geholfen!" Latein und muttersprachliche Kompetenz. In: Pegasus-Onlinezeitschrift, 5. Jg., Heft 1, 46–58.

NEUMANN, GEORG / KRICHBAUMER, MARIA (2004): Bewertung von Schülerleistungen im Projektunterricht. In: Der Altsprachliche Unterricht, 47. Jg., Heft 6, 34–45.

NICKEL, RAINER (1982): Die Interpretation im altsprachlichen Unterricht. In: GRUBER/MAIER (1982), 21–36.

NICKEL, RAINER (1994): Durch Handeln aus der Krise. In: Der Altsprachliche Unterricht, 37. Jg., Heft 3+4, 5–14.

NICKEL, RAINER (1999): Grundsätzliche Überlegungen zum lektürebegleitenden Grammatikunterricht. In: Der Altsprachliche Unterricht, 42. Jg., Heft 3, 42–43.

NICKEL, RAINER (2000): Die erste Lektüre. In: Der Altsprachliche Unterricht, 43. Jg., Heft 4+5, 2–15.

NICKEL, RAINER (2001): Lexikon zum Lateinunterricht. Buchner: Bamberg.

NICKEL, RAINER (2004): Synoptisches Lesen und bilinguales Textverstehen. In: Der Altsprachliche Unterricht, 47. Jg., Heft 1, 2–14.

NICKEL, RAINER (2015): Fachdidaktik und Kompetenzorientierung im altsprachlichen Unterricht. In: FRISCH, MAGNUS (2015): Alte Sprachen – neuer Unterricht. Kartoffeldruck-Verlag Kai Brodersen: Speyer, 35–51. (Ars Didactica, Bd. 1)

NICKEL, RAINER / ZANINI, ANJA (2003): Effizienter Grammatikunterricht. In: Der Altsprachliche Unterricht, 46. Jg., Heft 4+5, 2–16.

NIEHL, FRANZ W. (2014): 212 Methoden für den Religionsunterricht. Kösel: München.

NIEMANN, KARL-HEINZ (1988): Archäologische Bilddokumente als Impulse zum Textverständnis. In: Anregung, 34. Jg., Heft 6, 370–382.

NIEMANN, KARL-HEINZ (1996): Grammatikthema und Lehrbuchtext. In: Der Altsprachliche Unterricht, 39. Jg., Heft 4+5, 27–44.

NIEMANN, KARL-HEINZ (2000): „Lieferung frei Haus". Bildbetrachtung als Einstieg in den Lehrbuchtext. In: Der Altsprachliche Unterricht, 43. Jg., Heft 2, 12–14.

NIEMANN, KARL-HEINZ (2002a): Bildeindrücke zum Verständnis von Grammatikthemen. In: Der Altsprachliche Unterricht, 45. Jg., Heft 6, 16–18.

NIEMANN, KARL-HEINZ (2002b): Bilder als Dokumentation von Lernergebnissen. In: Der Altsprachliche Unterricht, 45. Jg., Heft 6, 50–57.

NISSEN, PETER H. (1997): Öffnung des Unterrichts. In: Der Altsprachliche Unterricht, 40. Jg., Heft 1, 5–16.

NÖHRING, GERHARD (2013): Der Lehrplan im Fach Latein - seine Entwicklung in Bayern seit Gründung der Bundesrepublik Deutschland. In: MARKOFF (2013), 43–48.

ODENBACH, KARL (1963): Die Übung im Unterricht. Westermann: Braunschweig.

OECD (2005): Definition und Auswahl von Schlüsselkompetenzen. Zusammenfassung, http://www.oecd.org/dataoecd/36/56/35693281.pdf (letzter Zugriff am 28.03.2017).

OEHLER, KLAUS (1979): Dilthey und die Klassische Philologie. In: FLASHAR ET AL. (1979), 181–198.

OERTEL, HANS-LUDWIG (2013): Geschichte des altsprachlichen Unterrichts. In: MARKOFF (2013), 31–41.

Paulsen, Friedrich (1919): Geschichte des gelehrten Unterrichts auf den deutschen Schulen und Universitäten vom Ausgang des Mittelalters bis zur Gegenwart. Mit besonderer Rücksicht auf den klassischen Unterricht. 3., erw. Aufl., Veit & Comp.: Leipzig.

Perschon, Erich (1997): Die Auserwählten sind unter uns. PC-Spiele als Fluchtmedium in die mythologische Requisitenkiste. In: Informationen zur Deutschdidaktik, 21. Jg., Heft 2, 66–81.

Person, Klaus Peter (1995): Fächerübergreifender Unterricht. In: Der Altsprachliche Unterricht. 38. Jg., Heft 4 + 5, 8–16.

Pester, Hans-Eberhard (1995): Kritischer Blick auf die „ganzheitliche Vorerschließung". In: Der Altsprachliche Unterricht, 38. Jg., Heft 1, 37–47.

Petersen, Peter (1995): „Gegenwartsbezüge" in den Alten Sprachen. Anregungen zu einer schülerorientierten Vermittlungskategorie des altsprachlichen Unterrichts. In: Bayer, Karl et al. (1995) (Hrsgg.): Die Antike und ihre Vermittlung. Festschrift für Friedrich Maier zum 60. Geburtstag. Oldenbourg: München, 58–74.

Peterssen, Wilhelm H. (2000): Fächerverbindender Unterricht. Begriff, Konzept, Planung, Beispiele. Oldenbourg: München.

Pfaffel, Wilhelm (2001): Omnia mutantur – nos non mutamur in illis? Methodische Forderungen an den Lateinunterricht. In: Friedel, Dieter (2001) (Hrsg.): Antike verpflichtet. Bildung statt Information. Festschrift für Peter Neukam. Buchner/Lindauer/Oldenbourg: Bamberg/München, 60–71.

Pfaffel, Wilhelm (2008): Stoffaneignung und Stofffestigung: Latein im Film. In: Maier/Westphalen (2008b), 114–129.

Pfaffel, Wilhelm (2013): Satz- und Texterschließung. In: Markoff (2013), 95–110.

Pfaffel, Wilhelm (2014): Die Grammatik als Buch – ihr Einsatz im Unterricht. In: Kuhlmann (2014), 160–168.

Pfaffel, Wilhelm / Braun, Carola (2011) (Hrsgg.): Forma. Lateinische Grammatik. Buchner: Bamberg.

Pfeifer-Blaum, Diana (2002): Bilder zur Zwischenbilanz und zur Texterschließung bei der Catull-Lektüre. In: Der Altsprachliche Unterricht, 45. Jg., Heft 6, 41–43.

Pfeiffer, Michaela (1997): Freiarbeit im Lateinunterricht. In: Der Altsprachliche Unterricht, 40. Jg., Heft 1, 46–62.

Piecha, Renate (1994): Visualisierung im Lateinunterricht. Realienkunde und Rezeptionsdokumente in Lehrbuch- und Lektürephase. Lang: Frankfurt a. M.

Pinker, Steven (1996): Der Sprachinstinkt. Wie der Geist die Sprache bildet. Aus dem Amerikanischen von Martina Wiese. Kindler: München.

Pöschl, Viktor (1991 [erstmals 1970]): Horazische Lyrik. Interpretationen. 2., erw. Aufl., Winter: Heidelberg. (Bibliothek der klassischen Altertumswissenschaften. 2. Reihe, N. F., Bd. 85)

Portmann-Tselikas, Paul R. (2003): Kognitive Linguistik und Spracherwerb. In: Der Altsprachliche Unterricht, 46. Jg., Heft 4 + 5, 72–84.

Preusser, Heinz-Peter (2017): „Orgien, Orgien, wir wollen Orgien!" Asterix als Epopöe des Zivilisationsprozesses – auch für heranwachsende Rezipienten. In: Janka/Stierstorfer (2017), 363–387.

Pridik, Karl-Heinz (1973): Übungen zur Syntax. In: Der Altsprachliche Unterricht, 16. Jg., Heft 4, 118–120.

Radewaldt, Fred (1997): Wochenplanarbeit. Mehr Selbständigkeit und Eigenverantwortung von Schülern im Lateinunterricht. In: Der Altsprachliche Unterricht, 40. Jg., Heft 1, 17–30.

Reinhardt, Udo (2007): Strategien aus der Praxis des lateinischen Sprachunterrichts. In: Forum Classicum, 50. Jg., Heft 4, 283–296.

Reisse, Wilfried (2008): Kompetenzorientierte Aufgabenentwicklung. Ein Lehrerhandbuch für die Sekundarstufe. Aulis-Verlag Deubner: Köln.

Reitzammer, Wolfgang (1970): Von der Grundschule zur Eingangsstufe des Gymnasiums. In: Anregung, 16. Jg., Heft 6, 389–393.

Renger, Almut-Barbara (1999) (Hrsg.): Mythos Narziß. Texte von Ovid bis Jacques Lacan. Reclam: Leipzig.

Richter, Karin (2006): Geschichten aus der griechischen Mythologie. Klassisches Bildungsgut, Abenteuerliteratur oder Action-Stoffe der Spaßgesellschaft? In: Franz, Kurt / Payrhuber, Franz-Joseph (2006)

(Hrsgg.): Odysseus, Robinson und Co. Vom Klassiker zum Kinder- und Jugendbuch. Schneider: Baltmannsweiler, 1–13.

Richter, Wieland (2006): Altsprachlicher Unterricht am Beginn des 21. Jahrhunderts. Konzentration und Öffnung. In: Der Altsprachliche Unterricht, 49. Jg., Heft 5, 2–10.

Ricking, Heinrich (2005): Zum „Overlap" von Lern- und Verhaltensstörungen. In: Sonderpädagogik, 35. Jg., Heft 4, 235–248.

Riemer, Peter et al. (2000) (Hrsgg.): Einführung in das Studium der Gräzistik. Beck: München.

Riss, Elsbeth (2000): La llum oder la luz? – Auf jeden Fall Latein! In: Anregung, 46. Jg., Heft 6, 409–413.

Robinsohn, Saul B. (1971): Bildungsreform als Revision des Curriculum und Ein Strukturkonzept für Curriculumentwicklung. 3., durchges. u. erw. Aufl., Luchterhand: Neuwied am Rhein/Berlin.

Roth, Heinrich (1976): Pädagogische Anthropologie. Bd. 2: Entwicklung und Erziehung: Grundlagen einer Entwicklungspädagogik. 2. Aufl., Schroedel: Hannover.

Rubenbauer, Hans et al. (1995): Lateinische Grammatik, neubearbeitet von Rolf Heine. 12., korr. Aufl., Buchner/Lindauer/Oldenbourg: Bamberg/München.

Rutenfranz, Maria (2004): Götter, Helden, Menschen. Rezeption und Adaption antiker Mythologie in der Kinder- und Jugendliteratur. Lang: Frankfurt a. M.

Sander, Alfred (2004): Konzepte einer inklusiven Pädagogik. In: Zeitschrift für Heilpädagogik, 55. Jg., Heft 5, 240–244.

Sarasso, Simone (2015): Æneas. La nascita di un eroe. RCS Libri: Milano.

Sattler, Hanna (1959): Versuche mit der ‚Sprechmethode' im lateinischen Anfangsunterricht. In: Der Altsprachliche Unterricht, 3. Jg., Heft 5, 62–91.

Saylor, Steven (1991): Das Lächeln des Cicero. Deutsch von Kristian Lutze (engl. Original: Roman Blood). Weltbild: Augsburg.

Schadewaldt, Wolfgang (1969): Antikes Drama auf dem Theater heute. Übersetzung. Inszenierung. Neske: Pfullingen.

Schadewaldt, Wolfgang (2009 [erstmals 1963]): Das Problem der Übersetzung antiker Dichtung. In: Kitzbichler et al. (2009), 425–435.

Schaller, Klaus (1962): Die Pädagogik des Jan Amos Comenius und die Anfänge des pädagogischen Realismus im 17. Jahrhundert. Quelle & Meyer: Heidelberg.

Schareika, Helmut (2008): Prima. Gesamtkurs Latein. Sachbuch. Alles zum antiken Rom. Buchner: Bamberg.

Scheibmayr, Werner (2012): Das Bayerische Kompetenzmodell der Alten Sprachen. In: Kussl, Rolf (2012) (Hrsg.): Altsprachlicher Unterricht: Kompetenzen, Texte und Themen. Kartoffeldruck-Verlag Kai Brodersen: Speyer, 11–35. (Dialog Schule – Wissenschaft, Klassische Sprachen und Literaturen, Bd. 46)

Schindler, Winfried (1987): Interpretationsweisen im Literaturunterricht der Alten Sprachen. In: Der Altsprachliche Unterricht, 30. Jg., Heft 6, 4–16.

Schirok, Edith (2002): Mindmapping und Plakatgestaltung. Visualisierungsmöglichkeiten im Lateinunterricht. In: Der Altsprachliche Unterricht, 45. Jg., Heft 6, 44–49.

Schirok, Edith (2010): Wortschatzarbeit. In: Keip/Doepner (2010), 13–34.

Schmitt, Elisabeth (2006): Von Herakles bis Spider-Man. Mythen im Deutschunterricht. Schneider: Baltmannsweiler.

Schmitz, Dietmar (2009): Πάντα ῥεῖ – Wandel in der Konzeption lateinischer Unterrichtswerke. Ein Streifzug durch die Jahrzehnte bis heute. In: Forum Classicum, 52. Jg., Heft 2, 85–103.

Schmitz, Thomas (2002): Moderne Literaturtheorie und antike Texte. Eine Einführung. Wissenschaftliche Buchgesellschaft: Darmstadt.

Schmude, Michael P. (1997): Latein für das 21. Jahrhundert. Grundlagenfach eines europäischen Gymnasiums. In: Forum Classicum, 40. Jg., Heft 1, 8–12.

Schoedel, Wolfgang (1996): Das Lehrwerk als Medium im lateinischen Sprachunterricht. In: Der Altsprachliche Unterricht, 39. Jg., Heft 4+5, 71–82.

Schöneich, Rainer (2005): Bericht zur Lage des altsprachlichen Unterrichts. Schuljahr 2003/2004. In: Forum Classicum, 48. Jg., Heft 1, 9–13.

Schöneich, Rainer (2007): Zur Lage des altsprachlichen Unterrichts in der Bundesrepublik Deutschland. Schuljahr 2005/2006. In: Forum Classicum, 50. Jg., Heft 1, 6–11.

Schöneich, Rainer (2008): Zur Lage des altsprachlichen Unterrichts in der Bundesrepublik Deutschland. Schuljahr 2006/2007. In: Forum Classicum, 51. Jg., Heft 2, 87–92.

Schöneich, Rainer (2009): Zur Lage des altsprachlichen Unterrichts in der Bundesrepublik Deutschland. Schuljahr 2007/2008. In: Forum Classicum, 52. Jg., Heft 1, 5–11.

Schöpp, Frank (2013): English meets Latin – und darüber hinaus? Überlegungen zur Sprachenfolge Englisch – Latein und ihrem Potential für das Erlernen einer romanischen Sprache. In: Doff/Kipf (2013), 115–133.

Schollmeyer, Patrick (2014): Ein Lied für Kaiser Nero. In: Carlà, Filippo (2014) (Hrsg.): Caesar, Attila und Co. Comics und die Antike. Philipp von Zabern: Darmstadt, 76–85.

Scholz, Ingvelde (2007): Freiarbeit. In: Drumm (2007), 90–102.

Scholz, Ingvelde (2008): „Es ist normal, verschieden zu sein" – Unterrichten in heterogenen Klassen. In: Der Altsprachliche Unterricht, 51. Jg., Heft 1, 2–13.

Scholz, Ingvelde (2010a): Diagnose und Differenzierung. In: Keip/Doepner (2010), 175–189.

Scholz, Ingvelde (2010b): Übung. In: Keip/Doepner (2010), 67–80.

Scholz, Ingvelde / Sauter, Jürgen (2009): Phaedrus Fabeln. Ein kompetenzorientiertes Lektüreprojekt mit Binnendifferenzierung. Vandenhoeck & Ruprecht: Göttingen.

Scholz, Ingvelde / Weber, Karl-Christian (2010): Denn sie wissen, was sie können. Kompetenzorientierte und differenzierte Erhebung, Beurteilung und Bewertung von Schülerleistungen im Lateinunterricht. Vandenhoeck & Ruprecht: Göttingen.

Schröder, Ulrich / Wittrock, Manfred (2002) (Hrsgg.): Lernbeeinträchtigung und Verhaltensstörung. Kohlhammer: Stuttgart.

Schröteler, Josef (1940): Die Erziehung in den Jesuiteninternaten des 16. Jh. Herder: Freiburg i. Br.

Schrott, Raoul (2008): Homer. Ilias. Übertragen von Raoul Schrott. Kommentiert von Peter Mauritsch. Hanser: München.

Schulz, Hartmut (1997): Vom „Arbeitsunterricht" zur „Handlungsorientierung". In: Forum Classicum, 40. Jg., Heft 4, 186–190.

Schulz, Wolfgang (1981): Unterrichtsplanung: mit Materialien aus Unterrichtsfächern. 3., erw. Aufl., Urban & Schwarzenberg: München.

Schweitzer, Friedrich et al. (2010) (Hrsgg.): Philipp Melanchthon. Seine Bedeutung für Kirche und Theologie, Bildung und Wissenschaft. Neukirchener: Neukirchen-Vluyn.

Schweizer, Karl (2006): Leistung und Leistungsdiagnostik. Springer: Heidelberg.

Schwindt, Jürgen Paul (2002) (Hrsg.): Klassische Philologie *inter disciplinas*. Aktuelle Konzepte und Methoden eines Grundlagenfaches. Winter: Heidelberg.

Seiler, Karl (1931): Das pädagogische System Wolfgang Ratkes. Nach den handschriftlichen Quellen im Zusammenhang der europäischen Geistesgeschichte dargestellt. Palm & Enke: Erlangen.

Seitz, Simone (2006): Inklusive Didaktik: Die Frage nach dem ‚Kern der Sache'. In: Zeitschrift für Inklusion, 1. Jg., Heft 1, http://www.inklusion-online.net/index.php/inklusion-online/article/view/184/184 (letzter Zugriff am 11.04.2017).

Siemer, Joanna (2005): Wortschatzarbeit in der Lektürephase. In: Der Altsprachliche Unterricht, 48. Jg., Heft 6, 45–49.

Siemer, Joanna (2008): Lateinische Wortschatzarbeit im Deutschen. In: Der Altsprachliche Unterricht, 51. Jg., Heft 3+4, 93–95.

Siewert, Walter et al. (1985/86): Einführung: der Zugang zum archäologischen Bild. In: Siewert, Walter et al. (1985/86): Ostia. Lateinisches Unterrichtswerk in zwei Bänden. Lehrerband. Klett: Stuttgart, 158–163.

Simons, Benedikt (2009): Ovid und Benjamin Britten. In: Der Altsprachliche Unterricht. 52. Jg., Heft 2, 52–59.

Simons, Benedikt (2017): „Harry Potter" und Ovids Kentauren. In: Der Altsprachliche Unterricht, 59. Jg., Heft 1, 11–19.

Spann, Rudolf (1985): Rätselspaß mit Latein. Manz: München.

Spinner, Kaspar (2006): Literarisches Lernen. In: Praxis Deutsch, Heft 200, 6–16.
Spirio, Rand J. / Jehng, Jihn-Chang (1990): Cognitive flexibility and hypertext: Theory and technology for the nonlinear and multidimensional traversal of complex subject matter. In: Nix, Don / Spirio, Rand J. (1990) (Hrsgg.): Cognition, education and multimedia: Exploring ideas in high technology. Erlbaum: Hillsdale/New Jersey, 163–205.
Spranger, Eduard (1965): Wilhelm von Humboldt und die Reform des Bildungswesens. 3., unveränd. Aufl., Max Niemeyer: Berlin.
Staiger, Emil (1985): Vergil. Aeneis. Deutsch von Emil Staiger. Deutscher Taschenbuch-Verlag: München.
Stein, Roland (2011): Pädagogik bei Verhaltensstörungen – zwischen Inklusion und Intensivangeboten. In: Zeitschrift für Heilpädagogik, 62. Jg., Heft 9, 324–336.
Steinhilber, Jürgen (1976): Motivationspsychologische Aspekte des Übens. In: Anregung, 22. Jg., Heft 6, 371–376.
Steinhilber, Jürgen (1978): Wortschatzübungen im lateinischen Anfangsunterricht. In: Der Altsprachliche Unterricht, 21. Jg., Heft 3, 88–92.
Steinhilber, Jürgen (1979): Motivation durch Unterrichtsspiel. In: Anregung, 25. Jg., Heft 3, 169–172.
Steinhilber, Jürgen (1982): Medienhandbuch zum Lateinunterricht. Anregungen – Beispiele – Literaturhinweise. Buchner: Bamberg. (Auxilia, Bd. 6)
Steinhilber, Jürgen (1986): Die Übung im lateinischen Sprachunterricht. Grundlagen – Methoden – Beispiele. Buchner: Bamberg. (Auxilia, Bd. 13)
Steinhilber, Jürgen (1998): Lude Latine I. Lateinische Rätsel und Spiele für das 1. Lateinjahr. Manz: München.
Steinthal, Hermann (1967): Das ewige Hin und Her. Hinübersetzen, Herübersetzen, Nicht-Übersetzen im Rahmen unseres Lateinunterrichts. In: Der Altsprachliche Unterricht, 10. Jg., Heft 4, 49–67.
Stierstorfer, Michael (2017a): Antike Mythologie in der Kinder- und Jugendliteratur der Gegenwart: unsterbliche Götter- und Heldengeschichten? Lang: Frankfurt a. M. (Diss. Univ. Regensburg)
Stierstorfer, Michael (2017b): Panem et Circenses reloaded. „Die Tribute von Panem" als Brücke zum römischen Mythos. In: Der Altsprachliche Unterricht, 59. Jg., Heft 1, 6–10.
Stratenwerth, Dietrich (2012): Ziemlich grundsätzliche Überlegungen zur Konzeption von lateinischen Lehrbüchern. Unter besonderer Berücksichtigung der ersten Lehrbuchtexte und ein paar konkrete Beispiele. In: Forum Classicum, 55. Jg., Heft, 264–270.
Stroh, Wilfried (1994) (Hrsg.): ‚Latein sprechen'. Der Altsprachliche Unterricht, 36. Jg., Heft 5.
Stroh, Wilfried (2007): Latein ist tot, es lebe Latein! Kleine Geschichte einer großen Sprache. List: Berlin.
Strohschneider-Kohrs, Ingrid (1979): Textauslegung und hermeneutischer Zirkel. In: Flashar et al. (1979), 84–102.
Suerbaum, Werner (1976): Leitlinien für lateinische Interpretationsklausuren. Überlegungen zu einer „neuen" Prüfungsform an Universität und Gymnasium. In: Anregung, 22. Jg., Heft 2, 82–95.
Syndikus, Hans Peter (2001): Die Lyrik des Horaz I und II. 3., völlig neu bearb. Aufl., Wissenschaftliche Buchgesellschaft: Darmstadt.
Thies, Stephan (2002a): Visualisierung als didaktisches Prinzip. In: Der Altsprachliche Unterricht, 45. Jg., Heft 6, 4–12.
Thies, Stephan (2002b): Zwischen Perfektion und Penetranz: Präsentationsprogramme im Lateinunterricht. In: Der Altsprachliche Unterricht, 45. Jg., Heft 6, 58–62.
Tillmann, Klaus-Jürgen (1996): Lehrpläne – (k)ein Thema für den Schulalltag? In: Pädagogik, 48. Jg., Heft 5, 7–8.
Tomlinson, Carol Ann / Imbeau, Marcia B. (2012): Common sticking points about differentiation. In: School Administrator, 69. Jg., Heft 5, 18–22.
Touratier, Christian (2013): Lateinische Grammatik. Wissenschaftliche Buchgesellschaft: Darmstadt.
Trautmann, Matthias / Wischer, Beate (2011): Heterogenität in der Schule. Eine kritische Einführung. VS: Wiesbaden.
Tulodziecki, Gerhard et al. (2009): Gestaltung von Unterricht. Eine Einführung in die Didaktik. Julius Klinkhardt: Bad Heilbrunn.

UHL, ANNE (2005): Kleine rhetorische Trainingseinheiten. In: Der Altsprachliche Unterricht, 48. Jg., Heft 2 + 3, 70–71.

UHL, ANNE (2012): Repetitio est mater …? Grammatikwiederholung im altsprachlichen Lektüreunterricht. In: Der Altsprachliche Unterricht, 55. Jg., Heft 3, 4–12.

UNGER, STEFANIE (2008): Lateinunterricht mit Schülern nichtdeutscher Herkunftssprache – Eine Untersuchung spezifischer Probleme und Leistungen anhand einer Fallstudie. Staatsexamensarb. Humboldt-Univ. Berlin.

UTZ, CLEMENT (1994): Übergang statt Dichotomie. Bestandsaufnahme und Folgerungen. In: UTZ, CLEMENT ET AL. (1994) (Hrsgg.): Vom Lehrbuch zur Lektüre. Vorschläge und Überlegungen zur Übergangsphase. Buchner: Bamberg, 5–25. (Auxilia, Bd. 36)

UTZ, CLEMENT (1996): Mutter Latein und unsere Schüler. Fragen an die Stoffe der Schulgrammatik. In: NEUKAM, PETER (1996) (Hrsg.): Umgang mit dem Erbe der Antike. Bayerischer Schulbuchverlag: München, 108-130.

UTZ, CLEMENT (2000): Mutter Latein und unsere Schüler – Überlegungen zu Umfang und Aufbau des Wortschatzes. In: NEUKAM, PETER (2000) (Hrsg.): Antike Literatur – Mensch, Sprache, Welt. Bayerischer Schulbuchverlag: München, 146–172.

UTZ, CLEMENT (2001) (Hrsg.): adeo-NORM. Das lateinische Basisvokabular. Buchner: Bamberg.

UTZ, CLEMENT / KAMMERER, ANDREA (2016): Schülergrammatik Latein. Buchner: Bamberg.

VEIT, GEORG (1992): Fabula agitur! Gedanken und Hilfen zum lateinischen Schultheater. Klett: Stuttgart/Düsseldorf/Berlin/Leipzig.

VISSER, TAMARA (1994): Bilder(geschichten) und Grammatik. In: Der Altsprachliche Unterricht, 37. Jg., Heft 1, 8–26.

WACHTEL, PETER (2010): Situation und Perspektiven des Förderschwerpunktes Emotionale und Soziale Entwicklung. In: RICKING, HEINRICH / SCHULZE, GISELA C. (2010) (Hrsgg.): Förderbedarf in der emotionalen und sozialen Entwicklung. Klinkhardt: Bad Heilbrunn, 14–28.

WAIBLINGER, FRANZ PETER (1998): Überlegungen zum Konzept des lateinischen Sprachunterrichts. Joachim Gruber zum 60. Geburtstag. In: Forum Classicum, 41. Jg., Heft 1, 9–19.

WAIBLINGER, FRANZ PETER (2001): Vorschläge zu einem neuen Konzept des Sprachunterrichts auf der Grundlage psycholinguistischer Erkenntnisse. In: Forum Classicum, 44. Jg., Heft 3, 160–167.

WAIBLINGER, FRANZ-PETER (2002): Wortschatzerwerb im Lateinunterricht (Vortrag von 2002), http://www.fachdidaktik.klassphil.uni-muenchen.de/forschung/didaktik_waiblinger/wortschatzerwerb.pdf (letzter Zugriff am 16.03.2017).

WAIBLINGER, FRANZ-PETER (2008): Zu einem neuen Konzept des Sprachunterrichts auf der Grundlage psycholinguistischer Erkenntnisse. In: MAIER/WESTPHALEN (2008a), 63–78.

WALTHER, ANGELO (1993): Von Göttern, Nymphen und Heroen. Die Mythen der Antike in der bildenden Kunst. Ed. Leipzig: Leipzig.

WALTON, J. MICHAEL (2006): Found in Translation. Greek Drama in English. Cambridge University Press: Cambridge.

WEDDIGEN, KLAUS (1988a): Lehrbuchtexte – Lehrbuchgrammatik. In: Der Altsprachliche Unterricht, 31. Jg., Heft 6, 79–86.

WEDDIGEN, KLAUS (1988b): Thema und Rhema. Überlegungen zu einer Methode der Texterfahrung. In: Der Altsprachliche Unterricht, 31. Jg., Heft 6, 7–28.

WEEBER, KARL-WILHELM (1995): Alltag im Alten Rom. Ein Lexikon von Karl Wilhelm Weeber. Artemis: Zürich.

WEIDENMANN, BERND (1990): Informative Bilder: Was sie können, wie man sie didaktisch nutzen und wie man sie nicht verwenden sollte. In: Der Altsprachliche Unterricht, 33. Jg., Heft 1 + 2, 44–50.

WEINERT, FRANZ E. (2001) (Hrsg.): Leistungsmessungen in Schulen. Beltz: Weinheim.

WENZEL, MICHAEL (1994): Transfer in die Wirklichkeit (I). In: Anregung, 40. Jg., Heft 3, 168–175.

WERNING, ROLF / LÖSER, JESSICA M. (2010): Inklusion: Aktuelle Diskussionslinien, Widersprüche und Perspektiven. In: Die Deutsche Schule, 102. Jg., Heft 2, 103–114.

WERNING, ROLF / LÜTJE-KLOSE, BIRGIT (2012): Einführung in die Pädagogik bei Lernbeeinträchtigungen, 3., überarb. Aufl., Reinhardt: München/Basel.
WESTPHALEN, KLAUS (1973): Traditionelle Bildung und aktuelle Lernziele. Entstehungsgeschichte und Standort der Curriculumreform. In: Der Altsprachliche Unterricht, 16. Jg., Heft 4, 5–17.
WESTPHALEN, KLAUS (1984): Englisch und Latein. Fundamentalsprachen des Gymnasiums. Klett: Stuttgart.
WESTPHALEN, KLAUS (1989a): Humanistische Beiträge zum gymnasialen Bildungsprogramm. In: NEUKAM, PETER (1989) (Hrsg.): Klassische Sprachen und Literaturen. Bd. 23: Neue Perspektiven. Bayerischer Schulbuchverlag: München, 15–30.
WESTPHALEN, KLAUS (1989b): Humanistische Verantwortungsethik im Erziehungsprogramm des Gymnasiums. In: Anregung, 35. Jg., Heft 5, 291–298.
WESTPHALEN, KLAUS (1992): Basissprache Latein. Argumentationshilfen für Lateinlehrer und Freunde der Antike. Buchner: Bamberg. (Auxilia, Bd. 29)
WESTPHALEN, KLAUS (2001): Lektüre als Didaktikum. Ein Beitrag zur historischen Didaktik. In: KIPF, STEFAN ET AL. (2001) (Hrsgg.): Alte Texte in neuem Rahmen. Innovative Konzepte zum lateinischen Lektüreunterricht. Buchner: Bamberg, 133–153. (Auxilia, Bd. 50)
WESTPHALEN, KLAUS (2003): Latein oder Französisch? Überlegungen zum Bildungswert der zweiten Fremdsprache – eine Replik auf eine empirische Untersuchung. In: Forum Classicum, 46. Jg., Heft 1, 3–11.
WESTPHALEN, KLAUS (2008): Lateinische Unterrichtswerke – einst und jetzt. In: MAIER/WESTPHALEN (2008a), 36-62.
WIATER, WERNER (2005): Unterrichtsprinzipien. 2. Aufl., Auer: Donauwörth.
WIATER, WERNER (2011): Unterrichtsplanung. Prüfungswissen – Basiswissen Schulpädagogik. Auer: Donauwörth.
WIEBER, ANJA (2005): Antike bewegt: Antike, Film und altsprachlicher Unterricht / Allein unter Helden? – Helena in Buch und Film / Einhundert Jahre Antikfilm / Künde, Muse, mir von einer Filmiliade ... / Glossar zur Filmsprache / Miniposter: Die schöne Helena (Filmplakat 1956). In: Der Altsprachliche Unterricht, 48. Jg., Heft 1, 4–72.
WIEBER, ANJA (2007): Drehbuch Antike. In: Der Altsprachliche Unterricht, 50. Jg., Heft 6, 4–14.
WILHELM, ANDREA (2008): Üben mit System – Theorie und Praxis einer zeitgemäßen Übungsstrategie. In: MAIER/WESTPHALEN (2008b), 47–71.
WILLER, RICHARD (1979): Motivation im altsprachlichen Unterricht am Beispiel Latein. In: GRUBER/MAIER (1979), 54–69.
WILLMANN, MARC (2009): Lehrer-Kooperation. In: OPP, GÜNTHER / THEUNISSEN, GEORG (2009) (Hrsgg.): Handbuch schulische Sonderpädagogik. Klinkhardt: Bad Heilbrunn, 470–479.
WINZER, MARGRET (1999): Children with exceptionalities in Canadian classrooms. Prentice Hall Allyn & Bacon Canada: Scarborough/Ontario.
WIRTH, THEO (2011): Unfaire Latein-Kritik. In: Pegasus-Onlinezeitschrift, 11. Jg., Heft 1, 122–140.
WIRTH, THEO ET AL. (2006): Sprache und Allgemeinbildung. Neue und alte Wege für den alt- und modernsprachlichen Unterricht am Gymnasium. Lehrmittelverlag des Kantons: Zürich.
WOJACZEK, GÜNTER (1979): Unterrichtswerke in den Alten Sprachen. In: GRUBER/MAIER (1979), 250–265.
WÜNSCHE, ANNE-CHRISTINE (2017): „Was hätten Sie gesagt, Herr Seneca?". „Die Tribute von Panem" im Licht von Senecas Philosophie. In: Der Altsprachliche Unterricht, 59. Jg., Heft 1, 36–48.
ZELLNER, JOSEF (2002): „Wild" und „Zivilisiert". Visualisierung von Antithesen im Overlay-Verfahren. In: Der Altsprachliche Unterricht, 45. Jg., Heft 6, 25–28.
ZIMMERMAN, MARY (2002): Metamorphoses. A Play. Northwestern University Press: Evanston, Illinois.
ZWICK, REINHOLD (2017): Zeus & Co. im Cineplex: Zur Wiederkehr griech. Götter im Kino der Gegenwart. In: JANKA/STIERSTORFER (2017), 247–264.